21世纪高等学校教材
普通高等教育“十一五”汽车类专业（方向）规划教材

汽车市场调查与预测

徐向阳 编著
程志超 审

机 械 工 业 出 版 社

本书借鉴了国内外大量的市场调查与预测方面的教材和资料，结合我国汽车市场的特点，系统地阐述汽车市场调查与预测的基本理论和基本方法，并通过案例，理论联系实际地反映汽车市场调查与预测的最新发展，使读者对汽车市场调查与预测有系统而全面的了解。

本书共分十五章，包括汽车市场调查基本理论、市场预测基本理论、文案调查、实地调查、抽样调查、网上调查、问卷调查、特殊调查、市场调查资料整理与分析、定性预测方法、时间序列法、回归分析预测法、经济计量模型预测法、其他预测方法介绍和市场预测的深化——企业决策等相关内容。

本书为高等院校汽车服务工程专业和车辆工程专业教材，高等职业技术学院相关专业学生可以有选择地学习，也可以供相关专业的研究生参考。对于汽车市场第一线的管理人员和其他工作人员也具有很高的参考价值。

图书在版编目（CIP）数据

汽车市场调查与预测/徐向阳编著. —北京：机械工业出版社，2007.2（2025.1 重印）

21 世纪高等学校教材. 普通高等教育“十一五”汽车类专业（方向）规划教材

ISBN 978-7-111-20894-5

Ⅰ. 汽…　Ⅱ. 徐…　Ⅲ. ①汽车-市场-调查-高等学校-教材②汽车-市场预测-高等学校-教材　Ⅳ. F724.76

中国版本图书馆 CIP 数据核字（2007）第 021152 号

机械工业出版社（北京市百万庄大街 22 号　邮政编码 100037）
责任编辑：赵爱宁　版式设计：冉晓华　责任校对：程俊巧
封面设计：王伟光　责任印制：张　博
北京雁林吉兆印刷有限公司印刷
2025 年 1 月第 1 版 · 第 12 次印刷
184mm×260mm · 17.75 印张 · 435 千字
标准书号：ISBN 978-7-111-20894-5
定价：49.80 元

电话服务		网络服务	
客服电话：	010-88361066	机　工　官　网：	www.cmpbook.com
	010-88379833	机　工　官　博：	weibo.com/cmp1952
	010-68326294	金　　书　　网：	www.golden-book.com
封底无防伪标均为盗版		机工教育服务网：	www.cmpedu.com

序

汽车被称为“改变世界的机器”。由于汽车工业具有很强的产业关联度，因而被视为一个国家经济发展水平的重要标志。近10年来，我国汽车工业快速而稳步发展，汽车产量年均增长15%，是同期世界汽车产量增长量的10倍。汽车工业正在成为拉动我国经济增长的发动机。汽车工业的繁荣，使汽车及其相关产业的人才需求量大幅度增长。与此相应地，作为人才培养主要基地的汽车工业高等教育也得到了长足发展。据不完全统计，迄今全国开办汽车类专业的高等院校已达百余所。

从未来发展趋势看，打造我国自主品牌、开发核心技术是我国汽车工业的必然选择，但当前我国汽车工业还处在以技术引进、加工制造为主的阶段，这就要求在人才培养时既要具有前瞻性，又要与我国实际情况相结合。要在注重培养具有自主开发能力的研究型人才的同时，大力培养知识、能力、素质结构具有鲜明的“理论基础扎实，专业知识面广，实践能力强，综合素质高，有较强的科技运用、推广、转换能力”特点的应用型人才。这也意味着对我国高等教育的办学体制、机制、模式和人才培养理念等提出了全新的要求。

为了满足新形势下对汽车类高等工程技术人才培养的需求，在中国机械工业教育协会机械工程及自动化学科教学委员会车辆工程学科组的领导下，成立了教材编审委员会，组织制定了多个系列的普通高等教育规划教材。其中，为了解决高等教育应用型人才培养中教材短缺、滞后等问题，组织编写了“普通高等教育‘十一五’汽车类专业（方向）规划教材”。

本系列教材在学科体系上适应普通高等院校培养应用型人才的需求；在内容上注重介绍新技术和新工艺，强调实用性和工程概念，减少理论推导；在教学上强调加强实践环节。此外，本系列教材将力求做到：

1）全面性。目前本系列教材包括汽车设计与制造、汽车运用与维修、汽车服务工程、物流工程等专业方向，今后还将扩展其他专业领域，更全面地涵盖汽车类专业方向。

2）完整性。对于每一个专业方向的系列教材，今后还将继续根据行业变化对教学提出的要求填平补齐，使之更加完善。

3）优质性。在教材编审委员会的领导下，继续优化每一本教材的规划、编审、出版和修订过程，让教材的生产过程逐步实现优质和高效。

4）服务性。根据需要，为教材配备CAI课件和教学辅助教材，召开新教材讲习班，在相应网站开设研讨专栏等。

相信本系列教材的出版将对我国汽车类专业的高等教育产生积极的影响，为我国汽车行业应用型人才培养模式作出有益的探索。由于我国汽车工业还处于快速发展阶段，对人才不断提出新的要求，这也就决定了高等教育的人才培养模式和教材建设也处于不断变革之中。我们衷心希望更多的高等院校加入本系列教材建设的队伍中来，使教材体系更加完善，以更好地为高等教育培养汽车专业人才服务。

中国汽车工程学会　常务理事

中国机械工业教育协会车辆工程学科组　副主任

林　逸

前言

1824年7月，美国地方报《宾西法尼亚哈里斯堡报（Harrisburg Pennsylvanian)》开展了第一项用于选举的市场调查。1879年，N. W. Ayer广告公司第一次把市场调查明确用于营销决策。大约在1895年，学院的研究者开始从事市场调查。明尼苏达大学的心理学教授H·盖尔（Harlow Gale）将邮寄调查引入广告研究。1905年，美国宾州大学首先开设了一门课程，叫做“产品的销售”。1911年，美国当时最大的柯的斯出版公司首先设立市场调查部门，先后对农具销售、纺织品销售渠道和百货公司进行了系统的调查，编写了《销售机会》一书。这是第一本有关市场研究的专著，创见性地阐述了询问调查法、观察调查法和统计分析法等市场调查方法。从此，市场调查与预测技术得到了快速发展。如今，市场调查与预测得到了商品经济发达的资本主义国家的高度重视，并成为企业提高产品研发水平、提高市场反应速度和企业竞争力的有力武器，并形成了一支专门从事市场调查的队伍和一套科学的市场调查与预测的理论和方法。

我国长期处于计划经济时代，市场调查与预测曾一度没有受到重视，直到实行改革开放，才不断丰富和发展起来。在20世纪80年代中期至90年代初，全国的专业化市场研究公司寥寥无几，因此市场调查与预测在国内还是新兴的行业，其理论研究和实践急待发展和完善。

2004年，我国的汽车市场开始进入买方市场，汽车市场竞争空前激烈，这为市场调查和预测在我国汽车行业的发展带来了契机。各大汽车企业要想求得生存和发展，必须及时、准确地获取市场需求方面的信息，于是纷纷设立市场调查部门，进行市场调查与研究，各大高等院校和科研院所也开始纷纷开设汽车市场调查与预测方面的专业和课程，市场调查在我国汽车行业中迅速发展起来。然而，目前国内有关汽车市场调查与预测方面的教材，大多是普通市场调查与预测教材的简单翻版，与汽车行业的特点没有很好地融合在一起，难以完全满足教学的需要。

本教材借鉴了国内外大量的汽车市场调查与预测资料和相关教材，结合我国汽车市场的特点，系统地阐述汽车市场调查与预测的基本理论，并结合作者对我国汽车市场、汽车市场调查与预测的研究成果，通过大量的案例，反映我国汽车市场调查与预测的最新发展，使读者既能够学到汽车市场调查与预测的基本理论，又能够理论联系实际地对汽车市场调查与预测有系统而全面的了解。

本教材由北京航空航天大学汽车工程系博士研究生导师徐向阳教授编著，北京航空航天大学经济管理学院程志超教授审。程教授为教材的完善和提高提出了许多宝贵的意见，在此表示真诚的感谢。

本教材在编写过程中，参阅了一些国内外文献和资料，在此，对原作者的贡献表示感谢。教材在编写过程中，作者的硕士研究生王丽东、李鑫和张志明等同学做了大量的前期资料准备工作，并帮助整理了许多案例，在此深表感谢。

由于汽车市场调查与预测在国内还是一门新兴学科，也是一门实践性非常强的学科，而且发展速度很快，加上作者水平所限，本教材中存在不当之处在所难免，欢迎广大读者指正。

作　者

目 录

第一章　市场调查基本理论

第一节　市场调查的定义

一、市场的概念

在人类历史的漫漫长河之中，从原始社会的自给自足发展到以交换为基础的市场经济是一个质的飞跃。在生产力和商品经济发展的不同阶段，由于商品交换的深度、广度不同，市场的内涵、范围及作用也存在着显著差异。由最初萌芽阶段的以少量剩余产品进行个别地、偶然地交换，发展到现代社会一个无处不在的完整的市场体系，市场的内涵和外延都发生了极其深刻的变化。

1）随着交换规模的扩大，市场冲破了地域分割，不仅越出了狭小的地区范围，形成了国内的统一市场，而且扩展到国际范围，出现了多国间乃至全球性的国际市场，从而使市场的空间范围得到了极大地扩展。如世界汽车工业现在基本形成了“6+3”的格局，即通用、福特、戴姆勒—克莱斯勒、丰田、大众、雷诺—日产6大汽车集团以及宝马、标致雪铁龙、本田3家汽车公司，这9家跨国公司的汽车产量达全球汽车总产量的95%。汽车销售市场的中心逐渐东移，发达国家汽车工业向新兴市场产业转移，目前西欧、北美和日本等发达国家的汽车市场已趋于饱和，中国、印度、俄罗斯及东南亚等国家正成为世界汽车厂商争夺的主要地区。

2）市场体系高度发展，不仅生产资料、消费品等商品市场趋向成熟，而且生产要素市场，如金融市场、劳动力市场、信息市场、技术市场和房地产市场等也得到充分发展。各类市场彼此衔接，相互依存，形成了完备的市场体系，成为社会生产、分配、交换和消费等各类经济活动的枢纽。伴随着汽车工业的迅速发展，我国的汽车相关人才培养体系正逐步完善，现在越来越多的中高等院校开设了汽车专业，每年都会培养出大批汽车专业人才；同时伴随着我国汽车市场的不断成熟，汽车金融行业也很快发展起来，相信随着汽车市场体系的不断完备，中国的汽车之路一定会越走越好。

3）由市场经济的基本性质所决定，市场已成为社会资源的主要配置者和社会经济活动的主要调节者。企业作为市场主体直接面对市场，根据市场指向调整自身行为；社会经济运行亦通过市场机制协调各类比例关系，促进供给与需求、生产与消费之间的均衡发展。中国汽车市场现在已经进入买方市场时代，面对激烈的市场竞争，各大汽车企业时刻关注市场动向，根据市场需求不断调整自身战略，同时相关社会资源也会作出相应反应。

市场外延的扩大和内涵的变化表明，在现代市场经济条件下，市场的作用日益加强，它已经渗透到市场经济的各个方面，成为市场经济形式的集中表现，乃至包括了市场经济的全部内容。

市场营销学认为，销售者的集合构成行业，购买者的集合构成市场。行业和市场的关系如图1-1所示。

图1-1中圈内代表货币与产品、服务的交换，圈外代表信息的交换。行业与市场之间的交换包含资金流、物流和信息流三方面内容。

市场包含3个主要因素，即有某种需要的人、为满足这种需要的购买能力和购买欲望。用公式来表示就是

市场 = 人 + 购买力 + 购买欲望

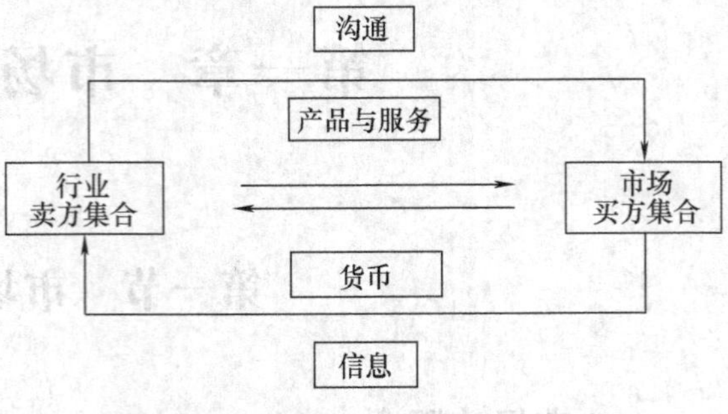

图1-1 行业与市场的关系

市场的这三个因素是相互制约、缺一不可的，只有三者结合起来才能构成现实的市场，才能决定市场的规模和容量。例如，就汽车产品而言，我国西北地区人口众多，但收入很低，购买力有限，则不能构成容量很大的市场。沿海地区购买力虽然很大，但毕竟人口有限，也不能成为很大的市场。只有人口既多，购买力又强，才能成为一个有潜力的大市场。此外，如果提供的汽车产品不能满足实际需要，也不能引起人们的购买欲望，仍然不能成为现实的市场。

随着社会分工和商品经济的发展，汽车市场的概念在深化过程中体现出不同层次的多重含义：

1）汽车市场，是指汽车产品交易的场所，即买卖双方发生交易行为的地点或场所。这一重含义体现了汽车市场的空间性质。任何汽车产品的交换活动，即使是与汽车产品实体运动相脱离的期货交易，以及汽车相关信息、技术等无形商品的交易行为，也都是借助现代化的交易手段，在特定的交易场所进行的。场所的概念为汽车企业开展营销活动提供了空间基础。

2）汽车市场表现为对汽车产品的消费需求。由于市场是在商品所有者为满足各自需要而相互交换产品基础上产生的，因此消费需求是市场的基本特征，汽车也不例外。市场经济条件下，消费需求含义更集中体现了现代市场的本质特征。从这个意义上讲，汽车市场，是指具有对汽车产品的需求和欲望，而且愿意并能够通过交换来满足这种需要或欲望的全部潜在顾客。

3）汽车市场是各种汽车市场主体之间交换关系乃至全部相关经济关系的总和。这重含义充分体现了汽车市场的经济关系性质。在商品经济及市场经济条件下，所有商品生产者、经营者、消费者或其他各类经济主体，都必须通过市场从事交换活动，发生经济联系，实现各自的利益。因此，汽车市场成为以汽车产品交换关系为主的各种相关经济关系的综合体。汽车企业作为汽车市场活动的主体之一，在营销过程中必须协调和兼顾各类相关主体之间的经济利益关系。

4）汽车市场是汽车相关社会经济生活的综合体现，也是汽车相关社会资源的主要配置者和汽车相关经济活动的主要调节者，这是从宏观角度反映的汽车市场的含义。在这里，汽车市场不仅表现为汽车产品交换场所、交换关系和流通领域，而且囊括了汽车产品生产、分配、交换和消费等各个领域，体现了社会再生产的全过程，成为汽车相关社会经济运行的总体反映。不仅如此，在市场经济条件下，汽车市场还成为配置汽车相关资源和调节汽车相关

经济的主要力量。任何汽车企业的营销活动都要受到这一汽车大市场环境的影响和制约，按照汽车市场导向配置生产要素，组合营销活动。

汽车市场的上述多重含义从不同角度概括、反映了汽车市场的基本特征和性质，对汽车企业开展市场调查和预测具有不同方面的意义。

二、市场调查的概念

市场调查是汽车企业有效获取和利用市场情报、信息的主要而可靠的手段；是汽车企业开展市场营销活动的前提。

市场调查，又称市场调研、市场研究或营销调研，有时也简称市调。它随着现代市场经济、市场营销的不断发展完善而不断发展。由于各自领域立足点的不同和认识上的差异，不同国家和地区对市场调查的认识也不尽相同：

1）德国学者 Lisowsky 认为：市场调查是指企业本身在经营上和推销上的各种环境影响条件下，运用系统的科学原理和方法所获得并认识的情报。

2）美国市场调查协会认为：市场调查，是指收集、记录和分析有关生产者将货物与劳务转移及销售给消费者的各种问题的全部事实。

3）美国学者 Luck 和 Wales 认为：市场调查，是指采用科学方法解决市场营销中的各种问题。

4）中国台湾学者樊志育认为：市场调查有狭义和广义之分。狭义的市场调查（Market Research），是指主要针对顾客所作的调查，即以购买商品、消费商品的个人或工厂为对象，以探讨商品的购买、消费等各种事实、意见及动机为内容。广义的市场调查（Marketing Research），是指从认识市场到制定营销决策的全过程。它不仅以市场为对象，而且以市场营销（Marketing）的每一阶段，包括市场运营所有的功能、作用为调查研究的对象。如汽车产品分析，从汽车的使用及消费角度对汽车的车型、性能和价格等进行分析，同时对汽车销售途径、市场营销方法、销售人员培训、广告作用和促销活动等问题进行分析。

由上述可知，市场调查是一种有目的的活动，是对信息的判断、收集、记录和整理，是一项市场信息工作。因此，可将汽车市场调查定义归纳为：汽车市场调查是指个人或组织对那些可用来解决汽车设计、生产、制造、管理和营销等问题的信息所进行的设计、收集、分析和报告的过程。

第二节　市场调查的起源和发展

市场调查是随着商品生产和商品交换的发展而产生和发展起来的。由于商品生产和交换本身经历了一个漫长的历史，因而市场调查的产生、发展也经历了一个较长的过程。

一、小商品经济社会的市场调查

小商品经济的社会主要指奴隶社会和封建社会，市场调查就起源于那时。在奴隶社会和封建社会里，自给自足的自然经济占据统治地位，商品经济在社会经济生活中占从属的地位，故称为小商品经济的社会。尽管如此，由于商品经济的发展，市场在经济生活中的作用逐渐明显，市场调查的实践活动就出现了。一些善于经营的商人和生产者，都在自觉或不自觉地对市场进行着研究，观察市场的变动，收集市场的行情。如我国古代的范蠡，原是越国的大夫，协助勾践灭吴国之后，弃官经商，成为富豪。他认为："时用则知物"，就是说，要知道什么时候市场上需要哪种商品，才能决定自己经营什么商品。这种将市场需求的调查了解与生产经营结合起来的思想，在当时的条件下提出是难能可贵的。在小商品经济社会里，虽然有了最初的市场调查活动，但从总体上说还很不成熟。其特点如下：

1）社会没有形成市场调查观念。在奴隶社会和封建社会，由于商品经济处于从属地位，人们没有必要去搞市场调查，人们对市场调查的重要意义普遍没有认识到位（除了少数精明的经商者）。

2）市场调查范围小，而且分散。在小商品经济社会中，由于商品生产规模小、市场范围狭窄，用于交换的商品数量少、品种少，因而市场调查范围小。

3）市场调查没有采用科学方法。在小商品经济社会里，一些人开展市场调查活动，主要凭借个人积累的经验和主观判断能力，缺乏系统的科学方法。

二、商品经济发达社会的市场调查

（一）发达资本主义国家的市场调查

市场调查活动的全面发展是在资本主义社会完成的。20世纪初，市场调查开始进入一个新的阶段。这时，资本主义已经进入垄断阶段，一方面市场规模迅速扩大，产品更新换代速度越来越快，出现买方市场；另一方面资本主义经济危机的影响日益加深，市场竞争日趋激烈。对于商品生产者和经营者来说，只有采用科学的调查方法，才能探明市场需求，发掘市场潜力，在竞争中赢得主动。

市场调查与预测首先是在美国发展起来的，其发展历程大致可以分为下述三个阶段。

1. 市场调查的开拓和建立时期

根据已有资料，第一项市场调查是一项选举调查，由美国的 Harrisburg Pennsylvanian 报纸于 1824 年 7 月进行；同年晚些时候，美国的另一家报纸 Raleigh Star 在北卡罗来纳州（North Carolina）也进行了一项调查；但第一项明确运用于营销决策的调查是 N. W. Ayer 广告公司于 1879 年进行的调查。该调查以本地官员为对象，了解他们对谷物生产的期望水平，旨在为农场设备生产者发展一项广告计划。

大约在 1895 年，学院的研究者开始从事市场调查。首先，明尼苏达大学的心理学教授 H・盖尔（Harlow Gale）将邮寄调查引入广告研究。他邮出 200 份问卷，收回 20 份。紧随其后，西北大学的 W・D・斯考特（Walter Dill Scott）将实验法和心理测量法引入广告实验中。

1905 年，美国宾州大学首先开设了一门课程，叫做"产品的销售"。1911 年，美国当时最大的柯的斯出版公司首先设立市场调查部门，先后对农具销售、纺织品销售渠道和百货公司进行了系统的调查，编写了《销售机会》一书。这是第一本有关市场研究的专著，创见性地阐述了询问调查法、观察调查法、统计分析法等市场调查方法。与此同时，美国哈佛大学商学院建立了一个商业调查研究所，西北大学商学院也于 1918 年建立了商业调查研究所。他们都在调查实践中，对市场调查的理论与方法有所发展。

在市场调查的开拓和建立时期，取得的主要成就如下：

1）确定了实地调查法、观察法和实验法等调查方法。

2）开始发展了调查表法和抽样理论。

3）对销售机构组织进行了基本调查。

4）开展了销售成本和费用的分析。

这样，市场调查这门学科开始建立起来，并打下了坚实的基础。

2. 市场调查的巩固提高以及分析预测的开拓时期

1930 年～1950 年的 20 年间，统计分析得到了进一步发展，市场调查发展成为市场销售调查研究，其范围扩大到有关市场销售问题的各个方面，市场调查的方法也逐步巩固和提高，这一时期是市场调查的巩固提高以及分析预测的开拓时期。

美国市场销售协会于 1937 年组织专家集体编写的《市场调查技术》一书，对市场调查这门学科的创立与发展起了重要的作用，给这门学科在理论和实践两方面打下了基础。二次大战后，市场调查得到了迅速发展。1948 年，全美已有两百多家专门从事市场调研的公司。

这一时期突出的成就主要有：

1）配额抽样、随机抽样、消费者与商店固定样本调查、统计推断、回归方法、简单相关分析以及趋势分析等市场调查方法，都有所应用和发展。

2）分配成本分析受到普遍重视。

3）商店稽查开始出现。

4）市场预测工作中的科学性有了较大的提高，并开始取得良好的效益。

3. 市场调查日益与市场预测相结合，以及市场信息系统形成时期

1950 年以后，市场调查日益与市场预测相结合。后来，电子计算机技术在企业中得到广泛应用，一个新型的现代企业信息系统逐渐形成，市场调查和预测成为这一信息系统的重要组成部分，并日益发挥其在现代企业经营管理中的重要作用。

随着科学技术的进步和生产力的发展，新的观念、技术和方法不断应用于市场调查。世界上第一台计算机于 1946 年在美国宾州大学诞生，计算机的出现及其在市场调查中的应用，使市场调查形成了一个以计算机为中心的信息网络系统，市场资料搜集、整理和分析的各个阶段全部实现了计算机化。与此同时，在调查技术上，动机研究、运筹学应用、态度测量技术、多元回归和相关分析、因子分析和判别分析、实验设计、贝叶斯分析和决策理论、量度理论、电子计算机数据处理和分析、销售模拟、情报储存和校正、非数量多向量度法和经济计量模式等方法，都有所创新和发展。

此外，其他商品经济发达的资本主义国家，如日本、德国、英国和法国等，也高度重视市场调查。比如，在日本的大企业中普遍设有市场调查、收集信息的专门机构，不仅开展对国内市场的调查（如电通公司的市场调查部门员工达 1000 余人），还十分重视国外的市场调查。随着市场调查理论与方法的深入研究和信息科学技术的发展，日本的市场调查和情报收集能力举世闻名，他们收集和传递市场情报中的速度非常惊人，例如：5～60s，可获得世界各地金融市场行情；1～3min，可查询日本与世界各地进出口贸易商品的品种、规格等；5min 可以取得当天各地汽车销售、生鲜食品批发市场产、销、存以及价格变动的情况。

由上述可知，发达资本主义国家的市场调查已达到日臻完善的地步。它表现为以下特点：

1）社会尤其是企业界高度重视调查的作用，积极开展市场调查活动。

2）成立了专门的市场调查机构，形成了一支专门从事市场调查的队伍。

3）市场调查形成了一套科学的理论和方法。

4）市场调查研究学术活动广泛开展，从而不断提高市场调查研究的水平。

（二）中国的市场调查

中华人民共和国成立以后，我国的市场调查与咨询服务业曾一度没有受到重视，直到实行改革开放，才不断丰富和发展起来。在20世纪80年代中期至90年代初，全国的专业化市场研究公司还寥寥无几。邓小平“南方谈话”和党的十四大以后，我国开始由“计划经济”向“市场经济”过渡，市场调查才开始受到各大企业的重视，专业化市场研究公司相继成立。据中国调查业联席会议的一项调查表明，至1999年底，我国内地注册的市场调查机构已达850多家。2001年4月，中国信息协会市场研究业分会在广州宣告成立。同年12月，中国市场学会在北京召开第三次会员代表大会，重申市场调研的紧迫性。业界估计，目前我国以市场研究为主业的公司在1500家左右，营业额在30亿元人民币以上。

从最初不被重视，到主要集中在我国经济发达省份的为数不多的几家小规模的市场调查与咨询单位，再到现在遍布全国有一定数量的专业化市场调查与咨询公司，我国的市场调查与咨询服务业走过了一条并不平坦的道路。

1. 两大转变

建国以后到20世纪80年代以前，我国的市场调查与咨询服务业的发展微乎其微。自20世纪80年代以来的20多年里，我国的市场调查与咨询服务业经历了两个重大的转变：主体的转变与内容的转变。

（1）主体的转变　市场调查与咨询服务业主体发生转变，主要体现在市场调查与咨询服务业企业所有制性质的转变。20世纪80年代初，政府开始创办市场调查与咨询服务业企业，市场调查与咨询服务业作为新兴事物在政府的强力推动之下得到迅猛的发展，各种类型的市场调查与咨询服务公司如雨后春笋般蓬勃发展起来，他们依托于政府的权力而生存。直到20世纪90年代，这些市场调查与咨询服务公司才逐渐开始与政府脱钩，非国有市场调查与咨询公司得到了迅速的发展，市场调查与咨询服务业主体由国有为主转向非国有为主。与此同时，国外著名的市场调查与咨询公司也开始进入我国的市场调查与咨询服务业市场。

（2）内容的转变　市场调查与咨询服务业内容发生转变，从最初的简单数据提供为主发展为专业化的市场调查与咨询研究报告。20世纪90年代初开始出现外资和民营的市场调查与咨询公司，市场调查与咨询服务逐步转向规范；20世纪90年代中期，随着国外咨询公司的进入，我国市场调查与咨询公司才进入快速发展阶段，Gallup、MBL、ACNielsen等跨国咨询公司就是在这个时期进入的。随着国内市场调查与咨询公司的成长，依靠提供简单数据的初级市场调查与咨询服务内容正逐渐消失，取而代之的是提供专业化的市场调查与咨询研究报告，如行业研究报告、产品市场分析研究报告、营销管理报告以及战略管理报告等等。

2. 五个阶段

中华人民共和国成立以后，市场调查与咨询服务业的发展过程可分为以下五个阶段：

（1）起源（1949年~1979年）　20世纪50年代，中央政府曾组织各地统计机构开展了全国范围的职工家庭生活调查工作。70年代，曾运用抽样调查的方法，在全国59个城市、24个县城抽选13.9万户职工家庭，就收入等基本情况作了一次性调查。这些可视为中国运用调查方法的开端。

（2）萌芽期（1979年~1984年）　进入80年代后，国家的经济调查和预测工作开始走向正规，各地普遍恢复和成立了城乡抽样调查队，建立了以了解城乡居民收入、支出和家庭用品等基本生活数据为主要内容的固定样本，开展连续性的调查统计，为政府的宏观决策提供依据。

十一届三中全会以后，国家的工作重点转移到了现代化建设上，世界各国都在关注着中国的变化，一些外国企业开始注意中国经济发展形势。随后的几年，一些外商登陆我国投资建厂或设立办事机构。外商在登陆我国之前，首先要了解我国的经济发展及有关行业或产品的基础资料信息，而我国没有这样的机构为之提供所需的服务，而且在当时这一领域是一块禁地。这时，一些有市场经济意识的个人开始搜集各种报刊，把这些公开出版物上面的有关信息分门别类地剪下来，系统整理后提供给外商。大概在1982年、1983年，国内一些省份的“社会与经济发展研究所”开始酝酿设立调查机构，例如，北京社会与经济发展研究所在内部成立了社会调查中心，这是较早的调查机构。

（3）起步阶段（1984年~1992年）　1984年，邓小平同志提出“开发信息资源、服务四化建设”，酝酿已久的我国市场调查与咨询服务业犹如注入了一支催化剂，终于渐渐地浮出水面。有关部门积极地着手筹办相关的机构，尝试性地进入这一行业。

1984年年底，经国家有关部门批准成立了“中国统计信息咨询服务中心”，作为国家统计局的一个司级事业单位，面向国内外客户提供统计信息资料和市场调查与咨询服务业务，这是我国第一个作为国家政府部门从事市场调查与咨询服务业务的机构。在随后的几年（到1992年），除西藏以外，全国29个省、自治区、直辖市和计划单列市统计局都建立起多种形式的统计信息咨询服务机构，在国家和省市两级开始形成统计信息咨询网络体系。这一网络体系，成为我国市场调查与咨询服务业发展的基石。

从1985年开始，国家机关各部门相继成立了“信息咨询服务中心”，如国家经贸委信息中心、纺织工业部信息中心、化工部信息中心、电子工业部信息中心（赛迪资讯的前身）以及国家信息中心等等。海外的市场调查与咨询业也开始进入我国建立机构，如盖乐普（Gallup）、模范市场调查社以及香港市场调查社（SRG）等等。1985年，广州市委的广州软科学公司设立了市场部；在此基础上，1988年7月1日成立了广州市场研究公司（GMR），这是业内公认的国内最早的专业市调公司。1990年4月，原GMR的部分骨干出来后成立了国内第一家私营市场调查企业“华南市场研究有限公司”，如今的华南市场研究有限公司在我国的市场调查与咨询服务行业占有相当的市场份额。

从1984年到1992年，正是中国社会转型时期，当时我国计划经济体制的烙印还很深，企业自身对市场调查与咨询服务的需求不大，企业决策层的观念也没有根本改变，对市场调查与咨询服务的认识比较朦胧。因此，这个阶段的市场调查与咨询服务发展比较缓慢，缺乏行业规范，市场调查与咨询服务水平也相对不高。

这一时期的市场调查与咨询服务需求客户主要是外企，或者是海外的市场调查与咨询公司把我国本土的定单通过他们的总部再转给我国国内的市场调查与咨询单位。

（4）发展阶段（1992年~2001年）　邓小平“南方谈话”和党的十四大以后，我国经济发展速度大大加快，信息已成为十分重要的战略资源。政府要转变职能，企业要转换经营机制，成为自主经营、自负盈亏、自我约束和自我发展的法人实体和市场竞争主体，都需要掌握准确、适时和系统的统计信息，都要求加快发展市场调查与咨询服务业。在这一历史潮流的推动下，我国的各类市场调查与咨询服务企业如雨后春笋般地成长起来。

全国统计系统是最早从事市场调查与咨询服务业实践的单位，汇聚了一批具备统计等相关专业知识而且经验丰富的人才。许多具有统计系统背景的公司脱颖而出，这其中包括华通、中怡康、美兰德、精诚兴、赛诺和恒通等公司，以及曾在国家各级统计局从业人员创办的市调公司，如丰凯兴、华联信、格兰德和贝斯特等公司。全国各地均有统计系统的市场调查与咨询服务公司，他们是活跃在我国市场调查与咨询服务业中一支具有拓荒者意义的队伍，也是其他市场调查与咨询公司在中国从事这一行业所不可或缺的依托。

一批我国的民营市场调查与咨询公司相继出现，如零点、新华信、新生代和勺海等公司。与此同时，大批的海外市场调查与咨询公司纷纷登陆我国，从绝对数量来说，海外公司在国内不多，但其技术、资金和人才优势却不可同日而语。据统计，全球前20位的市场调查与咨询公司已有近半进入了中国市场，其中，Gallup、MBL、AC Nielsen、RI、Mill ward Brown、Taylor Nelson Sofres、NOP、IPSOS和NPD等公司在中国市场有很大影响，他们的到来大大加快了中国市场调查与咨询服务业的进程，并左右着中国市场调查与咨询服务行业新的格局。

在这一阶段，市场调查与咨询服务的需求大大增加，对市场调查与咨询服务业，不再局限于数据收集，对数据分析以及研究报告的要求也在不断提高，市场调查与咨询公司的人员结构因此发生了重大转变，受过国外MBA教育或有客户方工作经验的人才开始进入此行业。

(5) 新的历史阶段（2001年~现在） 2001年11月10日，中国加入世界贸易组织，从此进入一个新的经济发展阶段。全方位、可预见、对等的开放格局，使得国外客户大量涌进我国，与此同时，国外的市场调查公司也挟其雄厚的资金、人才和技术杀入中国市场，这对国内的市场调查公司而言，既是一个巨大的挑战，也是一个难得的发展机遇。

经过20世纪80年代以来的二十几年的发展，我国的市场调查与咨询服务业已有了很大的发展和进步，主要体现在以下几个方面：

1）从低端的单一数据采集业务发展到提供中高端的研究甚至营销咨询服务。

2）从最初仅仅集中在北京、上海和广州三地，发展到具有一定数量的遍布全国各地不同规模的市场调查与咨询服务公司，形成了比较完备的覆盖中国城乡任何区域的全国性的调查执行网络。

3）从各行其是，发展到全行业统一与国际接轨，执行ESOMAR（欧洲民意与市场研究协会）全球性的服务与质量准则。

4）从入户访问、街访和座谈会等以纸问卷为主的面访方式，发展到使用CATI、CAPI、e-survey和people meter等先进仪器和技术的快速准确的调查手段。

5）行业内的合并、合资和重组的情况方兴未艾。

一批在市场调查行业内具有领先水平的公司已初步形成，他们将国外的先进技术与我国的实际情况相结合，逐渐成为我国市场调查行业的领头羊，如华通公司的“快速电话调查系统”等。

当然，目前我国的市场调查行业还存在一些问题，与国外先进的调查与咨询公司相比还存在很多不足，主要体现在以下几个方面：

1）技术工具欠缺。技术工具缺乏标准化，先进的工具和落后的工具都大行其道，很多调查公司仍然在用EXCEL录入问卷和进行统计分析，缺少或没有世界通用的录入和统计分析软件。

2）内部管理混乱。市场调查与咨询服务业属于知识密集型行业，因此管理成为这类公司的一大瓶颈；加之从事这个行业的人来源较为复杂，使得管理更加复杂。

3）实地采集数据越来越困难。随着城市化建设速度的加快，居民的安全和防范意识越来越强，使得调查方案经常遭到实地访问的挑战。

4）行业专业化经验积淀不足。很多市场调查与咨询公司对所涉足的行业缺乏深入的研究和了解，泛而不精，导致在很多行业的研究方面缺乏有力的积淀，结果只能解决客户的初级问题。另外，做调查研究的行业没有准确的定位，客户也会心存顾忌。

5）不能提供策略性的建议。随着客户的成熟，很多企业开始重视市场调查。在行业刚刚开始时，客户的需求很简单，于是，描述性的调查就可以解决客户的问题。但是市场调查是为后期的策略服务的，而当客户要求提供相关的决策方案时，很多市场调查与咨询公司都对此无能为力。

6）数据分析能力参差不齐。有时同是一组数据，在不同的调查公司会得到截然不同的分析结果。研究水平的参差不齐使得数据的解释经常会差之毫厘，失之千里。很多调查公司招聘的员工都是半路出家，因此，即使数据准确，还会有人把它弄得面目全非，误导客户。

7）理论化和实用性经常冲突。一些市场调查与咨询公司为了增强数据的说服力，经常引经据典，理论的条条框框随处可见，以显示自己的专业。然而，客户只需要简单显而易见的解决问题，于是，理论化和实用化成为公司的两难选择。

8）滥价竞争。一些市场调查与咨询公司为了争夺客户，在项目竞标中不正当使用低价竞争策略；还有一些区域性的市场调查与咨询公司，经常用实地执行一个环节的经费，去做整个研究的系统工作，这使得一些真正能够提供高品质服务的调查公司也尴尬不已。

总的来说，我国的市场调查与咨询服务业仍然处于低水平阶段，同我国目前经济发展的需求并不相适应，我国的市场调查与咨询服务业具有巨大的发展潜力。

3. 市场调查在我国汽车行业中的发展

2004年以后，我国的汽车市场开始进入买方市场，汽车市场竞争空前激烈，这为市场调查在我国汽车行业的发展带来了契机。各大汽车企业要想求得生存和发展，必须及时、准确地获取市场需求方面的信息，于是纷纷设立市场调查部门，进行市场调查与研究，各大高等院校和科研院所也开始纷纷开设汽车市场调查与预测方面的专业和课程，市场调查在我国汽车行业中迅速发展起来。

第三节 市场调查的功能和作用

一、市场调查和市场营销系统

当今的时代是信息时代，信息数量之大，信息收集之复杂，信息之于营销的重要性，远非过去的时代所能比拟。在企业营销调查的过程中，信息收集复杂化的原因主要有三：

1）企业市场营销的范围从本地发展到全国乃至国际。当前世界各大汽车巨头汇集于中国，没有全球化的思想，任何汽车企业都很难求得生存和发展。随着企业市场地域范围的扩大，市场营销经理就需要了解比以前更多的市场信息。

2）企业产品定位从满足购买者的需要发展到满足购买者的欲望。就汽车产品而言，当前汽车市场竞争异常激烈，各大汽车厂商都在想方设法尽量满足汽车消费者的最新需求，消费者对汽车产品的可选择性增加；而随着消费者收入的提高，他们在选购汽车产品时也变得更加挑剔，新的需求层出不穷。在这种情况下，汽车企业只有通过市场调查，才能预测消费者对汽车产品的使用性能、售后服务等的反应。

3）企业产品竞争从价格竞争发展到非价格竞争。随着我国汽车市场的逐渐成熟和汽车产品的同质化，汽车产品的价格也会变得更加稳定。这时，汽车企业进行市场营销则更多的要运用品牌、产品差异化、广告和促销等市场营销工具，这就需要更多、更好的信息。

上述情况表明，为了及时有效地寻求和发现市场机会，在日趋激烈的市场竞争中获胜，企业需要建立一个有效的市场营销信息系统。

市场营销信息系统是由人、计算机和程序组成的复合体，它为市场营销决策者收集、整理、分析、评价并传递有用、适时和准确的信息。

汽车市场营销信息系统包括内部报告系统、市场营销情报系统、市场营销调查系统（市场调查）和市场营销决策支持系统。

（1）内部报告系统　汽车市场营销经理使用的最基本的信息系统是内部报告系统，它包括汽车产品订单、销售额、价格、库存状况、应收账和应付账等。

（2）市场营销情报系统　是汽车企业用来改善市场营销情报的质量和数量的，一般采取的措施如下：

1）训练和鼓励销售人员去了解和报告新的变化。

2）鼓励汽车经销商把重要的情报报告给汽车企业，有些汽车企业还利用专家来收集市场营销情报。

3）从诸如 A. C. 尼尔森公司与 SRG 市场调查公司等外部情报员处购买信息。

4）许多汽车企业已建立了内部的市场营销信息中心来收集和传递市场营销情报。

5）安排汽车企业员工审阅主要的出版物，摘录有用的信息，为市场营销经理编制成简报。

（3）市场营销调查系统（市场调查）　是指汽车市场营销经理经常为了特定的问题或机会而委托进行的正式调查，他们可能需要作汽车市场的问卷调查、汽车产品喜好的测试、分地区的汽车产品销售额预测或汽车产品广告效果的调查。

（4）市场营销决策支持系统　是指由软件与硬件支持下的数据、系统、工具和技术等组成的协调的集合，汽车企业可以利用它收集和解释汽车相关业务与环境方面的信息，并用之于汽车市场营销活动。

汽车市场营销决策支持系统常用的工具有：

1）统计工具，其中包括多元线性回归、判别分析、因子分析和聚类分析。

2）模型，其中包括马尔可夫模型、排队模型、新产品预先测试模型和销售反应模型。

3）优化程序，其中包括微分学、数学规划、统计判断理论、对策论和启发性方法。

二、市场营销信息的类别

现在社会已经进入信息化社会，正确辨别和使用信息是每一个企业所必须解决的问题。在辨别和使用信息的过程中，对其进行分类是必不可少的，所有与企业营销活动相关的信息都分为外部信息和内部信息。

外部信息主要包括市场环境信息、消费者及其行为信息、关系信息、竞争信息、产品信息、价格信息和销售渠道信息；内部信息主要包括企业资源信息、企业营运信息和企业效益信息。

下面结合汽车企业对市场营销信息的外部和内部信息进行详细说明。

1. 外部信息

（1）市场环境信息　市场环境又称间接营销环境，是指间接地对企业市场营销活动产生影响或制约作用的那些外部因素。掌握这部分信息对现代企业具有越来越重要的意义。就汽车企业而言，主要的市场环境信息有以下六大类：

1）市场经济环境信息，主要包括经济形势、汽车相关能源和资源、国民生产总值、人均国民生产总值、汽车产业结构、地区和部门经济结构、积累和消费比例、财政收支、税种和税率、货币发行、信贷、利率、汇率、汽车市场总供给与总需求、汽车产品价格总水平，以及汽车行业投资状况等方面的信息。

2）政治法律环境信息，主要包括政治形势、政治体制、经济体制、国家对汽车行业的方针政策（如汽车排放法规等），以及法制和法治等方面的信息。

3）社会文化环境信息，主要包括文化教育、宗教信仰、社会阶层、价值观念、风俗习惯、社会舆论、社会流行、社会道德和审美情趣等方面的信息。

4）科学技术环境信息，主要包括汽车相关方面的基础研究、应用研究、技术开发、科技水平、科技投资、科研成果转换及其应用以及科技发展等方面的信息。

5）自然地理环境信息，主要包括自然环境、气候条件及其变化、自然灾害、地理位置以及地形地貌等方面的信息。

6）人口环境信息，主要包括人口数量、人口结构、人口增长、人口流动和人口分布等方面的信息。

（2）消费者及其行为信息　对于汽车企业，应掌握的消费者及其行为的信息主要有以下几方面：

1）消费者类型及其特征信息，主要包括汽车消费者的性别、年龄、民族、宗教信仰、受教育程度、收入水平、职业、社会阶层和价值观等方面的信息。

2）消费者的地理分布信息，主要包括汽车消费者在不同地区之间、城乡之间、不同地形之间以及不同气候条件之间的分布状况。

3）消费者的需要信息，主要包括汽车消费者的生理需要、生存需要、安全需要、社交需要、尊严的需要和自我实现的需要等方面的信息。

4）消费者的购买动机信息，主要包括汽车消费者购买时的常规动机、感情动机、情操动机、回顾动机、求实动机、求新动机、求美动机、求廉动机和癖好动机等方面的信息。

5）消费者的购买过程信息，主要包括汽车消费者从认识需求、判断需求、购买决定、购买成交和购后评价等各个环节的信息。

6）消费者的购买习惯信息，主要包括汽车消费者在购买时间、地点、支付习惯和汽车品牌偏好等方面的信息。

7）消费者的购买类型信息，主要包括汽车消费者在购买时所表现出来的习惯型、随机型、理智型、冲动型、经济型和想象型等购买类型方面的信息。

8）消费者的家庭信息，主要包括汽车消费者家庭的构成和规模、家庭的权利分配模式、家庭生命周期和家庭结构等方面的信息。

9）汽车消费者对汽车企业、汽车产品的评价和对汽车企业市场营销活动的反应信息。

10）汽车产品潜在消费者的有关信息。

（3）关系信息 汽车企业需掌握的关系信息主要有以下几方面：

1）供求状况（格局）信息，主要包括汽车产品供大于求、供求平衡和供不应求等状况的信息。现在我国汽车市场已经成为买方市场，大多数汽车产品都处于供大于求或供求平衡状态。

2）供求总量关系信息，主要包括汽车产品供求总量在不同时期的相互关系方面的信息。

3）供求结构关系信息，主要包括不同汽车产品在不同时期的供求形式结构等方面的信息。

4）供求变化与趋势信息，主要包括汽车产品供求变化的情况、原因和趋势等方面的信息。

（4）竞争信息 汽车企业需要掌握的竞争信息主要有以下几方面：

1）竞争与垄断的程度信息，主要包括汽车市场处于完全竞争、完全垄断、寡头垄断和垄断竞争等状态的信息。

2）竞争类别信息，主要包括对汽车市场处于经营要素竞争、商品货源竞争以及商品销售竞争等状态的信息。当今汽车市场的汽车产品销售竞争愈演愈烈。

3）竞争形式信息，主要包括对汽车市场处于使用价值竞争、技术竞争和服务竞争等状态的信息。随着汽车产品的逐步同质化，汽车产品的售后服务竞争将成为汽车企业面临的主要竞争形式；随着汽车能源危机的到来，有关新能源开发方面和与此相关的汽车技术方面的竞争也将长期存在。

4）竞争对手的概况信息，主要包括汽车企业竞争对手的数量、规模、经营实力、经营产品、市场占有率、企业形象、产品形象和经营效果等方面状况的信息。

5）竞争对手的竞争行为信息，主要包括汽车企业竞争对手的产品、价格、服务方式、销售组织结构、销售渠道、广告宣传、促销手段、人事制度和技术研发等方面的信息。

6）汽车企业自身在竞争中的地位信息，主要包括汽车企业所处的市场领导者、市场挑战者、市场追随者和市场补缺者等方面的信息。

7）本企业的竞争能力信息，主要包括汽车企业经营实力、汽车产品竞争能力、汽车产品分销能力、汽车产品价格竞争能力、促销能力、售后服务能力以及新产品开发能力等方面的信息。

（5）产品信息 汽车企业需要掌握的产品信息有以下几方面：

1）产品类型信息，主要包括反映汽车产品属于初级产品、中间产品和最终产品；耐用产品、易耗产品；时尚产品、选购产品和特殊产品；高档产品、一般用品和低档产品；生存资料、享用资料和发展资料等方面的信息。汽车产品属于最终产品、耐用产品，目前在我国仍属于选购产品、高档产品，属享用资料和发展资料的范畴；但随着人民生活水平的不断提高，汽车产品终将作为一般用品进入千家万户。

2）产品效用信息，主要包括各类汽车产品的功能、用途、使用方便性、实用性和安全性等方面的信息。

3）产品形式信息，主要包括各类汽车产品的室内容积、外观、品牌和式样等方面的信息。

4）产品服务信息，包括汽车产品售前、售中和售后服务等方面的信息。

5）产品品牌信息，主要包括汽车产品的品牌知名度、美誉度、品牌价值和品牌策略等方面的信息。

6）产品线和产品组合信息，主要包括汽车产品系列和汽车产品产量、类型以及汽车产品组合的长度、宽度等方面的信息。

7）产品生命周期信息，主要包括各类汽车产品的生命周期形态、长度、周期变化以及所处的生命周期阶段等方面的信息。

8）新产品开发信息，主要包括各类汽车企业的研究开发机构与人员，研究开发经费投入，新产品开发项目，新产品类型、数量和性能，新产品贡献率等方面的信息。

9）替代产品信息，主要包括汽车产品的各类替代产品的基本状况的信息。在我国地形主要为山地的地区，摩托车受到人们的普遍欢迎，如广西南宁市；而对于我国的各著名大都市，公交和地铁系统的发达程度在一定程度上影响着汽车产品的销量和受欢迎程度。

（6）价格信息　汽车企业需掌握的价格信息主要有以下几方面：

1）价格水平信息，主要包括汽车产品价格总水平、相关或竞争汽车产品的价格水平等方面的信息。

2）价格形式信息，主要指同类型、同档次汽车产品市场调节价格的信息。

3）比价与差价信息，主要包括各类汽车产品之间的比价与差价信息。

4）影响价格变化的各种因素信息，主要包括汽车产品供求、成本、资源、价格政策、产品生命周期以及竞争与垄断等影响价格变动的各种因素的有关信息。

5）定价目标信息，主要包括汽车产品的各类定价主体在定价时确定的最大利润，适当利润，生存、维持或扩大市场份额，防止或应付竞争等定价目标方面的信息。

6）定价方法信息，主要包括汽车产品的各类定价主体所选用的成本导向、需求导向和竞争导向等定价方法方面的信息。

7）支付时间信息，主要包括汽车产品交易时采用的延期付款、预付款等方面的信息。随着汽车金融业的不断成熟和发展，贷款买车的方式逐渐得到广大消费者的认可，于是有关支付时间的问题也被各大汽车企业提上日程。

8）信用信息，主要包括汽车产品交易中采用的商业信用与消费信用等方面的信息。汽车企业是否兑现其对顾客的承诺就涉及到汽车企业本身的商业信用。

（7）销售渠道信息　汽车企业需要掌握的销售渠道信息主要有以下几方面：

1）渠道类型信息，主要包括渠道中各种产销合一、产销分离、产销联合、经销商、代理商和经纪商等形式的渠道信息。大多数汽车企业都通过经销商和代理商销售其汽车产品。

2）汽车企业自身的销售组织与人员信息，主要包括汽车企业内销售组织、销售机构、销售人员及其销售能力、自销环节和比重等方面的信息。

3）各地区销售网络信息，主要包括汽车企业各类销售机构的数量、经营能力、销售特征和销售环节等方面的信息。

4）目标市场中间商的概况信息，主要包括汽车产品目标市场中各类中间商的数量、规模、类型、性质、资信和销售能力等方面的信息。

5）物流信息，主要包括汽车产品的仓储、运输和装卸等方面的信息。

6）通信信息，主要包括汽车企业信息网络、通信条件等方面的信息。

7）汽车企业自身产品的原有销售网络信息，主要包括中间商的销售成绩、同汽车企业的关系，以及对汽车企业的意见等方面的信息。

2. 内部信息

（1）企业资源信息 汽车企业需掌握的资源信息有以下几方面：

1）人力资源信息，主要包括汽车企业人员的数量、领导层、管理层、技术人员、文化结构、年龄结构、技术结构、性别结构、业务结构、素质、人员分工配置、人员变动、培训、工资分配、奖惩和招聘等方面的信息。

2）财力资源信息，主要包括汽车企业自有资金（股份制企业还需掌握其股份制结构）、借入资金、筹资渠道、筹资成本、资产负债率、固定资金和流动资金等方面的信息。

3）物质资源信息，主要包括汽车企业机器设备、厂房设施、能源供应和零配件供应等方面的信息。

4）技术资源信息，主要包括汽车企业的科研队伍、技术机构与组织、研究开发能力、科技投入、技术水平和技术协作等方面的信息。

（2）企业营运信息 汽车企业需掌握的营运信息，主要包括生产活动、技术活动、营销活动和管理活动等方面各种具体的信息。

（3）企业效益信息 汽车企业需掌握的企业效益信息，主要包括经济效益和社会效益两大方面各种具体的信息。

上述汽车企业掌握的内部信息和外部信息，从实践上看应该包括其历史信息、现时信息和未来信息；从性质上看应包括定性信息和定量信息。

三、市场调查的作用和重要性

1. 市场调查的作用

2004 年，中国汽车市场开始进入买方市场，同时各大汽车企业要面对更激烈的国际竞争，在这样的市场条件下，汽车企业经常会面临这样一些问题：花费很大的资金生产出来的汽车产品却找不到市场；开发出了一种符合购买者要求的汽车产品，并设计出了颇能吸引人的广告，但却错过了上市的最好时机；由于销售渠道没有找好，优良的汽车产品出现销路不畅等。在市场竞争激烈的情况下，出现这样的问题直接关系到企业的生存和发展，因而市场调查的作用就更加重要。对市场信息、资料收集得越多，分析得越准确，产品的销路则会越好，因此，市场调查已成为各大汽车企业共同关注的问题，其重要作用主要表现在以下几个方面：

（1）为汽车企业决策提供依据 经营决策决定了汽车企业的经营方向和目标，其正确与否直接关系企业的成功与失败。因此，瞄准市场，使生产或经营的汽车产品迎合消费者的需要是汽车企业经营决策中需要首先解决的问题。

一个汽车企业的产品有多大的市场，是指消费者对这个汽车企业产品的购买力有多大；而消费者是否会选择这种汽车产品，则需要汽车企业摸清以下情况：此种汽车产品被消费者认可的程度，对消费者有何吸引力；销售量是多大；是普遍需要还是哪一个特殊阶层需要；定价多高消费者可以接受；这种定价水平是否能使企业营利；广告宣传应侧重强调哪一个部分才能吸引更多人的注意；市场上是否有同种汽车产品；经销商对此种产品的看法，是否愿意经营。如果是一个出口型的汽车企业，市场调研还需了解更多的情况，如哪些国家对此种汽车产品需求量最大；汽车产品在进入国际市场前应作哪些改变；选择什么样的销售渠道；打入国际市场的成本支出有多大等等。在收集到相关资料后，才能根据汽车企业自身的实际情况，确定营销活动的最佳方案，作出决策。

就单个汽车企业来讲，它所生产或经营的汽车产品，也许是新产品，也许是市场上已经有的产品，也许还未最后决定未来将发展哪些汽车产品。只有通过市场调研，结合汽车企业自身的实际情况，才能决定是采用寻找同别人竞争的手段生产或经营已经在市场上出现的产品之策略，还是采用寻找市场缝隙之策略，以己之长，克他之短；还是采用同以往一样的策略，力争保持原有的市场份额。实际上，经营策略的正确与否建立在准确的资料来源的基础之上，再加上管理人员的正确判断，就会使汽车企业在代价很小的情况下，取得最好的效益。

在买方市场的情况下，占有市场不易，保持住市场份额更不易，这是汽车企业面临的一个长期的课题。因此，只有坚持不懈地进行市场调查，不断收集和反馈消费者及竞争者的信息，才能正确把握经营策略的制定和调整，从而在市场上站稳脚跟，立于不败之地。

（2）有助于汽车企业开拓市场，开发新产品　任何企业都不会在现有市场上永远保持销售旺势，要想扩大影响，继续盈利，就不能把希望寄托在一个有限的地区范围内。当一种汽车产品在某个特定市场上未达到饱和状态时，汽车企业就应开始着眼于更远的市场，这是企业谋求发展的需要；而当汽车产品在某一地区或某一消费者群中出现饱和时，开辟远方市场，使产品向更多更远的地区辐射就成为非常迫切的问题了。通过市场调查活动，汽车企业不仅可以了解其他地区对汽车产品的需求，甚至可以了解到国外市场的需求情况，它使汽车企业掌握了该向哪些地区发展、有无发展空间的有用信息，从而决定下一步的经营战略。

消费者的需求受社会、个人、心理和生理因素的影响；它不是靠经验和主观判断就可以确切把握的。在汽车产品丰富的情况下，消费者的需求会更加苛刻，选择性也会增强，对新汽车产品的认可也会越来越快，这对汽车企业维持老汽车产品的销售会产生不利的影响；但对开发新产品来说，则存在着很多成功的契机。市场调查可以使汽车企业了解和掌握消费者的消费趋向、新的要求以及对本企业产品的期望等等。如果调研结果表明开发新产品或改造老产品才能维持汽车企业应有的收益时，那么汽车产品生产的及时转向就会使汽车企业的销售出现新的高潮。

（3）有利于汽车企业在竞争中占据有利地位　“人无我有，人有我优，人优我转”的经营策略是每一个企业对付市场竞争的有效方法，汽车企业亦不例外。知己知彼，才能跟竞争对手进行较量，而这同样要借助于市场调研，通过调查摸清竞争对手占有市场的情况以及竞争产品之所以受欢迎的原因。

要达到在竞争中取胜的目的，就必须掌握竞争对手的经营策略、产品优势、经营力量、促销手段及未来的发展意图等等。汽车企业面对的可能是一个竞争对手，也可能是多个竞争对手，是采取以实力相拼的策略，还是采取避开竞争、另觅新径的策略，要根据调查结果并结合汽车企业实际作出决断。要在竞争中占据有利地位，并不一定非要进行直接的面对面的竞争，因为直接竞争的损耗将会很大。因此，通过市场调查，了解对手的情况，就可以在竞争中绕开对手的优势，发挥自己的长处，或针对竞争对手的弱点，突出自身的特色，以吸引消费者选择本企业的产品。一旦竞争决策有误，经营的失败不仅表现为市场占有率的减少，也意味着竞争对手力量的进一步强大。显然，市场调查对汽车企业在市场竞争中的取胜意义重大。

(4) 促进汽车企业经营管理的改善，增加销售，增加营利　汽车企业生产或经营的好坏，最终取决于经营管理者的管理水平。重视市场调查，不断收集和获取新的信息，才能熟知生产和管理技术发展的最新动态，找出自身的差距，从而向更先进的水平靠拢。

市场作为商品交换的场所，具有比较商品的功能。不论汽车企业的生产能力、技术水平、生产设施和成本支出的情况怎样，生产的汽车产品都要被置于市场上来进行比较。由于市场只承认在社会必要劳动时间内生产出来的产品，最终能够站稳市场的将是那些生产低投入、低损耗、高产值和高质量汽车产品的企业。如果汽车企业的经营管理水平高，能够有效地调动现有资源，并合理调配，进行最佳组合，就可以达到降低成本、减少损耗的目的。通过市场调查更多地了解其他汽车企业的优势和先进技术，才能学习或借鉴他人的长处，提高自身的管理水平和竞争能力。

现代经营管理注重的是科学化和理性化的管理。它是建立在拥有大量数据和文字资料基础之上的。管理决策不能凭经验，而要以对大量资料进行分析后的结果为依据，作出科学的判断。因此，重视市场调查是提高汽车企业管理水平的基础。

当今的时代是科学技术飞速发展的时代，吸收和采纳新技术的水平和速度是一个企业经营管理水平高低的重要标志。市场调查可以及时掌握与汽车企业相关领域新产品和新技术的发展状况，为采用新技术和新设备创造良好的条件。只有不断采用高新技术的汽车企业，才能超前于其他同类汽车企业，保持自己的竞争优势。同时，高新技术要求新的管理方式和经营观念，它们之间相辅相成，促使汽车企业不断改善管理水平，以达到高产值、低消耗、多销售和少支出的目的。

2. 市场调查的重要性

为了适应市场的变化，汽车营销企业越来越重视汽车市场调查工作。在信息技术时代，信息已和资金、材料、设备和人力等并列为管理的五大资源。随着汽车市场由卖方市场向买方市场的转变，汽车市场竞争由价格向非价格竞争发展，这使得汽车企业对汽车市场营销信息的需要比过去任何时候都更为强烈。任何汽车企业要经营，首先应该具备的就是信息。信息是作任何决策的基础，如果缺乏有效信息的支持，则所有决策都是主观臆测，由此可见信息的重要性。特别是汽车销售商在决定代理车型、兴建展示厅时，往往牵涉上千万元的投资，所以更需要依据正确、有效的信息。市场动向把握不准，即市场信息不灵容易导致经营决策失误。

信息来源的一个重要途径就是汽车市场调查。汽车市场调查是汽车营销企业营销活动中必不可少的重要组成部分。实践证明，在十分复杂、竞争激烈的经营环境中，只有通过认真细致、有效的汽车市场调查，才能制定出切实可行的营销战略，使汽车营销企业立于不败之地。汽车市场调查的重要性主要表现在以下几个方面：

1）通过汽车市场调查，可以科学、系统和客观地收集整理和分析市场营销的资料、数据和信息，使汽车营销企业能够制定有效的市场营销决策。

2）通过汽车市场调查，可以发现新的需求和机会，及时地开发出新的产品或服务去满足这些需求。

3）通过汽车市场调查，可以掌握竞争者的态势，使汽车营销企业在竞争中知己知彼，保持清醒的头脑，以永远立于不败之地。

4）通过汽车市场调查，还可以了解到宏观上的国家政策、法律和法规的变化对汽车企业发展的影响，预测未来经济走向，抓住发展机会。

5）汽车市场调查是汽车营销企业取得良好经济效益的保证。

总之，搞好汽车市场调查，对于科学地进行战略决策，制定发展规划，确定经营目标，制定市场价格，改善汽车营销企业经营，提高管理水平，提高经济效益，求得企业发展，都具有十分重要的作用。只有在进行汽车市场调查的基础上，才能找准汽车营销企业的销售对象，才能使用恰当的媒介去影响销售对象，从而起到扩大汽车企业影响、提高销售收入的作用。

第四节 市场调查的内容和类型

一、市场调查的内容

市场调查的内容是很广泛的，企业可根据确定的市场调查目标进行取舍。一般说，市场调查的内容主要涉及以下五个方面：

1）社会环境调查。

2）市场需求调查。

3）产品调查。

4）市场营销活动调查。

5）竞争对手状况调查。

下面结合汽车企业分别予以说明。

（一）社会环境调查

消费者的任何活动脱离不开所处的社会环境，企业的生产、经营活动也一样。一个地区的社会环境是由政治、经济、文化、气候和地理等因素所组成的，而这些因素往往是企业自身难以驾驭和影响的。只有在了解的基础上去适应它，并将其为我所用，才能取得经营的成功。对汽车企业而言，社会环境调查包括以下几个方面。

1. 政治环境

（1）政府的经济政策　一般说来，政府的经济政策（包括对外经济政策）是为了适应本国经济条件和利益制定的。在我国，由于各地区生产力水平、经济发展程度的不同，政府对各地区的经济政策也不同，有些地区的经济政策宽松些，有的严格些；对行业也采取倾斜政策，对不同的行业采取不同的优惠、扶持或限制政策，这些都会对企业的经营活动产生影响。汽车企业是我国国民经济的支柱产业，受到国家的大力支持和扶植，国家制定了专门的汽车产业政策，这是在我国境内的各大汽车企业都必须遵守的。对于进入国际市场的汽车企业，还需了解当地政府的对外经济政策。当地政府对于外国投资是鼓励还是限制，对汽车产品优惠、保护、减税或限制、加税的政策如何，对投资方或供应方都会产生有利或不利的影响。此外，在不同时期，国家对经济政策也会作出相应的改变或调整，这会波及各个地区各个行业，因而对汽车企业的经营也会产生影响。

（2）政治体制　这方面的调查，是进入国际市场的汽车企业需要认真考虑的问题。外国的体制是否与本国相同，是资本主义还是社会主义，是民主还是专制；其政党是多党制还是一党制，亦或两党轮流制；各派的政见有何不同，地位怎样等等，对国家经济政策、法规的制定和实施都会产生影响，尤其是当地政府对外国汽车产品和投资所采取的积极或消极的态度，是调查中需要考虑的重点。

(3) 政策的连续性和政府的稳定性　政策的连续性对于汽车企业有一个良好的外部经营环境具有重要作用。政策随着时间和条件的改变会有所变化，但相对稳定性则是必须的。

汽车企业应对政府有关经济政策和法规目前的状况、未来一段时间内将作何调整、会在什么时候什么条件下作出调整有一定的了解，从而制定相应的应对措施。

2. 经济环境

(1) 经济发展水平　它主要影响汽车市场容量和汽车市场需求结构。经济发展水平增长快，就业人口就会相应增加，而失业率低，各类企业开工率高以及经济形势的宽松，必然引起各种消费需求的增加和消费结构的改变；反之，需求量就会减少。

(2) 经济特征　它包括某一地区或国家的人口、收入、自然资源及经济基础结构等。这些因素都会在不同程度上影响汽车市场，如中东地区石油资源丰富，因此这一地区的汽车销量受世界汽车能源危机的影响较小。

(3) 贸易政策和法规　国外市场的贸易政策和法规，是进入国际市场的汽车企业必须了解的情况。有关贸易的政策和法规，包括该国的关税情况、配额分配情况、国内税、货币管制措施以及卫生与安全规定等。在贸易保护主义日益加重的情况下，各国的非关税壁垒也日益严重。如果不全面了解当地的有关法规，必然会导致汽车企业经营的失败。

3. 文化环境

每一个地区或国家都有自己传统的思想意识、风俗习惯、思维方式、宗教信仰、艺术创造和价值观等，它构成了该地区或国家的文化并直接影响人们的生活方式和消费习惯。对于汽车市场经营人员来说，汽车产品经营活动必须适合当地的文化和传统习惯，才能得到当地人的认可，汽车产品才能被人们所接受。

在构成文化的诸因素中，知识水平影响人的需求构成及对产品的评判能力。知识水平高的地区或国家，科技先进、性能复杂的产品会有很好的销路，而性能简单、易于操作和价格便宜的产品则在知识水平低的国家能找到很好的销路。因此，汽车产品在知识水平高的地区或国家往往销售得较好。在文化因素中，还有一个不容忽视的方面，即宗教信仰及传统的风俗习惯。市场营销活动应尊重当地的宗教信仰，否则会引起当地人的反感，导致营销活动的失败。例如，两厢车在国外十分畅销，但在引入中国市场的初期并没有得到消费者的认同，这与部分中国消费者认为两厢车有“断后”、“有头无尾”的忌讳不无关系。

4. 气候和地理环境

在不同的气候条件下，消费者对汽车产品的选择会有所不同，如针对高寒地区生产的汽车产品，必须具备在低温条件下良好的起动、运行性能。地理因素就是各地区的地理环境，如山区、平原、高原以及江河湖海流经地区或远离水资源地区等等。地理环境决定了地区之间资源分布状态、消费习惯、消费结构及消费方式的不同，因而汽车产品在不同的地理环境下的使用程度和需求程度会有很大差别，由此引起销售量、销售结构及销售方式的不同。

以上所述社会环境的各个因素并不以汽车企业的意志为转移，因此市场调查首先要对汽车企业所处的环境进行调查，以便对这些不可控制因素的特征有充分了解，从而避免在经营中出现与周围环境相冲突的情况，并尽量去利用环境中有利于汽车企业发展的方面，保证经营活动的顺利进行。

（二）市场需求调查

对企业来说，市场就是具有一定支付能力的需求。市场容量大小制约着企业生产、经营的规模。没有需求，就谈不上具有市场容量，就无法进行生产；需求变化，生产也会随之发生变化。因此，针对汽车消费者所进行的调查是汽车市场调查中最基本的部分。

1. 消费需求调查

汽车产品消费需求量直接决定汽车市场规模的大小。除了前面所提到的社会环境对汽车产品需求量的影响作用以外，影响汽车产品需求量的因素还有以下几方面：

（1）货币收入　在拥有一定货币收入的条件下，消费者才可能挑选和购买自己所需的汽车产品。货币收入主要来自以下几个方面：

1）劳动收入，如职工的工资收入、奖金；农民出售农产品所获得的收入；从事兼职工作所获得的工资以外的收入；有偿转让或出售自己的发明专利所获得的收入，等等。这部分收入是消费者货币收入来源中最基本、最主要的部分。随着国家经济水平的发展，劳动生产率的进一步提高，这部分收入呈不断上升的趋势。

2）从财政信贷系统获得的收入，如助学金、奖学金、救济金和储蓄利息等等。

3）其他方面的来源，如股息收入、亲属的赠予以及接受的遗产等。

需要注意的是，不同的收入阶层，货币收入的多少是有很大差别的。不同收入阶层会根据自己的收入水平选择适合本人身份及收入的汽车产品。

（2）人口数量　是计算汽车产品需求量时必须考虑的因素。因为人口数量多，对汽车产品的需求量往往就大；但在考察某一汽车产品的市场销量可能有多大时，还要将人口因素与货币收入联系在一起，人口数量大并不意味着对汽车产品的需求潜力大。市场＝人＋购买力＋购买欲望，在低工资、低收入或货币收入增长缓慢的情况下，尽管人口数量大，但对汽车产品并不一定就形成现实的购买力，可能要在一段时期或很长时期以后才会体现出来，真正形成购买力。如果只考虑某地区人口数量多，就认为汽车产品肯定好销，则很有可能出现事与愿违的情况。

2. 消费结构调查

消费结构，是指消费者将其货币收入用于不同商品的比例。它决定了消费者的消费投向。对消费结构的调查包括以下几个方面的内容：

（1）人口构成　由于人口的性别、年龄、职业、文化程度和民族等的不同，其消费投向会有很大的差异。就汽车产品而言，年轻人喜欢追求动感、刺激，年长者则更在意舒适、安全；女性消费者追求时尚、小巧，男性消费者追求大度、气派；成功人士把车当作身份的象征，普通消费者则更看重汽车的实用性等等。汽车企业可以根据这些特点来制定和调整汽车产品营销策略。

（2）家庭结构　也就是家庭成员的组成。目前，我国的家庭大多数都是三口之家，两个大人一个子女的家庭类型已具有普遍性。由于家庭人口不多，且两人只负担一个孩子，所以这样的家庭其购买力的潜力就很大。另外，研究发现，我国女性在家庭购买汽车时具有决策权的比例正在升高，这些无疑都对汽车企业制定营销策略具有指导意义。

（3）收入增长状况　经济增长，收入水平也会随之相应增加。根据恩格尔系数所测算的消费结构的比重变化，当人们收入增加时，用于吃、穿方面的支出比重逐渐下降，而用于住、用方面的支出比重呈上升趋势。随着人们收入的增加和生活水平的提高，人们对生活质量的要求也会提高，汽车终将作为一般消费品进入千家万户。

(4) 汽车产品供应状况以及价格变化　汽车产品的供求变化和价格水平会使消费者的需求发生变化。汽车企业只有时刻关注汽车市场的供求变化，从而掌握消费者的需求动向，不断调整营销策略，才能在激烈的市场竞争中立于不败之地。

3. 消费者行为调查

满足消费者的需求是汽车企业生产和营销的根本任务，所以消费者行为调查是汽车企业市场调查的主要内容。汽车消费者行为调查主要涉及以下几个方面：

1）消费者人群特征（性别、年龄、职业、文化程度和收入状况）。

2）消费认知（产品认知、品牌认知）。

3）消费者行为方式（购买地点、购买目的）。

4）消费者信息来源渠道。

有时需要了解一些更深层次的原因，这时汽车消费者行为调查还会包括以下几个方面：

(1) 消费者心理需要　是促成消费者购买行为的关键因素。由于心理需要具有多变性、多样性和复杂性，所以非常有必要调查汽车消费者处于何种心理需要来购买汽车产品。

汽车消费者心理需要表现在以下几个方面：

1）同步心理需要，即在社会风气、潮流和时尚的影响下，赶时髦、追潮流的心理需要。

2）偏爱心理的需要。由于业余爱好、职业习惯和生活环境的影响，从而产生对某种汽车产品的特殊爱好。

3）经济心理需要，即注重经济实惠、价廉物美和货价相等的心理需要。

4）便利心理需要，即要求汽车产品易维修和使用的心理需要。

5）美观心理需要，即要求汽车产品美观、使人赏心悦目或产生舒适感的需要。

6）求名心理需要。为保证汽车产品质量以及为体现一定的社会和经济地位而产生的挑选名牌、以汽车产品品牌来决定购买的心理需要。

如果能抓住起关键作用的几种心理因素，在汽车产品设计、广告宣传等方面强化某种效果，就会达到吸引顾客、促进购买的目的。

(2) 消费者购买行为类型　根据汽车消费者购买行为的不同态度进行分类，主要分为以下几种：

1）理智型购买，即根据自己的经验和学识判别汽车产品，对汽车产品进行认真的分析、比较和衡量后才作出决定，而且不愿意外人介入。

2）感情型购买，即在购买时因感情因素的支配，容易受到某种宣传和广告的吸引，以汽车产品是否能符合感情的需要进行购买。

3）冲动型购买，即消费者为汽车产品的某一方面（样式、价格等）所强烈吸引，迅速作出购买决策，而不愿对汽车产品作反复比较。

4）经济型购买，即消费者多从经济方面着眼考虑购买汽车产品，特别是对价格非常敏感。

5）随意型购买，即消费者缺乏购买经验，或随大流，或奉命购买，并乐于听取别人的指教。

（3）消费者的决策过程　汽车消费者的购买行为与决定消费行为的决策过程有关，汽车消费者的决策程序有以下几种情况：

1）长期的决策过程，即消费者探询有关汽车产品的具体细节情况，然后把各种信息来源进行整理、分类比较和评价，选择出最佳方案进行决策。

2）限定的决策过程，即消费者不经过外部探索这一阶段而作出的决策，如某人在再次购买汽车时，仍选择与其原来使用的汽车品牌相同的汽车。

3）习惯性的购买决策，指既不通过外部探索也不经过评价过程，而是按照以往的习惯迅速直接地作出购买汽车产品的决策，如某些人在购买商品时习惯于购买他所喜欢的品牌中最贵的那一款，则他们在购买汽车时也可能会作出同样的决定。

4）突发性的购买决策，指消费者没有经过探索评价的过程，因对某款汽车产品所表现的某种特征极感兴趣或极为满意，而迅速作出购买该汽车产品的决策，如在非典期间，北京现代公司推出的某款车由于安装了空气净化装置而大受欢迎。

尽管汽车企业的营销人员无法直接塑造或操纵消费者文化、家庭的建立以及人格或其他心理特征，但可以通过调查来了解这些因素，以便能以积极主动的方法去影响消费者的决策过程。

（三）产品调查

汽车产品调查主要有：产品生产能力调查、产品实体调查、产品生命周期调查以及产品价格调查。

1. 产品生产能力调查

汽车企业生产能力与汽车产品的市场可供应量直接相关，同时汽车企业的生产能力也直接关系到汽车企业的生产成本，因此关系到汽车企业未来发展的潜力。对汽车企业生产能力的调查主要包括以下内容：

1）原材料和零配件来源。一般的，汽车生产企业的大部分零部件都是由外部提供的，因此是否能保证按时供应、充分供应是十分重要的。

2）汽车生产线的现代化程度，机器设备的先进程度。

3）技术水平情况，指汽车产品采用的是否是先进技术，技术水平在同行业中处于什么样的地位。例如，发动机被看做汽车的“心脏”，发动机的技术水平在一定程度上代表了汽车的先进程度。

4）资金状况，指汽车企业的生产成本与利润、贷款与自由资金的比例、负债情况和资金周转等。

5）人员素质，包括汽车企业管理人员、设计人员及实际操作人员的资历、学历和经验等。

2. 产品实体调查

汽车产品实体调查是指对汽车产品本身的性能质量、规格和式样等因素的调查。

（1）产品性能质量调查　产品性能质量是产品最基本的内容，也是消费者最为关注的问题。汽车产品的性能质量，直接关系到汽车产品的实用性、耐用性、安全性和维修方便性等问题。

（2）产品规格、式样等方面的调查　消费者的需求是丰富多彩的，不同的消费者对汽车产品的规格、式样等有不同的爱好和需求。汽车企业可以通过这方面的调查，生产出满足消费者需求的不同规格、式样的汽车产品。

3. 产品生命周期调查

汽车产品的生命周期包括导入期、增长期、成熟期和衰退期四个阶段。汽车企业首先要通过对汽车产品的销售量、利润率、经营者和消费者对汽车产品的兴趣等方面的调查，明确自己所生产和经营的汽车产品处于生命周期的哪一阶段，再针对汽车产品所处阶段进行内容不同的调查：

1）当汽车产品处于导入期时，汽车产品初次进入市场，带有一定风险性。此时市场调查的重点应是：消费者选择此种汽车产品的动机，消费者对此种汽车产品价格的承受力，消费者对此种汽车产品的需求程度。

2）当汽车产品处于增长期时，汽车产品已在市场上保住了自己的阵地，并开始出现上升的势头。这时的调查内容应包括：汽车产品受欢迎的原因，汽车产品在哪些方面尚有不足并需要改进，是否出现了竞争产品，潜在的消费需求量有多大。

3）在汽车产品的成熟期，汽车产品已进入销售的最高点，市场上出现了多家竞争者。此时汽车生产企业应考虑转向或改进汽车产品，因而对市场的调查应着重在：消费者减少购买的原因，竞争产品的优势。

4）当汽车企业已确定汽车产品进入衰退期后，就要停止生产或经营，而转向其他汽车产品。这时，汽车企业应着重调查有何新产品可以替代老产品。

4. 产品价格调查

汽车产品定价除了需要考虑汽车产品的生产成本及费用支出的多少以外，还要视市场及竞争情况而定。汽车产品的同质化导致汽车市场上各档各类汽车产品的竞争对手都很多，汽车产品的价格弹性增强，所以要对调价后引起的销售量的增加或减少进行调查，以指导调价。此外，汽车产品定价的高低与目标市场消费者的购买力高低也有关系。因此，在汽车产品定价方面，需要调查的内容有以下几方面：

1）目标市场不同阶层消费者对汽车产品的需求情况。

2）竞争产品的定价水平及销售量。

3）采用浮动价格是否合适，提价和降价可能引起的反应。

4）目标市场不同消费者对汽车产品价格的预期。

5）现有定价能否使汽车企业营利及其营利水平，汽车企业在汽车行业中所处的地位。

（四）市场营销活动调查

1. 分销渠道调查

分销渠道是指汽车产品从生产领域进入消费领域所经过的中间环节。在汽车营销活动中，一般的汽车企业都通过经销商或代理商销售其汽车产品。

汽车企业在选择经销商或代理商时需要作下列调查：

1）汽车产品最常见的流通渠道或分销渠道的情况。

2）现行分销渠道中最成功的类型是哪种。

3）市场上经营汽车产品的经销商，尤其是主要经销商经销汽车产品的要求和条件。

4）经销商除了经销汽车产品以外，是否还承担其他促销业务，如广告宣传、售后服务等。此外，经销商需要什么样的帮助，如技术培训、资金扶持等。

5）经销汽车产品的竞争情况，成功者的优势是什么。

6）经销商维持的一般库存量是多大。

7）汽车产品在每一环节的加价或折扣是多少。

汽车企业在选择分销渠道时，还要考虑到自己的目标市场，有些经销商的实力很强，推销有力，但可能不愿花费更多的人力、物力向目标顾客进行推销；而有些经销商尽管实力不太雄厚，但却被目标顾客所接受和欢迎，他们也会全力去推销汽车产品。

2. 促销调查

促销的主要目的，是向消费者传递汽车产品和服务的信息，激发消费者的购买欲望，以便扩大销售。促销活动形式多样，除了人员推销外，还包括广告宣传、公关活动、现场演示和降价销售等。促销活动调查应着重调查消费者对促销活动的反应，了解消费者最喜爱的促销形式。在汽车产品的不同生命周期或不同季节的情况下，采用哪一种或几种促销方式效果更好，需要依据调查资料来进行决策。

（1）广告调查　在制作广告前应进行的调查活动包括以下几个方面：

1）广告信息调查，包括广告主题调查、广告文案测试。

2）广告媒体调查，包括媒体分布（各媒体的单位数，报纸、杂志发行数，电视机、收音机数量，户外广告牌数量等）、媒体受众（受众人群特征、阅读率和传阅率）以及广告受众。

根据对上述两项内容的调查，可以进一步分析消费者的需求水平、潜在需求以及购买时间和地点等，从而决定采用什么样的广告主题和广告媒体，并估算广告制作、播放或刊登的费用。

一个广告播出之后，专家或专业人员与一般的受众对其会有不同的理解和看法，有时他们之间的看法会截然相反。但由于广告本身所具有的商业特征，广告是否成功主要取决于其推销汽车产品的功效，因此，在广告播出后进行的广告效果的调查要考虑从销售效果、传播效果方面进行：

1）广告知名度、广告信息到达率。

2）公众对广告内容的记忆率。

3）态度改变和行为改变。

4）消费者对广告内容、方式的建议。

（2）其他促销活动的调查　促销活动除了广告以外，还有降价、优惠销售、现场演示和馈赠礼品等方法。这些促销活动的调查主要有下列内容：

1）采用优惠、赠品等促销方法以后，销售额的增加幅度，消费者的反应是积极的还是漠不关心。

2）有多少本打算购买其他品牌汽车的消费者在上述促销活动进行以后购买了本企业的汽车产品。

3）新汽车用户对车辆使用情况的反应如何。

4）促销活动开展以后市场占有率的变化，在市场竞争中地位的变化。

3. 销售服务调查

汽车产品的售前、售中和售后服务已日益成为广大消费者购买汽车时考虑的重要因素。为此，各大汽车企业为了在激烈的市场竞争中取得优势，纷纷开始在服务上做文章。汽车企业对销售服务的调查主要应了解以下三方面内容：

1）消费者所需要服务的具体内容和形式。

2）汽车企业目前所提供服务在网点数量、服务质量上能否满足消费者的要求，消费者对目前服务的意见反映。

3）调查了解竞争者所提供服务的内容、形式和质量情况。

（五）竞争对手状况调查

汽车企业要想使自己在激烈的市场竞争中处于有利地位，就要做到“知己知彼”，因此要对竞争对手进行调查。汽车企业对竞争对手状况的调查，主要有以下几方面：

1）有没有直接或间接的竞争对手，如有是哪些。

2）竞争对手所在地和业务范围。

3）竞争对手的资金状况、生产规模。

4）竞争对手汽车产品的类型、价格、质量和服务水平。

5）竞争对手在消费者和客户中的声誉和形象。

6）竞争对手的技术水平和新产品开发经营情况。

7）竞争对手的销售渠道和促销方式。

8）竞争对手的整体广告宣传手段和广告策略。

9）现有竞争的程度（市场占有率、市场覆盖面等）。

10）潜在竞争对手状况。

因此，汽车企业通过对竞争对手的分析，一方面可以借鉴竞争对手的长处和经验；另一方面又可以以此为依据确定企业竞争策略，以达到以己之长，克人之短的功效。

二、市场调查的类型

市场调查的类型按照不同的标准可以划分为不同的类型，下面结合汽车市场分别予以说明。

1. 按照市场调查的范围划分

根据市场调查的范围不同，市场调查可划分为专题性市场调查和综合性市场调查。

（1）专题性市场调查　简称专题调查，是指市场调查主体为解决某个具体问题而对市场中的某个方面进行的调查。这种市场调查具有组织实施灵活方便、所需人力物力有限、对调查人员的要求相对低些的优点。但是，它也存在提供的信息具有某种局限性，市场调查主体无法凭此对市场进行全面了解等不足。当汽车企业面临某些涉及面有限的具体问题需要作出决策时，只要所提供的信息能保证满足决策所需，专题调查就是合理的选择。事实上，汽车市场调查大多数是专题调查。

（2）综合性市场调查　简称综合调查，是指市场调查主体为全面了解市场的状况而对市场的各个方面进行的全面调查。相对于专题调查而言，综合调查涉及市场的各个方面，提供的信息能全面地反映市场的全貌，有助于市场调查主体正确了解和把握市场的基本状况。但是，由于这种市场调查涉及的面广，组织实施比较困难，不但需要投入相当多的人力物力，费时费钱，而且对调查人员的要求也相对要高。一般而言，汽车企业只有在必要时才组织实施这种市场调查，在实践中较少使用。

2. 按照市场调查的目的划分

根据市场调查的目的不同，市场调查可划分为探测性市场调查、描述性市场调查和因果性市场调查。

（1）探测性市场调查 这是为了使企业经营中存在的问题能够明确而进行的市场调查。当汽车企业对存在的问题不明确、不清楚的情况下可以开展此种调查，其目的是通过收集一些有关的市场资料，确定汽车企业经营中存在问题的症结。例如，若某汽车企业近一段时期销售额持续下降，汽车企业不明白产生这一问题的症结：是市场已经饱和？广告宣传不力？销售价格偏高？还是消费者偏好改变？要找到销售额下降的问题症结，就可采用探测性市场调查。

通常，探测性市场调查的作用在于发现问题的端倪，而不能揭示问题的本质。因此，探测性市场调查大都作为一个大型的汽车市场调查项目的开端，属于初步的市场调查。通过探测性市场调查可以查明问题的症结，为进一步探讨问题的解决办法打下基础。

探测性市场调查具有一些明显的特征：

1）从所需的信息资料看，由于这种调查往往处于调查活动的初期，对所需的信息还只能给以大致的定义，并没有明确的规定。

2）调查的过程富有弹性，并非严密规定。

3）所选择的样本规模较小，且并不强调其代表性。

4）获取的信息资料主要是反映事物本质的定性信息。

5）调查结果应被视作尝试性的，或应被作为进一步调查的基础。

总之，灵活性和多样性是探测性调查的最主要特征。常规的市场调查方案和程序很少被全盘采用，严密设计的调查表、大规模的样本、随机抽样技术等亦很少采用。相反，调查人员在调查过程中需随时捕捉各种信息，形成新的概念和理解，然后沿新的方向开展探测性调查。由于调查的重点有可能经常变换，所以调查人员的创造性和才智在探测性市场调查中起着重大的作用。

探测性市场调查方法较为简单，一般未必制定严密的调查方案，灵活性大。常用的调查方法有第二手资料的收集、小规模的试点调查、定性调查以及专家或相关人员的意见集合等。

（2）描述性市场调查 是指企业对有关市场现象、市场因素作准确、如实反映的调查。例如，某汽车企业欲调查购买本企业汽车产品的顾客是一些什么人，他们的性别、年龄、职业、收入和文化程度等怎样？他们对产品看法如何？这样的市场调查就属于描述性市场调查。描述性市场调查要求对所研究的市场现象、市场因素作客观而全面的反映，所以称为描述性的调查。描述性市场调查的结果通常仅说明事物的表征，并不涉及事物的本质及影响事物发展变化的内在原因，它是一种最基本、最一般的市场调查。

描述性市场调查通常被用于下述情形：

1）描述相关群体的特征。例如，描述消费者、销售人员、组织和地区市场等的特征。例如，对汽车产品的购买者进行调查，把其归类为理智型购买者、冲动型购买者和随意型购买者等不同的类型。

2）确定消费者或顾客对产品或劳务特征的理解和反应。例如，确定消费者对汽车产品的质量、价格、款式和品牌等的理解以及这些因素对其购买决策的影响。

3）估计某个特殊的群体在具有某种行为特征的群体中的比重。例如，估计白领阶层中购买中档车的比重。

4）确定各种变量对市场营销问题的关联程度。例如，确定汽车销售量与汽车价格水平之间的关系等。

常见的描述性市场调查有以下几方面：

1）市场分析研究，如对汽车市场的基本状况，包括对市场结构、市场规模、市场供求、消费者及其行为和市场竞争等的调查分析。

2）销售分析研究，如对汽车产品的销售情况，包括对汽车产品的市场份额、在不同地区的销售，不同产品线的销售、以及汽车产品的销售变化趋势等的调查分析。

3）产品分析研究，如对汽车产品的基本状况，包括对汽车产品的品质、特征、市场生命周期、使用性能和发展趋势、消费领域和模式等的调查分析。

4）销售渠道研究，如对汽车产品流通中的商流和物流形式、流通环节，中间商的类型、数量和地理分布等的调查分析。

5）价格分析研究，如对市场上汽车产品的价格水平、价格变动、定价方法以及消费者和顾客对价格变动的反应等的分析研究。

6）形象分析研究，如对汽车企业的总体形象、人员形象和产品形象等的分析研究。

7）广告分析研究，如对各种汽车广告媒体的特征、受众对汽车广告媒体的反应等的分析研究。

描述性市场调查需要有一套事先设计好的计划，有完整的调查步骤，并给出所调查问题的最后答案。对调查所需的信息资料需作明确定义，样本规模较大，并有代表性。对资料来源需作仔细选择，要有正规的信息收集方法。一般而言，描述性市场调查的信息来源很多，几乎各种来源的汽车市场信息都可用于描述性市场调查，调查的方法也可包括各种类型。

（3）因果性市场调查　这是为了研究两个市场变量之间是否存在因果关系的调查。如果一种市场现象的变化会引起另外一种市场现象的变化，则前者称为原因、后者称为结果，这两种市场现象之间就存在着因果关系，如消费者的收入和消费者选择购买的汽车的档次。如果说，描述性市场调查侧重回答“是什么”？那么，因果性市场调查侧重回答“为什么”。因果性调查旨在发现现象之间的因果关系。

因果性调查涉及事物的本质，即影响事物发展变化的内在原因。市场营销管理者更多的是根据事物之间内在的因果联系作出营销决策的，因此，因果性调查是一种十分重要的市场调查。

3. 按照市场购买主体划分

根据市场购买主体不同，市场调查可划分为消费者市场调查和生产者市场调查。

（1）消费者市场调查　对汽车消费者进行的市场调查就属于消费者市场调查。消费者是指以满足个人生活需要为目的的商品购买者和使用者。在消费者市场，购买主体是个人或家庭这类消费者。消费者市场是最终产品的消费市场，消费者市场调查的目的，主要是了解消费者需求数量和结构及其变化。而消费者的需求数量和结构的变化，受到多方面因素的影响，如人口、经济、社会文化、购买心理和购买行为等等。

（2）生产者市场调查　对汽车企业进行的市场调查就属于生产者市场调查。生产者市场购买主体是生产性的企业，其购买目的是为了生产出新的产品或进行商品转卖。生产者市场是初级产品和中间产品的消费市场，涉及生产领域和流通领域。生产者市场调查主要是对市场商品供应量、产品的经济寿命周期，以及商品流通的渠道等方面内容进行调查。

4. 按照市场调查的时间要求划分

根据市场调查的时间要求不同，市场调查可划分为定期市场调查、经常性市场调查和一次性市场调查。

（1）定期市场调查　是指企业针对市场情况和经营决策的目标，按时间要求定期所作的市场调查，其形式有月末、季末和年终调查等。通过定期调查，分析研究一定时间内企业经营活动的内部和外部信息，以便科学地认识市场环境，定期按计划指导业务经营活动。

（2）经常性市场调查　也叫不定期的市场调查。它是根据企业经营活动的实际需要，组织进行不定时的连续调查，如汽车企业对汽车产品质量的调查、消费者对汽车企业售后服务质量的调查都属于经常性市场调查。在经常性调查中，每次调查的时间、内容都是不固定的。

（3）一次性市场调查　也叫临时性市场调查。它是为解决企业某一经营问题的特殊需要，而组织进行一次的调查。问题解决了，市场调查也就结束了。例如，某汽车企业要开发新产品，对新产品开发的可行性进行一次专门的市场调查，就属于一次性市场调查。

此外，市场调查按产品层次不同，可区分为很多不同商品类别或商品品种的市场调查。如按汽车产品大类可分为商用车类和乘用车类等的市场调查。各种汽车产品大类的市场调查，还可进一步区分为不同的小类或具体汽车产品的市场调查，如豪华轿车类、中高级轿车类、中级轿车类、经济轿车类和微型轿车类等的市场调查。市场调查按空间范围不同，可以分为国际性市场调查和国内市场调查。国内市场又可分为全国性市场调查、地区性市场调查和本地市场调查，也可分为城市市场调查和农村市场调查。

科学认识汽车市场调查的各种不同类型，有助于汽车企业对各种市场问题进行深入的研究分析，便于汽车企业针对不同调查类型的功能、特点，提出不同的调查要求，选择正确的调查方法和技术，从而获得良好的调查结果。

第五节　市场调查的原则和程序

一、市场调查应遵循的原则

汽车市场调查是一种复杂的认识市场现象及其变化规律的活动，必须坚持以下原则：

（1）客观性原则　这是市场调查最重要的原则。客观性原则要求市场调查中收集到的市场信息和有关资料必须真实准确地反映市场现象和市场经济活动，不能带有虚假或错误的成分。坚持市场调查的客观性原则，首先在汽车市场调查中必须对市场现象、市场经济活动作如实的描述，不能带有个人的主观倾向和偏见，保证市场调查资料客观地反映市场的真实情况；其次，坚持客观性原则，在汽车市场调查中力求市场调查资料的准确性，尽量减少错误。

（2）针对性原则　是指市场调查要围绕企业经营活动中存在的问题，即调查的目的来进行。任何汽车市场调查都要耗费许多人力、物力和财力，因此汽车市场调查不能盲目进行，汽车企业必须根据要解决的问题（如企业销售额下降）来开展市场调查。市场调查的针对性，还包括要针对竞争对手进行调查。因为对付竞争已经成为汽车企业经营战略的重要组成部分，要想在竞争中取胜，就必须了解竞争者的实力和优势，从而确定企业的营销策略。

(3) 科学性原则　市场调查的科学性是指要科学安排市场调查的整个过程，要以科学的知识理论为基础，要应用科学的方法。

汽车市场调查是汽车企业为达到营销目的而进行的活动。为减少调查的盲目性和人、财、物的浪费，对所需要收集的资料和信息及调查步骤要科学规划。例如，采用何种调查方式、问卷如何拟定以及调查对象该有哪些等等。在调查内容的确定上要科学设计，使调查内容能以最简洁、明了而又易答的方式呈现给调查对象。

在市场调查中，无论是收集信息资料过程，还是整理分析信息资料过程，都要采用科学的方法。

(4) 全面性原则　是指要全面系统地收集与企业生产营销活动有关的市场现象的信息资料。市场现象不是孤立、静止地存在的，而是与政治、经济、文化、风俗和法律等社会现象之间有着千丝万缕的联系，随着时间、地点和条件的变化而不断发生着变化。在进行汽车市场调查时，必须对相互联系的市场现象所产生的各种影响因素作全面的调查，而决不能片面地观察市场；必须对市场现象的发展变化全过程进行系统性的调查。全面性原则，既是正确认识汽车市场的条件，又是进行汽车市场预测的需要。

(5) 经济性原则　是指市场调查工作必须要考虑到经济效果，要以尽可能少的费用取得相对满意的市场信息资料。在汽车市场调查中，必须根据明确的调查目的，确定市场调查的内容与项目，选择适合的调查方式方法。在满足汽车市场调查目的的前提下，尽量简化调查的内容与项目，不要加大调查的范围和规模，造成人力、物力、财力和时间上不必要的浪费。市场调查工作和各项工作一样，都要提高经济效益，做到少花钱多办事。

(6) 保密性原则　体现在两个方面：第一是为客户保密。许多汽车市场调查是由汽车企业委托市场研究公司进行的，因此市场调查公司以及从事市场调查的人员必须对获得的信息保密，不能将信息泄漏给第三方。第二是为受调查者提供的信息保密，不管受调查者提供的是什么信息，也不管受调查者提供的信息重要程度如何。如果受调查者发现自己提供的信息被暴露出来，一方面可能给他们带来某种程度的伤害，同时也会使他们失去对市场调查的信任。

二、市场调查的一般程序

汽车市场调查是以科学的方法收集、研究、分析汽车市场活动的资料，以便帮助汽车企业领导和管理部门解决有关市场管理或决策问题所进行的相关研究。汽车市场调查是一项涉及面广、复杂的认识活动。要顺利进行汽车市场调查，确保调查质量达到预期目的，必须科学安排市场调查过程中的各项工作。汽车市场调查一般程序如下：

1) 明确市场调查的任务。

2) 制定市场调查的方案。

3) 实施调查方案，进行实地调查。

4) 系统分析资料。

5) 撰写调查报告。

1. 明确市场调查的任务

明确市场调查任务是整个汽车市场调查工作的起点，包括提出汽车企业经营中要解决的问题，并由此明确调查目的。明确调查任务，主要明确为什么要进行此项调查；通过调查要获取哪些市场信息、资料；调查结果有何用途。提出问题，是明确汽车市场调查任务的前提。一般情况下汽车企业的问题主要牵涉以下方面：

(1) 汽车企业未来的发展方向　汽车企业的进一步发展需要更深层次地了解汽车市场的规模和结构，如汽车新产品的开发问题，这种汽车产品的需求量、市场潜力和发展前景等情况。

(2) 汽车生产、经营中出现的困难　在汽车生产、经营过程中，会出现这样或那样的困难，如销售出现困难，导致汽车产品积压，市场占有率下降等，需要找出产生问题的原因和解决问题的方法。

在汽车企业存在的问题提出后，就有了一个大致的调查范围或意图。如果提出的问题比较笼统，就必须对问题进行初步探索，找出具体的主要问题。例如，某汽车企业在经营过程中，出现汽车销售额持续下降现象，需要分析发现问题的原因是汽车售价偏高，还是经营结构不合理；是服务质量下降，还是消费者购买力发生转移；是企业资金不足，周转缓慢，还是企业促销不利。这些要考虑的问题，涉及面较宽，问题也比较笼统，需要一个初步探索的过程，找出问题的主要原因，进而选择汽车市场调查要解决的主要问题。明确了汽车市场调查要解决的主要问题，也就明确了汽车市场调查的任务。

2. 制定市场调查的方案

汽车市场调查的任务明确后，接下去是围绕汽车市场调查的任务制定汽车市场调查的具体方案。它是汽车市场调查过程中最复杂的工作。汽车市场调查的方案制定是对调查工作各个方面和全部过程的通盘考虑，包括了整个调查工作过程的全部内容。汽车市场调查方案主要包括下列内容：

(1) 确定调查目的和调查项目　确定调查目的是制定汽车市场调查方案的首要问题。确定市场调查目的，就是明确在调查中要解决哪些问题，通过调查要取得什么资料。可见，确定调查目的与明确调查任务是紧密相关的。调查项目是指对调查单位所要调查的主要内容，确定调查项目就是要明确向被调查者了解什么问题，调查项目是市场信息资料的来源。例如，在消费者需求调查中，消费者的性别、民族、文化程度、年龄和收入，消费者喜爱的商品品牌、规格、款式和价格，消费者对服务的满意程度等，都属于调查项目。选择调查项目取决于调查目的，根据调查目的对各项问题进行分类，规定每项问题应调查收集的资料。

在确定调查目的时，从事市场研究的人员要根据汽车企业提出的要求，仔细地进行思考并作一些情况分析。通常可以做以下几项工作：

1) 收集和分析汽车企业内部的记录以及各种有关的第二手资料。

2) 访问汽车企业内外对有关问题有丰富知识和经验的人士，如汽车企业领导层人员、推销员和经销员等。

3) 在消费者中作非正式调查。

上述三项工作简言之即为：查阅文献、专家咨询和试点调查。

(2) 确定调查对象　这主要是为了解决向谁调查和由谁来具体提供资料的问题。调查对象就是根据调查目的、任务确定调查的范围以及所要调查的总体，它是由某些性质上相同的许多调查单位所组成的。

确定调查对象，主要是确定调查对象应具备的条件，如有关性别、文化水平、收入水平和职业等方面的选择要求。确定调查对象时，应注意严格规定调查对象的涵义，以免造成调查登记时由于界限不清而发生的差错。例如，以中档车消费者为调查对象，就应明确中档车的涵义，划清中档车与中高档车、经济型车等概念的界限。

(3) 确定调查的时间和地点 确定调查时间是规定调查工作的开始时间和结束时间，包括从调查方案设计到提交调查报告的整个工作时间，也包括各个阶段的起始时间，其目的是使调查工作及时开展、按时完成。在调查方案中还要明确规定调查地点，即汽车市场调查在什么地方进行，在多大范围内进行。确定调查地点要从汽车市场调查的范围出发，如果是调查一个城市的市场情况，还要考虑是在一个区调查还是在几个区调查；其次是考虑调查对象的居住地点，是平均分布在不同地区，还是可以集中于某些地区。

(4) 确定调查方式和方法 在调查方案中，还要规定采用什么调查方式和方法取得调查资料。搜集调查资料的方式有普查、抽样调查等。具体调查方法有文案法、访问法、观察法和实验法等。在调查时，采用何种方式、方法不是固定和统一的，而是取决于调查对象和调查任务。在汽车市场调查中，为了准确、及时和全面地取得市场信息，尤其应注意多种调查方式的综合运用。

(5) 确定调查人员 主要是确定参加汽车市场调查人员的条件和人数，包括对调查人员的必要培训。由于调查对象是社会各阶层的生产者和消费者，思想认识、文化水平差异较大，因此，要求汽车市场调查人员必须具备一定的思想水平、工作能力和业务技术水平。具体地讲，首先要求汽车市场调查人员应具备一定的文化基础知识，能正确理解调查提纲、表格和问卷的内容，能比较准确地记录调查对象反映出来的实际情况和内容；其次，要求汽车市场调查人员应具备一定的市场学、管理学、经济学和统计学方面的知识。

(6) 确定调查费用 每次汽车市场调查活动都需要支出一定的费用。因此，在制定调查方案时，应编制调查费用预算，合理估计调查的各项开支。编制费用预算的基本原则是：在调查费用有限的条件下，力求取得调查费用应有的效果；或者是在保证实现调查目标的前提下，力求使调查费用支出最少。

汽车市场调查方案是整个汽车市场调查工作的行动纲领。它起到保证汽车市场调查工作顺利完成的重要作用。汽车市场调查的主持者应花大力气精心制定好汽车市场调查方案。若汽车市场调查方案中规定要有调查提纲和调查表格，则应安排有关人员去设计调查提纲和调查表格。

3. 实施调查方案，进行实地调查

具体实施汽车市场调查的方案，就是按照调查方案的要求去收集汽车市场信息资料，也就是进入实地调查过程。在整个汽车市场调查工作中，收集汽车市场信息资料阶段是惟一的现场实施阶段，是取得汽车市场第一手资料的关键阶段。在此阶段，汽车市场调查的组织者必须集中精力做好外部协调工作和内部指导工作，力求以最少的人力、最短的时间和最好的质量完成收集汽车市场信息资料的任务。

实施阶段的主要步骤是：

(1) 抽取样本 市场调查有全面调查、典型调查、抽样调查等各种方式，其中，抽样调查是汽车市场调查常用的方法。因此，在实地收集调查资料以前必须在界定的总体范围内抽取样本。抽样方法大体有两类：随机抽样法和非随机抽样法。汽车市场调查要求多用随机抽样的方法，如分层定比任意抽样法就是随机抽样的一种方法。这种方法从搜集总体名单及数字开始，根据已掌握的总体数目，相应确定抽样比例及各层次样本的大小，同时根据各层次内部的性质和特点，确定各层次的样本人数。

（2）收集资料 样本确定以后，就进入实地收集资料阶段。在汽车市场调查资料的收集过程中，不仅要求调查人员有埋头苦干、吃苦耐劳的精神和实事求是的科学态度，而且需要熟练地掌握收集资料的方法和技术。常用的方法有访问法、观察法、问卷法和文献法等。在汽车市场调查研究中可以根据需要采用一种或几种方法收集资料。

（3）整理资料 资料的整理是统计分析的前提，整理资料就是运用科学方法对调查资料进行审核、分类和分析，使之系统化、条理化，并以简明的方式准确反映调查问题的真实情况。

整理资料主要有两项工作：

1）校对。审查调查来的原始资料，有无错误或遗漏，以便及时修正或补充，即完成校对和订正工作。这项工作对于充分保证汽车市场调查研究结果的准确性、科学性有重大意义。

2）简录，就是对原始资料进行编码、登录和汇总，加以科学的分组，使材料系统化，并为进行统计分析奠定基础；或者将已经汇集登录的原始资料输入磁盘，为利用计算机进行统计分析作好准备。

（4）审核 就是对收集到的资料进行检验、检查，验证各种资料是否真实可靠、合乎要求，剔除汽车市场调查中取得的不符合实际的资料。具体做法是：

1）检查调查资料的真实性和准确程度。真实性检验，既可以根据以往的实践经验对调查资料进行判断，还可以通过各种数字运算来进行检查，如检验各分组数字之和是否等于总数。

2）检查收集到的资料是否齐全，有无重复或遗漏。

4. 系统分析资料

分析资料阶段的主要任务是在全面占有汽车市场调查资料的基础上，对资料进行系统分析，其中包括统计分析和理论分析（验证解释）。

（1）统计分析 市场统计分析包括两方面的内容：

1）叙述统计，也称描述统计，主要依据样本资料计算样本的统计值，找出这些数据的分布特征，计算出一些有代表性的统计数字。叙述统计主要用来描述调查观察的结果，包括频数、累积频数、集中趋势、离散程度、相关分析和回归分析等。

2）推论统计，也称统计推断。它是在描述统计的基础上，利用数据所传递的信息，通过局部去对全体的情形加以推断，即以样本的统计值推断总体的参数值，包括区间估计、假设检验等内容。

（2）理论分析 理论分析是分析阶段的重要环节，其任务是在对资料进行整理汇总和统计分析的基础上进行思维加工，从感性认识上升到理性认识。

这个程序是各种科学认识方法的结合，即从抽象上升到具体方法（分析综合法、归纳法、演绎法、类推法、公理法、系统法及其他方法）的综合。

理论分析要考虑验证研究结果与原有假设的关系，这时可能会出现以下两种情况：

1）研究结果与原有假设一致。这种情况可以顺理成章地予以解释。

2）研究结果与原有假设不一致。这种情况一方面可能会有新的发明和发现，对汽车市场研究是一个很大的推动；另一方面可能由其他种种原因造成，这时就需要寻找及说明为什么研究结果与原有假设不一致。

5. 撰写调查报告

汽车市场调查报告是汽车市场调查研究成果的集中体现。汽车市场调查报告要根据调查任务、目的和所收集到的市场信息资料，经过分析研究，做出判断性结论，提出建设性的措施、意见，使调查报告在汽车企业生产、营销工作中起到指导性的作用。

汽车市场调查报告应坚持用事实说话，切忌主观臆断；条理要清楚，文字要简明通俗。汽车市场调查报告应在规定时间内写出，否则，会使调查报告失去时效性。

在撰写书面调查报告的同时，有时研究人员也需要利用口头演示的方法向汽车企业相关人员陈述调研方法及调研发现。通常，在进行演示时都需要运用幻灯片，在幻灯片上展示报告的概要、研究的重要结果及有关图形等。

第六节　市场调查的机构和人员

一般来讲，汽车市场调查主体可以分为内部主体和外部主体两大类。内部主体是指完成市场调查任务的是汽车企业内部的机构或人员，外部主体是指汽车企业外部专业从事市场调查任务的组织或机构。按照服务内容的广泛性，外部主体又分为完全服务和有限服务两种。完全服务主体有能力完成委托人所要求的全部市场调查工作，显然，完全服务主体是一些规模和技术都比较领先的大公司。这些公司可以进一步分为综合服务、标准服务和特定服务等几种类型。有限服务主体专门从事某方面或某几个方面的调查工作。根据他们从事的不同领域可以进一步分为现场服务、市场细分、数据输入、样本设计和数据分析等几种类型。同时，作为政府机构、大专院校和科研机构所属机构和其他相关的专业服务公司，也是市场调查行业中一种具有特殊功能的类型。以上不同类型的汽车市场调查主体具有不同的特点，提供不同特色的服务。

一、市场调查专业机构的含义和类型

1. 含义

市场调查专业机构是专业的市场调查主体，是专门从事市场调查与预测业务的独立的组织与机构。市场调查专业机构可以认为是企业以外受托的市场调查主体。

2. 类型

市场调查专业机构主要包括以下几种类型：

(1) 专门从事市场调查业务的市场调查公司　这是市场调查行业最重要的组成部分。随着行业的不断发展，专业市场调查公司的分工越来越细，定位越来越准确，专业优势也越来越强。一般来讲，除非特别指明，专业市场调查机构指的就是这一类市场调查公司。

这类市场调查公司专营市场调查业务，提供综合的服务。一般从研究方案、问卷设计、抽样技术、现场实施和数据分析到研究报告的所有市场调查环节都能独立进行设计操作，并能熟练运用入户调查、街头拦截、开调查会、个案访谈、电话调查和网上调查等各种方式收集资料，如美国的盖洛普市场调查公司，中国的华南市场研究有限公司、上海神州市场调查公司、大正市场调查公司和香港市场研究社（SRH）等均属于这种类型。也有称这些公司为标准服务公司（standardizal service firms）的，他们能提供全套的综合的服务；同时该公司的报告和数据只提供给惟一的委托客户，但提供的服务形式是标准化的。

（2）以从事企业经营指导业务为主，兼办市场调查业务的经营顾问公司 这类公司执行市场调查任务是为了更好地指导接受委托的企业的经营实践，因此，他们的市场调查任务可以自己承担，也可能再委托市场调查公司来承担。一般经营顾问公司都兼办市场调查业务。

（3）广告公司的调查机构 不能把所有的广告公司都认为是市场调查专业机构，因为许多广告公司不存在市场调查机构。但作为许多大型的广告公司来说，要为客户提供更为有效的服务，必须对客户的营销环境和市场状况进行全面的研究，所以广告公司内部设立专门的市场调查机构必不可少，主要执行与广告相关的调查工作，同时也接受一般企业的市场调查业务。

（4）咨询公司 这类公司一般由资深的专家、学者和有丰富实践经验的人员组成，为企业提供指导性建议，即充当顾问的作用。咨询公司与专业市场调查公司相比有很多差异性，咨询公司层次相对较高，人员的组成主要以咨询顾问人员为主，不像调查公司以调查人员为主。咨询公司主要为企业提供决策咨询，他们的调查也多为定性调查，主要以自身的经验和能力来提供咨询。

（5）政府机构设立的调查部门 如国家、省、市级的统计部门，审计和工商行政管理部门等所设的调查机构，各专业管理机构和委员会下属的调查部门；从某种意义上说，大专院校、研究部门以及学术团体等也可以认为是市场调查的专业机构。

3. 市场调查专业机构的部门

专业化的市场调查公司，由于服务性质、范围不同，公司各部门的构成以及名称也不完全一样。但是作为一个专业化的市场调查公司，一般来说都要具备以下几个职能部门：

（1）总经理室 通常有总经理一人或一人以上，总经理助理或秘书一人。负责整个公司的协调、运作和人事管理。

（2）客户服务部 业务人员或项目经理若干人。负责与客户的联络，推广、销售公司的产品。

（3）研究开发部 负责市场调查的技术问题和业务的开发，制定市场调查的计划。

（4）调查部 执行市场调查的资料采集工作。该部门通常包括执行主任一人、督导若干人、专职访问员若干人和许多兼职的访问员。

（5）统计部 负责数据资料的统计处理工作。

（6）资料室 负责各种一般性的商业资料的收集、分类、整理和归档，以便查询。

（7）财务部 负责公司的财务计划和各种财务管理。

二、市场调查人员应具备的素质要求

汽车市场调查人员作为现代经济管理人员，应具备一般经济管理人员应具备的素养，包括政治思想素养、文化知识素养、经营管理素养、道德品格素养、性格风度素养和体质等方面。由于工作的特殊性，汽车市场调查人员的下列素质和条件尤为重要：

（1）强烈的事业心和责任感 汽车市场调查是一项重要而又艰巨的工作，调查人员要接触有关汽车市场的各个方面，工作量大又繁杂琐碎，并带有明显的服务性，独立工作的可能性较大，这就要求调查人员具有强烈的事业心和责任感。

（2）高度的敏感性 由于汽车市场调查与预测人员要接触到各类人物和错综复杂的事物，要求能根据不同的情况灵活处置；又由于汽车市场信息大多具有很强的时效性，大多转瞬即逝，因此必须及时处理。现在我国汽车市场竞争异常激烈，市场行情瞬息万变，为此，要求汽车市场调查人员思想活跃、敏锐，能及时、准确地感应客观环境的变化，善于认识和接受新事物，不因循守旧、思想保守，不麻木不仁、闭目塞听。

(3) 广博的知识、广泛的兴趣　汽车市场调查工作的特性，要求调查人员的知识面要广，兴趣也要广泛。作为专业型的汽车市场调查人员，需要具有相关的专业知识，比如汽车专业知识、市场知识、消费行为知识和市场调查知识等，而且知识面要宽。如果知识面窄，兴趣太专，必然会影响其视野和综合分析能力，也不利于与社会发生广泛的接触。

(4) 较高的综合分析能力　汽车市场调查的根本目的在于正确认识汽车市场，了解各种相关的经济现象及其本质。由于汽车市场的复杂性，要求调查人员必须实行全面的综合分析，善于从大量细小的、孤立的资料中，看出问题的实质、规律和趋势，从而正确地把握事物的全貌和本质，提供全面、准确和适用的市场信息。

(5) 良好的工作态度，严谨细致的作风　汽车市场调查人员必须踏实、认真和肯干；必须实事求是，从严要求；不弄虚作假，不马马虎虎；要严谨细致，一丝不苟。这是保证获得的汽车市场信息真实、可靠、精确和全面的必要条件。

(6) 为人诚恳　汽车市场调查人员要给人一种亲切、自然和信任感；要善于与人交往，有良好的交际能力和语言表达能力。

(7) 掌握现代科学知识　汽车市场调查人员要懂得现代信息科学的有关知识，掌握一定的信息处理技术和方法。

要使汽车市场调查人员成为合格人才，一是在选用人员时严格把关；二是对现有人员进行有针对性的严格培训，并把培训后仍不合格者调离；三是调查人员应加强学习，自觉提高自身的素质。

第七节　市场调查的科学化与现代化

一、市场调查的科学化

1. 市场调查科学化的涵义

汽车市场调查的科学化，即在整个汽车市场调查的过程中，以准确的思想指导，严格按照客观规律办事，遵循现代科学方法论，尽量采用科学有效的市场调查方法和技术，最优化地实现汽车市场调查的预定目标。

实现汽车市场调查的科学化具有重要意义。汽车市场调查是人们的一种有目的的社会活动，其效果是否符合预期的目标，同样与汽车市场调查活动是否科学合理直接相关。另外，汽车市场调查所面对的是一个复杂多变的市场，涉及到汽车市场的各个方面及其各种影响因素，要正确地认识汽车市场，得出正确的结论，必须实现汽车市场调查的科学化。

为了实现汽车市场调查的科学化，汽车市场调查人员在进行汽车市场调查的过程中，必须遵循正确的原则与要求，坚持正确的伦理道德，并把汽车市场调查作为系统工程来组织实施。

2. 市场调查系统工程

(1) 系统工程的涵义　系统工程是为了解决某一问题和完成某个任务，把所要解决的问题和所要完成的任务作为一个系统，进行合理的开发、设计和运用而采用的思想、步骤、组织和方法等的总称。它是一门新兴的、具有普遍意义的科学方法，是现代系统科学的重要组成部分。它把自然科学和社会科学中有关的思想、理论、方法、策略和手段，根据系统总体协调的需要，有机地联系起来，并加以综合运用。对系统的构成要素、组织结构、功能作用、信息交换和反馈控制等，进行分析、设计、试验、实施和运行。通过各种组织管理技术，使系统整体和局部之间的关系协调配合，实现系统整体的综合最优化，达到最优设计、最优控制和最优管理的目标，最充分地发挥人力、物力和财力的作用，最终实现最优化地解决问题、完成任务的目的。

（2）市场调查系统工程的意义　汽车市场调查本身是一个十分复杂、涉及面广、要求高和环节多的工程，要以最省的费用、最快的时间，科学、正确和全面地对汽车市场及其影响因素作出描述并得出结论，最优化地完成汽车市场调查的任务，实现既定的目标，仅靠传统的思维方法和工作方法是无法满足要求的。这就在客观上要求以现代系统工程的科学方法论为指导来进行汽车市场调查。

（3）市场调查系统工程的要求　按系统工程的要求实施汽车市场调查，首先应该把汽车市场调查工作作为一个系统，一个由若干子系统组成的有机整体。

汽车市场调查作为一个系统，其最基本的子系统包括：

1）汽车市场调查的主体，即汽车市场调查活动的实际组织者和实施者。

2）汽车市场调查的内容，即汽车企业所需的汽车市场信息的内容。

3）汽车市场调查的客体，即所需汽车市场信息的来源，或称为被调查对象。

4）汽车市场调查的程序，即开展汽车市场调查所应遵循的步骤、规范。

5）汽车市场调查的技术，即开展汽车市场调查所应采用的各种方法、手段等。

其次，应该按照系统工程的思路和要求组织、安排和实施汽车市场调查活动。既要把汽车市场调查活动作为汽车企业整个经营活动的有机组成部分，相互衔接和协调起来，又要把汽车市场调查活动的各部门、各类人员、各子系统有机地组合与协调起来，还要把汽车市场调查活动的各阶段、各步骤协调衔接好，并按照系统工程的方法论具体操作实施，从而保证实现整个汽车市场调查的最优化，以最少的人力、物力和财力消耗，取得最佳的汽车市场调查成果。

二、市场调查的现代化

1. 市场调查现代化的涵义

汽车市场调查现代化是指以正确的思想和先进的理论为指导，用科学的市场调查技术和符合客观规律的科学方法，合理并高效率地组织各项汽车市场调查活动，最优化地实现汽车市场调查的既定目标。

汽车市场调查现代化有两层含义：

1）反映一种状态，即汽车市场调查工作及其水平处于现代化的程度。

2）反映一种追求，即努力实现汽车市场调查的现代化，它是一个过程。

汽车市场调查现代化是管理现代化的重要组成部分，如果没有汽车市场调查的现代化，就不可能为汽车企业的经营决策提供及时、准确、适用和经济的信息资料，从而也就不可能有决策的科学化和科学的管理。汽车市场调查现代化也是汽车企业开展市场调查工作的最高境界，只有实现了汽车市场调查的现代化，才能保证最优化地实现汽车市场调查工作的既定目标。

2. 市场调查现代化的内容

（1）市场调查指导思想现代化　是指所有与汽车市场调查相关的人员要掌握和运用现代

科学理论和经营管理思想，以此指导整个汽车市场调查活动和过程。

汽车市场调查要以先进的理论为依据，以正确的思想为指导，这是开展汽车市场调查的先决条件。要坚持马克思主义的认识论原理，坚持从实际出发，实事求是；要坚持现代社会主义市场经济理论，树立市场观念、竞争观念、质量观念、开拓观念、创新观念、时间观念、效率与效益观念、消费观念、服务观念以及顾客至上观念等现代经营理念；要学习和运用现代系统论、信息论和控制论等科学理论；要坚决遵循现代信息工作必须遵循的一系列原理，实现汽车市场调查的科学性、经济性、有效性和最优化。

(2) 市场调查组织现代化　是汽车市场调查现代化的基础。要根据汽车企业的条件和汽车市场调查项目的实际情况和要求，合理组建或选择承担汽车市场调查任务的组织机构；要按照精简统一、分工协作、职责明确和高效优质等现代组织论的要求，合理安排汽车市场调查机构的组织结构；要按现代化的要求，选择和配备汽车市场调查人员；要按照现代管理的一系列原则和要求，建立和健全汽车市场调查的组织管理体制，健全规章制度，保证汽车市场调查活动的顺利进行。

(3) 市场调查方法现代化　汽车市场调查现代化方法涉及工程、经济、数学、心理学和社会学等广泛的内容。从总体上说，汽车市场调查的现代化方法包括系统工程的一般方法论、系统分析方法、数学方法、模型技术、模拟技术、信息资料的收集和加工处理技术，以及汽车市场调查的各种定性和定量分析技术。运用现代科学的汽车市场调查方法，是为了合理地处理与解决汽车市场调查过程中的各种问题，最优化地实现既定的目标。

(4) 市场调查手段现代化　是实现汽车市场调查现代化的有力工具。其主要标志是汽车市场调查手段的电子化，特别是电子计算机的应用。汽车市场调查是信息工作，而计算机是信息处理最先进的手段，尽可能广泛地使用电子计算机，是汽车市场调查手段现代化的主要内容。当然，还包含现代通信手段及其他电子手段的应用。

在现代汽车市场调查中，扫描技术与设备、心理和行为测试技术与设备、电子录放技术与设备、通信技术与设备、个人电子计算机、人工智能、搜索引擎和 cookies 技术等已得到广泛应用。

三、市场调查中的伦理道德

1. 市场调查中伦理道德的涵义

伦理道德是社会意识形态之一，是调整人与人之间、个人与组织之间、组织与组织之间以及个人、组织与社会之间关系的行为规范的总和。它以善和恶、正义和非正义、公正和偏私以及诚实和虚伪等伦理道德观念来评价人们的各种行为和调整人们之间的关系。伦理道德通过各种形式的教育和社会舆论的力量，基于人们逐渐形成的一定信念、习惯和传统而发生作用，在社会生活中具有十分重要的作用。

汽车市场调查中的伦理道德是调整汽车市场调查所涉及各方之间关系的行为规范的总和，是伦理道德的重要组成部分。

2. 市场调查中的道德问题

诚信在现代社会中变得越来越重要，社会呼唤诚信，人与人之间的交往离不开诚信，而汽车市场调查对诚信的要求更高。因此，汽车市场调查中的道德问题就变得尤为重要。

根据道德问题涉及的双方，汽车市场调查中的道德问题分为以下三种类型：

（1）调查提供者与调查购买者（汽车企业）之间的道德问题

1）调查的真实性　营销调研信息经常被用于作出重大的决策，决策的结果可能会影响汽车企业将来的战略、预算、工作和组织等。因此，从汽车企业的长远利益着眼，调查提供者应提供真实的调查结果，以便汽车企业作出科学的决策。但如果调查提供者知道汽车企业的意图并想在今后获得营销调研服务，可能会更改调查结果或隐瞒某些资料，这样调查结果尽管脱离实际却会使汽车企业甚为满意。维护调查的真实性已经成为调查行业中最重要的道德问题。

2）调查的保密性　从实质上说，所有由营销调研公司进行的工作都是保密的和专用的。当研究者进行研究时，他便建立了一个信息库。大多数提及保密性的道德问题是围绕如何处理信息库或“背景资料”的。美国市场营销调研协会的道德准则特别提到，调查提供者不能把一个项目上的数据用于另一个与调查购买者竞争的公司相关的项目中去，否则就侵犯了双方之间的信任关系。

（2）调查提供者与调查对象之间的道德问题

1）隐瞒真正的调查意图　在汽车市场调查中，经常不告诉调查对象真正的调查意图。因为如果调查对象知道了调查的真正目的，他们可能不会以一种公平的态度来回答问题。例如，一家经营某品牌汽车的4S店委托调查公司进行一次针对其售后服务的调研，如果该公司向可能的受访者透露主办机构的名字，则很难得到受访者对该4S店公正的评价。

2）保护调查对象的个人信息　汽车市场调查中经常会涉及调查对象的一些个人信息，调查的提供者要保证调查对象的这些个人信息不被用作其他目的，尤其是不能把调查对象的个人信息提供给汽车企业，使调查对象被汽车企业作为潜在用户进行推销。在汽车市场调查中，如果主办调研的汽车企业要求调查提供者给他们一份所有回复可能购买他们企业汽车产品的受访者名字的清单，以作为营销潜在客户的一览表，这时，调研提供者必须告诉该汽车企业这是不合法的。

（3）调查提供者与公众之间的道德问题

1）不完整的报道　在向公众公布调查结果时，故意略去某些关键的背景资料，这样的报道就属于不完整的报道。例如，某品牌汽车销售企业进行市场测试，并把测试结果写在商业报纸杂志中，但却不提该测试是在企业声望很高的地区进行的，因此结果会朝着有利于企业的方向弯曲。

2）令人误解的报道　当只报道结果的一部分时，往往会产生令人误解的报道。例如，某品牌汽车公司对其进行的市场测试结果只进行正面的报道，这样显然会给消费者留下较为良好的印象。当然，这种不公平的结果报道有误导的企图，必须禁止。

思考题

1-1　市场调查的作用及重要性是什么？

1-2　市场调查的内容是什么？

1-3　市场调查的类型是什么？

1-4　市场调查的原则是什么？

1-5　市场调查的程序是什么？

1-6　市场调查人员应具备的素质是什么？

第二章　市场预测基本理论

第一节　市场预测的涵义与作用

一、市场预测的涵义

汽车市场预测是在汽车市场调查的基础上，运用预测理论与方法，对汽车市场未来发展趋势作出估计与测算，为汽车企业决策提供依据的过程。市场预测是为决策提供信息服务的重要手段，是正确决策的基础。

从以上定义可以看出：汽车市场预测具有服务性、描述性和局限性三大特征。

1. 服务性

汽车市场预测的服务性，体现在它是为汽车企业决策服务的。从程序上讲，预测在先，决策则是根据预测结果作出的。凡事"预则立，不预则废"。汽车市场预测对汽车企业生产经营环节及其外部环境的未来发展提供变动趋势、变动方向和变动程度等方面的定性和定量化的估计；而汽车企业决策则以预测结果为基础，通过分析比较，趋利避害，选取最优方案。因此，预测是决策的先导，是决策科学化的前提。没有准确、科学的预测，要取得汽车企业决策的成功是不可能的。汽车企业决策是汽车企业经营管理的养分，决策正确与否，关系汽车企业的生存和发展。决策失误，必然导致汽车企业经营管理混乱，经营失败，亏损倒闭；决策正确，可以使汽车企业管理有方，经营成功，提高汽车企业的经济效益。因此，在实际工作中，要充分认识到预测的服务性，把汽车企业预测与汽车企业决策有机地结合起来，才能收到提高经营管理水平的良好效果。

2. 描述性

汽车市场预测是认识汽车市场、掌握汽车市场客观规律的一种科学方法。它在调查研究、科学实验和广泛收集汽车市场信息资料的基础上，通过一定的程序和数学统计方法，掌握汽车市场的发展变化规律，取得关于汽车市场未来发展变化趋势的各种信息，即对各种可能出现的情况、结果和水平作出客观而科学的描述，描述汽车市场各种因素之间相互作用的关系与程度，反映汽车市场发展变化的客观规律性。在汽车市场预测过程中，无论是建立定量预测的数学模型，还是定性预测的逻辑思维模型，都是预测程序中必不可少的重要步骤，是汽车市场预测人员对汽车市场认识的一种描述。这种描述，一方面反映了汽车市场预测具有科学性，不是主观随意的猜测；另一方面，反映了汽车市场预测具有近似性，即这种描述肯定会有误差。因为这种描述是根据汽车企业、汽车市场过去和现在的已知因素，事先对汽车市场未来的发展变化情况作出的推测和描述，而汽车市场未来的情况并不是过去和现在的简单重复，各种影响汽车企业生产经营的因素和外部环境都在错综复杂地不断变化。因此，这种描述会在一定程度上与汽车市场将来发生的实际情况有某些偏差。即使对汽车市场预测结果的描述是建立在严格逻辑论证和科学实验基础之上，被证明是正确的，未来也不会按照某一趋势永远发展下去。因此，对汽车市场预测结果的描述，要求准确，但允许存在误差。当然，要尽力减少误差程度，提高预测精度，使预测成为汽车企业决策的可靠依据。

3. 局限性

汽车市场预测是汽车市场预测人员对汽车市场的未来发展作出的科学判断，而预测人员对汽车市场未来的认识总有一定的局限性。这是因为汽车市场发展变化受许多因素的影响，汽车市场发展规律也只有在汽车市场发展过程中逐步地明显化和逐步地被认识。预测人员对汽车市场未来的预测，往往受到经验、知识、时间、条件、认识和工具等多方面的限制，预测误差在所难免。

二、市场预测的作用

市场经济从某种意义上讲是信息决策的商品经济。市场预测是企业正确实施市场营销管理的基础，是企业进行决策的前提和先决条件。正确的预测可以向企业提出风险警示，为企业制定应急方案提供依据，使企业既可以抓住市场机会，也可以避开市场风险，减少风险给企业经营活动造成的不良影响。

汽车市场预测的作用可以归纳为以下几点：

（1）有利于更好地满足消费需要　随着居民收入的增加，消费者的物质文化需求迅速变化，汽车企业的生产经营活动与市场结合更紧密。2004 年，我国汽车市场开始由卖方市场转变为买方市场，这就促使汽车企业树立市场营销观念，通过预测及时掌握汽车市场需求变化趋势和可能达到的需求水平；根据汽车企业的经营条件，选择和确定企业目标市场，避免盲目经营，不断地满足汽车市场的现实需求和发掘汽车市场的潜在需求。

（2）有利于利用市场调节，合理配置资源　市场调节是市场经济条件下资源配置的一种形式。它是按市场价格波动来调节，各个企业自动决定商品产需衔接，自发地形成社会资源配置的流向。汽车市场预测能向汽车企业决策者提供汽车市场价格波动反映的汽车产品供求变化趋向，以便汽车企业适应社会对汽车产品需求量的变化，自觉地选择和调整生产经营方向，采取经营策略，使汽车产品及时打入并占领市场，合理组织人、财、物的比例和流向，减少资源在使用中的浪费，促进汽车企业资源的最佳组合得以充分利用，保证汽车企业实现合理的自我发展、自我约束，使汽车市场活而不乱，生产协调发展。

（3）有利于提高汽车企业的竞争能力　现代竞争观念与传统竞争观念有着根本的不同。传统竞争观念认为，一个企业是否具有较强的竞争能力，关键看企业的技术、人才占有的实力。现代竞争观念认为，决定企业竞争能力的关键是看企业对信息情报占有的多少和质量高低。在激烈的市场竞争中，谁先占有情报谁就能处于主动。如果一个汽车企业技术先进、人才济济，但不能及时开展市场预测及对情报进行全面、综合的利用，认清汽车市场变动，就会因缺乏预见能力、判断能力，致使企业的有利因素不能得以充分发挥作用。相反，对于条件差的汽车企业，如果能及时准确地掌握汽车市场动向，采取有效对策，则在汽车市场竞争中也可以变弱为强。

第二节　市场预测的基本原理与原则

一、市场预测的基本原理

市场预测是应用预测的一般原理与原则，以市场行情为主要对象所进行的预测。市场行情同世界上任何事物一样，是一种客观存在。市场预测的基本原理主要有：可知性原理、系统性原理和服务性原理。

下面结合汽车市场分别予以说明。

1. 可知性原理

可知性原理，是指市场预测对象的未来发展趋势是可知的，人们可以通过对市场规律的认识和运用科学的方法对其进行预测。市场全部预测活动均建立在可知性原理的基础上。根据可知性原理，尽管汽车市场变化莫测，但大量消费者所表现出来的总购买力，呈现出一种有规律的现象，因而在实践中可以逐步认识、掌握和运用这种规律，提示汽车市场未来变化的大致趋势和动向。市场预测的可知性原理是一条最根本的原理。

2. 系统性原理

系统性原理，是指把预测对象看做一个系统，以系统管理指导预测活动。系统论认为，每个系统内部各个组成部分之间相互联系、相互作用，并且同其他事物系统之间也是相互联系、相互制约的。它强调系统的目的性、整体性和层次性，强调运用系统分析的方法对所要预测的问题加以定量化和模式化。根据系统性原理进行汽车市场预测，可以把预测对象——汽车市场行情看成一个系统。它存在于社会经济预测这个大系统内，同其他预测系统，如人口预测、工业预测和农业预测等相互联系、相互制约。它的内部有汽车产品需求预测、汽车产品资源预测等子系统，子系统内又有更小的系统，可以分成若干层次，每个层次之间彼此也是相互联系、相互制约的。从系统论的观点来看，汽车市场预测不是孤立的，不能封闭起来，必须同其他预测系统密切结合，相辅相成，彼此交流信息。进行汽车市场预测，既需要从宏观经济方面预测汽车市场供求关系，汽车产品消费需求结构及其发展变化趋势；也应从微观经济方面研究汽车行业和汽车企业本身在历史上的市场份额，其他汽车企业的现实经营情况，汽车企业自身的经营优势和劣势，影响汽车企业经营的内部、外部、可控和不可控等各种因素及其变化情况，预测期内采用改善经营管理的新措施、新方法的可能性，可能会遇到的变化和阻力等等。这样，才能通过系统、全面和详实的材料进行汽车市场预测，提出较能接近实际情况的整体最优方案，有利于汽车企业作出正确的经营决策。

3. 服务性原理

服务性原理，是指市场预测本身不是目的，它是为企业经营决策服务的，即为了对企业未来的战略目标和发展方向作出正确的决策提供科学的依据。汽车市场预测与经营决策是汽车企业经营活动中两个既有区别又互相联系的阶段，但从总体上看，预测是经营决策过程中的一个重要组成部分。

一般地讲，汽车企业决策过程大致分为以下三步：

1）提出问题，确定目标，通过调查等方法搜集大量准确的数据。

2）进行汽车市场预测，拟定决策方案，并对多种决策进行可行性分析，包括对其技术经济效果的评价。

3）进行决策选择，即由汽车企业决策人员或决策集体，在多种方案中选出最佳方案。

从决策的大致过程可以看出，汽车市场预测是前提，是基础，是最复杂的阶段，但是最关键的阶段是决策。因为决策的正确与否，关系到汽车企业经营活动的成败与取得经济效益的大小。

二、市场预测的基本原则

市场预测的基本原则主要有以下几种：

1）连续性原则。

2）类推原则。

3）相关原则。

4）质、量分析结合原则。

5）可控性原则。

下面结合汽车市场分别予以说明。

1. 连续性原则

连续性原则，又称连贯性原则或惯性原则，是指一切客观事物的发展都具有符合规律的连续性。市场作为一个客观经济事物，从时间上考察，它的发展是一个连续的过程，即未来的市场是在过去和现在的基础上演变而来的，是其过去和现在的延续。因此，汽车企业在进行市场预测时，必须首先从搜集过去和现在的资料入手，然后推测出汽车市场将来的发展变化趋势。应用最多的两类预测技术——利用回归法建立因果关系预测模型和利用时间序列外推法建立趋势预测模型，就是以这一原则为前提的。

在汽车市场预测中，运用连续性原则需注意以下两个问题：

1）要求汽车企业预测目标的历史发展数据所显示的变化趋势具有一定的规律性。例如，进行汽车市场预测时，如果汽车市场的变化是不规则的，带有很大的偶然性，就不能依据连续性原则进行预测。

2）要注意分析汽车企业预测目标历史演变规律发生作用的客观条件，在未来预测期内是否发生变化，如汽车市场发展的内在规律是在一定的条件下显示出来的，是会随客观条件的变化而变化的。应用连续性原则进行预测，要以汽车企业这个经济系统的稳定性为前提，即只有在汽车企业稳定时，汽车企业各因素之间的内在联系及基本特征才有可能延续下去。然而，由于汽车企业所处的营销环境非常复杂，汽车企业这个经济系统的发展又易受各种偶然因素的影响，所以绝对稳定的汽车企业系统是不存在的。一般而言，只要认为汽车企业系统是处于相对稳定状态或者汽车企业预测目标的发展处于相对稳定阶段，就可以运用连续性原则进行预测。

2. 类推原则

类推原则，是指许多事物相互之间在发展变化上常有类似之处，利用预测对象与其他事物的发展变化在时间上有前后不同，但在表现上有类似之处的特点，则有可能根据已知事物的基本类似结构和发展模式，通过类推的方法对今后发展事物的前景作出预测，如利用美国汽车市场的发展历程来预测中国汽车市场的发展进程。这种类推既适用于同类事物之间，也适用于不同类事物之间。

利用类推原则进行汽车市场预测，必须首先弄清用来类比的两事物之间的发展变化是否具有类似性。一般来讲，愈类似的事物，类推预测的效果愈好。当然，类似并不等于相同，再加上地点、时间、范围以及其他许多条件的不同，常常会使两事物的发展变化产生较大的差距。因此，在运用类推原则进行汽车市场预测时，必须考虑哪些是可比因素，哪些是不可比因素，尽量设法修正不可比因素所带来的偏差，然后进行类比，使预测结果具有更高的可信度。当用局部去类推整体时，则应注意这个局部的特征能否反映整体的特征，是否具有代表性。因为在任何整体中都可能存在与整体发展相异或某些特征与整体特征差别较大的局部，用这些不具有代表性的局部去类推整体，就会出现较大的误差，甚至得出完全相反的结论。

3. 相关原则

任何事物的发展变化都不是孤立的，都是与其他事物的发展变化相互联系、相互影响的。汽车市场需求量和供应量的变化，也存在着各种相关因素。因此，当知道了影响汽车市场需求量的某一个因素发生变化时，就可以预测出汽车产品需求量的增减。一元线性回归和多元回归中的因果关系法，就是根据这一原则建立起来的。因果关系是相关性多种表现形式中最重要的、应用最广的一种形式。同时，相关性还包括不表示为因果关系的某一事物伴随着其他事物变化而变化的相关现象。因此，相关性和因果性并不完全等同。因果关系，是指任何事物的发展变化都是有原因的，它的变化是原因作用的结果，人们可以从已知的原因推测未知的结果。一般情况下，原因在前，结果在后，或者原因与结果几乎同时出现。但在一定条件下，原因和结果可以互相转化。此时此地是结果，在彼时彼地就成为原因。而且在事物的发展过程中，还存在着一因多果、一果多因和互为因果等种种复杂情况。因此，在汽车市场预测中，只有对汽车市场各因素之间的因果关系进行具体的、全面的分析，才能正确地找出对汽车市场预测目标起作用的主要和次要、内部和外部原因，把握影响汽车市场预测目标的诸因素的不同作用，预测出汽车市场发展的必然趋势和偶然因素可能产生的干扰。

相关原则常常是汽车企业进行预测工作时首先要考虑的一个重要原则和方法。特别是对于定量分析方法，如果能找到一个或几个与汽车企业预测目标密切相关的、可控的或可以预先知道其变化情况的经济变量，利用历史数据建立起它们与汽车企业预测目标之间的数学模型，一般能收到较好的预测效果。

4. 质、量分析结合原则

质、量分析结合的原则，是指在市场预测中要把量的分析法（定量预测方法）与质的分析法（定性预测方法）结合起来使用，才能取得预测的良好效果。质、量分析相结合的原则，是汽车市场预测得以科学进行的一项重要原则。

近几十年来，随着市场经济的发展、企业对预测的重视以及科学技术的迅猛发展，预测的方法也名目繁多。据西方国家有关研究单位统计，预测方法有上百种之多，其中使用比较广泛、比较有效的约有二三十种，经常使用的有十几种。这么多预测方法如何分类，国内外也还没有一个统一的分类方法。最常见的一种分类方法，是把预测方法分为量的分析法（定量预测方法）与质的分析法（定性预测方法）两大类。

(1) 量的分析法　即根据一定数据，运用数学模型来确定各变数之间的数量关系，并据此预测市场未来的变化。量的分析法的主要特点是“凭数据说话”，能够通过各变数之间的数量关系，较准确地测算市场未来的发展趋势，为企业经营决策提供科学依据。它的不足之处是，单纯量的分析会忽视非量的因素，会把市场预测问题完全埋没在繁琐的数学模型圈子里。

(2) 质的分析法　即依据预测者个人的经验和分析能力，通过对影响市场变化的各种因素的分析、判断和推理，来推测市场未来的发展变化。它的特点是简便易行，不需要经过复杂的数学运算过程。但也正因为如此，它又具有不能提供以精确数据为依据的市场预测值的缺陷，因而只能提供市场未来发展的大致趋势。

为扬长避短，在汽车市场预测实践中，应将量的分析法与质的分析法结合起来使用，两类方法相辅相成，以便保证汽车企业对汽车市场未来的发展变化作出科学的预测。

5. 可控性原则

可控性原则，是指企业对所预测的客观社会经济事件的未来发展趋向和进程，在一定程度上是可以控制的。根据可知性原理，客观世界是可知的。客观事物的发展变化是有规律的，这种规律性是可以认识的。当人们认识了客观事物发展的规律性以后，就可以创造条件，使预测对象在企业自觉控制下朝着所希望的方向发展。在预测中，企业之所以可以利用可控性原则，对于本来属于不确定的未来事件，通过有意识的控制，预先较有把握地使其不确定性极小化，其理论依据是唯物主义的认识论和反映论．即世界是可知的，虽然物质决定意识，但意识对物质也有反作用。反映到预测实践中，就是说在影响预测对象发展变化的诸因素中，有些是可控因素，有些是不可控因素，有些因素可以直接控制，有些因素则只能间接控制。具体到汽车企业，如果预测汽车市场的发展变化趋势，那么在汽车市场的诸多影响因素中，如国际政治局势、经济形式、科技状况、竞争状况以及其他汽车企业的发展情况等等，都属于不可控因素；可控因素主要指汽车企业本身的人、财、物的潜力挖掘，有可能采取的改善经营管理的方法、措施及汽车企业经营战略的修正等等。

利用可控性原则进行汽车市场预测，就是要利用可控因素，研究不可控因素，尽量避免不可控因素对汽车企业预测目标可能产生的干扰。因此，在运用可控性原则进行汽车市场预测时，应当与以随机现象为研究对象的数理统计方法——如概率推断法相结合。

第三节　市场预测的类型与内容

一、市场预测的类型

市场预测可以从下述不同角度来进行分类：

1）按预测要求质与量的侧重点分类。

2）按预测期的长短分类。

3）按预测采用的方法分类。

下面结合汽车市场分别予以说明。

1. 按预测要求质与量的侧重点分类

按预测要求质与量的侧重点不同，可分为定性预测与定量预测：

（1）定性预测　是指就预测对象目标运动的内在机理进行质的分析，据以判断未来质的变化情况，并辅以量的表述。

（2）定量预测　是运用一套严密的预测理论和根据这些理论所建立的数学模型，对预测对象目标运动质的规律进行描述，据以预测未来量的变化程度。

2. 按预测期的长短分类

按预测期的长短，可分为短期、近期、中期和长期四种预测：

（1）短期预测　预测期一般在半年以下至 1 周，主要是为汽车企业日常经营决策服务，讲究预测时效性。

（2）近期预测　预测期一般在半年以上至2年之内，主要是测算年度汽车市场需求量，为汽车企业编制年度计划、安排市场和组织货源提供依据。

（3）中期预测　预测期一般在2年以上5年以内，主要是对政治、经济、技术和社会等对汽车市场发展起长期作用的因素进行预测。在调查分析后，作出汽车市场未来发展趋势的预测，为汽车企业制定中期规划提供依据。

（4）长期预测　预测期一般在5年以上，是为汽车企业制定长期发展规划提供依据。

预测的准确性随着预测期的长短而不同，预测期愈长，误差就愈大，准确性就愈差。预测期的长短服从汽车企业决策的需要。

3. 按预测采用的方法分类

按预测采用的方法，可分为定性市场预测和定量市场预测：

（1）定性市场预测　是应用定性预测法所进行的市场预测。这类汽车市场预测是依据预测者对汽车市场有关情况的了解和分析，结合对汽车市场未来发展变化的估计，由预测者根据实践经验和主观判断作出的汽车市场预测。它既可以对汽车市场未来的供给量和需求量进行预测，也可对汽车市场未来发展变化的特点和趋势等作出判断预测。

（2）定量市场预测　是指根据定量预测方法进行的市场预测。定量市场预测根据所定数量的不同，又可分为时间序列预测法和相关回归预测法。定量汽车市场预测的特点，是以大量汽车市场的历史观察值为主要依据，以适当的数学模型为预测模型，来推断或估计汽车市场未来的供给量和需求量等。

二、市场预测的内容

市场预测的内容十分广泛。从汽车企业的角度进行市场预测，则主要是在宏观预测指导下，根据已有资料预测汽车企业目标市场的未来发展趋势，预测汽车企业的市场占有率变化，以便汽车企业及时调整自身的经营发展方向，作出正确的经营决策，在激烈的市场竞争中立于不败之地。因此，汽车市场预测至少应包括以下三方面预测内容：

1）市场需求预测。

2）市场供给预测。

3）科学技术发展预测。

（一）市场需求预测

汽车市场需求预测是预测有货币支付能力的消费者或用户在一定时期、一定市场范围内，对汽车产品的需求。它包括汽车产品需求量的预测和所需求汽车产品的类型、品牌、款式、质量和性能等变动趋势的预测。

汽车市场需求预测包括质与量两个方面。从质的方面考查，汽车市场需求预测要解决“需求什么汽车产品”的问题；从量的方面考查，汽车市场需求预测需要解决“需求多少汽车产品”的问题。

1. 汽车企业寻求市场机会的第一步

汽车企业寻求市场机会的第一步是估计市场需求什么汽车产品。这方面的预测主要包括以下内容：

（1）顾客调查与分析　顾客的需求是汽车企业一切经营活动的出发点和中心，对顾客的调查研究理所当然地成为汽车市场需求预测的重要内容。通俗些说，需求预测首先要弄清楚需求者是谁。对顾客的调查与分析，一般应包括：

1）谁是汽车产品的需求者，并把需求者按照消费需求的不同分成若干顾客群。

2）现有顾客数量、地区分布，顾客的消费心理活动和购买动机。

3）顾客的购买行为。

4）顾客对汽车产品的质量、性能、用途、款式、品牌和服务等方面的意见和要求。

5）顾客的收入来源和支出构成。

6）顾客消费结构的变化。

7）潜在顾客的情况。

汽车企业在调查的基础上，按照顾客的不司需求和购买行为、购买习惯等差异，进行市场细分，并选定企业目标市场。

顾客的需求是不断发展变化的，对顾客的凋查分析和企业目标市场的选择，不能一劳永逸。汽车企业应在汽车市场预测的基础上，根据汽车市场需求变换服务内容和目标市场。

（2）市场需求趋势分析预测　消费者的市场需求受多种因素的影响，其中主要的影响因素是消费者收入的变化。随着城乡居民收入大幅度增加，必然带来汽车消费结构、消费倾向的巨大变化。因此，不断地进行汽车市场需求趋势分析预测，与汽车企业的生存和发展关系重大。

（3）消费需求倾向的变化趋势预测　汽车消费需求倾向的变化，可以分为以下几种类型：

1）需求量在一定时期直线上升，即出现供不应求，但对汽车产品类型、质量的要求又有所变化。

2）挑选性强、地区性强以及类型式样变化快。

3）需求季节性很强，适时令销量大增，过时令则销量急剧下降。

4）需求波浪起伏，如新车型上市销量突增，然后逐渐滞销，加以改进后又开始畅销。

汽车消费需求倾向的不同，有些是由汽车产品的本身属性所决定的，有些则是由汽车产品供求状况决定的。作为汽车企业的经营者，要特别注意研究本企业生产经营的汽车产品的属性及其消费倾向的变化。

（4）消费心理变化趋势分析预测　人们的消费心理引起消费动机，消费动机又引发购买行为。随着收入的增加，攀比心理、赶时髦心理，与一定的社会集团、社会阶层相适应的趋同心理、归属心理以及表现自我价值的非趋同心理（追求汽车产品的个性化）等等，对汽车产品购买行为的影响越来越大，甚至直接影响着汽车市场的需求。

2. 汽车企业寻求市场机会的第二步

汽车企业寻求市场机会的第二步是估计市场的总需求量。在上述四项内容预测分析的基础上，通过对历史资料分析基础上建立起来的汽车产品需求与各因素的函数关系，就可以测算出未来汽车市场的需求数量，最后结合定性分析确定未来汽车市场的需求水平。

（二）市场供应预测

汽车市场供应，是指在一定时期内可以投放市场以供出售的汽车产品资源。汽车产品资源主要来自汽车生产企业，其次是进口。

汽车市场供应预测，是指对进入市场的汽车产品资源总量及其构成和各种具体汽车产品市场可供应量的变化趋势的预测。它同汽车市场需求预测结合起来，可以预见未来汽车市场供求矛盾的变化趋势。

预测汽车产品生产的发展及其变化趋势，要搜集历史资料，了解汽车产品历年的产值、产量、成本和销售等情况；要了解汽车产品现有生产企业的数量、生产能力、原材料供应、生产设备、生产技术和汽车产品质量的现状，以及各项经济指标在汽车行业达到的水平；要了解汽车生产企业的设备更新、技术引进以及近期挖潜、革新、改造的措施和基建规划，并在预测汽车生产结构的基础上，对于预测期内的各种汽车产品，研究可能提供汽车产品资源的汽车企业及其生产能力，已有汽车产品的数量、质量、类型、式样和规格等的发展变化，新产品的生产发展趋势、生产技术、原材料和能源消耗、成本和价格等的变化，汽车产品销售的竞争能力及汽车市场需求动向等，进而测算出汽车产品资源量、适应汽车市场需求的程度及其发展趋势。只有在摸清汽车产品资源的基础上，预测出各种汽车产品的发展前景，才能结合汽车市场需求的变化，较精确地预测汽车市场供求关系的发展趋势，作出正确的经营决策。

(三) 科学技术发展预测

科学技术发展预测，是指对科学技术的未来发展及其对社会、生产和生活的影响，对汽车企业生产经营活动的影响，尤其是与汽车产品有关或与材料、工艺和设备等有关的学科的科技发展水平、发展方向、发展速度和发展趋势等方面情况的分析研究和预测，为制定汽车企业科学技术决策及科研发展规划服务。

科学技术迅猛发展给汽车企业经营带来的影响，主要体现在以下几个方面：

1）汽车产品的市场生命周期有明显缩短的趋势。

2）汽车领域技术贸易的比重增长。

3）发展中国家汽车劳动力费用低廉的优势在国际经济联系中将削弱。

4）汽车产品流通方式将向更加现代化的方向发展。

5）对汽车企业的领导结构及人员素质提出更高的要求。

第四节 市场预测的基本程序

汽车市场预测是在汽车市场调查研究的基础上，明确预测目标、收集资料、进行分析判断并运用预测方法得出预测结论的复杂过程。这一过程具体包括以下程序：

1）确定预测目标。

2）收集分析有关资料。

3）分析判断。

4）选择预测方法并建立预测模型。

5）得出预测结论。

1. 确定预测目标

确定预测目标，是进行汽车市场预测首先要解决的问题。要完成一项汽车市场预测，首先要明确预测的目的是什么、预测的对象是什么。只有预测目标明确了，才能根据预测目标，有意识地收集各种资料，采用预测方法进行预测。

确定预测目标，就是要明确预测的目的、要求，具体包括要确定的预测对象、预测项目、预测的空间范围和时间要求。预测目标应尽量具体、详尽，不能含糊、抽象。它既关系到整个汽车市场预测活动的成败，又关系到预测中其他步骤的进度，如收集什么样的资料、采用什么样的预测方法，以及如何制定该项汽车市场预测的具体工作计划和进度等。

确定了预测目标，就使整个汽车市场预测工作有了明确的方向和内容。例如，某地区为制定小轿车生产行业长远规划，开展了该地区2010年家庭小轿车市场需求预测。该项汽车市场预测目标明确，预测对象是小轿车，预测项目涉及居民家庭小轿车的需求量预测、影响居民小轿车需求的各种因素（如居民收入水平）的预测。该项汽车市场预测属于长期的市场预测。对汽车企业而言，预测目标的确定，应根据汽车企业生产经营管理的需要，服从汽车企业经营决策的要求。

2. 收集分析有关资料

科学的汽车市场预测，必须建立在掌握充分的汽车市场资料的基础上。预测目标确定后，就要围绕预测目标，广泛收集汽车市场各种历史和现实资料。汽车市场资料众多，在预测中应收集什么样的资料，完全由预测目标来决定。

汽车市场预测所需资料有两类：

1）关于预测对象本身的历史和现实资料，如某地区居民家庭近年来购买小轿车的统计资料。

2）影响预测对象发展过程的各种因素的历史和现实资料，如影响居民家庭购买小轿车的因素的资料有：居民家庭收入状况及变化、小轿车价格变动资料以及城市道路发展变化资料等。

围绕汽车市场预测目标，收集汽车市场资料，要力求收集资料的完整性、可靠性、准确性和适用性。收集历史资料和收集现实资料，在内容和方法上有所不同。

历史资料包括汽车企业已经建档和各级政府统计机构发布或经报刊、会议文件等其他途径发布的各种经济与社会发展资料，包括宏观的、中观的与微观的各种历史统计资料，诸如人口状况、就业与人均收入的变化情况、社会购买力、货币流通量、汽车生产与销售情况、汽车企业经营的各种业务数据和财务等。从历史资料的分析中，可以认识与揭示汽车企业预测目标的发展变化规律，进而推测汽车市场的未来变化趋势。历史资料的收集，主要通过文献调查法获得。

现实资料是指当前正在发生的有关经济和社会活动的各种资料，主要通过实地调查，如对消费者的口头访问或问卷调查、观察调查来获得。对现实资料的分析研究，可以了解汽车企业预测目标的现实状况。

3. 分析判断

分析判断是指对收集的历史和现实资料进行综合分析，对汽车市场未来的发展变化趋势作出判断，为选择预测方法、建立预测模型提供依据。在进行汽车市场预测时，需要分析判断的内容有以下几方面：

（1）汽车市场各种影响因素对汽车市场未来需求的影响　分析汽车市场各种影响因素对汽车市场未来需求的影响，主要需要分析以下几方面内容：

1）分析国家方针、政策和经济形势对汽车市场未来需求的影响。例如，汽车排放法规与汽车需求密切相关。

2）分析进出口贸易对汽车市场未来需求的影响。例如，进出口汽车产品的规模与结构对国内汽车产品的需求量和需求结构有直接的影响。

3）分析居民的收入水平和汽车消费结构变化对汽车市场未来需求的影响。例如，居民的汽车消费结构变化直接决定汽车市场需求的结构。

4）分析各种汽车产品之间的替代关系和依存关系对汽车市场未来需求的影响。例如，同一档次的不同车型之间一般可以相互替代，可以相互替代的车型中任一车型的生产或销售的变化都会影响到其他车型的生产、销售。

(2）预测期内汽车产品产、供、销关系及其变化 分析预测期内汽车产品产、供、销关系及其变化，主要需要分析以下几方面内容：

1）分析汽车产品供求关系及其变化，即汽车产品供应是否能满足汽车市场需求，供求关系将发生何种变化。

2）分析汽车企业生产、销售的汽车产品结构是否与消费者、用户需求结构相适应。

3）分析汽车产品流通渠道是否适合汽车产品销售和满足消费者购车需要。

4）分析汽车产品生产、供应是否与销售相脱节。

(3）消费者消费心理、消费倾向等对汽车市场未来需求的影响 分析消费者消费心理、消费倾向等对汽车市场未来需求的影响，主要需要分析消费者的消费心理、消费倾向、消费行为和价值观念等的变化对汽车市场未来需求的影响。

4. 选择预测方法并建立预测模型

汽车市场预测要依赖预测方法。根据汽车企业的预测目标，在对有关资料进行分析判断后，就要选择预测方法。预测方法选择是否适当，将直接影响预测结果的可靠性。预测方法主要有定性预测法和定量预测法两大类。

在进行汽车市场预测时，预测方法的选择一般应从以下三方面考虑：

1）要根据汽车企业的预测目标和要求选择预测方法。预测方法要服从于汽车企业的预测目标和预测要求。例如，若预测项目是短期和近期的，一般采用集合意见法、市场调研预测法、移动平均法和指数平滑法等；若预测项目是中长期的，一般采用趋势延伸法、回归分析法和德尔菲法等。

2）要根据汽车产品本身的特点选择预测方法。预测方法要根据汽车产品的属性和内在特点进行选择，不同的汽车产品往往具有不同的属性和内在特点。

3）要在汽车企业切实可行的基础上选择预测方法。随着社会经济的不断发展，各种新的预测方法层出不穷，但在汽车市场预测实践中还是要受到数据资料、经费、人力和设备等方面条件的制约。因此，选择预测方法时，要考虑是否具备相应的条件。

预测模型与预测方法是紧密联系在一起的。确定了预测方法，也就确定了预测模型。建立预测模型，就是指依据预测目标，应用预测方法建立数学模型。建立汽车市场预测模型应注意以下问题：

1）在满足汽车企业预测目标和要求的前提下，尽可能使汽车市场预测模型简单化。

2）在建立汽车市场预测模型时，要对模型进行必要的检验，以判断模型是否适用。

3）当建立的汽车市场预测模型不够科学时，应及时进行修正。

5. 得出预测结论

这是汽车市场预测工作的最后一个阶段，包括以下两个环节：

1）利用汽车市场预测模型计算出预测值。就是根据具体的数学模型，输入有关数据资料，经过运算求出预测值。

2）评价预测值的合理性，最后确定预测结论。

利用汽车市场预测模型计算出来的预测值，只是初步预测的结果。由于种种原因，预测值和实际情况总是存在一定偏差，这就是预测误差。因此，在最后确定预测结论时，一般需要对预测的误差作出估计。预测误差实质上是对汽车市场预测模型精确度的评价，直接决定着是否认可汽车市场预测模型，是否需要对其作出修正。如果预测误差较小，符合预测要求，最后就可确定预测结论，即确定最终的预测值。

需要指出，为了保证预测值的准确性，在汽车市场预测中，常常要同时采用不同的预测方法与预测模型。通过对它们的预测结果进行比较分析，作出对预测值可信度的评价，进而确定最符合汽车市场实际的预测值。

第五节　预测精度及其提高途径

一、预测精度及其度量指标

在汽车市场预测中，有关预测精度的问题难以回避。由于汽车市场预测的对象是汽车市场现象中的各变量之间的对应关系，而这种关系的形成过程必然会受到人们的意志和行为的强烈影响，如汽车消费者的购买决策行为。因此，不论采用什么预测方法和预测模型，预测误差都会产生。从理论上讲，预测本身就包含着一定程度的误差。汽车市场预测是对汽车市场未来变化趋势作出的一种判断，而汽车市场的未来变化是不确定的。

尽管不能期待预测结果百分之百的准确，但无论如何，对汽车企业来讲，应尽可能地追求准确的预测结果。因为误差较大的预测所带来的危害是严重的，特别是对未来汽车市场需求的预测，由于诸多因素的交叉影响，使得汽车市场需求的发展变化经常处于很不稳定的状态，所以预测精度更应得到汽车企业的重视。

汽车市场预测的目的和要求不同，对预测精度的要求亦不同。一般就预测期长短而言，预测期越短，其预测精度要求越高；从预测方法来看，不同预测方法在准确地预测某种基本数据样式和预测该样式发展过程的转折点方面，其能力各不相同。例如，时间序列分析法用来预测数据的长期趋势是合适的，而对因汽车市场饱和及经济萎缩或消费过热等原因引起的汽车市场转折是根本不能预测的；用多元回归分析法和经济计量模型、市场调查预测法、扩张指数法就能较好地预测上述汽车市场转折点，提高预测精度，满足汽车企业决策要求。

从根本上说，汽车市场预测的目的是汽车企业根据预测结果制定企业计划、规划或作出有关问题的决策，以取得良好的企业经济效益和社会经济效益。因此，汽车企业总希望预测结果和未来实际情况接近一些，预测误差小一些。预测误差，是指预测值与实际值之间的偏差。预测误差的大小表明预测精度的高低。实际的预测误差通常要在汽车企业计划、规划或某项决策实施之后，通过预测追踪进行预测值和实际值的比较才能知晓，进而分析产生误差的原因，以便改进汽车企业的预测工作，提高预测精度。

在选择定量方法进行汽车市场预测的过程中，汽车企业预测人员往往通过利用选择预测方法的数学模型来测定该预测方法的理论预测误差大小，并将其作为选择合适预测方法和调整预测值的依据。

度量预测精度的指标主要有预测准确度、平均误差、平均绝对误差以及均方误差。

1. 预测准确度

预测准确度就是预测值与实际值相接近的程度，常用相对数表示。定义为

$$预测准确度 = 1 - \frac{|Y-\hat{Y}|}{Y} \times 100\%$$

式中，Y 为实际值；$\hat{Y}$ 为预测值；$|Y-\hat{Y}|$ 为预测误差绝对值；$\frac{|Y-\hat{Y}|}{Y} \times 100\%$ 为预测相对误差。

通常，预测准确度达到 90% 以上就为高预测准确度，低于 70% 为预测不准，介于两者之间则为预测基本准确。

2. 评价数学预测模型预测误差的指标

为了评价定量预测法中各数学预测模型的预测精度，综合考查某段历史时期的理论预测误差大小，常用的预测误差指标有：平均误差、平均绝对误差和均方误差。下面分别介绍具体计算公式。

（1）平均误差　计算公式为

$$平均误差 = \frac{\sum(Y_i - \hat{Y}_i)}{n} \qquad (i=1,\ 2,\ \cdots,\ n)$$

式中，分子为某段历史时期内每个观察周期的实际观察值 Y_i 与数学预测模型测算值 $\hat{Y}_i$ 之偏差的总和；n 为该段时期内的观察周期数。

也就是说，平均误差只是将每个观察周期的理论误差加起来求平均值。

（2）平均绝对误差　计算公式为

$$平均绝对误差 = \frac{\sum|Y_i - \hat{Y}_i|}{n} \qquad (i=1,\ 2,\ \cdots,\ n)$$

由于理论误差有正、有负，在计算平均误差过程中相互抵消，而使平均误差不能反映实际误差的大小。平均绝对误差，就是用某段历史时期内每个观察期理论误差的绝对值加起来求平均值。它能较好地反映实际误差水平。评价数学预测模型常用此项指标作为衡量预测方法的预测误差的尺度。

（3）均方误差　计算公式为

$$均方误差 = \frac{\sum(Y_i - \hat{Y}_i)^2}{n} \qquad (i=1,\ 2,\ \cdots,\ n)$$

均方误差是把每个观察周期理论误差值平方，再计算这些理论误差平方值的平均数。从统计观点来看，均方误差优于平均绝对误差。但均方误差在数值上要比平均绝对误差大，由于人们从数值上总是愿意接受较小的偏差值，而不愿接受较大的偏差值，故一般不习惯采用此项指标。

汽车市场预测人员在选用定量预测法进行预测时，对各种预测模型的评价，在历史数据样式基本不变的情况下，往往是把均方误差和平均绝对误差这两项指标作为评价和选择精确度的依据。

二、提高预测精度的途径

1. 充分可靠的数据资料

充分可靠的数据资料，是提高预测精度的重要途径。掌握全面而可靠的数据资料是汽车企业进行市场预测的基础。数据资料不全会影响汽车市场预测的准确性，数据资料的失真会导致汽车市场预测的失败。不能等到要预测的时候，才去收集数据资料，这样做，既导致一时难以收集到必要的数据资料，又无法保证数据资料的可靠性。因此，汽车企业应建立自己的数据库，保存有关企业预测所需要的各类数据和资料。

2. 高素质的预测人员

预测人员素质高，是提高预测精度的有效途径。汽车市场预测精度的大小还取决于预测人员素质的高低。对于承担汽车市场预测工作的人员来讲，熟悉基本的经营理论和具有一定的实践经验是最起码的要求。汽车市场预测人员必须对汽车市场有足够的了解，并且掌握对其进行分析的足够知识。出色的汽车市场预测人员的知识当然要比这些广泛得多，还要具备一定的职业素质、文化素质和心理素质等等。汽车市场预测人员有无经验、水平的高低和心理素质的好坏，都会直接影响汽车市场预测的精度，而且所预测的对象愈复杂，难度愈大，对预测人员的要求愈高。因此，培养预测人员的预测能力，提高预测人员素质，是汽车企业提高汽车市场预测精度的有效途径。

3. 决策者的参与

决策者的参与是提高预测精度的关键。汽车市场预测是为汽车企业决策服务的。从预测人员提出的多种预测方案中选择最优方案或满意的方案，起决定性作用（最后拍板）的是汽车企业决策者。决策者（含决策组织）是决策的主体，是汽车企业的权力机构和经营管理者。汽车企业决策者的素质水平和参与程度决定了汽车企业预测的精确程度。好的汽车企业决策者能充分认识到汽车市场预测的重要性，并亲自过问和参与，给汽车市场预测工作以正确的领导和全力的支持，使汽车市场预测与汽车企业决策密切结合，顺利开展，成绩优异，精确度高，从而使汽车企业兴旺发达；差的汽车企业决策者，对汽车市场预测工作的重要性缺乏认识，认识不到预测是决策的基础，决策是经营的关键，预测与决策密不可分，从而对汽车市场预测工作漠不关心。再好的汽车市场预测方案遇上这样的决策者也只能是“束之高阁”，这会直接影响汽车市场预测的顺利进行，进而影响汽车市场预测的精度。因此，决策者的参与是提高预测精度的关键和重要途径之一。

三、市场预测与市场调查的关系

汽车市场预测与汽车市场调查既相互联系又相互区别。

1. 市场预测和市场调查相互联系

首先，汽车市场预测和汽车市场调查有共同点：

（1）两者主体相同　汽车市场预测和汽车市场调查的主体都是对汽车市场信息资料具有需求的汽车生产企业和汽车销售企业。

（2）两者研究的客体相同　汽车市场预测和汽车市场调查的客体都是汽车市场现象及其相关因素。

（3）两者根本目的相同　汽车市场预测和汽车市场调查的具体任务虽然不同，但根本目的是一致的，都是为汽车企业制定科学的经营决策和营销计划服务的。

其次，汽车市场预测和汽车市场调查是密切相关的。汽车市场调查是汽车市场预测的前提和基础。汽车市场调查为汽车市场预测提供必要的市场变化的数据和资料，没有汽车市场调查，汽车市场预测就是盲目和无根据的，不可能有科学性和准确性。汽车市场预测是汽车市场调查的延续和深化。只有汽车市场调查，没有汽车市场预测，汽车企业对汽车市场信息的掌握将是不完整的。只有在汽车市场调查的基础上，开展汽车市场预测活动，汽车企业才能获得包括汽车市场的历史、现状和未来变化趋势在内的完整的汽车市场信息，才能进行正确的经营决策。

2. 市场预测和市场调查相互区别

虽然汽车市场预测和汽车市场调查有许多共同点，两者是密切关联的，但汽车市场预测不等于就是汽车市场调查，它们的主要区别如下：

(1) 两者的研究重点不同　汽车市场调查和汽车市场预测虽然都研究汽车市场供求关系及其影响因素，但汽车市场调查侧重于汽车市场现状和历史的研究，这是一种客观的描述性研究，目的是了解汽车市场的客观实际情况，弄清事实真相，并及时捕捉汽车市场信息；汽车市场预测则侧重于汽车市场未来的研究，这是一种预测性研究，着重探讨汽车市场供求关系的发展趋势及各种影响此趋势变化的因素，目的是对未来的汽车市场及时作出推断和估计。

(2) 两者的研究结果不同　进行汽车市场调查和汽车市场预测，其最终目的都是通过对汽车市场的研究，为汽车企业决策提供依据。但汽车市场调查所获得的直接结果是汽车市场现象的各种数据、资料和调查报告，涉及的内容比汽车市场预测要广泛，因而既可作为汽车市场预测的依据和资料，又可直接为汽车企业的日常决策提供依据；而汽车市场预测所获得的结果是汽车市场未来发展变化的趋势和汽车市场需求的可能水平，是一种有一定科学根据的假定，主要为汽车企业制定计划和管理决策服务。

(3) 两者的研究方法不同　汽车市场调查的方法多是了解汽车市场现状、捕捉汽车市场信息的方法，如访问调查法、问卷调查法和观察调查法等；汽车市场预测的方法包括定性预测法和定量预测法，目的是为了科学预测汽车市场未来的需求量和需求状况。两者的研究方法有很大区别。

思考题

2-1 简述汽车市场预测的作用和重要性。

2-2 简述汽车市场预测的基本原则。

2-3 简述汽车市场预测的类型。

2-4 简述汽车市场预测的内容。

2-5 简述汽车市场预测的基本程序。

2-6 简述汽车市场预测与汽车市场调查的关系。

第三章 文案调查

第一节 文案调查的涵义

一、文案调查的概念

1. 文案调查法的定义

文案调查法也称文献调查法、桌面调查法及室内调研法，是根据一定的研究目的，通过对收集到的、与调查课题相关的各种信息和情报资料等，在办公室内进行分析、研究获得调研成果的一种调研方法。它是一种获得二手资料的调查研究方法。

汽车市场营销信息的来源或是第一手资料，即实地调研资料；或是第二手资料，是指在某处已经存在并已为某种目的而收集起来的信息。文案调查，就是对第二手资料的调查活动。

文案调查的对象是各种历史和现实的统计资料。例如，通过资料研究，可以进行汽车市场供求趋势分析、汽车市场相关因素分析以及汽车市场占有率分析等。此法的优点是可以充分利用第二手资料，节省调查费用。

文案调查法，一方面是收集和获取有效的二手资料；另一方面是根据调查课题的要求对这些文献资料进行去伪存真、由表及里和抽丝剥茧式的分析研究。因此，在运用文案调查法进行汽车市场调查时，调查人员必须有较丰富的汽车专业知识和分析能力才能胜任。文案调查要求更多的专业知识、实践经验和技巧。这是一项艰辛的工作，要求有耐性、创造性和持久性。

当所需汽车市场的资料有限而且已有可靠的文字资料时，文案调查往往是比较有效的调查方法。但是，当需要更深入地了解汽车市场情况时，实地调查仍是必不可少的。因此，文案调查往往是实地调查的基础和前道工序。

2. 文案调查法的特点

文案调查法主要有以下三个特点：

（1）间接性　文案调查属于对汽车市场二手资料的调查活动，调查获得的汽车市场资料不是直接来自社会现实和调查者的调查，因此具有间接性。

（2）历史性　文献是已发生、已存在的汽车市场资料，是经过相关人员整理出来的汽车市场的历史资料，具有历史性的特点。

（3）继承性　研究人员在查阅和记录汽车市场相关文献的过程中，必然会在一定程度上受到文献中的观点或思想方法的影响，因此具有继承性。

二、文案调查的任务

文案调查的任务主要有：

1）为实地调查提供背景资料。例如，汽车市场实地调查前需要对汽车市场整个形势有充分认识，这在很大程度上依赖于现有的汽车市场统计资料和现有的汽车市场研究成果。

2）在某些情况下，文案调查可以代替实地调查。例如，在汽车新产品开发调查中，用第二手统计数据和新、旧汽车产品技术性能数据进行对比分析后，有时也能写出汽车市场调查报告。

3）可以提供关于企业目标市场总体的、一般性的资料。例如，如果在汽车市场调查中要分析的细分市场比较多，在通过代价很高的实地调查去调查这些细分市场之前，文案调查可以提供关于汽车企业目标市场总体的、一般性的资料。

4）用以对市场趋势的分析和对总体参数的估算。因为实地调查通常用抽样调查的方法进行，而用这种方法对了解总体参数是有困难的。例如，要了解汽车市场总的潜力是多少，就要用汽车市场统计资料来提供情况，然后用趋势分析的方法来推算总体。

5）为企业内部改革提供依据。在很多情况下，现成的资料比实地调查的作用大得多。例如，汽车企业的内部改革需要了解汽车企业概况，如历史改革、财务结构、生产技术、职工现状以及汽车市场情况，它们主要是通过汽车企业的统计资料来反映的。实地调查虽然可以增加一些新内容，但不能反映汽车企业的总貌。

三、文献资料的来源

文献资料，包括企业内部资料和企业外部资料，内部资料主要是企业内部的市场营销信息系统所经常收集的资料；外部资料主要是企业外部的单位所持有的资料。下面结合汽车企业分别予以说明。

1. 企业内部资料

汽车企业内部资料主要包括：

1）汽车市场调查部门汇编的资料。汽车企业的市场调查部门，一般会把每个调研课题所掌握的全部资料仔细地做好索引并归入档案。这些资料不仅包括在进行具体调研课题过程中所获得的资料，而且还包括从汽车企业的组织机构中收到的报刊杂志和其他文献的剪报等。

2）汽车企业信息系统提供的统计资料，如客户定货单、销售额及销售分布、销售损益表、库存情况和汽车产品成本等。从这些对汽车生产、销售、成本以及分布地区的分析中，可以检验汽车企业各种因素的变化情况。

2. 企业外部资料

汽车企业外部资料，是指公共机构提供的已出版的和未出版的资料。这些公共机构可能是官方的，也可能是私营的。他们提供资料的目的，有的是作为政府的一项工作；有的是为了营利；也有的是为了自身的长远利益。一个好的汽车市场调研部门，一定要熟悉这些公共机构，熟悉这些机构里的工作人员，熟悉他们所能供应的资料种类。

以下是几种常见的汽车企业外部资料来源：

1）国家统计机关公布的统计资料，包括汽车工业普查资料、统计资料汇编等。

2）汽车行业协会发布的行业资料，是汽车行业资料的宝贵来源。

3）图书馆里保存的大量商情资料。图书馆除了有汽车贸易统计数字和汽车市场的基本经济资料外，还有各种汽车产品的更具体的资料。

4）出版社提供的书籍、文献和报刊杂志。出版社出版的工商企业名录、商业评论、统计丛书和产业研究等。许多汽车类报刊杂志为了吸引读者，也常常刊登汽车市场行情和一些分析报道。

5）银行的经济调查、商业评论期刊。国外许多大银行，如巴克利银行、大通银行等，都发行期刊。这些期刊往往有最完善的报道，而且一经索取就可以得到。

6）专业组织的调查报告。随着我国经济改革的深化，消费者组织、质量监督机构和股票交易所等专业组织也会发表有关统计资料和分析报告，其中不乏关于汽车行业的。

7）汽车研究机构的调查报告。许多汽车研究所和从事汽车市场调研的组织，除了为各个单独的委托人完成研究工作外，为提高知名度，还经常发表汽车市场报告和汽车行业研究论文。

以上情报资料都是通过一定记录方式，记录在一定物质载体上的知识，也叫文献资料。按不同的载体形式和记录技术，现代社会的文献资料分为手工型、印刷型、微缩型、机读型、视听资料和卫星资料六类。目前，在我国最基本、最普遍的是印刷型文献资料。随着经济的发展和社会的进步，当代社会的印刷型文献资料最突出的特点是数量剧增、分布非常分散、内容交叉重复而且水分较多。在这种情况下，当汽车市场调查人员发现信息源时，就应该从具体需要出发，对它们进行选择评价，许多资料可以不必购买或花时间详细研究。汽车市场调查人员应选择能提供最好信息的机构。

四、持续的文案调查

汽车企业营销调查系统决不会使汽车市场调查的任务终止于某一时间和地点，汽车企业的营销调查部门需要源源不断地收集营销信息。持续的文案调查工作加强了对汽车企业营销活动过程的检查、分析和控制，已成为提高汽车企业营销管理水平的有效工具。持续的文案调查所提供的信息会起到以下作用：

1）检验汽车企业能否达到预定的营销目标。

2）观察顾客对汽车企业声誉、汽车产品质量、服务方式以及汽车产品和服务的价格等的态度变化。

3）剖析汽车企业竞争者的市场策略对汽车企业的影响情况。

4）评价汽车企业营销计划的实现率和销售队伍的战斗力。

5）分析汽车市场特征和发展趋势，以指导汽车企业作出营销战略决策。

第二节　文案调查的要求与程序

一、文案调查的要求

汽车市场调查人员应选择能提供最好信息的机构，但这并不意味着调查人员对汽车企业某一调查课题仅找一个信息源。只要可能，都要用两种或两种以上的信息源交叉核实资料，以免产生错误的解释。为此，汽车市场文案调查必须满足以下要求。

1. 调查面要广

调查面要广有以下两层含义：

1）组织和动员的力量要广。不仅汽车企业专业调查人员参加，而且要通过对汽车企业领导、全体工作人员的信息教育，使他们也积极参与文案调查。

2）搜集和积累的情报面要广。要通过各种信息渠道，利用各种机会，采取多种方式广开信息源，大量收集各方面有价值的文献，并且在时序上要保持连续性，以便获得反映汽车市场发展变化情况的资料。

2. 收集的资料要有针对性

针对性，是指要重点收集与汽车企业调查项目主题关系最密切的情报资料。

1）最基本的一条要求是：收集的资料要包含对汽车企业生产经营有用的情报信息；否则，就失去了收集的意义。

2）经摘录、整理、选择、传递和提供利用的情报资料，应该是汽车市场调查课题所需要的、可用的，涉及范围大概能全面、准确地满足汽车市场调查课题的要求。

3. 收集的资料要保证及时性

收集的资料要保证及时性，既要保证信息资料的时效性，又要考虑这种资料涉及的时间是否合适。对与汽车市场调查课题有关的各种最新资料、最新消息，要用最快的速度及时了解、及时收集、及时加工和及时利用，以提高文献资料的实用价值。

二、文案调查的程序

作为一个汽车市场营销调查人员，应该熟知如何开展文案调查工作，怎样制定调查计划等。尽管每个汽车市场调研课题都有它特殊的一面，而且需要有它自己的解决办法。但是，有一些基本的程序是汽车市场调查人员所必须共同遵循的。

1. 评价现成资料

现成资料，是指其他人或其他单位所取得的、已经积累起来的关于汽车市场的第二手资料。在信息爆炸的时代，案头放着的资料可能很多，这就要求汽车市场调查人员应能根据汽车市场调查的特殊需要，对眼前的现成资料作出评价。评价现成资料的标准大致如下：

（1）内容　资料是否可靠，是否全面、精确地符合汽车市场调研课题的要求。

（2）水平　资料的专门程度能否达到标准。

（3）重点　资料是否针对与汽车市场调研课题最有关的各个方面。

（4）时间　资料所涉及的时期是否适当，是否已时过境迁。

（5）准确　资料与汽车市场第一手资料的接近程度如何。

（6）方便　资料能否既迅速又花钱不多地获得。

2. 寻找收集情报的途径

从一般线索到特殊线索，这是每个汽车市场调查人员收集情报的必由之路。当着手一个汽车企业调查项目时，汽车市场调查人员寻找的第一类资料是向他提供汽车市场总体概况的那类资料，包括汽车市场基本特征、一般结构、发展趋势和交易情况等。他可能会从汽车类报刊杂志的调查文章开始寻找，随着汽车市场调研的深入，对汽车市场资料的选择性和详细程度的要求会越来越高。

3. 资料筛选

资料收集后，汽车市场调查人员应根据课题需要，剔除与课题无关的资料及不完整的情报。例如，当汽车市场调查人员在分析进入哪些细分汽车市场的报告中，他可以分析下列因素，以去掉一些对汽车企业市场潜量很小的细分汽车市场：汽车产品的可接受性、分销渠道、价格和竞争情况等。

4. 文案调查报告的撰写

文案调查报告是所有调查工作的过程和调查的成果赖以表达的工具。撰写文案调查报告应注意以下几点：

（1）简单明了　将资料编成统计图表，方便阅读者了解分析结果，看出与研究假设的关系。

（2）吸引力强　用新闻标题的方式书写惹人注意的题目，以提高阅读人的注意力和兴趣。

（3）结论明确　如果没有明确的结论和建议事项，该调查报告就失去其意义和价值。

第三节　文案调查的方式与方法

一、文案调查的方式

汽车市场文案调查主要包括有偿收集和无偿收集两种方式。

1. 有偿收集方式

有偿收集方式，是指通过经济手段获得汽车市场文献资料。通过一定的正式渠道实行有偿征集和转让，这种方式实际上是实现汽车市场信息、情报商品化，能比较有效和及时地获得高质量的汽车市场情报信息。因为情报信息是有偿获得的，所以汽车企业调查部门要考虑获得情报信息的费用与其带来的经济效益的关系，避免得不偿失；也正因如此，有偿收集更讲究情报信息的针对性、可靠性、及时性和准确性。

有偿收集的具体形式有采购（订购）、交换和复制三种：

1）采购形式，包括现购、邮购和委托代购等。国内公开发行的书刊文献是向邮局或新华书店采购，内部发行物一般是直接订购。采购形式可以保证汽车企业情报信息的来源。

2）交换，主要是通过汽车企业业务上和隶属关系的联系和相互协商的办法，汽车企业与其他企业或部门各自为了从对方获得所需要的情报，通过交换的形式来实现。一般收集限制发行或内部使用、内部整理的资料时，采用交换的形式。这种形式的特点是专业性强、传递迅速。

3）复制。对于无法通过采购和交换形式获得的汽车市场情报资料，如发行量极少的资料、历史性的绝版资料、难得的原版资料以及过期报刊等，只能采用复制形式。复制资料一般成本较高，要量力而行。

2. 无偿收集方式

无偿收集方式，是指不需要支付费用，较为经济地获得汽车市场文献资料。汽车企业可以根据自己需要的内容，通过书信索取、询问、现场收集和接受赠阅等方式获得一些文献资料。但随着国内外汽车市场、汽车产品和汽车技术竞争的激烈化，通过无偿收集方式获得有效情报比较难，获得的汽车市场资料常常是粗略而简单的介绍，参考价值有限，可能只给汽车企业带来一定的启发或提供某些线索。一般与汽车相关的交流会、洽谈会、展销会和参观访问等场合，是汽车市场调查人员无偿索取资料的有利时机。

二、文案调查的方法

可以按照不同的分类方法，对文案调查方法进行分类。按照获取方式，文案调查方法可以分为以下三种：文献资料筛选法、报刊剪辑分析法和情报联络网法。按照查找方式，文案调查方法可以分为以下两种：公共文献查找方法和企业文献查找方法。

（一）按获取方式划分

1. 文献资料筛选法

文献资料筛选法，是指从各类文献资料中分析和筛选出与汽车企业生产经营有关的信息和情报的一种方法。在我国主要是从印刷型文献资料中筛选。印刷型文献资料按对文献内容编辑出版的形式不同，主要分为图书、科研报告、会议文献、论文、专刊文献、档案文献、政府政策条例文献、内部资料以及地方志等。采用文献资料筛选法收集汽车市场情报资料，常常是根据汽车市场调查课题的目的和要求，有针对性地去查找有关文献资料。

文献资料筛选法的特点是所得情报资料记录方便、传播广泛、积累系统，以及便于长期保存和直接利用。它是汽车企业获取技术、经济情报的最基本、最主要的来源。

2. 报刊剪辑分析法

报刊剪辑分析法，是指汽车市场调查人员平时从各种报刊上所刊登的文章、报道中，分析和收集汽车市场情报信息的一种方法。信息社会最突出的特点是信息量大和信息流快。汽车市场情况的瞬息万变在日常新闻报道中都有所体现，只要用心去观察、收集和分析，便可从各种报刊上获得与汽车企业生产经营有关的情报信息，以扩大视野，灵通耳目。

在信息社会里，汽车企业间的竞争实质上是信息竞争，只要汽车企业善于利用公开发行的报刊和杂志，就可以获得对汽车企业有用的信息，收到意想不到的经济效果。为此，汽车企业要积极订阅各种报刊、杂志，收集情报信息，以及时发现汽车市场机会，夺取和占领汽车市场。同时，还应充分利用广播、电视等现代通信宣传渠道。

3. 情报联络网法

情报联络网法，是指汽车企业在全国范围内或国外有限地区内设立情报联络网，使情报资料收集工作的触角伸到四面八方的一种方法。情报联络网的建立是汽车企业进行文案调查的有效方法。汽车企业情报联络网的建立，自然要受到汽车企业资金和人力上的制约，可以采取重点地区设立固定情报资料收集点，由汽车企业派专门人员或驻地人员兼职；一般地区可以同其他汽车企业或部门以及有关的情报中心挂钩，定期互通情报，以获得各自所需的资料。这样，在情报联络网内，各地区的有关汽车市场供求趋势、汽车消费者购买行为、汽车产品价格情况、经济活动研究成果、科技最新发明创造乃至政治形势等情报，都可以及时地通过情报联络网传输给汽车企业。

一般情况下，中小汽车企业无力建立自己独立的情报联络网，可以借助于其他部门的情报联络网。情报联络网法的特点是：涉及的范围广，获得的情报信息量大，综合性强。

（二）按查找方式划分

1. 公共文献查找方法

（1）直接利用文献目录及索引方法

1）利用参考文献查找。参考文献是一本专著或论文后面所附的供读者参阅的文献资料，通过与汽车市场调查课题有关的研究资料所附的参考文献进行追踪寻查，一般都能很好地获得所需的汽车市场文献。这种方法的优点是简便有效，能在短期内集中一批有关文献，并且能及时获取较新的成果；缺点是不能保证原调查者是否已经查找了全部相关文献。

2）利用检索工具书查找。检索工具书是由若干分类单位所组成的，按特定方式编排的图书，专供人们查阅特定知识单元和查找文献线索之用，主要包括书目、索引、文摘、题录等类书刊，它们是查找、检索国内外书刊的主要工具。通过检索工具书，可指引汽车市场调查人员方便、迅速和有效地查询与汽车市场调查课题有关的文献，具体可采用顺查与倒查两种方式。顺查法一般从课题有关资料的起始年代开始，一直查阅到最近。顺查法的检全率和检准率较高，但比较费时、费力，检索效率低。倒查法从近年资料开始逐年向前查找，一旦所查资料足以满足研究需要即停止。倒查法比较节约时间与精力，但有时会产生漏检。

3）利用图书目录查找。图书馆是文献资料最为集中之地。图书目录是揭示馆藏书刊内容、引导资料查找的重要工具。按照编制图书目录的目的和用途，图书目录一般可分为分类目录、书名目录、著者目录和专题目录几类。

①分类目录。它是依照图书内容的学科体系分类排列组织起来的，主要是从知识体系方面揭示藏书内容。分类目录可使汽车市场调查人员了解汽车相关学科领域中有哪些书，掌握汽车相关学科的大致发展概况，以及各个时期的代表性著作。

②书名目录。它是依照书名的汉语拼音或笔画等检索方法排列的，可帮助汽车市场调查人员寻找已知书名的图书。

③著者目录。它是按著作者姓名的汉语拼音或笔画排列的，可帮助汽车市场调查人员从著者方面查询图书，可以比较方便地找到某个人的全部著作。

④专题目录。它是特地为某一专题内容而编制的有关文献目录，具有较强的针对性。汽车市场调查人员可以通过图书馆编制的专题目录，查找所需要的汽车市场文献资料。

（2）调查者资料汇总法

1）索取法。很多情况下，汽车市场调查人员需向有关机构直接索取汽车市场情报。例如，直接派遣人员或通过信函向政府有关机构、国内外厂商等索取汽车市场情报或资料文件。

2）收听法。用人工、录音和传真等方法收听广播及新兴的多媒体传播系统中播放的汽车相关政策法规和经济信息。

3）咨询法，如通过电话向汽车企业内部相关部门查询某些业务数据。

4）采集法，如汽车展销会等场合就可现场采集到大量汽车企业介绍、汽车产品介绍以及汽车产品目录等资料。

5）互换法，如需要某些平时很少有业务往来的企、事业单位的资料时，就比较适宜用交换资料的方法。通常是先寄送汽车企业自身的有关资料，然后设法换回所需的对方资料。

6）购买法，如从专业咨询机构、汽车行业协会和信息中心等单位或团体，购买定期或不定期出版的汽车市场行情资料和汽车市场分析报告等。

7）委托法，如委托专业市场研究公司收集和提供汽车企业产品营销诊断资料等。这时，汽车企业应该慎重选择专业市场研究公司，以保证汽车市场调查项目完成的质量。

（3）互联网搜索法　国际互联网是个全球互相连接的网络。它连接服务器，同时把互联网上的企业、科研院所、商贸协会、政府部门、科学设施以及个人连接起来。现在互联网上有很多的搜索器，有一些是专门用于搜索文献资料的，输入关键词就可以获取大量的文献资料。在线数据库也越来越多，有的是免费的，有的要收费。

通过互联网搜索文献资料，是汽车市场调查人员获取汽车市场文献资料的一条捷径。

2. 企业文献资料查找方法

查找汽车企业资料，是指向汽车企业统计部门、财务部门和供销部门查询有关统计报表、财务报表、供销业务记录以及有关经办人员的业务报告等，以及向汽车企业办公室、市场信息部门等索取各类汽车市场信息汇编和存档资料。

（1）业务经营部门　汽车企业中的各种业务经营部门承担着汽车企业的市场营销业务。其在业务经营活动中所积累的销售资料、发票、购销合同、送货或退货单、订购单、客户目录、促销资料、修理单和往来函电等，是重要的二手资料。通过对各种业务资料的收集和分析，可以了解汽车企业主要营销活动的内容、顾客或用户对汽车企业产品的需求状况及变化动向等，有利于汽车企业营销活动的开展。

（2）财务部门　该部门承担着对汽车企业经营活动的数量关系进行记录、核算以及资金筹措、成本和利润的核算等职能。其管理活动中所形成和保存的各种财会资料，有利于汽车市场调查人员掌握汽车企业的经济效益和各类汽车产品的经营状况，有利于对汽车企业营销活动从经济上进行考核。

（3）计划统计部门　该部门承担着整个汽车企业经济活动的规划，各种资料的汇总、分析等职能。其在业务中形成和保存的各种计划、日报、月报、季报和年报等统计报表，是十分重要的二手材料，其中许多可以直接用于汽车市场调研和预测活动。

（4）生产技术部门　该部门承担着汽车产品的开发、设计、生产和新技术开发等职能。其在活动过程中积累的各种台账、设计和开发方案、总结以及报告等，是分析、研究汽车企业生产状况、汽车产品状况、科技进步状况、储存情况和设备等重要的二手资料。

（5）档案部门　该部门承担着保管汽车企业重要资料的职能。其保管的规章制度文件、计划总结以及合同文本等资料，通常全面地反映了汽车企业的概貌，是不可忽视的二手资料来源。

（6）企业积累的其他资料　汽车企业积累的其他资料，如剪报、各种调研报告、经验总结、顾客意见和建议、同业卷宗及有关照片和录像等，也是汽车市场调查人员获取文献资料的一个来源。

第四节　文案调查的原则与评价

一、文案调查的基本原则

文案调查的对象是各种历史和现实的统计资料。汽车市场调查人员在进行文案调查过程中，要根据汽车市场调查的目的和要求，从繁杂的文献栏案中识别、归纳出有价值的信息资料，减少资料收集的盲目性，必须遵循以下基本原则：

（1）相关性原则　这是文案调查的首要原则，也是调查人员选定文献资料最主要的标准。汽车市场调查人员必须根据汽车市场调查的目标要求，确定资料选择的范围和内容，把与汽车市场调查主题切实相关的资料选择出来。

（2）鉴别性原则　面对纷繁复杂的各种文献资料，应该通过一定的分析鉴别，找出符合客观事实和客观规律、真实可靠的资料；否则很可能会根据某些不确实的资料，甚至是错误的信息得出结论。特别是在某个汽车市场事件或汽车市场现象上有争议、有歧义时，更要注意不轻信、不盲从，根据辩证逻辑作出准确的分析和鉴别。

（3）时效性原则　文献资料大多数是历史性资料，这就要求汽车市场调查人员在资料的收集过程中，必须考虑资料的时间背景，摒弃过时的、与汽车市场目前情况不相符的资料内容，确保收集的资料能够准确反映汽车市场的发展规律。

（4）系统性原则　文献资料调查的主要任务是从众多的间接信息资源中选择出符合调查需要的内容，而一般情况下，汽车市场调查人员收集的资料并不能直接、全面地说明汽车市场调查的主题，需要汽车市场调查人员在已有资料的基础上，进行必要的加工处理，如用一个平均数代替某个遗漏的、难以查找的特定年份的汽车产品销售额，以提高间接资料的准确性，确保间接资料的系统性、全面性。

（5）经济效益原则　文案调查的最大优点是省时、省钱，如果费用支出过高、汽车市场调查周期过长就失去了它的优势。

二、文案调查的评价

1. 文案调查的优点

（1）不受时空限制，信息资料多　文案调查可以超越时空条件的限制，收集古今中外有关文献资料，了解到广泛的情报信息。

（2）可靠性高，准确性强　文案调查收集到的情报资料可靠性和准确性较强。因为文献资料多半是文字记载下来的，既不会对调查者的主观好恶作出任何反映，也不会出现实地调查中经常发生的因被调查者心理因素产生的种种反应性误差。

（3）查找方便，外界干扰少　与实地调查比较而言，文案调查实施起来更为方便、自由，只要找到文献资料，就可查阅，受外界因素的干扰较少。

（4）费用低，效率高　文案调查费用低、效率高，节省了时间费用、人员费用、交通费和管理费等，是获得汽车市场经济活动知识、情报和信息的捷径。

2. 文案调查的缺点

（1）有局限性　文献资料大多是历史资料，与客观现实之间总会存在一定的差距，尤其是随着时间的推进，汽车市场在不断地运动、发展变化，新事物、新问题和新现象不断涌现，这一切会使文献资料存在着局限性。因此，使用文案调查获得的资料时，需要分析其时代、社会条件，取其精华，结合现实创造性地利用。

（2）有文献资料不足的缺憾　由于文案调查受各种客观条件的限制，很难掌握所需要的全部文献资料，会有文献资料不足的缺憾。

（3）缺乏直观感、现实感，对调查者能力要求较高　文献中往往带有文献作者的思想倾向以及资料短缺时无法弥补等缺点，因此，文案调查要求更多的专业知识、实践经验和技巧。汽车市场调查人员要有较广的理论知识、较深的专业知识及技能才能胜任，否则寸步难行。

总之，文案调查是汽车市场调查过程中先期获得初步汽车市场情报信息的一种重要调查方法。

思考题

3-1 文案调查的任务是什么？

3-2 文案调查的要求是什么？

3-3 文案调查的程序是什么？

3-4 文案调查的方式和方法是什么？

3-5 文案调查的原则是什么？

3-6 文案调查的优缺点是什么？

第四章 实地调查

实地调查法是指调查人员直接把调查触角深入到被调查的具体对象、对象所在地进行调查，并对调查数据、材料进行分析研究而得出结论的一种方法。这种方法所获取的信息具有及时、确切的特点。

汽车市场实地调查的对象主要有：

1）顾客、行人等随机性的目标人群。

2）专家、新闻媒体人员和汽车企业及汽车企业员工等定向目标人群。

实地调查法主要包括访问法、观察法和实验法三种调查方法，下面结合汽车市场分别予以说明。

第一节 访问法

一、访问法的概念与特点

访问法，是指将所拟调查的事项，以当面或电话或书面形式向被调查者提出询问，以获得所需资料的调查方法。它属于一种定性调查，是进行汽车市场调查时最常用的市场调查方法，是一种特殊的人际关系，是现代公共关系。

访问法的特点在于整个访谈过程是调查者与被调查者相互影响、相互作用的过程，也是人际沟通的过程，其特点如下所述。

1. 直接性

访谈双方直接沟通感情，直接收集信息资料。优点是：

1）询问中双方直接交谈，对所提出的调查事项如不明确或不理解，可以当面说明。

2）对被调查者未能表达清楚的内容可以当即补充、更正。

3）有时被调查者会有顾虑，不愿坦率交谈，则可适当开导，沟通思想，活跃谈话气氛。

4）当面交谈，现场记录，对一些不符合实际的材料可以当场核实。

5）可按调查内容逐项提问，不致遗漏。

6）对方所回答的问题都是本人见解，其代表性真实可靠。

7）对有些人只愿口谈而不愿笔写的，便可直接收到答案。

2. 调查结果会受访谈双方的态度和素质的影响

在汽车市场调查中，这种影响主要体现在以下三个方面：

1）如被调查者是否认真负责地提供资料，即他肯不肯回答问题，回答多少，真实程度如何，都会影响调查结果。

2）在面对面询问中，被调查者往往根据调查人员的诚意、谈吐及行为来决定自己是否予以支持和合作。

3）调查人员的性别、年龄、服饰、仪表、气质、风度、口音和表达能力等等，都会对被调查者产生影响，从而影响调查结果。

二、访问法的主要类型

访问调查有多种具体的形式，可以从不同角度对其进行以下划分：

1）按照访问方式不同，可分为直接访问和间接访问。直接访问，是指调查者和被调查者进行面对面的交谈；间接访问，是指调查者通过电话或书面问卷工具对被调查者进行的访问。

2）按照访问内容不同，可分为标准化访问和非标准化访问。标准化访问，是指由调查者按照事先拟定调查表的具体项目，有顺序地依次发问，让被调查者作答；非标准化访问，是指调查者按照一个粗略提纲与被调查者自由交谈，了解情况。

3）按照调查人员与被调查者接触方式的不同，可分为个人访问、邮寄调查、电话调查和留置调查等几种形式。这是最常用的分类方法。

（一）个人访问

1. 个人访问的定义

个人访问又称面谈调查，是指访问者通过面对面地询问和观察被访问者而获取市场信息的方法。它是汽车市场调查中最通用和最灵活的一种调查方法。访问中要事先设计好问卷或调查提纲，汽车市场调查者可以按照问题顺序提问，也可以围绕汽车市场调查问题自由交谈。在谈话中要注意作好记录，以便事后整理分析。个人访问的交谈方式，可以采用个人面谈、小组面谈或者集体面谈等多种形式。

2. 个人访问的特点

（1）个人访问的优点

1）富于伸缩性。个人访问具有高度的伸缩性，可采取任何一种问卷形式。如果被调查者同意的话，还可以利用录音机进行访问；一旦发现被调查者不符合样本条件，可立即终止访问。

2）具有激励效果。个人访问还具有高度的激励效果，可以给被调查者充分发表意见的机会，以达到个人情绪上的满足，或是与他人议论问题获得知识上的满足。在进行汽车市场调查时，有些被调查者如果知道是有关汽车产品的调查，他们极有可能愿意与调查者面对面讨论汽车产品，以便自已有发表意见的机会。这样，被调查者的合作可能性自然也就提高了，回答率也就相应提高。

3）可获得较多资料。个人访问调查方式时间较长，可作深入询问。对于有些问题，被调查者可能并不了解，需要调查者的解释才能明白，这样可减少不完整答案或欠缺答案。只有个人访问方式才能做到这一点，从而使答复误差减小到最低。

4）能控制问题的次序。问题的次序往往会影响被调查者的答案。个人访问能控制问题的次序，使被调查者的答案不会发生偏差。当被调查者因某种原因不愿意回答或回答困难时，可以解释、启发和激励被调查者合作，以完成调查任务。

5）有观察机会。在个人访问时，可观察被调查者所回答的问题是否正确，如年龄、社会阶层、种族等问题，可通过观察来核对。

（2）个人访问的缺点

1）费用高，时间长，调查的人力、经费消耗较多，对于大规模、复杂的汽车市场调查更是如此。因此，这种方法比较适合在小范围内使用。

2）易受调查人员个人因素影响。询问意见、面对面交谈时，调查人员的态度、语气等有时不免对被调查者发生影响，以致产生询问偏见现象。因此，个人访问对汽车市场调查人员素质要求较高，调查质量易受汽车市场调查人员工作态度、提问技巧和心理情绪等因素的影响。

3）对调查人员的管理比较困难。在进行汽车市场调查时，有的调查人员出于便利或急于完成调查任务的目的，随意破坏对样本的随机性要求和其他质量要求；有的调查人员在取得一些资料后即擅自终止调查并作出结论；甚至还有人根本不进行调查，自己编造调查结果。这些问题都是十分严重的，但并非这种调查方法所特有，只是采用这种方法对调查人员较难控制罢了。

4）具有一定的困难性。面谈法通常要求调查人员亲自到被调查者单位或家中调查，对于规章制度较严的单位和对来访者有戒心的家庭，采用此法有时会遇到不少困难。

3. 个人访问的方式

在进行汽车市场调查时，要取得良好的访问效果，访问方式的选择是非常重要的。一般来讲，个人访问有三种方式：

(1) 自由问答　是指调查者与被调查者之间自由交谈，获取所需的市场资料。一般在调查开始时采用此种方式。自由问答方式可以不受时间、地点与场合的限制，被调查者能不受限制地回答问题。汽车市场调查者可以根据调查内容、时机和调查进程，灵活地采取讨论、质疑等形式进行调查，对于不清楚的问题可采取讨论方式解决。实践证明，这种询问方式有利于消除隔阂，创造良好的交谈气氛；但汽车市场调查者要注意把握、引导谈话中心和主题，避免走题和延误调查时间。

(2) 发问式调查　又称倾向性调查，是指调查人员事先拟定调查提纲，面谈时按提纲进行询问。进行汽车市场调查时，通过询问可以判断消费者对汽车产品的偏爱程度以及偏爱理由，判断汽车市场占有率，弄清汽车企业开拓市场和改进汽车产品的努力方向。这种方式谈话简明，节省时间，便于统计汇总数据。该方式可以采用一问一答形式进行，但要注意调节气氛，使被调查者不至有被“审问”的感觉；注意消除被调查者的误会和隔阂，避免产生调查误差。这种方式对于较熟悉的调查对象效果较好。

(3) 限定性选择　又称强制性选择，是指进行个人访问调查时同时列出说明商品特征的句子，被调查者从中选择接近或赞同的句子进行回答的询问方式。进行汽车市场调查时，被调查者可以从问题中按自己对汽车产品的认识、喜好和偏爱程度进行选择，汽车市场调查者则可从中进行汇总和分析。

（二）邮寄调查

1. 邮寄调查的定义

邮寄调查，是指调查人员将设计印制好的调查问卷或调查表格，通过邮政系统寄给已选定的被调查者，由被调查者按要求填写后再寄回来，调查者根据对调查问卷或调查表格的整理分析获得市场信息。

2. 邮寄调查的步骤

采用邮寄调查方法进行汽车市场调查的步骤如下：

1）根据汽车企业研究目的确定汽车市场调查对象。这一步工作较困难，因为确定邮寄对象就是事先要收集调查对象的名单、通信地址和电话号码。

2）通过电话或说明信等与汽车市场调查对象进行事先接触，请求他们协助填写问卷。

3）向汽车市场调查对象寄出邮件。邮件包括五个方面的内容，即信封、致调查对象的信、调查问卷、贴好邮票的回邮信封以及有关谢意的许诺。

4）通过电话或简短的提示信与汽车市场调查对象再次接触，询问是否收到了问卷，并请求合作。

5）收回汽车市场调查问卷并进行整理。整理的过程中要注意：给问卷编码，登记问卷寄回日期，登记寄回的地址，登记寄回的数量。

6）如果发现回收率没有达到要求，则再打电话，寄问卷；如果仍没有达到要求，可采取一定的措施来修正低回收率所造成的误差。方法有二：①如果汽车市场调查是非匿名的，可以对没有回答问题的调查对象进行随机抽样，最后通过面访等方式来提高应答率；②如果汽车市场调查是匿名的，掌握没有回答的群体特征，然后再抽取这一特征的小样本通过面访等方法来提高应答率。

3. 邮寄调查的特点

（1）邮寄调查的优点

1）调查区域较广。邮寄调查可以扩大汽车市场调查区域，增加更多的调查样本数目，只要通邮的地方，都可以进行邮寄调查。此外，提问内容可增加，信息含量大。

2）调查费用较低。采用邮寄调查方法进行汽车市场调查，调查成本较低，只需花费少量邮资和印刷费用。

3）被调查者有较充分的时间填写答卷，如果需要，还可以查阅有关资料，以便准确回答问题，且被调查者无时间上的压力，回答质量较高。

4）无调查者的偏见。采用邮寄调查方法进行汽车市场调查，可以避免被调查者受调查者态度、情绪等因素的影响，被调查者提供的资料更客观。

5）由于邮寄调查采用匿名方式，因此可对某些敏感和隐私情况进行调查。

6）无需对调查人员进行专门的培训和管理。

（2）邮寄调查的缺点

1）回收率低。采用邮寄调查方法进行汽车市场调查，回收率一般偏低。原因有多种，或是被调查者对问题不感兴趣；或是问卷过长或复杂，使被调查者没有时间或没有能力填写。

2）时效性差。采用邮寄调查方法进行汽车市场调查，时间花费较多，信息反馈时间长，因此影响资料的时效性。

3）容易产生差错。采用邮寄调查方法进行汽车市场调查，无法判定被调查者的性格特征，也无法评价其回答的可靠程度，如被调查者可能误解问题意思、填写问卷的可能不是被调查者本人等，从而破坏了样本的代表性。

4）对被调查者的要求较高。采用邮寄调查方法进行汽车市场调查，要求被调查者具有一定的文字理解能力和表达能力，对文化程度较低者不适用。

由于邮寄调查存在一定的缺陷，因此为了使汽车市场调查顺利进行，提高问卷回收率和准确性，就需依靠一定的方法和技巧，主要是在汽车市场调查问卷或调查表格的设计上。较适宜的方法及有关问题有：

（1）跟踪提醒　采用跟踪信来提醒应答者回答问卷，是增加问卷回收率的有效办法之一。显然，这种方法要有雄厚的资金支持并能坚持不懈。

（2）物质上的激励　随问卷附上有某种价值的东西，如优惠购物券、小礼物等，有益于增加回收率。但这种方法，一方面要衡量成本的支出效用；另一方面虽能增加回收率，却不一定能保证答案的正确性。

（3）提前通知　利用电话或信件方式提前通知被调查者，是有效地增加问卷回收率和加快回收速度的办法。

（4）附空白信封并贴上邮票　附上回寄信封并贴上足够的邮票，在信封上手写地址而非简单地贴上地址签等，会使被调查者感到亲切、真诚。同时，汽车市场调查课题由一个知名度高且受人尊重的机构主办可增加问卷回收率。

（5）设计问题的要点　在设计问题时，对提出的问题要便于回答，便于汇总；问题要少，篇幅要短，以免占用答卷者时间过多而使其失去兴趣；要求回答的问题，最好采用画圈、打勾等选择形式，避免书写过多。

（三）电话调查

1. 电话调查的定义

电话调查，是指通过电话向被调查者询问有关调查内容和征询市场反映的一种调查方法。这种方法适用于样本数量多、调查内容简单明了以及易于让人接受的汽车市场调查活动。具体地说，其适用范围是：

1）对汽车市场热点问题、突发性问题的快速调查。

2）关于汽车市场某特定问题的消费者调查。例如，对新上市的某品牌汽车的消费者购买意向的调查。

3）汽车市场特定群体调查。例如，对使用某品牌汽车的消费者进行售后服务的满意度调查。

4）在已经拥有了关于汽车市场调查对象相当多的信息、只需进一步验证情况时采用。

进行汽车市场调查的电话访问员应该具备这样一些条件：

1）发音正确，口齿清楚，声音和语速适中。

2）话语亲切，有感染力、亲和力。

3）善于倾听，听力好。

4）性格温和，有耐心。

5）细心、认真，能按汽车市场问卷一一访问被调查者。

2. 电话调查的条件类型

（1）传统式电话访问　就是采用普通的固定电话对目标对象进行访问的一种调研方法。除电话外，访问员还要准备好一份调查问卷、一支笔，以作访谈记录。在采用电话调查方式进行汽车市场调查时，访问员要经过专业培训。可以采用汽车市场调查的全部对象为调查样本；也可以采用随机拨号，如利用现成的电话本作为抽样框，任意选取号码访问或采用等距离抽样方法抽样打电话。

（2）计算机式电话访问　即利用一台起总控制作用的计算机主机、若干台与主机相连接的终端、耳麦和相关软件等，由经过培训的访问员在屏幕前按计算机提示的程序进行汽车市场调查工作，自动随机拨号系统会根据汽车市场研究人员事先设计好的抽样方案自动拨号并保存拨号记录，访问员按屏幕上显示的问题进行访问。

（3）短信式手机访问　随着手机的普及和手机信息的广泛应用，手机短信被广泛应用于商业活动，手机短信调查也成为一种重要的汽车市场调查方法。不过这种方法一般要与有奖问答相结合。

3. 电话调查的特点

（1）电话调查的优点

1）经济。汽车市场调查的几种调查方式中，以电话调查费用最低。

2）快速与节省时间。对于一些急于收集的汽车市场信息资料，采用电话调查法最快。

3）适合访问不易接触到的被调查者。进行汽车市场调查时，有些被调查者不容易接触到，或个人访问方式不易被接纳，则短暂的电话访问可能接受。

4）统一性。用电话调查，多按已拟定的标准问卷询问，因此资料的统一性程度较高。

5）坦白。有些问题，在面对面情况下，被访者多感到有些不自然，尤其是女性，而在电话访问中，则能获得较坦白的回答。例如，教育水平、收入以及分期付款等问题。

6）易控制。电话访问员的声调、语气及用字是否正确，可由汽车市场研究人员予以纠正。

（2）电话调查的缺点

1）总体欠完整。电话调查乃根据电话用户名单作为抽样基础，但并非所有的消费者或家庭皆有电话，因此总体欠完整。有的消费者在电话簿上仍用公司名称，如果作消费者调查，则显然总体名单中还会遗漏了这些人。

2）问题不能深入。电话调查的询问时间不能太长，故通常问卷较短。因此，有些问题不如个人访问法那样深入，较复杂的态度测量表不能用，要求被调查者对某种问题发表意见时，只能作简短说明。

电话调查主要是在企业之间，如信息中心、调研咨询公司等借助电话向汽车企业了解汽车产品供求以及汽车产品价格信息等。现在，也可通过电话向消费者家庭进行汽车市场咨询调查。采用电话调查时，提高电话访问效率最有效的方法是提前寄一封信或一个卡片来提醒应答者将要进行的电话访问及访问的目的；在询问时，多采用两项选择法进行询问，即要求二选一，以便于资料的汇总。

（四）留置调查

1. 留置调查的定义

留置调查，是指将调查问卷当面交给被调查者，说明填写的要求并留下问卷，请被调查者自行填写，由调查人员定期收回的一种调查方法。这是介于个人访问和邮寄调查之间的一种调查方法，采用这种方法进行汽车市场调查时，可以消除个人访问和邮寄调查的一些不足。

2. 留置调查的特点

（1）留置调查的优点

1）调查问卷回收率高。采用留置调查进行汽车市场调查时，由于当面送交问卷，说明填写要求和方法，澄清疑问，因此可以减少误差，而且能控制回收时间，提高回收率。

2）答案正确率高。采用留置调查进行汽车市场调查时，被调查者有充分的时间来考虑问题，并不受汽车市场调查人员的影响，能作出比较准确的回答。

（2）留置调查的缺点

1）调查区域范围有限。

2）调查费用较多。

3）不利于对调查人员进行监督。

三、调查方法的选择及访谈程序

1. 调查方法的选择

上述几种调查方法是汽车市场调查中常用的，每种方法各有所长，具体调查过程中，究竟采用哪一种方法，应根据汽车市场调查的要求和调查对象的特点进行选择。选择时，一般应考虑下列因素：

1）汽车市场调查项目的伸缩性。调查的内容只要求一般回答即可，宜采用邮寄调查；需要灵活改变题目、深入探求的内容，则以个人访问或留置调查为好。

2）需要调查的汽车市场资料的范围。资料范围广泛，可采用邮寄调查；调查项目简单的可运用电话调查。

3）汽车市场调查表及问卷的复杂程度。较复杂和要求较高的，宜采用留置调查；一般的和较简单的则可采用邮寄调查。

4）需掌握的汽车市场资料的时效性。需要调查的项目急需收集到一定的信息以利迅速决策的，宜采用电话调查或个人访问；时效性不很紧迫的可采用其他几种方法。

5）汽车市场调查成本的大小。这主要取决于调查方案的需要和调查者拥有的人力、物力和财力，应在保证调查质量的前提下，根据自身条件，尽量节约，精打细算，以求事半功倍。

在汽车市场实际调查中，可选择一种方法为主，辅以其他方法，或是几种方法并用的形式，这样会取得更好的效果。

2. 访谈的程序

访谈过程大体分为三个阶段，即准备阶段、进行阶段和结束阶段。每一个阶段都有相应的工作，而前一阶段的工作又为下一阶段奠定了基础。因此，在采用访问法进行汽车市场调查时，要做好每一环节的工作，这样才能保证良好的调查效果。

（1）访问调查的准备阶段　这一阶段应根据访谈的目的、访问对象的特点，作好充分的准备。

1）应作好访谈计划，准备好访谈用品，必要的话，应进行模拟访谈，根据汽车市场访问调查的目的和要求拟定调查问卷和询问提纲，事先对被调查者的基本情况与特征有所了解。

2）预先约定时间，让对方思想上有所准备。

3）调查人员对如何开始询问及调查中可能遇到的问题和困难也应做到心中有数。

4）准备好能证明自己身份的证件和必需的物品，如记录本、录音机和宣传资料等。

（2）访问调查的进行阶段　这一阶段是访谈的主要阶段，汽车市场调查者应设身处地地为被调查者着想，提高对被调查者回答的注意力和反应力，以便顺利完成任务。

1）访谈过程中，应按访谈提纲进行，防止偏离提纲。

2）对需要引导和追问的问题，应作必要的引导。

3）调查过程中始终采取公平、中立的立场，涉及被调查者的隐私，应强调为其保密。

4）调查人员要做到举止文雅、礼貌待人、认真诚恳和谈吐大方，注意遵守对方的风俗习惯，避免触犯对方的禁忌。

5）要善于引导启发，造就和保持一种友好和谐的谈话气氛和环境，一定不要损害被调查者。

（3）访问调查的结束阶段　这是访问过程的最后阶段。

1）应注意避免遗漏主要项目。

2）应再征求一下被调查者的意见，以便多掌握一些信息。

3）访问调查之后立即核对记录，如不是当场记录的，则要尽快回忆追记，发现遗漏或失真的材料需要重新调查。

4）资料收集齐全后，要及时整理分析并得出结论。

第二节　观　察　法

一、观察法的概念

1. 观察法的定义

观察法，是指调查者在现场对被调查者的情况直接进行观察、记录，以取得市场信息资料的方法。它不像访问法那样，调查者与被调查者直接见面或谈话，向被调查者直接提出问题要求回答，而是凭调查人员的直观感觉或是借助于某些摄录设备和工具，进行跟踪、记录和考察被调查者的活动和现场事实，来获取某些重要的市场信息。

在采用观察法进行汽车市场调查时，被调查者往往并不感到正在被调查，因而这种方法体现出的特点是：

（1）自然　对被观察者的活动或可能影响被观察者的因素，皆不加干预，被观察者的动作极为自然，毫无掩饰、虚伪等现象，所获汽车市场资料准确性高。

（2）客观、直接　观察法是通过对现场发生现象的观察和记录，或是通过摄像、录音等如实的反映，来了解事物的本来面目，体现出客观性；同时，观察者身临其境，对汽车市场现象直接观察、直接测度并直接记录现场的特殊环境和事实，因而直接性非常强。

（3）全面　观察调查所获得的是汽车市场客观事物发生、发展和变化的原始资料，是根据调查目的及要求对在一定时间、空间内所发生事物和新发生的现象毫无遗漏地全部记录、全面反映，因而可以了解事物运动过程的全貌。

2. 观察法的要求

（1）准确选择观察对象　在选择观察对象时，一方面要考虑与之配合的调查方式的要求，如典型调查必须选择对总体具有代表性的单位；抽样调查要按随机抽样的各种类型抽取调查单位，或按非随机方法抽取调查单位；重点调查必须选择汽车市场现象的重点单位进行调查等。另一方面，还必须考虑观察法本身的特点，选择那些符合汽车市场调查目的、便于观察的单位作为观察对象。

（2）确定最佳观察的时间和地点　汽车市场现象处在不断变化之中，尤其在不同时间、地点会有不同的表现，必须根据具体情况确定最佳的观察时间、地点，其目的是为了真实、准确、具体和及时地对汽车市场现象进行观察，收集有关资料。

(3) 正确灵活地安排观察顺序 对汽车市场现象的观察顺序一般有以下三种安排方法：

1) 主次顺序观察法，即先观察主要对象和主要项目，再观察次要对象和次要项目。

2) 方位顺序观察法，即按观察对象所处位置，由远到近、由上到下及由左到右地观察，或相反由近到远、由下向上及由右到左地观察。这种观察方式可以保证对处在一定空间的汽车市场现象进行全面观察。

3) 分解综合顺序观察法，即把所观察的汽车市场现象作整体到局部的分解，然后采用先局部后整体或先整体后局部的顺序观察，最终得到对汽车市场现象的综合性观察资料。当然，在实际观察中并不是一成不变的，要灵活安排观察顺序。

(4) 尽可能减少观察活动对被观察者的干扰 被观察者被干扰而不能保持原有的自然状态，一般会有两类表现，一类是出于本能而不是被观察者有意做出的；另一类是被观察者事先知道有观察活动，而有意识地做出一些非自然状态的假象。对于前者，可以通过观察者对观察活动的控制尽量减少；对于后者，则需要观察者能够去伪存真，不被表面现象所迷惑，避免假象对观察结果的影响。

(5) 作好观察记录 观察法的记录可采取两种形式，一种是同步记录，即一边观察一边记录，这种形式用得比较多；另一种是观察后追记，即在观察过程结束后再将观察结果记录下来，这种方法适宜于不能或不宜作同步记录的一些特定情况。

作观察记录，除了采用笔记以外，还可以根据需要利用观察工具作一些现场记录，如对现场情况进行拍照、录像等。这些记录可以使观察资料增加生动、具体的内容，有时甚至是必不可少的记录形式。

3. 观察法的记录技术

(1) 观察卡片 在汽车市场观察调查中，所用的观察卡片或观察表的结构与调查问卷的结构基本相同。在制作观察卡片时，首先根据观察内容，列出所有观察项目；去掉那些非重点的、无关紧要的项目，保留一些重要的、能说明问题的项目；列出每个项目中可能出现的各种情况，合理编排。其次，通过小规模的观察来检查卡片的针对性、合理性和有效性，以修改卡片。最后，定稿复印，制成观察用的卡片。

(2) 符号 是指用符号代表在汽车市场观察调查中出现的各种情况。在记录时，只需根据出现的情况记下相应的符号，或在事先写好的符号上做标记（如打勾）即可，不需要再用文字叙述。这样不仅加快了速度，避免因忙乱而出错，而且便于资料的整理。

(3) 速记 是指在汽车市场观察调查中，用一套简便易写的线段、圈点等符号系统来代表文字，进行记录的方法。

(4) 记忆 是指在汽车市场观察调查中，采用事后追忆的方式进行的记录，通常用于汽车市场调查时间紧迫或不易现场记录的情况。由于人的大脑不可能准确无误地储存很多信息，因此必须抓住要点记忆，提纲挈领，事后及时进行整理。记忆虽然可以避免被调查者的顾虑，但常常容易遗忘一些重要的信息。

(5) 机械记录 是指在汽车市场观察调查中，运用录音、录像、照相以及各种专用仪器等手段进行的记录。这种记录方法能详尽记录所要观察的事实，免去观察者的负担，但易引起被调查者的顾虑，使调查结果失去真实性。

二、观察法的类型及特点

1. 观察法的类型

观察法的类型有很多种，应根据汽车市场调查的目标要求选择一种合适的观察方式。观察法的类型可从不同的角度来划分。

（1）按照观察者置身于观察活动中的深浅程度划分 可分为完全参与观察、不完全参与观察和非参与观察。

1）完全参与观察，即汽车市场观察者隐瞒自己的真实身份，较长时间置身于被观察者的群体之中，成为他们中的一员，与他们生活在同一环境，亲临其境地开展汽车市场调查；亲自体验被观察者的处境和感受，倾听他们的言谈，更快、更直接地掌握事态发生与发展的情况，取得更深入、更全面的汽车市场资料与信息。

在这种汽车市场调查中，观察者要注意避免两种情况：①避免让被观察者发觉而产生戒备心理，导致行为失真；②避免自己在长时间与被观察者群体和环境的共同生活中受到同化而失去客观的立场。

2）不完全参与观察，即汽车市场观察者公开自己的真实身份，参与观察对象的一切活动。被观察者知道观察者不是“自己人”，但容忍或同意他和自己一起共同活动。这种方式能比较方便地进入所要观察的群体，观察者有较为自然的身份和感觉。另一种不完全参与观察方式为汽车市场观察者身份公开，但较少参与观察对象的活动，只是根据观察的需要和观察对象保持一种简明的交往关系，借以观察了解有关情况。

前一种不完全参与方式可以使观察者在观察了解的同时，对现实有更多直接的切身感受和更为深入细致的掌握；后一种不完全参与方式常用于对汽车市场一般常规情况的观察。

在这种汽车市场调查中，观察者虽也亲临其境，参与被观察群体的一些活动，但被观察者往往会出于种种考虑而掩饰对自己不利的表现和掩盖更深层的隐秘材料，使汽车市场调查结果不全面或失去真实性。

3）非参与观察，即汽车市场观察者不置身于被观察群体之中，以局外人身份观察，不参与被观察者的任何行动，也不干预事件发生过程，主要依靠耳闻目睹，完全处于客观立场，只是记录事件发生、发展的真相。

在这种汽车市场调查中，观察者虽然能保持客观、冷静，但往往只能看到表面现象，无法深入了解在行为背后的真实原因，取得全面细致的汽车市场调查资料。

（2）按照观察结果的标准化程度划分 可分为系统观察和随机观察。

1）系统观察，是指在汽车市场观察调查中，根据调查目的，按照标准化规程作总体规划，即预先确定观察范围，拟定观察提纲，确定观察的具体对象和项目，以标准化的手段、观察程序和观察技术，有计划地系统观察，使观察结果达到标准化的要求。

系统观察适用于调查目的明确、资料要求精确度较高的汽车市场调查活动。

2）随机观察，是指在汽车市场观察调查中，对观察项目、程序和步骤事先不作严密的规定，也不用标准化方法进行观察和记录，可以见机行事，因而比较灵活。

随机观察适用于探索性的汽车市场调查或更深入的汽车市场专题调查。

（3）按照取得资料的时间特征划分 可分为时间纵向序列观察和时间横向断面观察。

1）时间纵向序列观察，是指通过对汽车市场调查对象的连续调查，取得前后顺序的不同时间的连续资料。对取得的资料进行分析，能了解汽车市场调查对象发展变化的过程和规律。

2）时间横向断面观察，是指在某一特定时间内，对若干个汽车市场调查对象所发生的事态同时加以记录，取得相关资料。对横向观察资料进行分析研究，能够扩大汽车市场调查的范围。

(4) 根据观察时是否具有事前设计好的、标准化的观察项目划分　可分为无结构的观察和有结构的观察。

1）无结构的观察，通常以现场参与方式进行，它事前并不确定具体的汽车市场观察项目和研究假设，只是尽可能多地详细了解有关情况，在观察中逐步发现有意义的事情，掌握汽车市场观察对象的现象特征和活动规律。

无结构观察一般只要求有一个总的观察目的，即期望了解汽车市场哪方面的情况，并由此确定汽车市场观察对象。

无结构的观察主要用于：①探索性的汽车市场调查；②难以简单定位、定向和定量的汽车市场观察课题；③某些只有在自然状态下表现的汽车市场现象；④某些随活动变化发展的汽车市场现象；⑤汽车市场中临时出现的事件。

2）有结构的观察，事前就确定了汽车市场观察的内容、项目与要求，并按照统一设计的观察表进行观察和记录。通常，有结构的观察以非参与方式进行，多数场所为经过一定安排的实验地点，但也可在现场环境中进行。

观察表是有结构观察中必不可少的工具。设计汽车市场观察表时，要预先对所研究的汽车市场现象进行分析，找出最能说明问题、最有意义的因素，然后集中分类形成各个可观察的项目。观察项目应尽量通用化与标准化，这样可以提高汽车市场观察表对不同情景的适用性和使用的便利性。汽车市场观察表的具体格式和项目，应根据观察内容和特点而定。

2. 观察法的特点

(1) 观察法的优点

1）直观、可靠。进行汽车市场观察调查时，被观察者能够保持正常的活动规律，从而可以客观地收集、记录和观察现场实况，获得第一手资料，使汽车市场调查资料真实可靠、准确性高，汽车市场调查结果更接近实际。

2）简单、易行。采用观察法进行汽车市场调查，灵活性较强，只要选择好合适的时间和地点，可随时进行调查。

3）干扰少。观察法基本是调查者的单方面活动，特别是非参与观察。它一般不依赖语言交流，不与被调查者进行人际交往。因此，采用观察法进行汽车市场调查，有利于排除语言交流或人际交往中可能发生的种种误会和干扰。

(2) 观察法的缺点

1）观察深度不够。采用观察法进行汽车市场调查，只能观察被观察者的外部动作和表面现象，对其内在因素和动机观察不到，有些时候需要投入大量的人员，通过长时间的观察方可发现某些规律性。

2）限制性比较大。采用观察法进行汽车市场调查，常受到时间、空间和经费的限制，一般需要大量人员到现场长时间观察，调查费用支出较大，比较适用于小范围的汽车市场调查，而且，一旦特定的时空条件发生变化，便无法控制。

3）受调查人员自身条件的制约较大。采用观察法进行汽车市场调查，对调查人员技术要求较高，如敏锐的观察力、良好的记忆力和必要的心理学知识等。如果调查人员调查时的心理、生理状态不好，或是经验、应变能力不行，都会影响调查效果，容易出现主观臆断，观察不够深入、全面等问题。

三、观察法调查的主要内容

在汽车市场调查的实践中，经常采用观察法进行以下内容的调查：

（1）商品资源和商品库存观察　汽车市场调查人员通过观察了解汽车企业生产状况，判断汽车产品资源数量，提出汽车市场汽车产品供应数量的报告。通过对库存场所的观察、库存汽车产品的盘点计数，了解判断汽车产品的分类结构，观察汽车产品的储存条件，从而计算库存货源及销售数量，计算储存成本，检查分析热销汽车产品的情况等，为汽车企业购销决策提供依据。

（2）顾客行为观察　顾客情况是汽车市场调查的重要内容。通过观察顾客活动的情况及其进出汽车营业场所的客流情况，一方面可以观察顾客在汽车营业场所的活动情况，对比了解顾客的构成、顾客的行为特征、服务方式及成交率等重要的汽车市场信息资料；另一方面，观察不同时间顾客进出汽车营业场所的客流情况，进行汇总统计分析，研究客流规律，使汽车企业能不断改进服务方式，改进汽车产品的经营结构，合理调整劳动组织结构，加强经营管理，提高服务质量和劳动效率。

（3）营业状况观察　主要是通过观察汽车营业场所营业现场汽车产品陈列的情况、顾客付款是否方便、汽车产品价格的变动和顾客流动状况等，综合分析判断汽车企业的经营管理水平、汽车产品供求情况等，从中找出汽车企业所存在问题的症结，并提出相应的改进建议。

（4）痕迹观察　有时观察被调查者活动的痕迹比观察活动本身更能取得准确的汽车市场资料，如通过意见簿、回执单等，可以了解汽车市场的反映，收集一些难以直接获取的可靠资料。

（5）顾客流量观察　观察、记录某一地段、街道在一定时间内过往的行人或车辆的数量、类型及方向，借以评定、分析该地域的汽车商业价值或交通情况。

除上述内容以外，还可以运用观察法了解顾客的爱好、品味，了解城市的人流量，来判断汽车市场发展趋势等。为了提高汽车市场观察调查的效果，汽车市场观察人员要在观察前作好计划，观察中注意运用技巧，以取得深入、有价值的资料，以作出准确的调查结论。

第三节　实　验　法

一、实验法的概念

1. 实验法的定义

实验法，是指从影响调查问题的许多因素中选出一个或两个因素，将它们置于一定条件下进行小规模的实验，然后对实验结果作出分析，研究是否值得大规模推广。

实验法是一种特殊的汽车市场调查方法。它是根据一定的汽车市场调查研究目的，确定汽车市场调查对象，创造某些条件，采取某种措施，然后观察其后果的一种汽车市场调查方法。其应用范围非常广，常常是汽车产品在改变款式、设计、价格和广告等因素时，应用这种方法。

2. 实验法的程序

在采用实验法进行汽车市场调查时，实验过程一般包括以下几个环节：

1）课题准备性研究，提出实验假设。

2）确定实验的自变量与因变量，并对各种可能会影响实验结果的无关变量作出全面仔细的考虑。

3）设计实验模式，基本要求是能够尽量突出自变量与因变量之间的关系，控制无关变量的影响。

4）建立实验组与控制组。

5）前测，即在实验刺激前对实验组与控制组进行变量测定。

6）实验刺激（自变量实施）。

7）后测，即在实验刺激后对实验组与控制组进行变量测定。

8）数据处理。

9）验证假设，确定自变量与因变量之间的关系。

10）撰写实验报告。

二、实验法的特点

（1）实验法的优点

1）实验法的结果具有一定的客观性和实用性。它通过实地实验来进行调查，将实验与正常的汽车市场活动结合起来，因此取得的数据比较客观，具有一定的可信度。

2）实验法具有一定的可控性和主动性。汽车市场调查中，调查者可以主动地引起汽车市场因素的变化，并通过控制其变化来分析、观察某些汽车市场现象之间的因果关系以及相互影响的程度，是研究汽车市场中各事物因果关系的最好方法。

3）实验法可提高调查的精确度。在汽车市场实验调查中，可以针对汽车市场调查项目的需要，进行合适的实验设计，有效地控制实验环境，并反复进行研究，以提高汽车市场调查的精确度。

（2）实验法的缺点

1）市场中的可变因素难以掌握，实验结果不易相互比较。由于汽车市场现象与自然现象相比，随机因素、不可控因素更多，政治、经济、社会和自然等各种因素都会对汽车市场发生作用，因此，必然会对实验结果产生影响，完全相同的条件是不存在的。

2）有一定的限制性。实验法仅限于对现实汽车市场经济变量之间关系的分析，而无法研究过去和未来的情况。

3）时间长。实验法要求制定出很精确的实验计划和方案，实验时间较长；而在汽车市场调查的实际工作中，往往要求在尽可能短的时间内得出调查结论。

4）风险大，费用高。在进行汽车市场实验调查时，要冒一定的风险，在操作时要由专业人员来运用，难度较大，费用也相对较高。

采用实验法进行汽车市场调查的最大特点，是把汽车市场调查对象置于非自然状态下开展市场调查。它是在实验者事先设计的条件下进行调查，容易受一些可变动因素的干扰，对实验假设条件以外的其他条件的影响无法控制，对实验人员自身行为所引起的影响难以避免。因此，在设计实验条件时，应尽量充分考虑各种内在和外在的因素；同时，在汽车市场实验调查过程中，实验人员应该尽量使自己保持中立、客观的立场。

三、实验法的设计

1. 实验法的设计要素

实验法包括如下四类设计要素：

1）实验者，即主持实验的研究者以及参与实验过程的实验人员。

2）实验变量，即实验过程中变动的因素。其中，在实验过程中实行的措施，叫自变量；在实验过程中由自变量决定其变化的因素，叫因变量。

3）实验对象，即实验中涉及的人员，也即实验调查的群体或个人。其中，接受自变量作用的实验对象构成实验组；不接受自变量作用的实验对象构成控制组。

4）实验检测，即在实验过程中对实验对象的观察与测定。实验检测包括事前观察，即刺激因素（自变量）未发生作用之前对有关对象（因变量）的观察；事后观察，即刺激因素（自变量）发生作用后对有关对象及其变化（因变量）的观察。

2. 实验法的调查方法

由于实验法可以有控制地分析、观察某些汽车市场现象间的因果关系及其相互影响程度，取得比较客观的实验根据，因此实验法在汽车市场调查中的应用范围是比较广泛的。汽车市场实验调查方法的形式有多种，下面介绍主要的几种：

（1）实验前后无控制对比实验　即指事前对正常情况进行测量记录，然后再测量记录实验后的情况，进行事前、事后对比，通过对比观察了解实验变化的效果。这种汽车市场实验调查方法是最简单的一种，它的观察对象只有一个，就是所选定的汽车市场实验单位。

这种方法简单、易行，可用于汽车企业改变某些措施是否有利于扩大汽车销售并增加利润的实验，但对新设计的汽车产品外形效果没有十分把握。

（2）实验前后有控制对比实验　在同一时间周期内，随机抽取两组条件相似的单位，一组为实验组，一组为控制组（即非实验组，与实验组作对照比较的），在实验前后分别对两组进行测定比较。这种汽车市场实验调查方法的变量多，有利于消除实验期间外来因素的影响，可大大提高实验变量的准确性。

这种方法要求对实验组和控制组分别进行实验前测量和实验后测量，然后进行事前与事后的对比。

（3）控制组与实验组对比实验即在同一时间内对控制组与实验组进行对比的一种汽车市场实验调查方法。具体来说就是在同一实验期内，实验组按一定实验条件进行试验，控制组按一般情况组织经济活动，然后将实验组与控制组进行对比，以测定实验的结果。在这里应注意，控制组与实验组之间有可比性，客观环境和主观经营能力应大体相同或相似。

采取控制组与实验组对比实验调查，都要进行事后实验结果的测量，用 X 代表实验组事后测量值；用 Y 代表控制组事后测量值，则实验效果为：X—Y。

（4）随机对比实验　是指按随机抽样法选定实验单位进行的汽车市场实验调查。前述的几种实验法中，都是按照判断分析的方法选择实验单位，简便易行，也能够获得较好的调查效果。但当实验单位很多,汽车市场情况十分复杂且不太熟悉时,按主观的判断分析选定实验单位就比较困难。这时,可以采用随机对比实验,即采用随机抽样法选定实验单位,使众多的实验单位被选中的概率相同,从而保证实验结果的准确性。随机对比实验主要有两种形式:

1）完全随机设计，随机地选取试验对象。

2）分组随机设计。汽车市场研究者除了考查基本自变量因素的影响外，还可将某个主要的外部因素孤立起来研究。

随机对比实验调查方法的优点：能够测算实验误差，从而有助于提高实验结果的准确性；同时，可以节省分析过程和时间，并与其他实验方法相互结合、相互补充，解决实验单位不易选定或选定不准的困难。

随机对比实验调查方法也有缺点：在汽车市场调查应用中花费时间长，费用开支大。

3. 实验组与控制组的建立

建立实验组与控制组进行平行对比，是汽车市场实验调查中的一个重要环节。在实验中，控制组的主要作用在于能使汽车市场研究者更好地对实验中可能出现的因素进行控制，从而准确地把握汽车市场各事物之间的因果关系。

适当、准确地分配实验对象进入实验组与控制组，是保证两组数据具有可比性的基础，实验对象分配的基本要求是各组之间尽可能相同。当然，不可能有绝对等同的分配，主要应根据汽车市场研究内容和实验对象的情况，力图做到在那些对实验有影响作用的方面基本相同。常用的实验对象分配方法有：

（1）随机分配法　通过随机方法把一组实验对象分成实验组与控制组是一种较为简单有效的方法。具体做法类似于随机抽样。

随机分配法的优点是简便易行，不需要大量的人员预备；缺点是在实验对象数目较少时，难以确保实验组和控制组的前测相同或相近。

（2）匹配法　具体做法是实验主持根据实验的目的，使各个有相同特征的实验对象匹配成对，然后分别分配进入实验组与控制组。匹配时的特征标准依汽车市场研究目的而定，一般来讲，主要是在那些与因变量有关的因素上进行匹配，有时也可用事前测验的分数作为匹配依据。

匹配法的优点是两组间有比较相同的特征，可以较有把握地进行对照；缺点是未被配对的对象不能被用于实验，因而需要许多预备对象以供挑选。

第四节　实地调查方式

汽车市场实地调查方式，是指根据汽车市场调查的目的、要求和汽车市场调查对象的特点，确定汽车市场实地调查单位的组织调查形式。例如，汽车市场访问调查中调查对象的选择，汽车市场实验调查中实验单位的选择。

汽车市场实地调查方式主要有市场普查、典型调查、重点调查和抽样调查等四种方式。

一、市场普查

1. 市场普查的定义

汽车市场普查又称汽车市场全面调查，是指专门组织的对汽车市场总体现象在某一时间点上的一种一次性全面检查。对汽车市场调查对象的全部单位无一例外地进行逐一调查。例如，汽车产品库存调查。用这种方法取得的汽车市场资料比较全面、系统、准确和可靠。

2. 市场普查的作用

普查是为了完成某种调查目的和任务而组织的全面调查。汽车市场普查的作用在于：

1）通过汽车市场普查可以取得有关汽车市场现象全面的原始资料和可靠的数据资料，而不至被汽车市场某些个别现象所掩盖，从而为汽车企业制定有效的经营战略提供真实的依据。

2）通过汽车市场普查可以全面反映客观事物，并可以通过对各个不同时期汽车市场基本状况的对比分析，观察汽车市场的变化规律及其发展趋势，以便汽车企业及时检查、修正所制定的各项政策，掌握时机，占领市场。

3. 市场普查的方式

进行汽车市场普查，通常可以采用两种方式：

1）组织专门的机构和人员，对汽车市场调查对象逐个进行直接调查。一般可向汽车市场调查对象总体的所有被调查单位分发调查表，由被调查单位根据自身情况按规定时间填报。

这种调查方式工作量大，牵涉面广，也比较复杂，需要投入很多的人力、物力和财力，还必须选择一个最合适的统一的标准时间（即调查时间点）统一行动。因此，汽车市场普查中较少采取这种方式。

2）利用有关部门内部现成的统计资料进行归纳汇总。

4. 市场普查的特点

市场普查比起其他调查形式具有以下特点：

1）调查范围广，调查对象多。汽车市场普查的范围往往遍及全国、全省和全市（县）的汽车市场，被调查的对象也往往涉及汽车产品的每个品牌或每一个消费者。

2）工作量大，费用开支多。由于汽车市场普查的范围广、对象多，使得组织工作比较复杂，头绪多，工作量也大；同时调查中需投入的人力、物力和财力也多。

3）时间性强，工作要求高。汽车市场普查是不连续的一次性调查，而且是在一定时间点上对汽车市场某种现象或表现的调查，所以对调查资料和数据要求准确、可靠，调查时间要求高度统一。

4）调查项目集中，内容也比较简单。由于汽车市场普查涉及面广、对象多，调查的项目不宜也不可能过多，调查的内容不宜也不可能过于复杂。汽车市场普查的时间短，如果调查的项目过多、内容过于复杂，必然会使调查工作更烦琐，难度就会更大，所获得资料的准确度就更难以保证。

5）汽车市场普查一般都是汽车企业为制定重大决策或长远工作规划而进行的，其调查规模大，工作量大，费时、费工并费钱，调查内容一般也较简单，资料收集不易深入，只能反映汽车市场的基本情况。因此，其应用范围较窄。

为使汽车市场普查达到预期效果，应先进行小范围试点，及时总结经验，纠正偏差，然后再大范围铺开。汽车市场普查工作进行当中，应遵循统一领导、统一要求、统一时点和统一行动四项定则，从而保证整个汽车市场普查工作井然有序，资料真实可靠。

二、典型调查

1. 典型调查的定义

汽车市场典型调查，是指通过调查典型户而推算汽车市场一般趋势的一种调查方法，即有目的地选择一些有代表性的消费者进行调查，用以推算全体消费者的需求趋势。

这种方法的优点是：调查对象少，调查对象比较配合，调查了解比较深入，能收集到真实可靠的第一手资料，而费用比市场普查节省得多。但是，在选择典型户时，要特别注意其典型性，切忌主观臆断。

2. 典型调查的作用

汽车市场典型调查是有意识地对汽车市场中具有代表性的典型单位及消费者进行深入地专门调查，其作用是：

1）通过汽车市场典型调查，可以详细考查汽车市场运行规律性，具体了解汽车市场各种现象发生的原因及各方面的制约关系，以发现汽车市场发展新动向，研究汽车市场发生的新问题，寻求开拓市场、扩大汽车生产和营销的新途径。

2）弥补汽车市场普查的不足，在一定条件下，来验证汽车市场普查数据的真实性。

3. 选择典型的类型

典型调查结果如何，关键在于选择好典型。在这里，典型是指调查单位所具有的代表性。选择典型，应根据汽车市场调查的目的和调查对象的特点进行。典型按其性质来划分有如下四种：

（1）一般典型　当被调查的总体中各单位的状况比较均衡时，选取能反映调查对象总体一般情况的一个或几个有足够代表性的典型单位进行调查，便可以知道总体情况。

（2）特殊典型　当调查对象总体状况差异性较大时，需按实际水准把调查对象划分为上、中、下三个层次；再从每一层次中选取具有代表性的单位，深入了解各层次的具体情况，然后对总体作出全面估计或评价。

（3）综合典型　当调查总体情况比较复杂、需要调查的内容比较多时，选取在多种标志上具有代表性的单位，进行综合分析、对比研究和全面评估。

（4）定向典型　当调查对象总体发展过程波动性较大、不稳定的因素较多，以及需要进行较长时间连续深入的观察时，选取一个或几个固定基点进行连续调查，全面、系统地积累资料，才能有效地认识其发展真相，掌握其变动趋势。

4. 典型调查的特点

汽车市场典型调查是一种非全面调查，它是有意识地选择若干个具有典型意义或代表性的单位进行调查研究，其特点为：

1）资料来源真实可靠，参考价值高。汽车市场典型调查可通过深入细致的调查，直接收集第一手资料，其资料比较真实、广泛，便于把汽车市场调查与研究结合起来，揭示汽车市场发展变化规律。

2）调查成本费用较少。汽车市场典型调查是对个别或几个单位进行的，需要的调查人员少，花费的财力、物力也较少，具有经济性。

3）调查内容比较深入。汽车市场典型调查的调查内容可以多一些，有利于深入实际，发现新的问题，查明汽车市场现象产生的原因。

4）调查结果一般是近似值。典型单位的选取，易受汽车市场调查人员主观因素的干扰；汽车市场调查对象只是个别或少数几个单位，用其调查结果推算总体的科学根据不足，无法控制调查误差范围。因此，调查结果只能大体反映汽车市场的变化发展规律，是近似值，很难严格推及整体。

由于汽车市场典型调查投入的人力、物力和财力较少，取得资料较快，因此在汽车市场调查对象总体庞大、内容复杂、人手不足和时间仓促的条件下，适宜用这种形式。在汽车市场典型调查中应遵循明确要求、选准典型和实事求是的原则，即确定调查性质，明确调查目的，规定调查内容，实事求是地按照标准选择典型，以保证良好的调查结果。

三、重点调查

1. 重点调查的定义

汽车市场重点调查与汽车市场典型调查相似，也是汽车市场非全面调查的一种形式，是在汽车市场研究对象的全部单位中，选择对全局具有举足轻重作用的一个或几个重点单位进行调查。重点单位，是指所要研究的汽车市场现象占比重较大、能够反映汽车市场研究对象基本情况的单位。

汽车市场重点调查是一种定量调查，调查项目常常是一些比较具体的指标量，常常用于对汽车产品需求、汽车产品流通渠道以及汽车市场竞争状况等问题的调查。通过汽车市场重点调查，可以大体了解汽车产品需求和汽车市场运行的基本情况，利于汽车企业及时制定有效的经营决策。

汽车市场重点调查适用于汽车市场调查任务只要求掌握调查总体的基本情况，调查标志比较单一，调查标志集中于少数单位，而这些少数单位的标志数量在总体中又占优势的情况。

2. 重点调查的特点

汽车市场重点调查的特点在于：

1）汽车市场调查项目和指标相应多些，可以深入接触汽车市场调查对象，进行细致、全面的调查研究；同时可以较快地获得调查资料。

2）汽车市场重点调查中需要投入的人力、物力和费用支出也相应节省些，可以控制在较短的时间内，较快地完成调查任务。

3）进行汽车市场重点调查时，一般难以采用程序化、标准化等先进的调查技术，所获资料的精确度难免要受影响。

4）进行汽车市场重点调查时，只能了解一部分重点单位的情况，所获资料难以用来准确推断总体状况。

5）汽车市场重点调查没有汽车市场普查所特有的全面性，其重点也不具有普遍的代表性，但它可以通过对重点调查单位基本情况的调查估计，来对全部调查单位的情况作出判断和分析。

四、抽样调查

1. 抽样调查的定义

汽车市场抽样调查，是指从汽车市场调查对象总体中抽取一部分对象作为样本，并以对样本进行调查的结果来推断总体的调查方法。

汽车市场抽样调查属于汽车市场非全面调查方法的范畴。汽车市场抽样调查的目的，是通过规模有限、能够代表汽车市场调查对象总体的样本的调查、观察结果，对汽车市场调查对象总体在数量上作出正确的推断。

2. 抽样调查的特点

随着数理统计理论的发展和现代计算机技术的普及，汽车市场抽样调查是现代汽车市场调查中普遍采用的科学调查方式。汽车市场抽样调查分为概率抽样（也称随机抽样）和非概率抽样（也称非随机抽样）两类。

概率抽样调查是指按照随机原则抽取样本的调查，即在汽车市场调查对象总体中抽取调查单位时，完全排除了主观因素，使每一个调查单位都有同等被抽中的可能性。等概率原则，一方面可使抽出来的调查单位的分布有较大的可能性接近总体分布状况；另一方面有助于调查者准确地计算抽样误差，从而提高调查结果的可靠性。

非概率抽样不遵守随机原则，它是从方便出发或者根据汽车市场调查人员主观意愿和判断来选择调查对象的。非概率抽样主要依赖汽车市场研究者个人的经验和判断，无法估计和控制抽样误差，使得用样本值推断总体情况时缺乏数学依据。但是非概率抽样简单易行，尤其适用于作定性式的汽车市场探索性研究。

思考题

4-1　访问法的特点是什么？

4-2　访问法的主要类型是什么？

4-3　访谈的程序是什么？

4-4　观察法的类型及特点是什么？

4-5　观察法的主要内容是什么？

4-6　实验法的特点是什么？

4-7　简述实验法的设计。

4-8　四种实地调查方式各自的特点是什么？

第五章 抽样调查

在汽车市场调查过程中，一般的汽车市场调查主题是在收集二手资料的基础上，主要依赖于实地的调查活动所取得的具有针对性的汽车市场研究情报来完成。在大量的实地汽车市场调查活动中，由于各种条件限制，汽车市场调查人员不可能对每一个需要了解的调查对象进行逐一的调查，而只能从被调查者总体中抽选一部分具有一定代表性的样本进行调查。因此，抽样调查在汽车市场调查活动中被广泛地应用。

第一节 抽样调查的概念及特点

一、抽样调查的基本概念

（一）抽样调查的涵义

绝大多数汽车市场营销调查工作的目标是获取研究总体的各类信息及其特征。一般来说，有两种方法可以采用：一是普查；二是抽样调查。普查是穷举汽车市场调查总体的各类信息及其特征。抽样调查是指从调查单位总体中抽取一部分单位作为样本，并以对样本进行调查的结果来推断总体的调查方法。这种从总体中选择一部分代表的过程就是抽样。抽样调查是社会经济领域中应用最广泛的统计调查方法。表 5-1 就描述了选择抽样和普查方法的适用条件。

表 5-1 抽样和普查方法的适用条件

评价指标＼方法	抽样	普查	评价指标＼方法	抽样	普查
预算	小	大	抽样误差的成本	低	高
调查周期	短	长	非抽样误差的成本	高	低
调查总体（或母体）的大小	大	小	调查的特性	有破坏性	无破坏性
调查对象的特征变化	小	大	关注个体案例	是	否

抽样是人类认识客观事物的一种常用的方法。在日常生活中，人们常根据对客观事物组成部分的观察和认识，来推断事物总体的一般特征。抽样作为一种科学的方法，是将概率的理论引入其中，从而更具科学性，在社会科学领域和自然科学领域中被广泛地运用。

对抽样调查最通俗的理解就是抽取样本进行调查。由于抽取样本的依据不同，抽样方法可分为概率抽样（也称随机抽样）和非概率抽样（非随机抽样）两大类。在汽车市场调查实践中，这两类抽样方式都被经常采用。

概率抽样调查是指按照随机原则抽取样本的调查，即在总体中抽取调查单位时，完全排除了主观因素，使每一个调查单位都有同等被抽中的可能性。等概率原则，一方面可使抽出来的调查单位的分布有较大的可能性接近总体分布状况；另一方面有助于调查者准确地计算抽样误差，从而提高调查结果的可靠性。

非概率抽样不遵守随机原则，它是从方便出发或者根据调查者主观意愿和判断来选择调查对象的。非概率抽样主要依赖研究者个人的经验和判断，无法估计和控制抽样误差，使得用样本值推论总体情况时缺乏数学依据。但是非概率抽样简单易行，尤其适用于作定性式的汽车市场探索性研究。

（二）抽样调查中的常用术语

下面结合汽车市场抽样调查说明抽样调查中的常用术语。

1. 总体和样本

（1）总体　通常指所要调查的研究对象的全体。在汽车市场抽样调查中，总体是指能从中抽取汽车市场调查样本的那个集合体。由于实际存在的总体与人们抽样时所认识的总体可能不一致，因而总体有以下两种概念：

1）全及总体，也称目标总体，即所需要研究说明的全部单位的集合体。不论人们认识与否，所有符合所规定的属性或数量特征的单位合在一起，就构成一个全及总体。在汽车市场抽样调查中，全及总体是汽车市场调查抽样推断的目标。例如，要调查某地区的汽车销量情况，那么该地区所有售出的汽车合在一起就形成一个全及总体。全及总体可以根据单位数是否有限，分为无限全及总体和有限全及总体。

2）被抽样总体，也称作业总体，即已被人们所掌握了的、能按某一标志排列或给予编号的全体单位的集合体，是抽取样本的依据。很显然，被抽样总体一定是有限总体，它在范围上比全及总体受到较多的限制。若被抽样总体中的单位等同于全及总体中的单位，不多也不少，那么被抽样总体与全及总体一致。由于样本来自被抽样总体，因而抽样推断结论只适用于被抽样总体。为此，在进行汽车市场调查研究时，总希望被抽样总体尽量接近全及总体。被抽样总体的单位数一般用 N 表示。

根据被研究的总体单位性质不同，总体还可分为变量总体和属性总体两类。

1）变量总体。被研究的标志是数量标志的总体为变量总体，如研究收入水平的居民总体。

2）属性总体。被研究的标志是品质标志的总体为属性总体，如研究质量性能的汽车产品总体。

总体不同，在汽车市场抽样调查时表明汽车市场调查总体特征和认识汽车市场调查总体的方法也就不同。对于同一汽车市场调查总体，有时是变量总体，有时是属性总体，有时则两者皆是。例如，对于汽车企业总体，当所要研究的标志是汽车企业的职工人数、产值和利税率等数量标志时，它是变量总体；当所要研究的标志是汽车企业的所有制、产业类别和规模等级等品质标志时，它是属性总体；若对以上标志都进行研究，则它既是变量总体又是属性总体。

（2）样本总体　又称子样，简称样本。它是从总体中抽取出来进行调查的一部分单位，是指从被抽样总体中抽取并要对其进行调查或观察的部分单位所组成的集合体。样本是总体的缩影，是总体的代表。以汽车市场调查样本的调查或观察结果来推断汽车市场调查总体的数量特征，是汽车市场抽样调查的目的。如果说，总体是所要研究的对象，那么样本则是所要观察的对象。很显然，样本所包含的单位数是有限的，通常只是总体中的一小部分。样本的大小，即样本单位数，也称为样本容量，用 n 表示。总体单位数用 N 表示，n 与 N 之比成为抽样比。对比总体单位数 N 来说，n 是一个很小的数，它可以是 N 的几十分之一、几百分之一，甚至几万分之一。一般来讲，样本单位数达到或超过 30 个即为大样本，小于 30 个称为小样本。在大多数的汽车市场调查中，样本单位数为大样本。

对于一个汽车市场调查来讲，总体是惟一的，但是样本不是，一个总体可以抽取很多个样本。样本的可能个数，既与样本的容量大小有关，又与抽样方法有关。样本是用来代表总体的，因此，样本容量要多大才合适，要怎样抽取样本，样本的数量可能有多少，分布如何，都关系样本代表性的大小，这是汽车市场抽样调查研究的重要问题。

2. 总体指标和样本指标

1）总体指标是根据总体各单位标志值计算的指标。常用的总体指标有总体平均数、总体比例、总体方差。

2）样本指标是根据样本各单位标志值计算的指标。常用的样本指标有样本平均数、样本比例、样本方差。

各指标名称和符号如表 5-2 所示。

表 5-2 总体指标和样本指标的符号及计算公式

	总体	样本		总体	样本
单位数(单元)	N	n	比例	$\mu=\frac{\sum X}{N}$	$\mu=\frac{\sum X}{n}$
平均数	$\pi=\frac{N_1}{N}$	$P=\frac{n_1}{n}$	方差:平均数比例	$\sigma^2=\frac{\sum(X-\mu)^2F}{N}$ $\sigma^2=\pi(1-\pi)$	$S^2=\frac{\sum(X-\bar{X})^2f}{(n-1)}$ $S^2=P(1-P)$

在表 5-2 中，N 和 n 分别代表总体单位数和样本单位数，N_1 和 n_1 分别表示总体和样本中具有某种性质的单位数。

3. 重复抽样和不重复抽样

在汽车市场抽样调查中，从总体中具体抽取抽样单位的方法有两种：即重复抽样和不重复抽样。

1）重复抽样，又称有放回抽样，是一种在总体中允许重复抽取样本单位的抽选方法，即从总体中随机抽出一个样本单位后，将它再放回去，使它仍有被选取的机会。在抽样过程中，总体单位数始终相同。

2）不重复抽样，又称无放回抽样，先被抽选的单位不再放回总体中去，即任何单位一经抽出，就不会再有第二次被抽取的可能性。

4. 单位

抽样调查要通过对样本单位的观察或调查来取得有关数据或记录有关特征，这些单位称之为调查单位。与此同时，还有据以作为抽样之用的中介单位，称为抽样单位。有时，抽样单位与调查单位统一，如居民家庭既作为居民调查的抽样单位，也作为调查单位。有时，一个抽样单位包含多个调查单位，如在市民是否拥有汽车的调查中，调查单位是居民个人；若以居民家庭作为抽样单位，则每个抽样单位都可能包含若干个调查单位。有时则是一个调查单位可能包含多个抽样单位，如要调查某汽车企业职工的家庭情况，抽样单位是职工，调查单位是家庭，其中可能有两位或更多位职工属于同一家庭。

单位可以是自然形成的，也可以是人为规定的。在汽车市场抽样调查中，如何规定抽样单位或调查单位的大小、多少才能达到最佳的抽样效果，是一个十分复杂的问题。需要指出的是，不论从哪个角度看，单位之间必须互不重选且能合成总体，尤其是在人为规定单位或对基本单位进行组合时，更要注意这一点。

5. 抽样框

编制抽样单位的目录称为抽样框。抽样框的范围与被抽样总体一致，但由于抽样单位可大可小，往往根据需要确定，因而编制抽样框的单位不一定是被抽样总体中的基本单位。在汽车市场抽样调查实践中，抽样框可以有以下几种形式：

1）名单抽样框，即以名单一览表形式列出总体的所有单位。例如，要从10000辆私家车中抽取300辆组成一个样本，则这10000辆车的牌号登记册就是抽样框。

名单抽样框一般可采用现成的名单，如户口、企业名录和企事业单位职工名册等。在没有现成名单的情况下，可由汽车市场调查人员自己编制。应注意的是，在利用现有名单做抽样框时，要先对该名录进行检查，避免有重复、遗漏情况的发生，以提高样本框对总体的代表性。

2）区域抽样框，即按地理区域划分并排列出总体的所有单位，如对汽车销量进行抽样调查时，先按地理区域划分为长三角地区、珠三角地区和东北地区等，然后再进行抽样调查。

3）时间表抽样框，即按时间顺序排列总体单位，如在流水线生产的汽车产品检验抽样调查中，把一天时间划分为许多抽样时间单位，并按先后顺序排列。

对于汽车市场抽样调查来说，样本代表性如何，首先取决于抽样框的质量，抽样框应符合以下三个特点：

（1）完整性　这是指总体中的每分子都有被选中的机会。许多抽样框没有包括完整的总体，遗漏一部分甚至几部分的情况时有发生，必须引起足够重视。例如，以户为基本消费者调查样本，就极有可能排除了“集体户口”中的人群，如在校大学生；当然还会排除无固定居住地的那些人。又如，以电话号码簿之类的登记性清单为抽样框，也会存在抽样框不完整的情况。

（2）统一性　这是指总体中每分子都有相等的被选中的机会。许多抽样框中每分子可能有不同的被选中的机会，在这类汽车市场抽样调查中可以不要求每一个调查单位具有完全相等的被抽中概率，但是，汽车市场研究人员必须知道每个已被抽中的调查单位所具有的抽中概率，这可以在收集资料的过程中，或者通过仔细检查被抽中单位的名单等方式而做到。如果做不到这一点，即不能得到关于被选中的单位的概率是多少，那就不能精确地计算样本值与总体值之间的关系，也就失去了概率抽样的意义。

（3）有效性　这是指抽样框不包括调查者不想调查的部分，也就是说抽样框不会大于或者超过总体界定的范围。

6. 全及指标和抽样指标

1）全及指标是根据总体各个单位的标志值或标志特征计算出来的，反映的是总体某种属性的综合指标。由于汽车市场调查总体是惟一确定的，所以根据汽车市场调查总体计算的全及指标也是惟一确定的。

2）抽样指标是由样本各个单位的标志特征计算出的综合指标。即使相对于同一汽车市场调查总体，采用同样的抽样方法，所得到的抽样指标都是有差异的，且这个值是不准确的，也不是惟一的。

二、抽样调查的特点

与普查相比，抽样调查具有经济、及时、准确和高效等显著特点，因此成为汽车市场营销调查工作中最为普遍采用的方法。在汽车市场抽样调查中，抽样调查方法的特点具体表现在以下几个方面：

（1）经济性较好　汽车市场抽样调查可以根据调查需要，抽取一定数量的样本进行调查。与普查相比，样本量只是总体中的一小部分，可以节约大量的人力、物力和财力。

（2）时效性较强　汽车市场调查对时间的要求往往十分严格。由于汽车市场抽样调查只对汽车市场调查总体中的少量单位进行调查，故能十分迅速地得出调查结论，这样才能满足汽车市场调查对信息的要求。

（3）准确性较高　汽车市场抽样调查遵循随机原则，可以排除个人主观因素的影响，保证汽车市场调查样本的代表性。抽样调查与普查的结果有一定差别，这种差别叫做抽样误差，但是通过科学的手段可将误差控制在一定的范围内。普查由于调查规模大、内容多以及参加人员庞杂，调查误差较大；抽样调查只调查部分总体单位，调查规模小，参加调查的人员较精干，调查误差小，准确度高。

（4）可进行深入研究　通过汽车市场抽样调查，可使资料收集的深度和广度都大大提高。

（5）具有局限性　尽管抽样调查具有上述优点，但它也存在着某些局限性：

1）抽样调查比较适用于对汽车市场的定量研究，不适合对汽车市场的定性研究。

2）在对汽车市场调查总体范围不太明晰的情况下，汽车市场调查样本单位的特征不清，难以取得有代表性的汽车市场调查样本。

3）在汽车市场抽样调查中，较多运用数学、电子计算机技术和跨学科知识，因而实际运用时会受到一定的限制。

三、抽样调查的适用情况

抽样调查技术在汽车市场调查中的应用，主要包括以下几个方面：

1）适合于对大量汽车市场现象的调查。当对汽车市场调查总体不能或难以采用全面调查时，即为无限总体、动态总体及范围过大、分布过散的有限总体等时，只能采用抽样调查来取得有关数据资料。

2）适合于需要进行汽车市场全面调查，但限于人力、物力和财力而不可能经常进行汽车市场全面调查的情况。例如，对汽车售后服务消费者满意度的调查。

3）适合于有破坏性的汽车产品质量调查。这时的调查对象为被抽取的个体单位，经过调查之后，失去了原有的形态或功能。例如，当需要了解某品牌汽车产品的碰撞性能时，不可能把所有生产出来的汽车产品全部碰撞一遍，只能采用抽样的方法，在已经生产出的汽车产品中随机抽取一部车或者几部车进行检验。

4）适合于收集时效性强或时间要求紧的汽车市场信息资料。在激烈的汽车市场竞争中，汽车企业所需的各种各样的汽车市场信息与情报都有很强的时效性，若不及时取得就毫无用处。这时，只有采用抽样调查的方法，才能在时间上满足汽车企业的要求。

5）适合于核对和补充汽车市场普查的准确性。在汽车市场调查的实际工作中，普查涉及范围广、动用人员多以及工作量大，所收集的资料难免有各种登记上的差错。为了核实普查资料的准确性，提出可靠的修正系数，在普查后应立即组织抽样调查来核查、修订普查得来的资料。

此外，抽样调查和推断还可以用来对汽车市场调查总体特征的某种假设进行检验，并判断这种假设的真伪，决定方案的取舍，为行动决策提供依据。

四、抽样调查的流程

汽车市场抽样调查是汽车市场调查整体方案的一部分。在汽车市场调查整体计划思路已经确定的前提下，一项科学的、具有可操作性的汽车市场抽样调查的抽样计划设计，大致需要如图 5-1 所示的几个基本步骤。

（1）定义调查总体　汽车市场调查人员要根据汽车市场调查主题的要求和汽车市场调查提纲所涉及的内容，确定汽车市场抽样调查基本对象的范围。而汽车市场调查主体的确定，往往与汽车企业的目标市场选择与产品定位策略紧密相关。

（2）选择抽样框　在汽车市场抽样调查的抽样设计中，比较理想的情况是具备现成的汽车市场调查总体抽样框。在某些情况下，汽车市场调查人员可以通过汽车企业信息库等各种方式获得调查总体的抽样框。

（3）确定抽样数目　必要的抽样数目意味着在一定抽样估计的精度（置信区间）和把握度（置信水平）的控制下，样本数目恰到好处。因此，汽车市场调查人员在确定抽样数目时，要考虑到总体方差的大小、抽样估计的精度要求、汽车市场调查预算的限制，以及汽车市场调查时间的限制等。

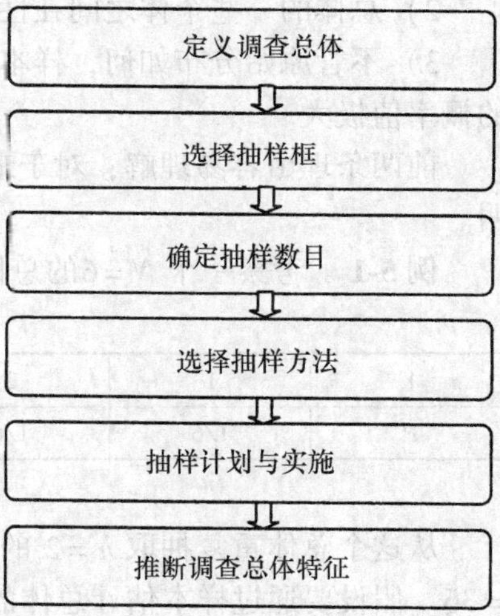

图 5-1　抽样计划设计流程

（4）选择抽样方法　对随机或非随机抽样方法的选择，取决于汽车市场调查主题对调查过程的技术要求、汽车市场调查总体的分布特征，以及特定汽车市场调查项目的成本限制。

（5）抽样计划与实施　在完成以上四步以后，就要开始详细制定抽样计划，进行汽车市场抽样调查。

（6）推断调查总体特征　汽车市场抽样调查的最终目的，是通过对汽车市场调查样本的观察达到对汽车市场调查总体的一般认识，所以抽样调查的最后阶段应该使用样本数据，通过点估计或区间估计对调查总体数据进行估计或推断，包括一般水平估计、总体水平估计和平均比率估计等内容。为了说明抽样估计的准确度，还可以进行必要的抽样误差分析和抽样估计的精度分析。

在汽车市场抽样调查中，抽样流程的设计应注意以下几点：

1）抽样设计通常需要取得汽车企业的认可。

2）在精度与预算之间求得平衡。

3）必须与问卷甄别部分相呼应。

4）必须与数据处理方案相呼应。

第二节　抽 样 原 理

汽车市场调查中的抽样方法主要有两种：概率抽样和非概率抽样。汽车市场调查非概率抽样（非随机抽样）在抽样中不将随机性作为抽样原则，而是根据汽车市场调查人员的主观分析判断抽取样本。因此，本节只讨论概率抽样（随机抽样）。

一、抽样科学性的三个依据

概率抽样的科学性基于以下理由：

1）部分来自于总体，必带有反映总体的信息。

2）总体的一些个体之间在性质上必定相似或相近，所以彼此有相当的代表性。

3）不管原始分布如何，样本的分布总可视为正态分布，而且由此得到准确的总体参数的概率值极大。

前两条理由容易理解，对于最后一个理由，可以通过一个总体分布已知的简单例子来说明。

例 5-1　考察一个 $N=6$ 的总体，其原始分布属于均匀分布，见表 5-3。

表 5-3　总体的原始分布

Y	1	2	3	4	5	6
P	1/6	1/6	1/6	1/6	1/6	1/6

从这个总体重复抽取 $n=2$ 的样本（即放回简单随机抽样），可能的样本总数为：$C_6^1C_6^1=36$。假设要通过样本估计总体的均值，则所有 36 个可能的结果如表 5-4 所示。

表 5-4　样本总体的均值

第二次＼第一次	1 点	2 点	3 点	4 点	5 点	6 点
1 点	1	1.5	2	2.5	3	3.5
2 点	1.5	2	2.5	3	3.5	4
3 点	2	2.5	3	3.5	4	4.5
4 点	2.5	3	3.5	4	4.5	5
5 点	3	3.5	4	4.5	5	5.5
6 点	3.5	4	4.5	5	5.5	6

样本均值的分布可整理为表 5-5。

表 5-5　样本均值的分布

Y	1	1.5	2	2.5	3	3.5	4	4.5	5	5.5	6
P	1/36	2/36	3/36	4/36	5/36	6/36	5/36	4/36	3/36	2/36	1/36

以柱状图表示，则为图 5-2。

可以看出，图 5-2 成近似正态分布；样本均值等于 3.5 时的概率最大，为 6/36；根据计算，这个概率最大的样本均值恰好等于总体均值：$(1+2+3+4+5+6)/6=3.5$。相应地，样本均值偏离总体均值越远，其概率越小，如偏离最大处的 1 和 6 起，概率只有 1/36，是最大值的 1/6。因此，理由 3）是成立的。

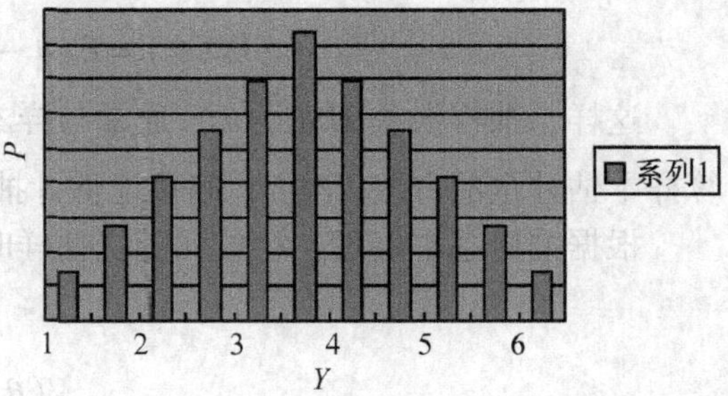

图 5-2　样本均值的分布

二、抽样估计及抽样误差的估算

（一）抽样估计的总体参数

除总体均值外，通常抽样估计的总体参数可以归纳为以下几个：

1）总体和。例如，国内目前桑塔纳汽车的保有量等。

2）总体中具有某种特定特征的个体总数或它们在总体中所占的比例或百分率。例如，某地捷达车的市场销售额和市场占有率等等。

3）总体中两个不同指标的总和或均值的比值。例如，居民家庭的养车费用中，汽车保养平均费用与汽车维修平均费用的比值等。

（二）抽样误差产生的原因

抽样误差是指在抽样过程中产生的误差，即用样本估计总体而产生的误差。抽样误差无特定偏向，其误差大小主要受以下三个因素的影响：

（1）被研究总体各单位标志值的变异程度　总体的方差越大，抽样误差就越大；反之，则抽样误差越小。如果总体各单位标志值之间没有差异，那么，抽样误差也就不存在了。

（2）抽取的样本量　抽样误差的大小可由样本量的调整而得到控制。在其他条件不变的情况下，抽样单位数越多，抽样误差就越小；反之，抽样误差就越大。

（3）抽样调查的组织方式　采用不同的抽样组织方式，也会有不同的抽样误差。

在汽车市场抽样调查中，随机抽样的抽样误差可以计算并得到控制。

（三）抽样误差的估算

关于抽样误差的估算，下面结合例子予以说明。

1. 总体中参数估计的估算方法

假设用$\hat{\theta}$来表示通过样本获得的对总体某个参数 θ（某些书籍用 μ 或其他符号表示）的估计，定义抽样误差为样本估计量$\hat{\theta}$与总体参数 θ 之间差异平方的平均数，即

$$MSE(\hat{\theta})=E(\hat{\theta}-\theta)^2$$

式中，E 表示数学期望，即对所有可能的情况求平均。

如上所述，对例 5-1 而言，θ 表示总体平均数，$\hat{\theta}$表示样本平均数，则其抽样误差为

$$MSE(\hat{\theta})=\frac{1}{36}[(1-3.5)^2+2\times(1.5-3.5)^2+3\times(2-3.5)^2+\cdots+(6-3.5)^2]$$

由于

$$MSE(\hat{\theta})=E[\hat{\theta}-E(\hat{\theta})+E(\hat{\theta})-\theta]^2=E[\hat{\theta}-E(\hat{\theta})]^2+[E(\hat{\theta})-\theta]^2=V(\hat{\theta})+B^2(\hat{\theta})$$

而在通常情况下，偏差 $B^2(\hat{\theta})$ 为0，即在例5-1中

$$E(\hat{\theta}) = [1 + 2 \times 1.5 + 3 \times 2 + 4 \times 2.5 + 5 \times 3 + 6 \times 3.5 + 5 \times 4 + 4 \times 4.5 + 3 \times 5 + 2 \times 5.5 + 6]/36$$

$$= \theta = \frac{1 + 2 + 3 + 4 + 5 + 6}{6} = 3.5$$

$$B^2(\hat{\theta}) = E(\hat{\theta} - \theta)^2 = [3.5 - 3.5]^2 = 0$$

这样，抽样误差 $MSE(\hat{\theta})$ 通常与样本估计量的方差 $V(\hat{\theta})$ 相等。因此，一般通过估算样本估计量的方差 $V(\hat{\theta})$，间接地估计抽样误差 $MSE(\hat{\theta})$。

根据抽样基本定理，在放回随机抽样时，有

$$V(\hat{\theta}) = \frac{1 - \frac{1}{N}}{n} S^2$$

式中，S^2 称为总体方差，$S^2 = \frac{1}{N-1}\sum_{i=1}^{N}[\theta_i - E(\theta)]^2$，它与另一种定义的一般记为 σ^2 的总体方差的区别是 $\sigma^2 = \frac{1}{N}\sum_{i=1}^{N}[\theta_i - E(\theta)]^2$，$S^2$ 与 σ^2 对应的样本方差有无偏与有偏之分。

在例5-1中，如果两次观察的点数分别是3点、5点，则样本平均数为

$$\hat{\theta} = (3 + 5)/2 = 4$$

$$V(\hat{\theta}) = \frac{1 - \frac{1}{N}}{n} S^2$$

其中，由于总体方差 S^2 通常无法计算（在例5-1中，为了说明问题，选择了一个总体分布已知的例子，此时可以算出 $S^2 = 3.5$），可用其估计值样本方差 S^2 代替，即

$$S^2 = \frac{(3-4)^2 + (5-4)^2}{2-1} = 2$$

则 $V(\hat{\theta})$ 的估计值为

$$V(\hat{\theta}) = \frac{1 - \frac{1}{N}}{n} S^2 = \frac{1 - \frac{1}{6}}{2} \times 2 = \frac{5}{6}$$

2. 总体中参数置信区间的估算方法

在正态分布（根据中心极限定理，绝大多数情况下样本恰好都近似服从正态分布）的假定下，如果客户同意绝对误差 $|\hat{\theta} - \theta|$ 不超过允许误差 d，结论正确的概率保证程度为 $1 - \alpha$，而 P 根据正态分布的性质有

$$P\left\{\frac{|\hat{\theta} - \theta|}{[V(\hat{\theta})]^{\frac{1}{2}}} \leqslant \mu_\alpha\right\} = 1 - \alpha$$

式中，μ_α 为双侧百分位点。

注意，某些文献书籍上记为 $\mu_{\alpha/2}$ 或者 $Z_{\alpha/2}$。因为 $V(\hat{\theta})$ 要用 $v(\hat{\theta})$ 代替，则据此可估算出总体参数 θ 的置信区间为

$$\{\hat{\theta}-\mu_{\theta}[V(\hat{\theta})]^{1/2}\leqslant\partial\leqslant\hat{\theta}+\mu_{\alpha}[V(\hat{\theta})]^{1/2}\}$$

在例 5-1 中，如果取 $\alpha=0.10$，则 $\mu_{\alpha}=1.28$，此时

$$\{\hat{\theta}-\mu_{\alpha}[V(\hat{\theta})]^{1/2}\leqslant\partial\leqslant\hat{\theta}+\mu_{\theta}[V(\hat{\theta})]^{1/2}\}$$

于是参数 θ 的置信区间为

$$\{4-1.28\times1.4144\leqslant\theta\leqslant4+1.28\times1.414\}=\{2.185\leqslant\theta\leqslant5.82\}$$

三、样本量的影响因素及样本量的确定

在开始组织汽车市场抽样调查前，确定抽取多少样本单位是个很重要的问题。样本数目过少，会使汽车市场调查结果出现较大的误差，与预期目标相差甚远；而样本数目过多，又会造成人力、财力和时间上的浪费。因此，样本量的确定是组织汽车市场抽样调查时需要解决的一个重要问题。

（一）样本量的影响因素

汽车市场抽样调查的样本量取决于以下几个因素：

1）被调查者标志的差异程度，即汽车市场调查总体方差的大小。总体方差越大，所需的样本量一般也越大。

2）允许误差（又称极限误差 d）数值的大小。允许误差与样本量的平方根大致成反比，允许误差愈小，样本量愈大；反之，允许误差愈大，样本量愈小。允许误差的大小主要取决于汽车市场调查的目的和费用的投入。若汽车市场调查结果要求比较精确，又有足够的经费投入，允许误差可小些；反之，允许误差可以放大些。

3）调查结果的可靠程度，即置信度或置信水平的大小。所要求的置信度越高，样本量应当越大；所要求的置信度较低，样本量可以小些。

4）抽样的方法。在同等条件下，不重复抽样比重复抽样需要的样本单位数少一些。

5）抽样的组织形式。在汽车市场抽样调查中，采用类型抽样和等距（系统）抽样比简单随机抽样需要的样本数目少些。

此外，根据调查经验，调查表的回收率或访问的成功率高低，也是影响样本数目的一个重要因素。在回收率低的情况下，应适当加大样本数目。

（二）样本量的确定

1. 样本容量 n 的估算方法

比较汽车企业关于绝对误差 $|\hat{\theta}-\theta|$ 不超过允许误差 d，而且概率保证程度不低于 $1-\alpha$ 的要求：$P\{|\hat{\theta}-\theta|\leqslant d\}=1-\alpha$ 和正态分布性质 $P\{|\hat{\theta}-\theta|/[V(\hat{\theta})]^{1/2}\leqslant\mu_{\alpha}\}=1-\alpha$，可以看出，要同时满足这两点，就必须保证

$$d=\mu_{\alpha}[V(\hat{\theta})]^{1/2} \text{或} V(\hat{\theta})=\frac{d^2}{\mu_{c}^2}$$

而 $V(\hat{\theta})=\frac{1-1/N}{n}S^2$，在本式中，用 $\frac{d^2}{\mu_{\alpha}^2}$ 代替 $V(\hat{\theta})$，容易发现，样本容量 n 与 d、μ_{α} 和反映总体分散程度的 S^2 有关。这样，由于 d 和 μ_{α} 都是事先规定或约定的，属于已知条件，所以如果能够根据以往的研究结果或其他知识粗略估计 S^2，就可据此估算出样本容量 n。事实

上，汽车市场调查人员就是基本采用这个方法而在抽样之前就确定了样本容量 n 的，其公式是：

在进行放回简单随机抽样时 $$n=\left(1-\frac{1}{N}\right)\frac{\mu_\alpha^2 S^2}{d^2}$$

在进行不放回简单随机抽样时 $$n=\frac{1}{\frac{1}{N}+\frac{d^2}{\mu_\alpha^2 S^2}}$$

当 N 很大时，上述两种情况的样本容量都可近似取为 $n=\mu_\alpha^2 S^2/d^2$。

2. S^2 的估计方法

S^2 的估计有四种方法：

1）参照近期的经验或研究结果。

2）参照本次调查预试验或试调查的结果。

3）参照本次调查先期的结果，有时调查一半即可知道原定样本容量是否合适，从而考虑修正方案，调整样本容量的大小。

4）根据某种先验理论，例如，在以估计比例为目的的汽车市场抽样调查里，方差往往取最大值 0.25。

不过，需要注意的是，在经费允许时，n 的取值应坚持保守主义原则，即尽量取大一点，以便留有余地。

第三节 抽样技术的分类及选择

一、抽样技术的分类及其特点

1. 抽样技术的概念及其分类

（1）抽样技术的定义　抽样技术指在抽样调查时采用一定的方法，抽选具有代表性的样本，以及各种抽样操作技巧和工作程序等的总称。为了使抽选的样本具有代表性，必须借助于各种抽样技术。抽样技术可以分为概率抽样技术和非概率抽样技术两大类。

概率抽样技术又称为随机抽样技术，是对总体中每一个体都给予平等的抽取机会的抽样技术。在概率抽样的条件下，每个个体抽中或抽不中完全凭机遇，排除了人的主观因素的影响。

非概率抽样技术又称非随机抽样技术，总体中每一个体不具有被平等抽取的机会，而是根据一定的主观标准来抽选样本。

（2）抽样技术的分类　抽样技术的分类如图 5-3 所示。

2. 非概率抽样技术的分类及其特点

（1）非概率抽样技术的分类　在汽车市场抽样调查中，非概率抽样技术常用的有四种类型：任意抽样技术、判断抽样技术、配额抽样技术和滚雪球抽样技术。

1）任意抽样技术，又称便利抽样法。它是汽车市场调查人员按工作的方便，随意抽选样本的一种抽样方法。

2）判断抽样技术，又称目的抽样法。这是一种根据汽车市场调查人员的经验或由某些

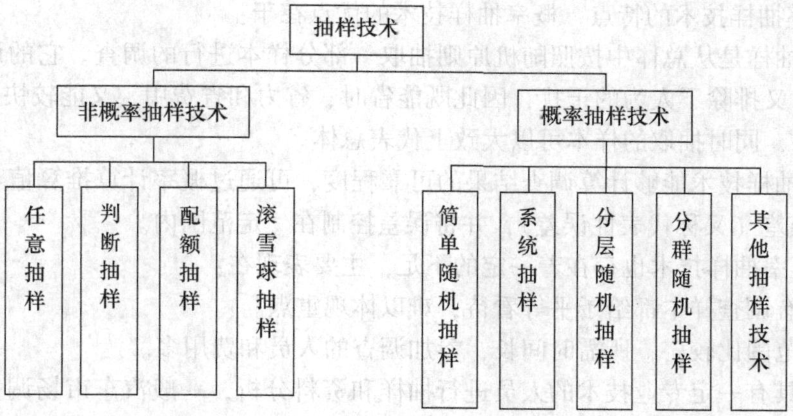

图 5-3 抽样技术的分类

有见解的专家选定样本的抽样方法。

3）配额抽样技术，它是按照一定标准分配样本数额，然后在规定数额内由汽车市场调查人员任意抽选样本的一种抽样方法。

4）滚雪球抽样技术。它的主要目标是分析汽车市场调查总体的稀有特征。

（2）非概率抽样技术的特点　在汽车市场抽样调查中，非概率抽样技术的优点主要表现在以下两方面：

1）非概率抽样技术按一定的主观标准抽选样本，可以充分利用已知资料，选择较为典型的样本，使样本更好地代表总体。

2）非概率抽样技术可以缩小抽样范围，减少调查时间、调查人员和调查费用。

使用非概率抽样技术进行汽车市场调查的主要不足是无法判断其误差，无法检查调查结果的准确性。这是因为，用非概率抽样技术进行汽车市场调查的总体中，每一个样本被抽取的概率不一样，概率值的大小不清楚，无法借助概率计算推算值与实际值的差异，可靠程度只能由调查人员主观评定。由于主观标准不当或主观判断失误均会增大抽样误差，因此出现差错难以核实。

3. 概率抽样技术的分类及其特点

（1）概率抽样技术的分类　在汽车市场抽样调查中，概率抽样技术一般包括简单随机抽样技术、系统抽样技术、分层随机抽样技术和分群随机抽样技术等等。

1）简单随机抽样技术，又称单纯随机抽样技术。它是在汽车市场调查总体单位中不进行任何有目的的选择，而是遵循随机原则，按照纯粹偶然的方法抽取样本。

2）系统抽样技术，又称等距离随机抽样技术或机械随机抽样技术。它是在汽车市场调查总体中先按一定标志顺序排列，并根据汽车市场调查总体单位数和样本单位数计算出抽样距离（即相同的间隔），然后按相同的距离或间隔抽选样本单位。

3）分层随机抽样技术，又称为分类随机抽样技术。它是把汽车市场调查总体按其属性不同分为若干层次（或类型），然后在各层（或类型）中随机抽取样本。

4）分群随机抽样技术，又称为整群抽样技术。它是把汽车市场调查总体区分为若干个群体，然后用简单随机抽样法，从中抽取某些群体进行全面调查。

（2）概率抽样技术的特点　概率抽样技术的优点在于：

1）概率抽样是从总体中按照随机原则抽取一部分样本进行的调查。它的调查范围和工作量比较小，又排除了人为的干扰，因此既能省时、省力和省费用，又能较快地取得汽车市场调查的结果，同时抽取的样本可以大致上代表总体。

2）概率抽样技术能够计算调查结果的可靠程度，可通过概率计算推算值与实际值的差异，即抽样误差（又称代表性误差），并将误差控制在一定范围内。

但是，概率抽样技术也存在着一定的不足，主要表现在：

1）对所有调查样本都给予平等看待，难以体现重点。

2）抽样范围比较广，所需时间长，参加调查的人员和费用多。

3）需要具有一定专业技术的人员进行抽样和资料分析，一般汽车市场调查人员难以胜任。

二、非概率抽样技术及其应用

1. 任意抽样技术及其应用

（1）任意抽样技术的方法　在汽车市场抽样调查中，运用任意抽样技术进行抽样，一般由汽车市场调查人员从工作方便的角度出发，在被调查者范围内随意抽选一定数量的样本进行调查。“街头拦人法”和“空间抽样法”是任意抽样技术的两种最常见的方法。

1）“街头拦人法”是在街上或路口任意找某个行人，将他（她）作为被调查者进行调查。例如，在街头向行人询问对某种车型的喜好；或请行人填写汽车市场调查问卷等。

2）“空间抽样法”是对某一聚集的人群，从空间的不同方向和方位对他们进行抽样调查。例如，在某品牌汽车4S店内向顾客询问对汽车服务项目和服务态度的意见等。

（2）任意抽样技术的特点与应用　在汽车市场抽样调查中，任意抽样技术简便易行，可以及时取得所需的汽车市场资料，节约时间和费用。

这种方法适用于汽车市场探测性调查，或汽车市场调查前的准备工作。一般地，当在汽车市场调查总体中的每一个体都是同质时，才能采用此类方法。但是，在实践中并非所有汽车市场调查总体中的每一个体都是相同的，所以抽样结果偏差较大，可信度较低，其样本没有足够的代表性，故在汽车市场调查时较少采用任意抽样法。

例如，在北京亚运村汽车交易市场，新华信公司的访问员随机访问了206个北京居民。在《北京家庭轿车购买行为调查》中，新华信研究人员提供了8种较常见的颜色供被访者选择，它们是：红、绿、黑、白、银灰、蓝、明黄、金色（图5-4）。通过将收集的消费者答卷输入SPSS统计软件进行分析，新华信研究人员发现白色和银灰色的车最受欢迎。

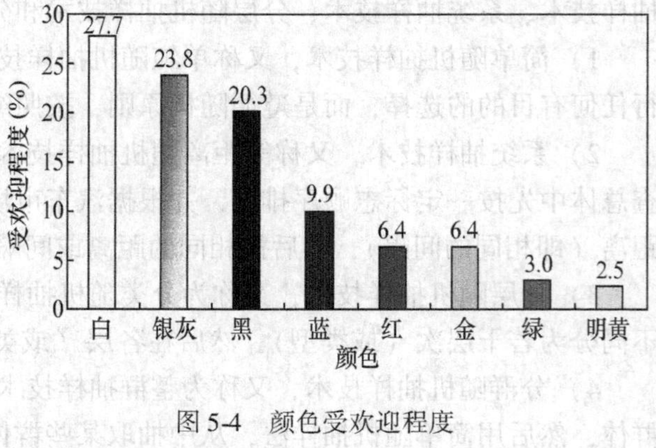

图5-4　颜色受欢迎程度

2. 判断抽样技术及其应用

（1）判断抽样技术的方法　判断抽样方法是凭调查人员的主观意愿、经验和知识，从总体中选择具有典型代表性的样本作为被调查者的一种抽样方法。

这种方法在我国汽车市场调查中得到了广泛的运用。

在汽车市场抽样调查中，判断抽样可以有两种具体做法：

1）由专家判断选择样本。一般采用平均型或多数型的样本作为调查个体，通过对典型样本的研究，由专家来判断总体的状态。所谓“平均型”，是在汽车市场调查总体中挑选代表平均水平的个体作为样本，以此作为典型样本，再推断总体。所谓“多数型”，是在汽车市场调查总体中挑选占多数的个体作为样本来推断总体。

2）利用统计资料判断选择样本，即利用汽车市场调查总体的全面统计资料，按照一定标准选择样本。

（2）判断抽样技术的特点与应用　在汽车市场抽样调查中，判断抽样法具有简便、易行和及时，符合调查目的和特殊需要，可以充分利用调查样本的已知资料，被调查者配合较好，以及资料回收率高等优点。但是，这种方法易发生主观判断产生的抽样误差，同时由于判断抽样中各个调查个体被抽取的概率不知道，因而无法计算抽样误差和可信程度。如果汽车市场调查人员的经验丰富、知识面广而且判断能力强，抽取的样本代表性就大；反之则小。

判断抽样法适合于在汽车市场调查总体中各调查个体差异较小、调查个体比较少，以及选择的样本有较大代表性时使用。

3. 配额抽样技术及其应用

（1）配额抽样技术的方法与应用　配额抽样是非概率抽样中最流行的一种。配额抽样时，先对总体中的所有个体按其属性、特征分类，这些属性、特征称为“控制特性”，如汽车市场调查中消费者的性别、年龄、收入、职业和文化程度等等，然后按各个控制特性分配样本数额。在配额抽样中，由调查人员在配额内通过主观判断选定样本。

在汽车市场抽样调查中，按照配额的要求不同，配额抽样可分为独立控制配额抽样和相互控制配额抽样两大类：

1）独立控制配额抽样是根据汽车市场调查总体的不同特性，对具有某个特性的调查样本分别规定单独分配数额，而不必规定必须同时具有两种或两种以上特性的样本数额。因此，汽车市场调查人员就有较大的自由去选择调查总体中的样本。

例 5-2　在某项汽车市场调查中，确定样本总数为 180 个，可单独选择消费者收入、年龄和性别三个标准中的一个进行抽样。按独立控制配额抽样，其各个标准样本配额比例及配额数如表 5-6、表 5-7 和表 5-8 所示。

表 5-6　年龄抽样

年龄	人数
18～29 岁	30
30～40 岁	50
41～55 岁	60
56 岁以上	40
合计	180

表 5-7　性别抽样

性别	人数
男	90
女	90
合计	180

表 5-8　收入抽样

收入	人数
高	36
中	54
低	90
合计	180

从表 5-6～表 5-8 中可以看出，对年龄、性别和收入三个控制特性分别规定了样本数额，而没有规定三者之间的关系。因此，在调查人员具体抽样时，抽选不同收入段消费者，并不

需要顾及年龄和性别标准；同样，在抽选不同年龄或性别的消费者时，也不必顾及其他两个控制特性。

这种方法的优点是简单易行，汽车市场调查人员的选择余地较大；缺点是汽车市场调查人员可能图一时方便，选择样本过于偏向某一组别，如过多地抽选男性消费者，从而影响样本的代表性。这个缺点可通过相互控制配额抽样来弥补。

2）相互控制配额抽样是对汽车市场调查对象的各个控制特性的样本数额交叉分配。例5-2中如果采用相互控制配额抽样，就必须对收入、年龄和性别这三项特性同时规定样本分配数，如表5-9所示。

表5-9　相互控制配额抽样分配表

年龄＼性别＼收入	高		中		低		合计
	男	女	男	女	男	女	
18~29岁	3	3	4	4	8	8	30
30~40岁	5	5	7	7	13	13	50
41~55岁	7	7	9	9	14	14	60
56岁以上	3	3	7	7	10	10	40
小计	18	18	27	27	45	45	180
合计	36		54		90		

从表5-9可以看出，相互控制配额抽样对每一个控制特性所需分配的样本数都作了具体规定，汽车市场调查人员必须按规定在汽车市场调查总体中抽取调查个体。由于调查面较广，从而克服了独立控制配额抽样的缺点，提高了样本的代表性。

（2）配额抽样与判断抽样的比较　配额抽样与判断抽样的区别：

1）抽取样本的方式不同，配额抽样是分别从总体的各控制特性的层次中抽取若干个样本；而判断抽样是从总体的某一层次中抽取若干个符合条件的典型样本。

2）抽样要求不同，配额抽样注重“量”的分配；而判断抽样注重“质”的分配。

3）抽样方法不同，配额抽样方法复杂而精密；判断抽样的方法简单而易行。

（3）配额抽样技术的工作程序　在汽车市场抽样调查中，配额抽样技术的工作程序一般分为四个步骤：

1）确定控制特征。汽车市场调查人员可事先根据调查目的和客观情况，确定调查对象的控制特征，作为调查总体分类的划分标准，如年龄、性别、收入和文化程度等。

2）根据控制特征对调查总体分层，计算各层占调查总体的比例，确定各层之间的比例关系。

3）确定每层的样本数。首先确定样本总数，然后根据每层占调查总体的比例决定每层应抽取的样本数。

4）按分配配额，确定调查个体。在各层抽取的样本数确定后，调查人员就可在指定的样本配额限度内选择样本。

4. 滚雪球抽样技术及其应用

（1）滚雪球抽样技术的方法　采用滚雪球抽样技术进行汽车市场抽样调查时，通常采用随机方式选择一组调查对象或个体。在对他们进行调查后，根据他们所提供的信息或由他们推荐下一组调查对象或个体。这样，通过上一组选择下一组，像滚雪球一样一波一波地继续下去，直到汽车市场抽样调查结束。即使第一组调查个体是通过概率抽样选择出的，但是最终的样本也是非概率样本。

（2）滚雪球抽样技术的目的和特点　在汽车市场抽样调查中，滚雪球抽样技术的主要目的是分析汽车市场调查总体中的稀有特征。

滚雪球技术的主要优点表现在：通过对调查总体设定期望的特征，增强了样本个体的相似性。因此，采用这种方法进行汽车市场抽样调查，所产生的抽样误差比较小，成本比较低。

三、概率抽样技术及其应用

1. 简单随机抽样技术及其应用

（1）简单随机抽样技术的方法与应用　简单随机抽样技术是概率抽样技术中最简单的一种，它对调查总体不经过任何分组、排队，完全凭着偶然的机会从中抽取个体加以调查。这种方法一般适应汽车市场调查总体中各个体之间差异较小的情况，或者汽车市场调查对象不明，难以分组、分类的情况。如果汽车市场调查范围较大，汽车市场调查总体内部各个体之间的差异程度较大，则要同其他概率抽样技术结合使用。

在汽车市场抽样调查中，简单随机抽样技术常用的有抽签法和随机数表法。

1）用抽签法抽取样本时，先将调查总体的每个个体编上号码，然后将号码写在卡片上搅拌均匀，任意从中抽选，抽到一个号码，就对应一个个体，直到抽足预先规定的样本数目为止。这种方法适用于汽车市场调查总体中个体数目较少的情况。

2）随机数表法是先将调查总体中的全部个体分别标上 1 ~ n 个号码，然后利用随机数表随机抽出所需的样本。随机数表又称乱数表，是一种按双位或多位编排的大小数互相间杂的数表，利用特制的摇码机器或计算机，用随机方法编制而得，客观上为表内任何数码都提供了相等的出现机会。随机数表如表 5-10 所示。

表 5-10　随机数表

28	46	53	35	74	92	13	45
20	67	42	15	20	57	80	90
04	36	28	19	26	64	37	15
55	01	26	64	98	56	71	49
72	58	43	57	89	64	27	54

抽样选择时，在随机数表中任意选定一行或一列的数字作为开始数，接着可从上而下，或从左至右，或以一定间隔（隔行或隔列）顺序取数，凡编号范围内的数字号码即为被抽取的样本。如果不是重复抽样，碰上重复数字应舍掉，直到抽足预定的样本数目为止。在顺序抽取的过程中，遇到比编号大的数字，应该舍去。

例如，现在要从 80 户居民中抽取10 户进行汽车市场调查，先将 80 户居民从 1 ~ 80 进行编号，然后假设从随机数表中第一行的第五列开始自左向右、自上而下取样，那么顺序取得的样本号为：74、13、45、20、67、42、15、57、80、04。由于 92 和 90 大于 80；20 出现重复，只能用一次，故 92、90、第二个 20 舍弃不用。

（2）简单随机抽样技术的特点　在汽车市场抽样调查中，简单随机抽样的优点是方法简单，当调查总体名单完整时，可直接从中随机抽取样本；由于抽取概率相同，计算抽样误差及对总体指标加以推断比较方便。

尽管简单随机抽样在理论上是最符合随机原则的，但在汽车市场调查的实际应用中仍有一定的局限性。具体表现在：

1）采用简单随机抽样时，一般必须对汽车市场调查总体各个体加以编号，而汽车市场调查总体往往是十分庞大的，个体非常多，逐一编号几乎是不可能的。

2）对于某些事物，是无法采用简单随机抽样的，例如，对连续不断生产的大量汽车产品进行质量检验，就不能对全部汽车产品进行编号抽样。

3）当汽车市场调查总体的标志变异程度较大时，简单随机抽样的代表性就不如经过分组后再抽样的代表性高。

4）由于抽出的样本较为分散，所以汽车市场调查的人力、物力和费用消耗较大。

因此，这种方法适用于汽车市场调查总体的个体数不太庞大，以及汽车市场调查总体分布比较均匀的情况。

2. 系统抽样技术及其应用

（1）系统抽样技术的方法与应用　在汽车市场抽样调查中，系统抽样就是先将调查总体的各个体按一定标志排列起来，然后按照固定顺序和一定间隔来抽取样本个体。

排队所依的标志有两种：

1）按与调查项目无关的标志排队。例如，在对住户进行汽车市场调查时，选择住户可以按住户所在街区的门牌号码排队，然后每隔若干个号码抽选一户进行调查。

2）按与调查项目有关的标志排队。例如，在对住户进行汽车市场调查时，可按住户平均月收入排队，再进行抽选。

在排队的基础上，还要计算抽选距离（间隔），计算公式为

$$抽选距离=\frac{调查总体数\ N}{样本数\ n}$$

确定抽选距离后，可以采用简单随机抽样方式，从第一段距离中抽取第一个个体；为简化工作并防止出现某种系统性偏差，也可以从距离的1/2处抽取第一个个体，并按抽选距离继续抽选余下个体，直到抽够为止。

例如，从某汽车厂500名工人中抽选50名进行调查，可以利用工厂现有名册按顺序编号排队，从第1号编至500号，则

$$抽选距离=\frac{N}{n}=\frac{500}{50}=10$$

在第一个10人中用简单随机抽样方式，抽取第一个样本个体，假设抽到的是8号，则依次抽出的是18号、28号、38号……

（2）系统抽样技术的特点　在汽车市场抽样调查中，系统抽样与简单随机抽样相比，可使中选个体比较均匀地分布在调查总体中，尤其当被研究对象的标志变异程度较大，而在汽车市场调查的实际工作中又不可能抽选更多的样本个体时，这种方式更为有效。因此，系统抽样是汽车市场调查中广泛应用的一种抽样方式。

系统抽样也有一定的局限性，具体表现在：

1）运用系统抽样的前提是要有调查总体每个个体的有关材料，特别是按有关标志排队时，往往需要有较为详细、具体的相关资料，这是一项很复杂和细致的工作。

2）当抽选间隔和被调查对象本身的节奏性（或循环周期）相重合时，就会影响调查的精度。例如，对某机动车交易市场每周的汽车销售量情况进行抽样调查，若抽取的第一个样本是周末，抽样间隔为七天，那么抽取的样本个体都是周末，而周末往往销售量较大，这样就会发生系统性偏差（即各样本标志值偏向一边），从而影响系统抽样的代表性。

3. 分层随机抽样技术及其应用

(1) 分层随机抽样技术的方法与应用　分层随机抽样技术在汽车市场调查中较多地被采用，它是先将汽车市场调查总体的所有个体按某一重要标志进行分类（组），然后在各类（组）中采用简单随机抽样或系统抽样方式抽取样本个体的一种抽样方式。

分层时应注意以下几点：

1）各层之间要有明显的差异，避免发生混淆。

2）要知道各层中的个体数目和比例。

3）分层的数目不宜太多，每个层次内每个个体应保持一致性等。只有这样，才能使抽取的样本反映该层的特征，提高样本的代表性，减少抽样误差。

在汽车市场抽样调查中，分层抽样的方式一般有等比例分层抽样与非等比例分层抽样两种：

1）等比例分层抽样，是按各层（或各类型）中的个体数量占总体数量的比例分配各层的样本数量。例如，对某地 20000 户居民进行汽车市场调查时，按收入高低对居民进行分类，其中：高收入居民 4000 户，占总体的 20%；中等收入居民 12000 户，占总体的 60%；低收入居民 4000 户，占总体的 20%。从中选取 200 户进行调查，则各类型应抽取的样本个体数为：

高收入的样本数目：200 户 ×20% ＝40 户

中等收入的样本数目：200 户 ×60% ＝120 户

低收入的样本数目：200 户 ×20% ＝40 户

这种方法简单易行，分配合理，计算方便，适应各类型之间差异不大的分类抽样调查。如果各类之间差异过大，则不宜采用，而应采用非等比例分层抽样。

2）非等比例分层抽样，不是按各层中个体数占总体数的比例分配样本个体，而是根据其他因素（如各层平均数或成数均方差的大小、抽取样本的工作量和费用的大小等），调整各层的样本个体数，即有的层可多抽些样本个体，有的层可少抽些样本个体。这种分配方法大多适用于各类总体的个体数相差悬殊或均方差相差较大的情形。在调查个体相差悬殊的情况下，如按等比例抽样，可能在总体个体数少的类型中抽取样本个体数过少，代表性不足，此时可适当放宽而多抽；同样，均方差较大的，也可多抽些样本个体，这样可起到平衡均方差的作用。但是，在汽车市场调查前准确了解各组标志变异程度的大小是比较困难的。

例如，按分层均方差的大小调整各层样本个体数，其计算公式为

$$n_i = n\frac{N_i s_i}{\sum N_i s_i}$$

式中，n_i 为各类型应抽选的样本个体数；n 为样本个体总数；N_i 为各类型的调查总体个体

数；s_i 为各类型调查个体平均数（成数）的样本均方差。

（2）分层随机抽样技术的特点　分层随机抽样实质上是把科学分组方法和抽样原理结合起来，前者能划分出性质比较接近的各组，以减少标志值之间的变异程度；后者是按照随机原则，可以保证大数法则的正确运用。因此，在汽车市场抽样调查中，分层随机抽样一般比简单随机抽样和系统抽样更为精确，能够通过对较少的抽样个体的调查，得到比较准确的推断结果，特别是当总体数目较大、内部结构复杂时，分层随机抽样常常能取得令人满意的效果。

例如，年收入 10 万元以下的市民大多数会选择购买 5 万元以下的车型，如奥拓、老夏利等；而年收入有 30 万的市民则会选择购买 10 万元以上的车型，如伊兰特、宝来等。因为消费者对车型的选择会根据收入多少而改变，所以收入就成为一个有效的分层变量；而其他的变量，如性别、年龄等，对车型的选择就不会产生那么重要的影响。因此，只根据收入进行分层随机抽样，可以极大地降低抽样成本。

4. 分群随机抽样技术及其应用

（1）分群随机抽样技术的方法　前面所述的几种抽样方式都是从调查总体中一个一个地抽取样本，而在汽车市场调查的实际工作中，为了便于调查，节省人力和时间，往往是一批一批地抽取样本，每抽一批时，把其中所有个体全部加以登记，以此来推断总体的一般特性，这种抽样组织方式称为分群随机抽样。例如，对汽车某零部件进行质量调查时，每隔 5h，抽取 1h 生产的产品进行检验。

分群时，每群的个体数可以相等，也可以不等。对于每一群的具体抽选方式，既可以采用简单随机抽样方式，也可采用系统抽样方式。但不管何种抽样方式，都只能用不重复抽样方法。

（2）分群随机抽样技术的特点与应用　在汽车市场抽样调查中，分群随机抽样的优点是组织工作比较方便，确定一组就可以抽出许多个体进行观察。但是，正因为以群为单位进行抽选，抽选个体比较集中，明显地影响了样本分布的均匀性。因此，分群随机抽样方式和其他抽样方式相比，在抽样个体数目相同的条件下抽样误差较大，代表性较差。在汽车市场抽样调查实践中，采用分群随机抽样时，一般抽选的个体数都要比采用其他抽样方式多，以降低抽样误差，提高抽样结果的准确度。

当然，分群随机抽样的可靠程度，主要还是取决于群与群之间的差异大小，各群之间差异越小，分群随机抽样的调查结果就越准确。因此，在大规模的汽车市场调查中，当群体内各个体间的差异较大，而各群之间差异较小时，最适合采用分群随机抽样方式。

5. 其他概率抽样技术

在汽车市场抽样调查中，除上述四种基本的概率抽样技术之外，还有许多其他的概率抽样技术。这些技术大多数都可以看作上述四种基本技术的拓展，它们主要用于解决汽车市场抽样调查中一些复杂的抽样问题。

四、抽样技术的选择及比较

1. 影响抽样技术选择的因素

在汽车市场抽样调查中，选择抽样技术时，一般要考虑以下三方面因素：

（1）抽样误差的大小

1）在简单随机抽样条件下，抽样误差大小主要受总体方差的影响。

2）在分层随机抽样的条件下，按某个标志进行分类再抽样，实际上各类（组）都进行了调查，抽样误差不再受各组间方差的影响，而只受各组内方差大小的影响。因此，在抽样个体数一定的情况下，分层随机抽样的抽样误差要小于简单随机抽样。

3）按有关标志排队的系统抽样，实际上是一种分类更细的分层随机抽样，其抽样误差更小。按无关标志排队的系统抽样，其误差与简单随机抽样相似。

4）分群随机抽样对所抽中的群（组）的所有个体都一一加以调查，因此其抽样误差大小不再受各群（组）内方差的影响，而主要取决于群（组）间方差的大小，但群（组）间方差往往很大。

根据汽车市场调查经验，通常按有关标志排队的系统抽样方式的抽样误差最小，其次是分层随机抽样、按无关标志排队的系统抽样、简单随机抽样和分群随机抽样。在进行汽车市场抽样调查时，可根据对调查误差的不同要求，选择适当的抽样调查方式。

（2）调查对象本身的特点　在对某些汽车市场现象进行抽样调查时，事先没有关于调查总体各个体的全面、详细的资料，就无法采用按有关标志排队的系统抽样，而只能采用其他抽样方式。同时，还要考虑对调查对象所能了解的程度，对调查对象了解得越全面，就越能采用准确性较高的抽样方式。

（3）人力、物力、经费和时间等各种调查条件　例如，在汽车市场抽样调查前考虑到抽出的样本可能极为分散，在各地都有，会增加调查往返的时间和费用，就可采用分群随机抽样方式，使调查样本相对集中，调查人员行动半径缩小，以节省人力、费用和时间。

应该指出的是,强调根据汽车市场调查要求和调查对象特点选择适宜的抽样方式,并不否认上述几种方式的综合运用。在汽车市场调查实践中,往往是根据具体情况互相结合使用的。此外,在许多情况下,特别是在复杂的、大规模的汽车市场调查中,调查个体的抽取一般不是一次性直接完成的,而是采用两阶段或多阶段抽取的方法,即先抽大的调查单元,在大单元中抽小单元,再在小单元中抽更小的单元,这种抽样方式称为多阶段抽样。例如,对全国的城市住户进行汽车市场调查,这时就要采用多阶段抽样方式进行抽样:先从全国各城市中抽取若干城市,再在城市中抽选街道,然后在各街道中抽选居民家庭。多阶段抽样在抽取样本及组织调查时很方便,但在设计抽样调查方案、计算抽样误差和推断总体上比较麻烦。

2. 基本抽样技术的比较与适应条件

在汽车市场抽样调查中，各种基本抽样技术的优劣比较及适用条件如表 5-11、表 5-12 所示。

表 5-11　基本抽样技术的优劣比较

抽样技术	优　势	劣　势
非概率抽样技术		
任意抽样技术	最小的费用,最少的时间消耗,最大的便利	有抽取误差,样本不具有代表性,不适用于描述性或因果关系研究
判断抽样技术	低成本,便利,不耗时	不具有普遍推广性,带有主观性
配额抽样技术	可以根据特定特征控制样本	有抽取误差,不保证具有代表性
滚雪球抽样技术	可以分析稀少的特征	耗时

（续）

抽样技术	优　势	劣　势
	概率抽样技术	
简单随机抽样技术	容易理解，结果可以规划	很难构造抽样框架，费用大，精确性低，不保证具有代表性
系统抽样技术	可以增强代表性，不需要抽样框架，比简单随机抽样技术容易实施	可以减小代表性
分层随机抽样技术	包括了所有的调查总体子集，精确	很难选择相关的分层变量，根据多个变量分层是不合理的，费用大
分群随机抽样技术	容易实施，成本较低	不精确，结果很难计算和解释

表 5-12　非概率抽样和概率抽样技术的适用条件分析

因素＼抽样技术	非概率抽样技术	概率抽样技术
研究的特性	探索性研究	结论性研究
抽样与非抽样误差的相对大小	非抽样误差更大	抽样误差更大
调查总体的变化性	同构（变化小）	异构（变化大）
统计上的考虑	不便利	便利
操作上的考虑	便利	不便利

思　考　题

5-1　什么是抽样调查？抽样调查的特点是什么？

5-2　简述抽样调查的适用环境。

5-3　简述抽样设计的流程。

5-4　重复抽样和不重复抽样的区别是什么？

5-5　在概率抽样技术和非概率抽样技术的选择上考虑的主要因素是什么？

5-6　判断抽样技术与配额抽样技术的关系是什么？

5-7　如何应用分层随机抽样技术进行抽样？

5-8　如何应用分群随机抽样技术进行抽样？

5-9　在所有的抽样技术中，哪一种技术成本最低，调查时间最少？该技术的最大限制有哪些？

第六章 网上调查

网上调查是通过网络进行的有系统、有计划和有组织的收集、调查、记录、整理、分析有关产品、劳务、广告及市场等信息，客观地测定及评价、发现各种现象和事实，用以解决市场营销的有关问题，并可作为各项营销决策的依据。对于汽车市场而言，网上调查的范围很广，覆盖汽车市场营销的各个方面，通常主要集中在产品消费、广告效果和顾客满意度等方面的市场调查研究。由于网络的普及，以及其具有的双向互动性、实时性、方便性和准确性等特点，商业目的的网上调查已经在我国蓬勃展开。

第一节 网上调查的特点

网上调查在20世纪90年代开始热门。伴随着浩浩荡荡网民的诞生，网上调查的作用越来越被人们所看好，网民数量的快速增长为网上调查的可行性提供了基础。与传统调查相比，网上调查有其鲜明的特色：自愿性、定向性、及时性、互动性、经济性和匿名性等。因此，它具有传统调查所无法比拟的优势，是符合现代商业节奏和环保意识的理想调查方式。

一、网上调查的优点

网上调查在组织实施、信息采集、信息处理和调查效果等方面具有明显的优势，这些优势正是网上调查方式会产生、运用和发展，并最终取代传统调查方式的内在原因。具体地说，主要有以下几个优点：

（1）更高的效率　由于省略了印刷、邮寄和数据录入过程，问卷的制作、发放及数据的回收速度均得以提高，调查者可以在几个小时内完成问卷并统计结果及报表。例如，在10天之内可以获得5000位受访对象，而通过街头拦访或电话访问要获得同样的样本数量，至少需要2~3倍的时间。其高效率还表现在，收到的信息迅速、及时，几乎与客户的填写是同时的，这对某些时间性较强的调查非常必要。

（2）更准确的统计效能　由于省略了编码录入环节，网上调查减少了数据录入过程中的遗漏与错误，在自动统计软件的配合下，能够用很短的时间完成标准化的统计分析工作。在网络联机状态下，可以使用相应的统计分析软件，提高统计分析的效率，避免了人为的错误，还能对分析软件进行改进和提高，以适应不同的调查和不同的统计分析报告。

（3）良好的接触效果　由于网民都较有规律地查询个人电子邮件，因此网络成为能够准确抓住目标调查对象的有效工具。调查公司可以通过他们掌握的邮件列表，对网络用户进行自愿调查，适当赠送给网络用户一些纪念品是必要的。实践表明，网民大多不反感网上调查方式并且都乐于参与。

（4）较低的成本　网上调查最大的优点是降低了调查实施的附加成本，对于座谈场地、访问场合的要求，均可简单地在网上实现；还能随时更改调查的内容或细节，这在“纸张时代”是做不到的。因为从设计到印刷、到更新用户手中的调查表，是一项相当复杂的工作，在网上却可以轻松实现，而且在视觉效果上比传统调查方式还更能吸引人。互联网的图文及超文本特征可以用来展示产品或介绍服务内容，这都是其他调查方式无法比拟的。

(5) 更广的范围 网上调查不受空间的限制，可以进行区域性的调查，也可以进行全国性的调查，亦可以进行无国界的调查和商业咨询。由于网上调查不受地域和距离限制，可以实施大范围大样本的调查。

(6) 良好的可靠性 网上调查的信息质量具有可靠性，主要表现在三个方面：第一，可在网上调查问卷上附加全面、规范的项目解释，有利于消除因对项目理解不清或调查员解释口径不一致而造成的误差；第二，问卷的复核检验由计算机依据设定的检验条件和控制措施自动实施，可以有效地保证问卷检验的全面性、客观性和公正性；第三，通过被调查者身份验证技术，可以有效防止信息采集过程中的虚假行为。

总之，网上调查与传统调查相比，能够为客户提供领域更广、周期更短、成本更低、精度更高、效果更佳和应用更灵活的市场调查服务。它不仅仅是一种市场调查的方法、技术、手段、工具、形式和平台，而且意味着为客户和汽车市场调查机构创造了新的研究领域和服务模式，因而具有良好的发展前景。

二、网上调查的缺点

由于我国网络用户数量有限，而且汽车市场受网络的支配程度较低，因此，我国汽车市场网上调查的运用仍属于初级的探索阶段。除了以上众多优点，这种方式也存在一些缺点。网上调查的不足之处主要表现在以下几个方面：

(1) 样本代表性对网上调查的制约 网上调查要求研究者和被调查者必须是网上用户，而互联网用户只占我国社会人群中的小部分。虽然随着网络的发展，互联网用户的数量会越来越大，但从调查要求的严格统计学概念来讲，这个人群在很多领域尚不具有样本代表性，网上调查也因此会受到一定的限制。若不顾样本选取的代表性而实施网上调查，得到的结果可能会与实际情况大相径庭。例如，现在需要了解城镇居民购车情况，若运用网上调查了解，城镇居民购车比例极有可能偏高。因为城镇居民包括国家公务员、教师、企业职工、个体经营者和下岗工人等不同层次的居民，而网上用户通常是具有较高的经济收入与文化水平的居民，这部分居民所占城镇居民总数的比例又较低，所以针对网上用户进行调查得到的居民购车比例极有可能高于城镇居民实际购车比例。

(2) 问卷设计的合理性对调查结果影响较大 与传统调查比较，网上调查中，虽然网民通常有较高的表达欲望和合作意向，但调查者在资料的收集中往往沟通较少。如果问卷设计得不合理，网民就不会很好地合作，由此直接影响调查结果的客观性及可信度。因此，网上调查对问卷的设计提出了较高的要求：第一，问卷必须符合调查目的和被调查者实际状况；第二，表述、提问要规范、明确；第三，表格设计要结构合理、项目全面；第四，指标解释要全面细致；第五，问卷要使被调查者感兴趣。就我国目前的情况看，网上调查中使用的问卷还普遍存在不够深入细致、指标解释不够全面以及提问不够规范等问题。

(3) 缺乏激励及监控机制 填写问卷，尤其是过于复杂的问卷，会占用被调查者一定的时间，而目前国内上网费用一般较高，多数网民不愿意在与自己上网目的无关的调查活动中耗费太多时间。如果不采取有效的激励措施，网民的积极性难以得到发挥，其情绪势必影响到其回答问题的真实性、完善性和问卷的回收率。同时，由于网上调查缺乏监控机制，导致难以辨认被调查者身份的真假状况，造成信息欺诈。如果网民个人信息是虚假的，则调查数据不能反映问卷填答者的真实意图。在网上，任何人都可以填写问卷，全是自我决定，网民可能会不负责任地漏答、乱答问题，从而影响数据的收集。另外，随着代理服务器的出现和动态 IP 地址分配技术的发展，会有一些不符合要求的调查者参与或者一个被调查者多次参与的现象。这些都将影响到调查结果的准确性。

(4) 缺少相应的法律及管理规定，存在合法性问题　网上调查是否合法，主要是针对调查的内容和方式而言的。一些调查公司有时会用诸如突袭聊天网民、爆炸式发送电子邮件和窥探网民个人资料等不道德的形式进行网上调查，不尊重个人隐私和企业秘密，从而引起被调查者的极大反感。

(5) 在安全上存在很大风险　还有一个不容忽视的问题是网上调查的安全性问题。如我们所知，在网络上有大量病毒、黑客程序泛滥，例如 CIH 病毒，能在瞬间把整个硬盘的数据全部删除。同时，诸如信用卡账号之类的私人信息的安全性也是有待解决的重要问题。

三、网上调查的改进方法

虽然现阶段网上调查还存在一些问题，但这些问题并非不可解决；相反，我们可以采用一些措施使网上调查最大限度地得到改进。以下是针对上面提出的网上调查最常见问题的几条改进方法：

(1) 多种研究方法相结合　第一指网上调查与网下调查相结合。在一些调查中，往往需要一些在网上调查中无法获取的数据，像中国互联网信息中心发布的第十二次中国互联网络发展状况统计调查报告，因为可以在网上填答问卷的几乎都是网民，所以这样的问题在网上调查中根本不可能获得客观、准确的数据。为解决这样的问题，中国互联网信息中心采用电话调查、面访调查和网上联机调查等网上、网下相结合的调查方式，增大抽样调查的范围，使样本更具有代表性。其次是其他网上研究方法的辅助。其他网上研究方法包括网上文献法、网上观察法等。其中，网上文献包括网上文档、图表和数据库等，比较起网下文献（如图书）来，有容易获得、时效性高和资料丰富等特点。网上观察法类似于网下的实地研究法，如我们要研究网上汽车消费者的心理，仅依靠问卷调查还不够，还需要直接深入到营销活动中，直接与消费者交流。

(2) 选择中立的第三方调查平台　要解决调查平台的选择对网上调查的信度的影响问题，最好的办法是选择中立的第三方调查平台，这样可以保证调查结果的信度（即与在其他第三方调查平台的调查结果并不会有很大的差异）。目前国内已经有几个这样的调查平台了，如新浪网调查，虽然这第三方中立调查平台还存在这样那样的问题，但毕竟是个好的开端。随着社会的发展，越来越多优秀的第三方调查平台会不断诞生。

(3) 获得专业人士的帮助　网络上泛滥着的众多调查会使人产生一种错觉，即任何人都可以设计调查问卷，其实事情没这么简单，调查问卷的设计有它本身的一套设计原则、步骤。没有经过专业的训练，固然也可以出几个问题，但难免会犯问卷设计中的一些常见错误，如概念抽象、问题含糊、问题带倾向性或有歧义等。因此，为避免这种情况，应该聘请专业人士来设计（或者指导、检查）调查问卷。网上调查中的专业人士有两种，一种是汽车调查专业人士，一种是计算机专业人士。另外，一个有经验的技术人员也可以帮助我们有效地避免发生调查数据遗失、系统崩溃和黑客入侵等问题。

(4) 引入有效的激励和监控机制 为提高被调查者的参与意识，可以考虑增加网上调查的趣味性，可以使用动画、声音和图像等伴随调查对象填写问卷的整个过程，避免使其产生厌烦、疲劳感。同时，还应适当减少问题的个数和难度，注意访问语句的处理技巧。

此外，为答谢被调查者的参与，弥补因接受调查而附加到被调查者身上的费用，给予一定的物质奖励是很重要的。这样他们会更乐意回答问题，会提供详细的个人信息和真实想法。最有效的办法是，依身份证编号进行计算机自动抽奖，获奖面可适当大一点，奖品价值尽量小一些，如赠订一定价值的报刊，免费提供相关信息和免费软件等等。

值得注意的是，当调查本身针对性很强时，奖品的设置既要能吸引符合预期被调查者特征的人群，又不会将其他网民吸引过来，尤其要避免调查对象为了获取奖品而多次参与调查的情况。为杜绝一人多答或非法人员的参与，应利用相关软件程序监控重复回答和漏答现象。避免重复回答最有效的办法是限制 IP，即在一定时间内，同一 IP 地址的用户不能再次参与调查；为避免漏答、错答的状况，应该要求调查程序具备自动分析被调查者答题情况的功能。

第二节 网上调查的方法及技巧

一、网上定量研究方法及评价

1. 网上定量研究方法

利用互联网技术进行的定量调查研究，主要有以下几种收集数据的方法：

(1) 网站（页）问卷调查 网站（页）问卷调查是将设计好的问卷放在网站的某个网页上，问卷一般都设计得比较吸引人，而且易于回答。网民可以根据自己的情况决定是否参与调查，方法一般是采用给被调查者发 E-mail 邮件，或以公告形式向被调查者解释该调查的性质、意义并希望他们能够参加。邮件中有与调查问卷的链接，只要点击该链接，浏览器就会打开显示出问卷的相关页码。调查的结果自动进入数据库，便于快速处理。

这种调查方式类似于传统调查中将问卷刊登在报刊杂志上的调查。如果调查者能方便地得到目标群体的名单，网站调查是可以胜任的。例如，进行顾客对某品牌汽车 4S 店满意度调查，若已经拥有该店所有客户的名单及其 E-mail，便可方便地进行相关调查。这种类型调查的缺点主要是主动回答的样本可能不具有代表性，为此需要前期有效的调查设计和对被调查者的一定了解，进行有效“邀请”。

提高这种方式调查的成功率可以从以下几方面入手：第一，给出明确的调查主题（配以醒目的标题和吸引注意力的语言）；第二，合适的指导语；第三，说明调查主持者（机构良好的公信力，具有权威性和公正性）；第四，说明调查给参加者带来的核心利益以及调查的反馈；第五，注意控制问卷的长度以及对参加者进行合理的回报。

(2) 电子邮件调查 电子邮件调查是将问卷直接发送到被调查者的私人电子邮件信箱中，引起被调查者的注意和兴趣，主动地填答并发送回问卷。这种方式的调查需要实现收集目标群体的电子邮件信箱地址作为抽样框，采用随机抽样的方法发放电子邮件，然后再对被调查者使用电子邮件催请回答。在汽车广告调查实施中，调查者透过多媒体技术，可以向被调查者展示包括问卷、图像在内的多种测试工具。在抽样框较为全面的情况下，调查结果可用于推论调查的总体，对汽车网络广告效果、网上汽车消费者消费心理特征等可获得多方面的准确资料。由于这种调查到达面大，因此它是几种网络调查方法中相对最快、最简单的。

但是这种调查有其致命的局限性，即由于电子邮件调查只限于平面文本格式，因此无法实现跳答、随机化和错答检查等较为复杂的问卷设计，而且调查的质量在很大程度上取决于抽样框的完备性和回收率的高低。

(3) 弹出式调查 网民在访问汽车网站的过程中，经常会看到计算机屏幕上弹出来的一个窗口，有时候是公告相关信息，如推出最新服务项目、双方服务承诺或商业广告等，有时候是请网民参与一项调查。若是调查信息，如果网民有兴趣参与，点击相应窗口，则会出现问卷窗口，完成网上问卷后即可在线提交。

网站安装有抽取被访者的软件，可按照一定的方法（如等距、随机或一定比例）自动地抽取被访者。这种调查类似于传统调查中的街头或4S店的拦截式调查，得到的一般也不是真正意义上的随机样本。这种调查可能更适用于了解汽车相关网站使用情况的调查，因为这些网站可能更重视其经常使用者的意见。为了保证一个访问者最多只能填答一次问卷，常采用跟踪文件的方式。

(4) 网上固定样本 网上固定样本是一种将互联网技术与传统调查相结合的方法。通过随机的抽样调查（如电话或入户访问），征募目标总体的一个有代表性的固定样本。样本户可能是网民，也可能不是网民。对不是网民的样本户，可以选择赠送计算机或者提供上网的条件，并对这个样本进行定期的网上调查。这种调查类似于传统调查中的计算机辅助调查的固定样本，不过这种样本一般不用于调查网上行为。如果样本的抽样和征募能够保证质量，这种方式的调查则具有较好的代表性，而且快速、可靠，利用多媒体技术还可以增加参与调查的趣味性。但是建立固定样本所需投入的费用也是相当高的。

2. 网上定量研究的评价

与传统的面访调查，以及比较先进的计算机辅助电话调查和计算机辅助人员面访调查相比，上述四种定量调查具有方便、快速的优点；同时，前三种方法还具有节约费用的优点。但是，除了网上固定样本的方法外，前三种方法需要解决的普遍情况就是样本的代表性、回答者的真实身份和惟一访问者的问题等等。

显然，前三种方法都不是随机抽样，而且回答者完全是主动的。主动回答者的特征可能会与不愿意参加网上调查的调查者有极大的差异，从而造成调查结果的偏差。第四种方法具有传统方法可以利用概率样本对总体进行估计和推断的优点，同时兼有网上调查方便、快速的优点，但是初期的投入是相当高昂的。

二、网上定性研究方法

虽然目前网上作的大多数都是定量的研究，但是不少研究者的实践提示，实际上互联网还是很适用于作定性研究的，而且常常能得到高质量的数据，参加者似乎也很喜欢这种形式的研究。具体来说，网上定性研究主要有以下四种：

(1) 一对一网上深度访谈 这种形式的研究类似传统的深度访谈，一般采用非结构式或半结构式访谈，但不是面访的方式，而是采用电子邮件进行访问，或是利用实时软件通过网上“聊天”的方式进行访问。如果采用电子邮件的方式，还可以同时访问几个人。对于被访者来说，这种访问可以由自己自由掌握回答的时间，而且回答往往可能更深入、更有思考性。

在抽样方法上，一对一网上深度访谈与传统的深度访谈相似，更多地注重研究目的需要而不是样本的代表性，常常要找到具有研究所要求的经历，特别是高层的难征募的有某种经验或特性的、并且愿意接受采访的对象，可以采用传统的方法或通过电子邮件征募。在传统的访谈中，找到充分数量的、多样性的、分布在不同地理位置或不同时间的被访者，并完成访问、记录、整理和分析，往往是十分费时、费钱的。此外，要提供比较安全的、私人的和熟悉的访谈地点有时候也是困难的。而网上的访谈中，在访问者和被访者都具备上网交流条件的前提下，上述传统访谈中的困难大多就不复存在。

当然，网上深度访谈所需的计算机和相应的技能，必定也会限制其在许多领域中的应用。即便被访者具备这些上网的条件，也会有一个时间长度上的限制；而且如果被访者是在办公室、网吧等公共场所上网的话，虽然不出声，但是网上交流的个人信息还有可能被他人觉察到，这些都可能会影响某些潜在被访者的参与。

(2) 小组座谈 是传统的定性研究的重要方法。其主要特点就是强调小组内成员间的互动，通过互动了解参加者想的是什么，为什么这样想，从而使研究者可以接触到参加者的观念、态度和意见等等。

小组座谈从某种意义上可以捕捉到人们意见的形成过程，这使得小组座谈独特于其他的调查或访问方法。小组座谈的主要优点是可以在相对短的时间内，以相对少的费用，收集到大量的、丰富的、详尽的和能洞察人们内心态度的数据。当然，小组座谈会也有其缺点，主要表现在讨论可能过于分散，或差异不够，导致分析困难；参加者中可能有些过于安静不说话，而个别人又过于活跃以致控制了整个讨论的进程；小组座谈会对主持人要求很高，对座谈的环境、地点、时间和设备等方面的要求也很严格，这些条件有时候是难以满足的。

网络技术的发展使得网上小组座谈的实现有了技术上的保证。从方法上考虑，进行小组座谈的关键问题是参加者能否积极地、容易地参与所关心话题的讨论，而网络环境提供了方法改进的机会。

小组座谈一般分为实时小组座谈和延时小组座谈两类。实时小组座谈是同步进行的，参加者同时进入并参加讨论，而且相互间的信息交流是立即展示的。因此，实时小组座谈具有快速、热烈和互动性强等特点。延时小组座谈不需要参加者同时进入讨论，可以在自己方便的时候去回答其他参加者的问题，或提出问题让其他人再作评论。因此，延时小组座谈可以克服各地时差不同、个人参加者击键速度不同的问题，特别是在需要详细的、经过思考的信息时比较适用。网上小组座谈一般多采用 Email 的形式进行，方式之一是小组中每个人的邮件都同时传给其他参加者；方式之二是由一位主持人每天将讨论题目用邮件发给每一位参加者，参加者将意见用 Email 返回主持人，主持人归纳总结后再将新的讨论题发出，如此反复地进行。

小组座谈方法的核心是互动性，而互动性是跟随着小组成员情感上的暴露而产生。小组座谈的成功部分取决于这种感情上的暴露，也就是通过小组座谈能否使成员的部分行为(内隐信息) 得到有效激活和多大程度的激活。

不管是面对面的还是虚拟的小组座谈，参加者个人的情感暴露能够产生很有价值的资料信息。网上座谈中参加者自我暴露的程度受到多方面因素的影响，例如，小组内的和谐与亲善、主持人所给出的讨论话题的性质、主持人想要营造的随意气氛、参加者所使用的上网计算机的所在位置（家、单位、图书馆等）、用户名的安排方式（真实的名、虚拟的名），以及时间的安排方式（实时讨论、非实时的讨论）等等。

（3）观察法　通过观察来研究人类行为所体现和反映的社会意义，是定性研究者常用的方法之一。观察法的主要优点在于，关于人类行为的信息可以直接地记录下来，而不必依赖于其他人的回忆或事先的考虑；观察者有可能从平常、熟悉的环境或行为中，看到不寻常的东西或特点；如果长期观察，还可能找到一些模式或规律，并有可能得到一些通常难于接触的人的信息（如忙人、怪人和有敌意的人等）。

在互联网的环境中，研究者感兴趣的观察领域有四个：非语言的行为（如身体语言，特别是面部表情）；空间行为（如与物理接近和距离有关的问题）；语言行为（如说了什么和怎样说的）；其他语言行为（如说话的速度、声音的大小、中断的倾向和说话的口音等等）。利用目前的技术，通过观察法在网上现实可以重点放在语言行为上。

虽然研究者与被观察者相互看不见、听不到，但是研究者也有可能观察到一些“电子派生语言”中所表现出来的非语言行为或其他语言行为等。例如，一些表示情绪的特殊的字串、符号，表示语调或强调口气的字词、字母等。

（4）文献资料分析　定性调查者常常希望从被调查者的一些个人资料中，补充和加深他们对所研究问题或现象的理解。这些个人资料主要包括：记录每天活动或时间的日记或日志、个人的传记或自传等。收集这些资料的方法有恳求式的和非恳求式的两种文献资料征集方式。

恳求式的征集是直接向被调查者提出征集请示，希望他们能提供相关内容的自传资料或日记式记录的资料。这类资料由于内容丰富、具体和生动，具有很好的参考价值。与传统的文献资料分析法相比，网上征集的方法也需要面对寻求参加者的合作和使之愿意维持合作的问题。但是网上的方法具有一些传统方法所没有的优势，如可能更快地征集到更大范围、更多地点的文献资料；更重要的是，与直接和人交谈相比，使用计算机的人们常常更愿意与计算机屏幕“相互倾诉”，人—机交互可以使得人们更容易投射他们的思想和感受。

非恳求式的征集是通过各种可能的手段去收集有关的资料，传统的文献资料研究主要通过图书馆、档案馆和个人收藏品等来收集资料。与传统的方法相比，虽然网上的资料（如个人信件）保存时间短，但是互联网提供了在众多公共网站上寻找有关资料的极好条件。利用现有的网络技术，有可能搜索到各处许多相关的甚至是保密的资料，不过网上资料的可靠性和真实性问题也同样存在。

三、网上调查技巧

网上调查在实际操作中应注意以下几点技巧性问题：

（1）选好相关主题　以接受零点网上调查系统访问的群体为例，21～26岁年龄段较多，而在20岁以下年龄段者较少，该网上调查更多地反映的是21～35岁网民的意见。在每次调查中，女性网民稳定地占有25%的比例。可以看出，网上主动浏览访问不仅与访问者个人兴趣有着明显的相关性，而且不同主题可以获得不同群体的参与。零点搜狐最近的调查还发现，有近90%的网民对网上调查这种形式是比较欢迎和支持的。

（2）选择的主题要具有娱乐性和趣味性　即便所调查客户对本企业的汽车产品十分熟

悉，调查者也应该注意娱乐性和趣味性。2004 年 6 月的车展期间，《成功营销》杂志、新浪网和新华信市场研究咨询有限公司联合推出“最具人气汽车色彩”有奖调查活动。点击参与的客户就可获得心动的礼物，如一等奖可获得精美车模一款；二等奖可获得 2004 年前半年《成功营销》杂志；三等奖的奖品是精美小礼品；参与奖的奖品则是《成功营销》杂志 2004 年第 7 期。新颖别致的调查方式让人感觉妙趣横生，兴致盎然，自然能去积极参与。

(3) 调查的题目数量要适当　由于上网者要花费一定的时间和费用，而且回答与否全凭自愿，因此，网上调查除了要求主题具有娱乐性、趣味性以外，调查题目数量的多少也影响到上网者是否能够完整地答完全部问题。不同年龄及职业的回答者的态度存在着较大的差别，20 岁以下的年轻人常希望题目少些，而从事企业管理工作的回答者却希望题目不要太少。

第三节　网上调查的内容

一、信息的收集

1. 收集竞争者的信息

商场如战场，知己知彼方能百战不殆。互联网作为信息汇集点，在互联网上识别出竞争者、分析竞争者，对企业采用正确的营销战略来说是关键的起点。

一般在市场竞争中，有三个层次的竞争者：领导者、挑战追随者和补充者。领导者在竞争中处于领先地位，关注的是行业内外的有潜在威胁的新出现事物，以保持自身的竞争优势。因此，领导者的竞争对象不仅来自行业内部，还必须关注相关行业的威胁，利用互联网收集信息时，应扩大收集范围。挑战追随者主要是跟踪领导者，在学习和模仿领导者的基础上，寻找机会成为新的领导者。因此，挑战追随者的竞争对象主要是领导者和成长型的补充者，利用互联网的主要目的还是收集领导者信息。补充者则由于力量较弱，不可能直接参与对抗竞争。因此，补充者的竞争对象领导者和挑战追随者，利用互联网主要收集被他们忽视或不重视的信息，从而寻找市场机会。

(1) 收集互联网上竞争者信息　收集互联网上竞争者信息的途径，主要有以下几种：

1) 访问竞争者网站。领导型的企业由于竞争需要，一般都会设立自己独立的网站。我国一些大型汽车企业也都纷纷设立网站，如上海大众公司、北京现代公司等，这也是挑战追随者获取其竞争者信息最好的途径。

2) 收集竞争者网上发布的信息，如产品信息、促销信息、招聘信息及电子出版物，最好的办法是成为竞争者顾客中的一员。

3) 从其他网上媒体获取竞争者信息，如通过汽车网站：新浪汽车网（http://auto.sina.com.cn/）、搜狐汽车网（http://auto.sohu.com/）和汽车之友网（http://www.autofan.com.cn/）等获取信息。

4) 从有关新闻组和 BBS 中获取竞争信息，如微软公司为提防 Linux 对其操作系统 Windows 的挑战，就经常访问有关 Linux 的 BBS 和新闻组站点，以获取最新资料。调查发现，微软公司居然是 Linux 的 BBS 站点访问次数最多的。

(2) 收集互联网上竞争者信息的基本步骤

1）识别竞争者。寻找网上竞争对手的最好方法，是在全球最好的几大导航网站中查找。查找前，首要任务是确定查询用的关键词，一般要确定5~10个关键词或关键词组。确定关键词要考虑以下因素：在网上开展的业务的性质，一般的浏览者在网上查找这类业务时常用的关键词等。在上述8大导航站点上分别检索后会得到大量的结果；而由于时间和精力的限制，我们不可能将所有的站点都看一遍，所以可根据以下两个因素来选择：第一，审看每条检索结果的描述；第二，只审看前十名或二十名站点。

2）选择收集信息的途径。由于互联网上的信息易于获取，因此收集信息必须有选择性。领导者可选择一些公众性媒体收集信息，如网上报纸和参与BBS与新闻组讨论，这样便于发现潜在威胁者和最新竞争动态，然后有针对性地访问其挑战者的网站并了解其发展状况，以作好应战准备；挑战追随者主要是选择访问领导者的网站和扮作领导者的顾客收集其信息，同时以一些公众性网上媒体为辅助；补充者可能限于资金等因素，主要通过访问竞争者网站了解竞争动态。

3）建立有效的信息分析处理体系。收集信息后必须能有效处理收集来的信息，否则信息再多也都成了“垃圾”。对信息的收集与处理最好是由专人完成，要分类管理，并用数据库将信息组织管理，以备将来查询使用。

2. 收集市场行情

汽车企业收集市场行情资料，主要是收集产品价格变动、供求变化。收集信息时，通过搜索引擎找出所需要的商情信息网站点地址，访问该站点，登记注册。某些站点可能会收费，汽车企业可以根据需要信息的重要性和可靠性选择是否考虑收费信息网。在商情信息网站点获取需要的信息时，一般要用站点提供的搜索工具进行查找，查找方法与搜索引擎基本类似。一般说来，不同商情信息网的侧重点不一样，最好是能同时访问若干家相关但不完全相同的站点，以求找出最新、全面的市场行情。

3. 了解消费者偏好

了解消费者偏好也就是收集消费者的个性特征，为企业细分市场和寻求市场机会提供基础。由于网上的信息开放性，网上用户一般都比较注意保护个人隐私信息，因此直接获取消费者涉及个人隐私的信息是非常困难的，必须注意一定的技巧，从侧面通过关联或测试来了解。在进行网上问卷调查时，一定要注意网上礼仪，尊重消费者的个人隐私权，否则很难得到正确而有效的调查结论。

在利用互联网了解消费者偏好时，首先是要识别消费者个人特征，如地址、年龄、Email和职业等。为避免重复统计，一般在对已经统计过的访问者，在其计算机上放置一个Cookie，由它记录下访问者的编号和个性特征。这样既可以方便消费者下次接受调查时可以不用填写重复信息，也可以减少对同一访问者重复调查。另外一种办法是，采用奖励或赠送的办法，吸引访问者登记和填写个人情况表，以获取消费者个性特征。

其次，在对消费者调查一些敏感信息时，应注意一些技巧，如想知道消费者的个人收入情况，可以通过了解消费者所在地区的邮政编码和他的职业这些不敏感信息，然后根据邮政编码来了解当地收入水平，并根据其职业划分其收入水平档次，同样达到了调查目的，但又不会引起消费者的抵触情绪。

同时，还可以通过网页统计的方法，了解消费者对汽车企业站点感兴趣的内容。现在的统计软件可以如实记录下每个访问网页的IP地址、如何找到该页等信息。根据这些信息，可以判定消费者感兴趣的内容是什么，注意的问题是什么。当然，仅仅根据这些信息还是不够的，还需要用更多更新颖、先进的手段来进行调查。

4. 了解市场的政治、法律、文化、地理环境信息

汽车企业仅仅了解一些与其紧密关联的信息是不够的，特别是在作重大决策时，还必须了解一些政治、法律、文化、地理环境等信息，有助于汽车企业从全局高度综合考虑市场变化因素，寻求市场商机。互联网作为信息海洋，在网上基本都可以了解到上述信息，关键是寻找到有用的信息。

对于政治信息，一般可以从一些政府网站，即以 . GOV 作为最高域名的网站，如中国科学技术部网站（http：//www. most. gov. cn/）和一些 ICP 站点中的新闻查找（如新浪网 http：//www. sina. com. cn/）。

法律、文化和地理环境信息属于知识性的，可以通过查找一些图书馆中有关电子版书籍获取信息。查找时，先利用搜索引擎找出图书馆的站点，然后通过图书馆站点的搜索功能查找有关信息。

5. 收集网上二手资料

传统的获取二手资料的方法一般概括为文献资料筛选法、报刊剪辑法和情报联络网法等，这些方法的共同特点就是从汽车企业内部和外部收集对项目研究有用的现成资料。近几年来，随着网络的日益普及，越来越多的企业都有自己的网站，企业信息都在网上公布，同时网上信息咨询机构也不断涌现出来，所以二手资料的收集也变得非常容易。当我们使用传统的方法收集二手资料时，常常会因为众多的资料来源而感到困惑。但随着电子网络的日益普及，其应用的范围越来越广，为解决这个问题提供了条件。同时，许多大公司也正将目光集中在电子网络上，出现了各种类型的数据库、信息银行，为调查资料的收集提供了很大的方便。

二、网上调查的程序

网上调查必须以企业网站和公共网站为技术平台，调查程序随调查课题的难易度不同而有所不同。从产品消费、广告效果测试等网上调查来看，其一般程序如下：

（1）确定网上调查的课题　即明确网上调查的课题是什么，应研究解决什么样的决策问题，应收集哪些信息（原始资料和现成资料）才能满足决策的信息需求。

（2）确定网上调查的对象　网上调查对象一般有产品消费者、企业的竞争者与合作者，以及行业管理者和政府机构（宏观调控者）。应根据决策的信息需求，确定向谁作网上调查。此外，对产品消费者进行网上调查，还应明确必要的样本量，以便于网上调查能控制受访者的数量。

（3）决定网上调查的方法　即根据调查的目的要求和调查对象的特点，决定网上调查的具体方法及其组合运用。例如，对汽车产品消费调查可采用站点法、电子邮件法或在线访谈等方法收集资料；对竞争者、汽车行业管理者等，可采用搜索引擎收集有关的现成资料。

（4）问卷设计　问卷或调查表是网上调查的重要载体，网页问卷设计对网上调查的质量有着十分重要的影响。为此，应围绕问卷内容、问卷措辞、问卷篇幅、页面显示方式、填答方式和视觉要素等方面认真作好设计，特别应考虑被调查者参与调查的兴趣度、满意度和难易度，以提高应答率。

(5) 上网调查 问卷设计之后，则可上网发布或以电子邮件的方式将问卷传至受访者，或将问卷置于网站中供受访者自行填答传回。在网上问卷调查的同时，网络调查员亦可同时进行引擎搜索，以收集竞争者、合作者的相关资料，行业资料和社会、经济、政策和法规等宏观环境资料。网上调查是调查者与被调查者进行社会互动的过程，也是一种人机互动的过程。

(6) 数据处理 包括问卷的复核检验、被调查者身份验证、数据的分类与汇总，以及统计图表的生成等，一般由计算机根据设定的软件程序和控制条件自动完成。因此，数据处理应注意开发或利用有关的统计软件，同时应注意只有当样本量达到预先设定的要求后，方可结束调查，进行数据处理。

(7) 分析研究 是对网上调查获得的数据和相关资料进行对比研究，通过深度开发，得出调查结论和有重要价值的启示，亦可展开对策研究。分析研究的最终成果一般用调查报告来反映。

三、网上调查实务

(1) 网上调查问卷的设计 采用网上问卷调查时，问卷设计的质量直接影响到调查效果。设计不合理的网上调查问卷，网民可能拒绝参与调查，更谈不上调查效果了。因此，在设计问卷时，除了遵循一般问卷设计中的一些要求外，还应该注意下面几点：

1) 在网上调查问卷中附加多媒体背景资料。

2) 注意特征标志的重要作用。

3) 进行选择性调查。

4) 注意问卷的合理性。在问卷中设置合理数量的问题和控制填写问卷时间，有助于提高问卷的完整性和有效性。

5) 注意保护调查对象的个人隐私。

(2) 网上直接调查注意的问题

1) 注意信息采集的质量检控。对采集信息实施质量检控，可以采用“IP + 若干特征标志”的办法作为判断被调查者填表次数惟一性的检验条件。同时，在指标体系中，所有可以肯定的逻辑关系和数量关系都应充分利用，列入质量检控程序。

2) 答谢被调查者。给予被调查者适当的奖励和答谢，对于网上调查来说是十分必要的。这既有利于调动网上用户参与网上调查的积极性，又可以弥补因接受调查而附加到被调查者身上的费用（如网络使用费、市内电话费等）。

3) 了解市场需求。设想您就是顾客，从他的角度来了解客户需求。您的调查对象可能是产品直接的购买者、提议者和使用者，对他们进行具体的角色分析。

4) 网上直接调查的局限性。如果是有关具体汽车产品时，往往采用详细调查的方式。详细调查针对小的客户群体，调查时需要面对面进行访谈，得到的信息更准确，调查结果包含的多是“为什么”的问题，因此目前还不适合用网上调查方法。

(3) 网上直接调查的技术 网上调查的实施涉及到超文本、电子邮件、网上视讯会议、模糊归类、网上用户身份检验、随机 IP 自动拨叫、数据接口、Java、ActiveX 或 Java script 等计算机和网络技术。因此，汽车企业应有一些专业的计算机人员来负责网上调查的技术问题。

思 考 题

6-1 网上调查有什么优缺点？

6-2 网上定量调查方法有哪几种？各有什么特点？

6-3 网上定性调查方法有哪几种？分别有什么特点？

6-4 网上调查应该注意哪些技巧性方法？

6-5 网上调查有哪些内容？

第七章　问 卷 调 查

问卷调查是汽车企业进行实地调查，收集第一手市场资料的最基本工具。在现实的汽车市场调查活动中，汽车市场调查的内容是非常丰富的，人们不仅要了解市场潜量、市场需求规模等方面的市场调查总体的数量特征，还要了解产生各种购买行为的动机、态度等方面的心理特征信息。问卷调查法为有效地收集和测定这些方面的市场特征资料提供了良好的技术手段，所以在汽车市场调查活动中被普遍地运用。

问卷设计是市场调查中必不可少的关键环节，对调查数据的质量乃至分析结论都有重要的影响。问卷设计中的缺陷不仅会影响市场调查其他环节的顺利开展，甚至可能导致整个调查研究项目的失败。因此，科学、严谨和周密的问卷设计，是保证市场调查工作取得成功、调查分析结论具有较高价值的重要基础。要设计出一份优秀的问卷，设计者一方面需要具备广博的知识；另一方面还应注意遵循问卷设计的必要程序和原则，掌握问卷设计的基本技巧。

第一节　问卷调查的要求与程序

一、问卷调查的特点及作用

问卷是一组与市场调查目标有关的问题，或者说是一份根据市场调查主题而编制的相关问题的表格，所以也被称为调查表。市场调查问卷是收集市场信息的工具，是一份精心设计的调查提纲，是一套印刷在纸上的问答题目。采用问卷进行市场调查是国际通行的一种作业方式，也是我国近年来最流行的一种调查手段。现代市场调查问卷最基本的特征，主要表现在以下几个方面：

(1) 问卷主题突出　现代市场调查问卷重点突出、紧凑，没有多余的问题；问卷把调查主题分解为不同的类别和细目，每个问题的询问形式都具体、清楚，问题之间既不重复，又相互关联。一个好的市场调查就是一个完整的理论体系。

(2) 问卷形式多样　现代市场调查问卷大都采用封闭式问题设计，列出完备的可能答案，尽可能让被调查者少写字。这样既可提高调查效率，又可使回答者采取配合的态度。在需要回答者书写时，除留有足够的空间外，还经常采取图文并茂的提问方式，以提高回答者的兴趣。

(3) 问卷用语准确规范　现代市场调查问卷充分尊重被调查者的社会阶层、行为规范等社会文化特征，采取过滤性问题设计技术，使回答者感到问题的提法有礼貌、不唐突和便于回答。此外，在问题顺序排列上，注意到时间、类别顺序等，使之尽量符合回答者的思维习惯。

(4) 问卷设计严密　现代市场调查问卷的测量精度高，在可能的情况下尽量采用较高级别的测量尺度，获得较多的信息，以便于以后的统计分析。

(5) 问卷编码规范　现代市场调查问卷多采用前编码技术，设计题目与编码同步进行，使问卷所载信息易于整理和统计。

问卷调查是根据统一设计好的问卷，向被调查者收集关于市场需求方面的事实、意见、动机和行为等情况的一种间接的、书面的和标准化的调查方法。问卷在市场调查中的作用如下：

1）提供标准化的数据收集程序。

2）是访问员了解应答者信息的工具。

3）提供委托方管理决策所需的信息。

4）将研究目标转化为具体的问题。

制作一份优秀的问卷，既需要努力的工作，也需要有创造力。如果问卷设计得不好，那么所有精心制作的抽样计划、训练有素的访问人员、合理的数据分析和良好的编辑和编码都将徒然无用。不科学的、不规范的问卷设计，将导致不完全的信息、不准确的数据以及不必要的高成本。

在市场调查中采用问卷法收集资料的优点如下：

1）问卷调查的范围十分广泛，包括两个方面的含义：第一，问卷调查收集的问题所涉及的范围比较广泛；第二，问卷调查对象的范围十分广泛。

2）问卷调查的匿名性强。

3）问卷调查的费用省。

4）问卷调查易于对统计资料进行统一的处理和分析。

二、问卷调查的种类

问卷的类型，可以从不同角度进行划分。

（1）按问卷的传递方式划分

1）报刊问卷，是随着报刊传递分发的问卷，报刊的读者对调查问卷作出回答，并按照规定的时间将问卷通过邮局寄回报刊编辑部的方式。

2）邮政问卷，是调查者通过邮局向选定的被调查者寄发的问卷，被调查者按照问卷要求进行填写，并通过邮局寄还给调查者的方式。

3）送发问卷，是市场调查人员直接将调查问卷发送到选定的被调查者手中，待被调查者填写完毕后，再派专人收回问卷的方式。

4）访问问卷，是由市场调查人员按照统一设计的问卷，向被调查者当面提出问题，然后再由调查者根据被调查者的口头回答来填写问卷的一种调查方式。

5）网上问卷。近年来，网上问卷调查是市场调查人员经常采用的方法。它是将设计好的调查问卷通过各种网络传递给被调查者，被调查者通过点击来回答网上问卷的问题，调查者通过设计好的程序来统计网上问卷的调查结果。

（2）按问卷调查的填写人划分

1）自填问卷，是由被调查者自己回答并填写的调查问卷，如报刊问卷、邮政问卷和送发问卷，均属于自填问卷。自填问卷是问卷调查的主要形式。

2）代填问卷，是由调查者代替被调查者填写的问卷，如访问问卷。

（3）按研究课题性质和目的划分

1）无结构型问卷，又称为开放式问卷。它的特点是在问题的设置和安排上，没有严格的结构形式，只是围绕研究目的提出若干问题，被调查者可以依据本人的意愿作自由的回答。无结构型问卷一般较少作为单独的问卷进行使用，往往是在对某些问题需要作进一步深入的调查时，和结构型问卷结合使用。通过无结构型问卷，我们可以收集到范围较广泛的资料，可以深入发现某些特殊的问题，探询到某些特殊被调查者的特殊意见，也可以获得某项研究的补充和验证资料。有时候调查者可以根据被调查者的反应，形成另一个新问题，作进一步的调查，使调查者与被调查者之间形成交流，使得研究更为深入。

对于文化程度不高、文字表达有一定困难的被调查者，不宜采用无结构型问卷进行调查，而且问卷所收集到的资料也难以数量化，难以进行统计分析。调查者需要具有较高的研究分析能力，才可能从回收的问卷中作出判断和分析。因此，这类问卷多适合于较小规模的深层次访谈调查。

2）结构型问卷，又称为封闭式问卷。它的特点是问题的设置和安排具有结构化形式，问卷中提供有限量的答案，被调查者只能选择作答。结构型问卷中的问题要有一定数量，而且问卷的设计要有一定的结构，即要求按一定的方式和顺序进行安排。调查者要绝对遵从要求提问，不能任意变动问题和字句，更不能删减或添加问题。

由于结构型问卷已设置了有限的答案供被调查者选择作答，因此它适用于广泛的、不同阶层的调查对象，同时有利于控制和确定研究变量之间的关系，易于量化和进行数据的统计处理。但是，正因为是限制性的选答，所以通过回收的问卷也难以发现特殊的问题，难以获得较深入、详尽的资料。因此，通常在结构型问卷为主的情况下，可以加入一两个无结构型问题，两种类型的问卷结合使用可以获得较好的效果。

三、问卷调查的基本程序

一般而言，问卷调查往往是某一项市场调查主题的一个组成部分，确切地说，它仅仅是市场调查全过程中的一种实地调查方法。因此，当我们设计问卷调查的基本流程时，应该将其作为一项市场调查大系统中的子系统来考虑，如图 7-1 所示。

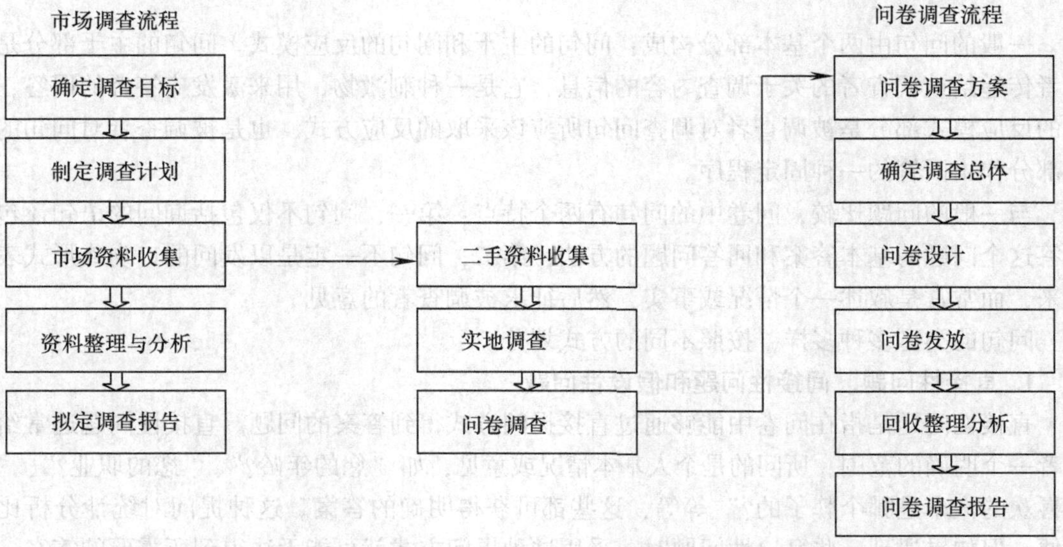

图 7-1　问卷调查的基本程序

从图 7-1 中可以看出，问卷调查在整个市场调查过程中起着关键的作用，这个阶段主要是全面广泛地收集与调查活动有关的信息资料。具体流程如下：

1）确定问卷调查方案。在明确市场调查主题的基础上，进一步明确问卷调查的主题，从而制定合理的问卷调查方案，保证问卷调查能够获得可靠有效的资料。

2）确定调查总体。一般可以从地区上确定市场调查的区域范围，从商品使用对象上确定调查的群体范围。

3）问卷设计。这是一项相当复杂的工作，问卷设计的好坏直接关系到调查的成功与否，具体内容详见本章第三节。

4）问卷发放。在实施问卷调查时，调查者必须严格按照要求调查，通过既定的抽样方案选择样本，不得擅自更改抽样条件。此外，调查者在填写问卷时，必须保持中立态度，忠实而准确地记录被调查者的答案。问卷是市场调查人员精心设计和测试的，问卷中的每个问题及措辞都有着特定的理由，因此调查者必须根据问卷的要求对被调查者进行访问，不得任意删改问卷。

5）回收整理分析。在回收问卷时，一定要设法发掘没有按照指定方法调查，或以不正确方式调查的问卷。回收问卷后，调查者要将收集到的市场信息资料进行整理分析，对资料进行初步加工。

6）提交问卷调查报告。问卷调查的最后一个步骤是提交问卷调查报告，将问卷调查的结果以书面的形式表达出来，成为市场调查所需要的资料。

第二节　问句设计技术

问句是一份调查问卷的基本构成要素，问卷调查目的和调查项目基本上靠问句来反映。因此，问卷设计的核心内容是对问句的设计。

一、问句的构成与种类

一般的问句由两个基本部分构成：问句的主干和问句的反应模式。问句的主干部分是调查者传递给被调查者的关于调查内容的信息，它是一种刺激物，用来激发应答者的回答；问句的反应模式部分是被调查者对调查问句所应该采取的反应方式，也是被调查者对问句的主干部分作出回答的一种固定程序。

与一般的问题比较，问卷中的问句有两个特点：第一，问句不仅包括询问的语句还包括回答这个问题的基本答案和回答问题的方法；第二，问句不一定是以发问的口吻或形式表现出来，而常常是叙述一个情况或事实，然后征求被调查者的意见。

问句的类型多种多样，按照不同的方式划分。

1. 直接性问题、间接性问题和假设性问题

直接性问题是指在问卷中能够通过直接提问方式得到答案的问题。直接性问题通常给回答者一个明确的范围，所问的是个人基本情况或意见，如“您的年龄?”、“您的职业?”、“您最喜欢的汽车是哪个牌子的?”等等，这些都可获得明确的答案。这种提问对统计分析比较方便，但如果遇到一些窘迫性问题时，采用这种提问方式就可能无法得到所需要的答案。

间接性问题是指那些不宜于直接回答，而采用间接地提问方式得到所需答案的问题，通

常是指那些被调查者因对所需回答的问题产生顾虑，不敢或不愿真实地表达意见的问题。采用间接回答方式，能排除调查者和被调查者之间的某些障碍，使被调查者有可能对已得到的结论提出自己不加掩饰的意见。

假设性问题是通过假设某一情景或现象存在而向被调查者提出的问题。例如，“有人认为目前的汽车杂志过多、过杂，您的看法如何?”，“如果在购买汽车和住宅中您只能选择一种，您可能会选择何种?”这些语句都属于假设性提问。

2. 开放性问题和封闭性问题

(1) 开放性问题　是指所提出的问题并不列出所有可能的答案，而是由被调查者自由作答的问题。例如，“您认为您使用轿车的原因是什么?”、“哪种颜色的品牌轿车是您最喜欢的?”这种开放式问题的优点是：被调查者可以充分自由地按照自己的想法和方式回答问题和发表意见，不受任何限制，有利于发挥被调查者的主动性和想象力。被调查者在回答问题时，一般使用的是生活语言而非营销术语，这样有助于者如广告主题和促销活动的设计，使文案的创作更接近于生活语言。因此，开放式问题特别适合于那些潜在答案很多或者比较复杂或者尚未弄清各种可能答案的问题。当然，开放式问题也存在它的缺点，一方面会造成调查偏差等问题。如果被调查者的性格内向或表达能力不强或者准备不够充分，他们往往会放弃回答或者答非所问，使问卷的回收率和有效率降低。另一方面，开放性问题在编辑和编码方面费时、费力；由于被调查者提供答案的想法和角度不同，对答案分类时往往会出现困难；如果使用了太多的类别，各种类别的频次可能很少，从而使解释变得困难；如果类别太少，回答都集中在几个类别上，信息又变得太一般，重要的意思就会丢失，造成难于进行整理和定量分析。

(2) 封闭性问题　是指已事先设计了各种可能答案的问题，被调查者只要或只能从中选定一个或几个现成答案的提问方式。封闭性问题由于答案标准化，不仅回答方便，而且易于进行各种统计处理和分析，利于提高问卷的回收率和有效率。但缺点是被调查者只能在规定的范围内被迫回答，无法反映其他各种有目的的、真实的想法。同时，封闭性问题的设计比较困难，调查者必须花许多时间想出一系列可能的答案，并且一旦设计有缺陷，被调查者就可能无法正确回答问题，从而影响调查质量。

3. 事实性问题、行为性问题、动机性问题和态度性问题

(1) 事实性问题　是要求被调查者回答一些有关事实性的问题。例如，“您喜欢什么品牌的汽车?”这类问题的主要目的是为了获得有关事实性资料。因此，问题的意见必须清楚，使被调查者容易理解并回答。通常在一份问卷的开头和结尾都要求被调查者填写其个人资料，如职业、年龄、收入、家庭状况、教育程度和居住条件等，这些问题均为事实性问题。对此类问题进行调查，可为分类统计和分析提供资料。

(2) 行为性问题　是对被调查者的行为特征进行调查。例如，“您是否拥有自己的汽车?”，“您是否去过机动车交易市场?”。

(3) 动机性问题　是为了了解被调查者行为的原因或动机。例如，“您为什么要购买越野车?”等。在提动机性问题时，应注意人们的行为可以是有意识动机，也可以是半意识动机或无意识动机产生的。对于前者，有时会因种种原因不愿真实回答；对于后两者，因被调查者对自己的动机不十分清楚，也会造成回答的困难。

(4) 态度性问题　是关于对被调查者的态度、评价和意见等问题。例如，“您是否喜欢

XX 牌子的轿车?”等等。

4. 其他问句的类型

按解决问题的功能不同，问句又可分为如下几种：

(1) 过滤性问句　其功能在于，利用它可以筛选掉那些不适于回答后续问题的被调查者。例如，我们欲了解被调查者对某一款新车的看法，就必须通过一项或一系列的过滤性问句来筛选掉那些对这种车根本就不感兴趣的人。

(2) 提问式问句　大部分的问句都属于提问式问句，它的功能在于向被调查者提出关于事实、态度和意见等方面的问题，要求被调查者直接回答。提问式问句，一般是一问一答，不需要被调查者进行过多的思考，被调查者也没有什么心理的压力。

(3) 探求式问句　其基本功能在于追问。它往往是在提问式的问句后面追加的一个问句，目的是要求被调查者在其前面回答的基础上，对其答案进行进一步的说明。

(4) 强度式问句　往往是在对被调查者进行态度测量时，为了探测被调查者对自己态度的肯定程度而设计的问句。它可以帮助调查者分析问卷测量表的强度。

(5) 核实式问句　这类问句的功能在于测量被调查者前面问题回答的真实性。

以上是从不同的角度对各种问题所作的分类。应该注意的是，在实际调查中，几种类型的问题往往是结合使用的。在同一个问卷中，既有开放性问题，也有封闭性问题；甚至同一个问题中，也可将开放性问题与封闭性问题结合起来，组成结构型问题。例如，“您家里目前有汽车吗?(有/无) 若有，是什么牌子的?”。同样，事实性问题既可采取直接提问方式，对于被调查者不愿直接回答的问题，也可以采取间接提问方式。问卷设计者可以根据具体情况选择不同的提问方式。

二、问句的筛选

设计问题的初期，只能围绕着调查目标概括地列举一定数量的问题，最后进入问卷的问题数量应该足够多，但是过多的问题又不利于调查的开展。这就要求调查者对每个问题仔细斟酌筛选，直到每个问题都是必要的、可行的。在进行问题筛选时，调查者应考虑如下几个方面：

(1) 问题本身的必要性　最终使用的问题都应该是必要的、有用的，不必要的问题应该舍弃。调查者在考虑某个问题是否必要时，主要应参照所研究的问题和调查目标，参照其他提问的内容。例如，一项对某品牌汽车售后服务的调查，问卷中若有如下问题“您有车吗?”就会不妥，因为现在研究的是对某固定品牌汽车售后服务的调查，只与该品牌的消费者有关，没有必要涉及其他消费者。若改为“您家中的车是 XX 品牌的吗?”就较为合适。

(2) 问题细分的必要性　问句的筛选过程包括增加和减少问题两个方面。有时，将一个问题分割成两个或几个问题可能更有利于获取确切的信息。例如，对家中拥有某品牌汽车的家庭只询问：“您为什么使用 XX 汽车?”就显得过于简单。因为这时有人可能回答：“因为它外形美观，油耗小”；也有人可能回答：“广告和朋友都说好”。显然，这两个回答是从不同角度考虑回答的。若将问题分解为如下两个：“您购买 XX 牌汽车的目的是什么?”“您购买 XX 牌汽车的促动因素是什么?”就会更有针对性。

(3) 被调查者是否掌握所问信息　对于被调查者是否掌握所问的信息，调查者在调查前就应有一个基本的估计。如果多数被调查者对所询问的信息基本不了解或不清楚，这类问题就不要保留；否则，据此获取的信息会有很大的误差。

(4) 被调查者是否提供所问信息　有时候被调查者拥有信息但却不愿意提供给调查者，究其原因主要有三种情况：一是问题敏感而不愿意回答；二是缺乏回答问题的能力；三是所设计的问题回答起来很麻烦。对于敏感问题，一般人都不愿意正面回答，因此调查者最好不要在问卷中涉及这些问题，如果实在需要问也要讲究技巧和策略。对于缺乏回答问题的能力，一般有两种情况：或者回答者素质较低，或者问题过于专业化。设计专业化的问题就要考虑被调查者的回答能力。例如，调查消费者喜欢什么样的汽车，如果要求被调查者用语言文字描述，除了内行人外，其他多数人都不一定能够回答清楚。这时候，可以提供一些汽车资料或者图片让被调查者说喜欢哪一种，喜欢什么地方。这三种原因中的第三种情况在问卷设计中也经常遇到，在问题设计时尤其要注意。一般来说，如果设计的问题需要用数值来回答，而且又需要被调查者算来算去才能得到答案的，最好就不要提；否则多数人会嫌麻烦而放弃回答或者随便给一个不准确的答案，这样就会造成调查的偏差。如果问卷中必须存在这样的问题，那么调查者应该选择一个有利的设计法。

三、问句的排序

一份调查问卷含有许多个问题，如何将这些不同类型的问题进行合理的编排，是问卷设计的另一个重要问题。调查者在设计问卷时，应站在被调查者的角度，顺应被调查者的思维习惯，使问题容易回答。一般来说，问句的排序应遵循两条基本原则：一是便于被调查者顺利地回答问题；二是便于调查者对调查结果资料的整理。因此，安排问句顺序的基本规则有以下几个方面：

(1) 按问句的逻辑关系排列　问句的排序，首先应考虑问句的类别。如果一份调查问卷调查的内容涉及几个方面的问题，则应该根据这些问题对问句进行分类，并将相同类别的问句排列在一起；也可以用分类标题将同类问句集中在一起。问卷设计者应该根据各大类问题之间的逻辑关系，决定先安排哪一类问题，然后按顺序安排另一类问题。这样有利于被调查者按照一定的思绪，顺序地回答问题，而不至于因为跳跃式的回答而中断思路。

(2) 按问句的深浅程度排队　在各类问题上，对具体问句的排列一般应考虑到问卷本身的深浅度。在问句的排序上，应是先易后难，由浅入深。具体地说，应该先事实性问句，后态度性问句和原因性问句；先一般性问句，后感情性和敏感性问句；先简单问句，后复杂性问句；先封闭型问句，后开放性问句。即调查者先向被调查者提出一些一般的问题，然后随着问题逐渐地被引向深入，提问也聚焦到非常具体和非常关键的问题上。但是对关键性和敏感性问题不能提得过多，以免引起被调查者的反感。

(3) 按问句所反映的时间顺序排队　如果问句的设计涉及到调查项目的时间，则应该按照时间的先后顺序对问句进行排队。具体排列的顺序，可以按顺时排列，也可以按非顺时排列。例如，既可以是：过去——现在——将来；也可以是：现在——过去——将来。

(4) 能引起被调查者兴趣的问题放在前面　把被调查者感兴趣的问题放在问卷的前面，这样可以引起他们填写问卷的兴趣和注意力，从而消除被调查者的反感心理，提高整个调查的质量。

(5) 开放式问题放在后面　被调查者在回答开放式问题时，需要一定的思考和时间，因此，一份问卷中的开放式问题不宜过多，而且开放式问题一般应放在后面，否则会影响被调查者填写问卷的积极性，进而影响整个问卷的回答质量。

四、问句设计的原则

问卷所要调查的资料由若干个问题所组成，如何科学准确地提出所要调查的问题，是问卷设计中十分重要的一步，对调查质量有着重要的影响，问句设计的好坏直接关系到能否达到调查目的。

1. 问句设计的基本原则

对问卷设计总的要求是：问卷中的问句表达要简明、生动，注意概念的准确性，避免提似是而非的问题，避免用晦涩难懂的词汇。具体应遵循以下几点：

（1）避免提一般性的问题　一般性问题对实际调查工作并无指导意义。例如，“您对北京现代的印象如何？”这样的问题过于笼统，很难达到预期效果。可具体提问：“您认为北京现代公司生产的车型是否齐全、售后服务是否让人满意？”等。

（2）避免用不确切的词　例如“普通”、“经常”和“一些”等，以及一些形容词，如“漂亮”等。对这些词语，各人的理解往往不同，在问卷设计中应避免或减少使用。例如，“你是否经常给爱车作保养？”被调查者不知“经常”是指一周、一个月还是一年。可以改问：“你一年为爱车保养几次？”

（3）避免使用含糊不清的句子　例如，“您‘五一’长假是打算自驾游，还是休息？”自驾游也是休息的一种形式，它和休息并不存在选择关系，正确的问法是：“您‘五一’是打算出门自驾游，还是在家休息？”

（4）避免引导性提问　如果提出的问题不是“执中”的，而是暗示出调查者的观点和见解，力求使被调查者跟着这种倾向回答，这种提问就是“引导性提问”。例如，“消费者普遍认为XX品牌的高级轿车好，你的印象如何？”。引导性提问会导致两个不良后果：第一，被调查者不加思考就同意所引导问题中暗示的结论；第二，由于引导性提问大多是引用权威或大多数人的态度，被调查者考虑到这个结论既然已经是普遍的结论，就会产生心理上的顺向反应。此外，对于一些敏感性问题，在引导性提问下，被调查者不敢表达其他想法等。因此，这种提问是调查的大忌，常常会引出和事实相反的结论。

（5）避免提断定性的问题　例如，“您每次修车的金额有多少？”这种问题即为断定性问题，被调查者如果根本没修过车，就会造成无法回答。正确的处理办法是此问题可加一条“过滤”性问题，即“您的车修过吗？”如果被调查者回答“是”，可继续提问；否则就可终止提问。

（6）避免提令被调查者难堪的问题　如果有些问题非问不可，也不能只顾自己的需要而穷追不舍，应考虑回答者的自尊心。例如，直接询问顾客收入是否能够买得起车是不太礼貌的，可列出收入段：2000元以下，2000~3000元，3000~4000元，4000元以上，由被调查者挑选。

（7）问句要考虑到时间性　时间过久的问题易使人遗忘，如“您前年家庭的生活费支出是多少？用于房贷、医疗的和汽车保养的分别为多少？”除非被调查者连续记账，否则很难回答出来。一般可问：“您家上月生活费支出是多少？”显然，这样缩小时间范围可使问题回忆起来较容易，答案也比较准确。

（8）拟定问句要有明确的界限　对于年龄、家庭人口和经济收入等调查项目，通常会产生歧义的理解，如年龄有虚岁、实岁，家庭人口有常住人口和生活费开支在一起的人口，收入是仅指工资，还是包括奖金、补贴、其他收入和实物发放折款收入在内。如果调查者对此没有很明确的界定，调查结果也很难达到预期要求。

(9) 问句要具体 一个问句最好只问一个要点，一个问句中如果包含过多询问内容，会使被调查者无从答起，给统计处理也带来困难。例如："您为何不买轿车而买SUV?"，这个问题包含了"您为何不买轿车?""您为何要买越野车?"和"什么原因使您改买SUV?"等。防止出现此类问题的办法是分离语句中的提问部分，使得一个语句只问一个要点。

(10) 要避免问题与答案不一致 所提问题与所设答案应做到一致，例如，"您经常看哪本汽车杂志?"选择：①《汽车画报》；②《汽车之友》；③《汽车族》；④经常看；⑤偶尔看；⑥根本不看。后三个问题属于与所提问题无关。

2. 敏感问句的处理技巧

敏感性问题是指被调查者不愿意让别人知道答案的问题。比如，个人收入、民族习惯中忌讳的问题和个人生活问题等。像"您是否逃过税?"这样的问题就会使被调查者产生种种顾虑，出于本能的自卫而不愿意回答或不予真实的回答。因此，问卷中应尽量避免。但有时为了研究的需要必须了解这类信息，这时，就要讲究处理技巧以降低问题的敏感程度。

(1) 释难法 就是通过在问题之前加一段有助于不使被调查者感到为难的文字，使提问自然化。一般在问卷引言中都公开声明，本次调查仅用于统计分析目的，个案资料绝对保密，这样就有助于打消被调查者的疑虑。

(2) 人称代换法 就是将要直接向被调查者询问的问题，改为关于第三人称的问题，使被调查者处于纯客观的地位，便于回答问题。例如，"您是否认为机动车购买者可以不缴纳第三者责任险?"绝大多数人会答"否"。但这不是所有人对敏感问题的真正看法。如果问句改成"您的朋友们是否认为/您的朋友中有多少认为机动车购买者可以不缴纳第三者责任险?"这时候，被调查者就容易坦率回答。

(3) 数值归档法 像年龄、收入等敏感问题可使用数值归档法，即将要研究的变量的取值划成几个连续的区间，由被调查者选择，这样效果会更好。

(4) 假定法 是用一个假定条件句作为问句的前提，然后再询问被调查者的看法。例如，"假定您有10万元可支配收入，您会选择购车吗?"

五、问句答案的设计

在市场调查中，无论是何种类型的问题，都需要事先对问句答案进行设计。问句的答案设计，是问卷设计的重要组成部分，特别是在封闭式问题中，其答案的设计必须经过多方面周密细致的考虑。

1. 问句答案的设计方法

通常在设计答案时，可以根据具体情况的不同采用以下不同的设计形式：

(1) 二项选择法 也称真伪法或二分法，是指提出的问题仅有两种答案可以选择，"是"或"否"、"有"或"无"等。这两种答案是对立的、排斥的，被调查者的回答非此即彼，不能有更多的选择。例如，"您家里现在有汽车吗?"，答案只能是"有"或"无"。又如，"您是否打算在近五年内购买家用轿车?"，回答只有"是"或"否"。这种方法的优点是：易于理解和可迅速得到明确的答案，便于统计处理，分析也比较容易。但被调查者没有进一步阐明理由的机会，难以反映被调查者意见及其程度的差别，了解的情况也不够深入。这种设计方法一般适用于询问较为简单的事实性问题。

(2) 多项选择法 是指所提出的问题事先预备好两个以上的答案，被调查者可任选其中的一项或几项。例如，"您喜欢下列哪一款车？"（在您认为合适的□内划√）

伊兰特□ 捷达□ 桑塔纳□ 福美来□ 爱丽舍□ 其他□

由于所设答案不一定能表达出填表人所有的看法，所以在问题的最后通常可设"其他"项目，以便使被调查者表达自己的看法。这个方法的优点是比二项选择法的强制选择有所缓和，答案有一定的范围，也比较便于统计处理。但采用这种方法时，设计者要考虑以下两种情况：一是要考虑到全部可能出现的结果，及答案可能出现的重复和遗漏；二是要注意选择答案的排列顺序。有些被调查者常常喜欢选择第一个答案，从而使调查结果发生偏差。此外，答案较多，使回答者无从选择，或产生厌烦。一般多项选择答案应控制在8个以内。当样本量有限时，多项选择易使结果分散，缺乏说服力。

(3) 顺位法 是列出若干项目，由回答者按重要性决定先后顺序。顺位法主要有两种：一种是对全部答案排序；另一种是只对其中的某些答案排序。究竟采用何种方法，应由调查者根据问卷情况来决定。具体排列顺序，则由被调查者根据自己所喜欢的事物和认识事物的程度等进行排序。例如，"您认为影响您选购汽车的主要条件是（请将所给答案按重要顺序1，2，3…填写在□中）"

价格合适□ 外型美观□ 维修方便□ 牌子有名□ 经久耐用□ 油耗低□ 其他□

顺位法便于被调查者对其意见、动机和感觉等作衡量和比较性的表达，也便于对调查结果加以统计。但调查项目不宜过多，过多则容易分散，很难顺位，同时所询问的排列顺序也可能对被调查者产生某种暗示影响。这种方法主要适用于对要求答案有先后顺序的问题。

(4) 回忆法 是指通过回忆，了解被调查者对不同产品质量、牌子等方面印象的强弱。例如，"请您举出最近在电视广告中出现的汽车品牌"，调查时可根据被调查者所回忆品牌的先后和快慢以及各种品牌被回忆出的频率进行分析研究。

(5) 比较法 是采用对比提问方式，要求被调查者作出肯定回答的方法。例如，"请比较下列车型，哪种外型更美观？"（在您认为美观的车型后的方格□中划√）

奥迪A6□ 丰田花冠□ 本田雅阁□ 大众帕萨特□ 现代索纳塔□

比较法适用于对质量和效用等问题作出评价。应用比较法要考虑被调查者对所要回答问题中的汽车品牌等项目是否相当熟悉，否则将会导致空项发生。

(6) 自由回答法 是指提问时可自由提出问题，被调查者可以自由发表意见，并无已拟定好的答案。例如，"您认为应该如何改善汽车4S店的服务？" 等等。

这种方法的优点是涉及面广，灵活性大，被调查者可充分发表意见，可为调查者收集到某种意料之外的资料，缩短调查者和被调查者之间的距离，迅速营造一种调查气氛；缺点是由于被调查者提供答案的想法和角度不同，因此在答案分类时往往会出现困难，资料较难整理，还可能因被调查者表达能力的差异形成调查偏差。同时，由于时间关系或缺乏心理准备，被调查者往往放弃回答或答非所问。因此，此种问题不宜过多。这种方法一般用于那些不能预期答案或不能限定答案范围的问题。

(7) 过滤法 又称"漏斗法"，是指最初提出的是离调查主题较远的广泛性问题，再根据被调查者回答的情况，逐渐缩小提问范围，最后有目的地引向要调查的某个专题性问题。这种方法询问及回答比较自然、灵活，使被调查者能够在活跃的气氛中回答问题，从而增强双方的合作，获得被调查者较为真实的想法。但要求调查者善于把握对方心理，善于引导并有较高的询问技巧。此方法的缺点是不易控制调查时间。这种方法适合于被调查者在回答问题时有所顾虑，或者一时不便于直接表达对某个问题的具体意见时所采用。例如，对那些涉及被调查者自尊或隐私等问题，如收入、文化程度等，可采取这种提问方式。

2. 问句答案设计的注意事项

调查者在设计问卷的答案时，还需要注意以下几点：

1）答案要穷尽，即要将问题的所有答案尽可能地列出，才能使每个被调查者都有答案可选，不至于因被调查者找不到合适的可选答案而放弃回答。为了防止出现在答案中列举不全的现象，可在答案设计的最后列出“其他（请注明）”；但要注意的是，如果这个问题选择“其他”类答案作为回答的人过多，说明答案的设计是不恰当的。

2）答案的设计要提高可读性。答案的设计如果过于呆板，会使被调查者觉得没有兴趣。因此，在设计时要尽量提高问卷的可读性。例如：对于文化程度较高的被调查者，在答案设计时，可以采用一些成语；在对一般市民调查时，则可以采用一些俗语。

3）答案中尽量不用贬义词。在市场调查中，如果答案使用贬义词，会严重影响调查的结果，通常的做法是在褒义词的前面加上否定。例如，不用“喜欢”和“厌恶”，而用“喜欢”和“不喜欢”来进行设计。

第三节 问卷设计技术

市场调查问卷是一套设计严密的问卷，是市场信息的载体，市场调查收集资料阶段各环节的要求，都需要在这组问题上得到反映和满足。虽然问卷设计是一项创造性的工作，针对不同的调查目的有不同的问卷形式，但总的来说，在问卷的设计过程中应遵循一定的程序和基本原则。

一、问卷的基本结构

不同的调查问卷在具体结构、题型、措辞和版式等方面的设计上会有所不同，但总的来说，一份完整的调查问卷通常由开头部分、背景部分、主体部分和结尾部分组成。

1. 开头部分

开头部分一般包括问卷标题、问卷说明和问卷编号等内容。对于不同的问卷来说，开头部分的内容会有一定的差别。

（1）问卷标题　即问卷的题目，它是概括说明调查研究的主题，使被调查者对所要回答哪方面的问题有一个大致的了解。标题应简明扼要，易于引起被调查者的兴趣。例如，“汽车4S店顾客满意度调查”、“二手车交易问卷调查”等。不要简单采用“问卷调查”这样的标题，它容易使被调查者因不必要的怀疑而拒绝回答。

（2）问卷说明　旨在向被调查者说明调查的目的、意义，主要包括问候语还有填表说明、交表时间、地点及其他事项说明等。

1）问候语是为了引起被调查者的重视，消除其疑虑，激发他们的参与意识，争取得到他们的合作。问候语一般放在问卷的开头，可以采取比较简洁的方式，例文如下：

①先生/女士：

您好！

我是 xx 市场研究有限公司的访问员，我们目前正在进行一项有关汽车产品的调查研究，请问您是否可以抽空参加我们的访问呢？

多谢您的支持和配合！

②“当您充分体会爱车所带来的快乐和满足、充分享受驾驶乐趣的时候，您是否想到了为爱车作一次维护保养呢？来参加新华信、新浪《您注重汽车的维护保养吗》网上调查吧，发表您的真实感受。”

问候语应该语气亲切、诚恳和礼貌；简要说明为什么要进行此项调查，即交待清楚调查目的。必要时还应说明保密原则和奖励措施等等。问候语不能拖沓冗长，以免引起被调查者的反感。总之，如果问候语内容和措辞得当，可以使被调查者易于接受和合作，从而降低拒访率，提高调查结果的可靠性和有效性；反之，如果内容或措辞不当，可能导致无回答率增高，增加调查成本，扩大调查偏差，影响调查结果的准确性。

2）填表说明及其他。在自填式问卷中要有详细的填表说明，让被调查者知道如何填写问卷、如何及时地将问卷返回到调查者手中这部分内容，可以集中放在问卷的前面，也可以分散到各个有关问题的前面。

(3) 问卷编号　问卷编号主要用于识别问卷、调查者和被调查者姓名、地址等，以便于校对检查、更正错误。

2. 背景部分

背景部分是指被调查者的一些主要特征，如在消费者调查中，消费者的性别、年龄、民族、家庭人口、婚姻状况、文化程度、职业、单位、收入和所在地区等等；又如，对企业调查中的企业名称、地址、所有制性质、主管部门、职工人数或产品销售量等情况。通过这些项目，便于对调查资料进行统计分组、分析。在实际调查中，列入哪些项目、列入多少项目，应根据调查目的、调查要求而定，并非多多益善。

3. 主体部分

这一部分是调查问卷的核心部分，也是调查问卷中最重要的部分。它包括了所要调查的全部问题，主要是以提问的形式提供给被调查者，这部分内容设计得好坏，直接影响整个调查的价值。这一部分分为调查主题内容和编码两部分。

(1) 主题内容　由问题和答案组成，主要包括以下几方面：

1）对人们的行为进行调查，包括对被调查者本人行为进行了解或通过被调查者了解他人的行为。

2）对人们的行为后果进行调查。

3）对人们的态度、意见、感觉和偏好等进行调查。

(2) 编码　是将问卷中的调查项目变成数字的工作过程。大多数市场调查问卷均需加以编码，以便分类整理，易于进行计算机处理和统计分析。因此，在问卷设计时，应确定每一个调查项目的编号和为相应的编码作准备。通常是在每一个调查项目的最左边按顺序编号，如①您的姓名；②您的职业；……而在调查项目的最右边，根据每一调查项目允许选择的数目，在其下方划上相应的若干短线，以便编码时填上相应的数字代号。

4. 结尾部分

一份完整的调查问卷，通常还在问卷正式内容的最后记载关于调查过程的记录和被调查者的联系方式。

(1) 调查过程的记录　主要是指在调查表的最后，附上调查者的姓名、访问日期、时间以及在调查过程中有无特殊情况的发生、被调查者的合作情况等，从而明确调查人员完成任务的质量。需要注意的是这部分内容不能让被调查者看到。

(2) 被调查者的联系方式　在汽车市场调查中，有时候需要对被调查者的姓名、单位或家庭住址和电话等进行记录，以便于审核和进一步追踪调查。但对于一些涉及被调查者隐私的问卷，上述内容则不宜列入。

二、问卷设计原则

设计调查问卷的总体要求是简明扼要、科学合理。当然，问卷类型、问卷内容各不相同，不同设计者也各有风格，但都需要满足问卷设计的根本要求，即在一定成本下获取最低误差的有效数据。具体原则体现在以下四个方面：

(1) 功能性原则　这是问卷设计最基本的原则，即实现满足问卷的基本功能，达到规范设计和满足调查需求的目的。例如，在问卷设计时充分考虑方便后续的数据统计和分析工作，题目的设计必须是容易录入的，并且可以进行具体的数据分析，即使是主观性的问题也要进行量化，这样才能与后续的统计计算环节更好地衔接起来。

(2) 可靠性原则　是指作为数据收集工具的问卷，应使数据在一定条件下保持稳定性。具体来说，由于调查者、被调查者和调查环境不同，数据会产生波动；而好的问卷应具有一定的稳定性，以减少这些干扰对数据质量的影响。

(3) 效率原则　是指在满足调查要求、获得充足信息的前提下，应选择最简捷的调查方式，使问卷的长度、题量和难度最小，以节省调查费用，降低调查成本。

(4) 可维护性原则　一份优秀的问卷需要经过反复的修改和检验，不断提高，不断完善。一份便于修正的问卷应当结构清晰，层次分明。当某一问题需要调整时，基本不会影响其他内容。另外，要提高调查数据的价值，应注意问卷的标准化，保证数据在时间和空间上具有可比性。

三、问卷的制作流程

问卷的设计和制作并不存在一个严格的必须遵守的流程，但是下述问卷制作基本流程，对于调查者制作问卷进行市场调查具有一定的指导意义。

(1) 明确调研主题　在进行问卷设计之前，首先要明确市场调查的基本主题，以及本次调查问卷的目的与市场调查主题之间的关系。这一阶段市场调查人员的主要任务如下：

1）正确理解和把握问卷调查主题。应当注意的是，问卷调查主题与市场调查主题不一定完全等同，当两者处于相同层面上时，问卷调查主题与市场调查主题具有一致性；如果两者不在同一层面，问卷调查主题则往往是市场调查主题的分主题，它仅能从局部上说明市场调查主题的某一个方面。因此，对于汽车市场调查人员来说，明确的问卷调查主题是进行问卷设计的重要前提。

2）根据问卷调查主题确定问卷调查资料来源。在掌握问卷调查的主题后，应该根据调查所要了解的内容来收集所需的资料，并对已有的资料进行分类整理，分析哪些是主要资料，哪些是次要资料，哪些是调查的必备资料，然后分析哪些资料需要通过问卷来取得，需要向谁调查等。特别要搜寻与调查对象各种特征相关的资料，如能够反映被调查者社会阶层、行为规范和社会环境等社会特征的资料；反映文化程度、知识水平和理解能力等文化特征的资料；反映需求动机、行为等心理特征的资料。

3）根据资料来源确定被调查者和调查方式。首先，明确被调查者群体的特征对问卷的设计有很大的影响，如适用于白领的问题不一定适合家庭主妇。因此，调查人员应该根据资料准确地确定被调查者群体，把握这一群体的社会经济特征。被调查者群体差异越大，就越难设计一个适合整个群体的问卷。其次，由于所要收集资料的不同，所采用的调查方式和方法就不同。例如，在面访调查中，被调查者可以看到问题并可以与调查者面对面地交谈，因此可以询问较长的、复杂的问题；而在电话访问调查和邮寄问卷调查时，则比较适合询问一些简单的问题。因此，调查人员需要根据所需的资料来确定调查方式。

4）估计取得问卷调查资料的局限性。即使问卷设计得很完美，在实施调查时也可能会遇到一些情况，使得调查结果达不到预期目标。因此，调查人员在设计问卷时就应该充分考虑到取得问卷调查资料的局限性，以便于当特殊情况发生时可以及时采取补救措施。

5）酝酿问卷调查的整体构想。当调查者完成以上工作后，就要开始酝酿调查问卷的整体构想。对于问卷调查来说，一个好的创意可以使问卷有吸引力，促进被调查者积极地配合工作，从而取得良好的调查效果。

（2）拟定调查项目　在设计问卷之前，问卷设计人员应该根据问卷调查的主题拟定一份问卷调查基本内容的提纲。在问卷调查提纲中，要能够比较详细地列出问卷调查的基本项目。这些项目是问卷设计中问句设计的基本框架和轮廓。在问卷设计中，这是一项基础的工作，同时也最能反映问卷设计者的创造力和综合汇总能力。市场调查人员在这一阶段的基本任务如下：

1）探索性调查，指尽量多地收集和听取与问卷调查目的相关的市场数据和相关人员的意见。

2）将这些相关信息进行筛选，并使之规范化和条理化。

3）形成详细的问卷调查提纲。

4）对问卷调查提纲进行全面性与可行性评估，征求专家意见，并进一步地修改完善。

5）形成最后的问卷调查提纲。

（3）构造问句　问卷设计的第三步，是根据拟定好的问卷调查项目，进行问句的设计。首先，调查者应根据调查目的和目标资料的要求，确定问题的数量以及每个问题采用何种提问方式最合适。问句设计是一项技巧性非常强的工作，它一方面要考虑到是否能够完整地反映调查者的基本意图，另一方面还要考虑到被调查者是否能够对问句进行正确的理解。一份调查问卷最终是否能够达到调查目的的要求，有效地对调查项目进行发问，其关键的环节就是问句设计得是否科学与合理。问句的设计工作，就像给那些生硬的、难懂的调查项目穿上外衣，使它们变得亲切和易懂。因此，它既需要设计的技巧性，也需要设计的艺术性。

（4）问句排序　问卷不能任意编排，问卷每一部分的位置安排都具有一定的逻辑性。因此，问卷设计的第四步就是对设计好的问句进行合理排序。这阶段的工作也很重要，问句排序的好坏决定着问卷的完美程度，从而决定着调查的质量和资料目标的实现程度。

(5) 编写问卷其他部分 调查问卷其他部分主要有：题目、前言、样本特征资料、结束语、电脑编号，以及访问问卷的调查记载等。

调查问卷设计者在确定样本特征资料时应该注意：要选择那些与市场调查主题相关的被调查者特征，而不应该是样本自然特征的简单罗列。

(6) 问卷评估 当一份调查问卷的草稿基本形成以后，如果直接用于现场调查则会暴露很多缺点，因此调查人员应该对问卷草稿进行评估。在问卷评估时，可以考虑以下一些基本原则：

1）所有的调查项目是否能够完全地满足调查主题对市场信息的要求。

2）调查问句的设计是否科学与合理。

3）问句排列是否具有逻辑性，问卷的长短是否适中。

4）样本特征资料是否能够满足调查分析的要求。

5）问卷的前言、结束语、电脑编号、排版形式与结构以及色彩等，是否合乎被调查者的喜好等。

6）开放式试题是否留足了空间。

由于问卷调查在整个市场调查中的至关重要性，调查人员在使用问卷之前应反复推敲，设想实际调查时会出现的各种可能情况，或者请专家或汽车市场调查的主管领导对调查问卷草稿提出意见或建议，并据此对调查问卷进行调整或修改。

(7) 问卷的测试与修订 任何调查问卷的设计都很难做到完美无缺，尤其是开始阶段，难免存在这样那样的问题和缺陷。因此，在问卷已经获得管理层的认可后，市场调查人员还应该在假定的市场调查总体中，选择具有典型意义或者具有代表性的少量样本进行测试，其主要的测试目标是应答者对调查问卷内容的理解与调查目标之间是否存在偏差，尤其是被调查者对问句及其答案的理解是否与设计者的目标相吻合等。此外，在测试中，市场调查人员还应该了解一些信息，即问题措辞是否得当、问题选项是否完全和问卷长短是否合适等。

市场调查人员应该明确并设计出被调查者测试的基本指标，且根据测试指标来详细记录被调查者在测试过程中所反映出来的问题，如误解、不连续、误导和不知道如何回答等。最后，根据这些问题对调查问卷进行进一步的调整和修订，直到最后定稿。

(8) 付印 问卷经过修正后，就进入最后的印制阶段了。在资金、时间和设备等方面的条件允许的情况下，市场调查人员应该为自己的调查对象准备好一份最具吸引力、最便于阅读和最适宜于回答的调查问卷，而所有这些都要在被调查者最终看到问卷后才能感觉到。因此，调查问卷的设计者不能忽视这个问卷设计的最后环节。例如，问卷的纸张质量很差或外形很破旧，就会使被调查者认为该调查项目不重要，因而回答的质量可能会受到影响。此外，在付印环节中，设计者还应该关心的内容有：格式与布局、字体与字号以及印刷成本等等。

四、问卷整体设计

仅仅掌握问卷的基本结构只能让设计人员构造出问卷的大概轮廓，但如何使一份问卷更加吸引人、引起被调查者更强烈的兴趣，则需要充分了解问卷的整体设计。问卷的整体设计主要有以下几个方面：问卷整体外观设计、引言和指导语设计等。

1. 问卷整体外观设计

(1) 问卷的外在质量　问卷的外在质量对于动员被调查者参与合作具有重要的作用。既然希望对方认真合作，那么问卷本身就应该庄重大方，以显示对被调查者的尊敬。如果是重大调查课题，或者是有实力的执行者或委托者参与的课题，更应该使问卷做到印刷精良，以引起被调查者对调查的重视。

(2) 问卷的版面格式　问题的版面格式对于调查结果来说也很重要。版面设计时应避免使用过多的颜色、字体和不必要的插图等，以使被调查者感觉到这是一次科学的调查活动。同时，过于紧密的排版也会使问卷在收集数据时导致错误的产生，因为这样会使回答变短、变少，还会形成问卷比较复杂的印象，使得回答率和完成率都变低。

(3) 问卷的尺寸规格　问卷的尺寸规格应该尽可能采用小型纸张。如果页数不多，则可以采用折叠式；如果页数较多，则应装订成册。此外，问卷的每一页都应当印有一个供识别用的顺序号，以免在整理时各页分散。

(4) 问卷的文字　文字的大小要适当，在行距不使人感到过密的情况下，要尽可能把内容排印得紧凑些，尽量减少页数。这样可以给被调查者造成问题不多的印象，以免一开始就产生厌烦情绪。问题应当只印在纸张的一面，而且必须为答案留出足够的空白，特别是自由回答的问题。

有些问卷为了方便填答，对于问题和答案可以分别使用不同的字体，如问题用黑体字，答案用宋体字。对于关键的词或句子，还可作划线或加大字号的编辑处理。

2. 引言和指导语设计

(1) 引言的设计　引言设计应该针对被调查者对调查项目的关注和兴趣，以促使被调查者更好地配合调查工作。引言通常包括如下内容：

1) 调查者的自我介绍。在问卷的开始，调查者应当介绍自己属于什么调查咨询公司，项目委托单位是谁，包括单位名称、地址、电话号码、邮政编码以及联系人或项目负责人等。这样可以使被调查者认识到本次调查的正规性，努力打消他们拒绝合作或应付的念头。

2) 调查目的和中心内容，最好不要简单概括，应尽可能让被调查者认识到本次调查的具体意义，甚至让他们感到自己就是调查结果的间接乃至直接受益人。

3) 抽样方法和保密承诺。为了打消被调查者的戒心，可在此处说明并保证。例如，“本次汽车市场调查使用科学的抽样方法，而您有幸被选中为其中的一位。本次调查系匿名调查，所有个案材料只作为统计分析的基础，我们将对您的回答严格保密。”

4) 感谢词。一般在引言的最后向被调查者表示衷心的感谢。如果此次市场调查附送纪念品或礼金，可在此处说明。有的调查还可以征询被调查者的意见，例如，“如果您对本调查感兴趣的话，请明确提出，并写清姓名、通信地址和联系电话。我们将向您提供一般性的资料整理结果。”

(2) 指导语的设计　关于指导语，如果是单独列出的话，它一般紧跟在引言之后、正式问题之前，并标有“填表说明”字样。对于封闭式问题，要讲清楚对所选答案做标记，或圈点、书写符号和序号，或连线的方法，有的应列出回答样例；对于开放式问题，要写明答案的字数要求和填写方式要求。

对于访问问卷，应把访问人员应该说的话、应该做的事的内容要求和时间限定等都写清楚，以免实地调查中出现随意性。如果调查内容很重要，且对访问人员要求的内容又较多，可以另行编写“访员操作须知”。

3. 不同类问题的排列原则

对于一份问卷来说，问卷上的问题可以归为不同的类。每个类下都有属于这一类的一些具体问题。在排列这些具体的问题时，设计人员需要注意以下一些在整体设计中问题排列的一些细节问题：

1）“花瓶原则”要求在安排一类或一个系列问题时，从最一般的问题逐渐过渡到把焦点放在一些特定的、限制性的问题；从宽泛的问题过渡到个性特征问题。例如，下面这组关于特定品牌轿车广告的问题：

最近您听到或看到一些关于轿车的广告吗？

这些广告中有一些是关于进口轿车的吗？

这些进口轿车广告有一些是电视广告吗？

这些进口轿车电视广告中有一些关于 XX 牌轿车的广告吗？

关于 XX 牌轿车的电视广告讲了些什么？等等。

2）对不同类别的实质性问题，应先事实、行为类问题，后动机、态度类问题。因为事实、行为类问题是现实的客观存在，被调查者比较容易回答；而动机、态度类问题涉及到个人舆论、看法和社会评价等，安排靠后会有一些缓冲作用。如果调查问卷在一开始就提问动机类问题，则容易使被调查者感到突然或问题富有攻击性，他们可能会避免回答或不提供准确信息。

3）不同类别问题内，应先问简单易答的问题，后问复杂难答的问题；先问被调查者较熟悉的问题，后问他们感到生疏的问题；先问能引起被调查者兴趣的问题，后问可能感到乏味的问题。

4）在内容转折处应使用提示语或引导语句，保持问题的流畅，以避免被调查者对提问有唐突感。

5）对于分叉式问题，要用“接问”、“跳转到第几题”等指示词合理衔接，跳跃要注意逻辑。所谓分叉式问题是指答案为“是非两分型”的问题，回答“是”者和回答“否”者将被分开回答不同系列的问题。

4. 信息传递方式对问卷整体设计的影响

调查者与被调查者之间的接触方式是多样化的，这种接触方式的差异表现为他们之间信息传递方式的不同。信息传递的方式可以归纳为四种方式，不同的信息传递方式有不同的特点，因此对问卷的设计也有不同的要求。

（1）小组座谈问卷 小组座谈是调查人员直接访问的一种特殊方式，它是邀请一定数量的被调查者聚集在一起座谈，由访问人员或调查组织者作为主持人进行引导讨论，从而得到有用的资料。因此，这种问卷与其他方式的问卷有显著的区别。

1）小组座谈问卷与其说是问卷，不如说是一份讨论提纲。小组座谈问卷不可能像标准的问卷那样完整，内容翔实；它实际上是主持人用来引导讨论的提纲。问卷中问句的数量由访问人员控制，强调追询采访。

2）小组座谈一般不在问卷上作记录，而是另派人专门作记录，有时也可用录音机记录。据此记录整理成的报告注重质的概念，而不同于其他的统计分析注重量的概念。

3）小组座谈有比较充分的时间，又是面谈式访问，因此引言可以长一些、详细一些，同时还可介绍一些讨论方法，以鼓励参加讨论者积极地发表意见。

4）小组讨论的样本资料在过滤样本、选择参加者时已经有了初步的记录，分小组时，可依据特性资料进行编配。

5）小组座谈的作业记载一般在报告书的开头，包括座谈会名称、组别、座谈时间、地点、出席人、主持人和记录人等。

（2）电话采访问卷　电话采访问卷与直接访问问卷虽然都属于他填问卷，有一些共同的特点，但两者之间也有如下一些差别：

1）电话访问问卷最重要的特点是简洁明了，访问时间短，一般以3~5min为宜。因此，引言应开门见山，内容要简明扼要。例如：

先生/女士：您好！

我是XX调查公司的调查员，现正在研究XXX汽车广告效果问题。我姓X，想占用您几分钟时间请教几个问题，希望得到您的支持。可以吗？好，谢谢您。那么现在开始好吗？

2）问题要短，要完全口语化。问题太长会使被调查者难以理解。询问的口气要客气、清晰，问句要简单，并让对方的回答也尽量简单，便于记录。同时，它也不像直接访问那样可以出示图表、照片或卡片等，也不能使用多项选择问句或列举问题。

3）对于定比尺度的调查项目，如年龄、收入等，既不便给出量值区间请对方选择，又不能单刀直入询问，而应采用间接的、探询式的问法。例如，“您是哪年出生的？”“您的收入和我差不多吧？”等等。

4）电话访问记录要事先作好准备。电话访问时记录答案的时间有限，而且多用自由回答式问句，因此要求记录迅速、完整。一般可采用速记法，或者录音整理方式。但这都需要做好事前的准备工作。

（3）发送式问卷　发送式问卷属于自填式问卷，是由调查人员直接发送给被调查者，待其填写完毕再收回的问卷。这种问卷的指导语要尽可能写清楚，特别是对使用什么样的符号表示选定答案要说明白，必要时可配以示范。对于过滤分叉回答的问题，要在版面上处理好，使回答者一目了然。发送式问卷的填写时间一般掌握在30min之内。

（4）邮寄和电子网络访问问卷　电子网络访问是随着因特网的发展而出现的最新信息传递方式。电子网络问卷的突出特点就是往返传送快捷，但样本选择范围受到限制。它与邮寄问卷设计要求基本相同。设计邮寄和电子网络问卷，除了上述发送式问卷的注意事项外，还应特别注意以下几点：

1）引言要尽可能详尽，语气要亲切。因为发送式问卷可以有人在发问卷时向被调查者交待调查目的、背景和意义，恳请他们热情合作；而邮寄问卷只能靠文字表达。引言部分要提出回收时间和回寄地址、邮编、收件单位或收件人姓名等。回收时间一般安排在问卷寄出后的15~20天为宜。

2）邮寄问卷的外形要亲切稳重。邮件要封口，字体要稳重大方。信函要用私人信函以表示尊重，公函或印刷品邮件容易被忽视或不予理会。同时，最好注明收件人姓名。

3）问句的数量要精简，思路要连贯。因为邮寄和电子网络访问问卷完全依赖收件人的意愿和理解来回答，如果问卷篇幅过长，思路欠连贯，就容易产生厌烦，从而影响问卷回收率。

4）作好提高回收率设计尤为重要。为了提高回收率，调查人员可以在邮寄问卷的信封内附送一个贴邮票的信封，并印好调查机构的邮政编码和地址；或者向被调查者许诺对收回的问卷进行抽奖或赠送纪念品等。国外有些调查机构常见的做法是在信封内装有少量纸币作为酬金。

思 考 题

7-1 问卷调查有何特点？分为哪几类？

7-2 简述问卷调查的基本程序。

7-3 问卷中的问题有哪几类？各有何特点？

7-4 如何在设计问卷的初期对问句进行筛选？

7-5 问卷设计应注意哪些基本原则？

7-6 问句的答案如何设计？

7-7 问卷的基本结构和设计的基本流程是什么？

7-8 请自定题目，拟定一份调查问卷。

第八章 特殊调查

汽车市场的调查方式除了前几章所述方法外，还有一种属于特殊调查。特殊调查可以帮助市场调查人员更好、更深入地了解市场动态，进而作出正确而细致的营销决策。

第一节 产品试验与销售试验

产品试验与销售试验属于特殊调查的一种。虽然这些试验会有一些局限性，但也能够在一定程度上反映产品在市场上的定位和销售情况。作为市场调查的一种特殊形式，产品试验和销售试验被越来越多的调查人员所采用。

一、产品试验

1. 产品试验的定义

产品试验是指对产品的质量、性能、规格、色彩等方面的市场反映进行调查。汽车企业可以根据调查结果来了解市场对该汽车产品的反映，作为制定相应策略的手段，对产品进行改进或改型，从而抓住市场主流，扩大市场份额。

大多数汽车产品是以不同的式样，如以不同的规格、颜色、配置、价位等在市场上推出，那么，这么多形式中到底哪一种能得到消费者的青睐呢？这就需要通过产品试验，确定出最受市场欢迎的一种形式。

2. 产品试验的形式

产品试验的基本形式是展览会。对汽车产品来说，可以是汽车展览会，或者是汽车图片展示会。在展览会上，由消费者观看试验产品的各种样式后，填写调查表，最后由专业机构对调查表进行分析并写出总结报告，也可以事先征询专家的意见。

通过上述方法，汽车企业可以了解到消费者的需求倾向，从而对产品进行改进或者改型，以扩大市场占有率。

二、销售试验

1. 销售试验的定义

销售试验是指在某汽车新产品大量推向市场之前，可以在有代表性的市场中进行小规模销售，以收集市场和消费者对该产品的反映。它通过提供一种真实市场的测试，来评估产品和营销计划。营销人员利用市场测试在规模较小且成本较低的基础上，对提出全国性计划的所有部分进行评估。这种方法可以用来确定产品在全国推广后获得“利润是否超过潜在风险”的估计。

2. 销售试验的作用

销售试验研究的作用是协助营销策划者对汽车新产品作出更好的决策或者调整现有的营销战略。销售试验具体可以给销售人员提供以下信息：

1）评估市场份额与容量，以推测整个汽车市场。

2）新产品对企业已上市的类似产品销售量的影响。

3）试验期间竞争者的行为也可以提供一些信息，预示产品在全国推广后，竞争者可能的反应。

4）收集购买产品的消费者特征，有助于企业改善产品和营销战略。例如，了解可能购买者的人口统计特征，会帮助企业创造出更有效、更有影响力的媒体计划；了解消费者的心理特征和生活方式，可帮助营销者进行产品定位和确定吸引顾客的促销手段。

3. 销售试验的形式

根据不同的方法，销售试验有不同的形式。从范围上划分，销售试验的主要形式有商店试销、市镇试销和地区试销。

（1）商店试销　是最简单的销售试验方式。一般用来决定两种可供选择的特征哪一种较好。例如，从两个价位、两种配置中选出较好的一种。如果存在许多两种以上要试验的挑选特征，那就必须要进行多次单独的试销。这种方法一般挑选两个商店组成比较组，分别给不同形式的产品试销，确定一个销售日期，定期比较销售结果。

（2）市镇试销　其基本方法与商店试销类似，但要挑选两个匹配的市镇进行试销。然而客观来说，由于地区之间风俗习惯的差异、经济发展水平和消费水平的差异、自然环境和文化环境的差异等，使这种方法变得尤为困难，甚至于不可能实现。

（3）地区试销　在地区试销中，在选好的地区，比较全面地投放某种新车型试销，然后审查统计结果，进而推测整个国家的市场对该新车型的接受程度。

试销地区的选择非常重要，该地区必须能作为整个国家的代表，并且具备有利于宣传新车型的广告媒体服务。只有该地区能代表整个国家的市场状况时，在该地区进行试销的结果才能反映整个国家的状况，这样的结果才有现实的意义。同时，企业要充分利用该地区广泛的广告媒体资源，扩大新车型的知名度，从而利用这种以点带面的辐射作用为该车型推向全国市场打好基础。

以上每一种销售试验的形式都只适用于一定的场合，但是要找到一个有代表性的试销商店、市镇或地区是很困难的。因此，真正有代表性的试销很少，汽车市场调查人员必须注意克服因按比例扩大典型的试销数据来预测全地区甚至全国销售量所带来的偏差。

第二节　购买动机调查

市场调查的基本任务就是发现和了解消费者的需求与欲望，然后给予满足。然而，发现和了解消费者需求和欲望并不是一件容易的事情。消费者往往不能或者不愿意明确表达他们的需求和欲望，而且他们的需求和欲望受环境影响随时都在变化。因此，汽车企业必须认真研究消费者的需求、欲望、偏好以及购买行为。只有比较清楚地了解各类消费者对不同形式的产品、价格、渠道、促销、服务方式的真实反应，才能真正把握消费者的购买行为，从而适当地激发消费者进行购买，使企业处于竞争的优势。因此，汽车企业需要在掌握有关消费者购买行为的基本理论的前提下，通过大量的市场调查研究，搞清楚企业各种营销活动与消费者反应之间的关系。只有通过这些调查研究，才能为制定各种有效的营销策略、开发适合需求的新产品提供依据。

一、购买动机的定义

购买动机是引导消费者购买某一商品和选择某一品牌的动力，这是由个人或家庭需求引发的，达成满足需要的行为动力。不同的消费者在购买同一车型时所表现出来的动机是不一样的，有人是为了最基本的代步，有人是为了出游，还有人是为了商务活动。这些千差万别的购买动机，主要是由于人们的兴趣爱好、性格、气质、收入等因素的不同而决定的。消费者的购买动机对形成市场需求的作用很大，由此产生了市场差别。因此，对消费者购买动机的调查是整个市场调查活动过程中一项很重要的内容。购买动机调查主要是分析研究影响消费者购买行为的心理变化的各种因素，从而把握消费者购买动机的变化方向，以消费者购买心理因素划分市场，进而抢占市场的有利地位。

二、购买动机调查的构成

随着汽车企业和市场规模的不断扩大，汽车企业失去了同消费者直接接触的许多机会。他们不得不越来越多地借助于消费者购买行为调查了解消费者的购买行为。调查者通过消费者购买行为调查主要了解以下问题。

1. 消费者购买什么

了解消费者购买什么，是要搞清汽车产品的被接受性。通过了解，既可以搞清楚各种产品市场占有率和不同品牌的销售情况，也可以搞清楚消费者的爱好，以满足消费者的需求。

2. 购买者是谁

“购买者是谁”研究的是在消费者购买行为中不同人的地位和作用。购买者可能是产品的消费者，也可能不是。因此，要搞清楚在消费者购买行为中：由谁作出购买决定；谁是使用者；谁去购买；和谁一起去购买；谁对决定购买有重大影响。这样，汽车企业才能在制定产品、价格、渠道、促销、服务策略时做到有的放矢。

3. 消费者如何购买

不同的消费者具有各自不同的购物爱好和习惯。有些消费者注重品牌，对价格要求不多，他们愿意支付较多的钱购买自己所喜爱的汽车品牌；而有些消费者则注意价格，他们购买经济型的汽车产品，而对品牌并不在乎或要求不高。汽车企业应该通过对消费者购买过程中考虑因素的了解，对自己的产品进行合适的定位，采取适当的品牌和价格策略，以创出自己的营销特色。

4. 消费者何时购买

消费者在购物时间上存在着一定的规律性。某些商品销售随着自然气候和商业气候的不同，具有明显的季节性，如在春节、国庆节等节日期间，消费者购买汽车商品的数量要比平时增加很多。此外，对于汽车企业来说，掌握在一个星期中的哪一天、在一天中的哪一时段客流较大，消费者购买行为较为集中等规律，有助于企业制定促销策略和仓储、物流策略。同时还可以合理安排销售的工作时间，做到销售人员人数随客流规律灵活调整，让销售人员能在消费者购买行为较为集中时，以最佳状态面对顾客，从而更好地满足企业和消费者各自的利益。

5. 消费者在何处购买

这里包括两种含义：一是消费者在什么地方决定购买；二是消费者在什么地方实际进行

购买。对于像汽车这样的商品，消费者可能在购买前就已在家中作出决定，因为汽车信息可以通过电视、广播、报刊杂志等媒体上的广告和其他渠道获得。了解消费者购买汽车去何种购物场所，对合理地设置汽车销售网点有重大作用。

6. 消费者为什么购买

消费者为什么购买，也就是通常所说的购买动机。消费者购买动机一般可以分为两大类：即本能动机和心理动机。

（1）本能动机　是由消费者生理本能需要所引起的购买动机。这种购买动机大量表现在人们购买吃、穿和部分用的商品的行为之中。由本能动机所产生的购买行为，具有习惯性、经常性和相对稳定性等特点。

（2）心理动机　消费者的行为不仅受生理本能的驱使，而且还受到心理活动的支配，我们把这种心理活动支配而引起的购买动机称为心理动机。心理动机主要有感情动机和理性动机两种：

1）感情动机，包括由求新、求美、求异、求荣和求名等心理引起的各种动机；被广告宣传刺激产生的购买动机；受降价影响产生的购买动机等等。这些都属于感情动机。这种动机来得快，消失得也快，具有稳定性差和周密性差的特点。

2）理性动机，是在对商品价格、商品耐用性、可靠性和维修服务等方面了解、考虑和比较的基础上产生的购买动机。这种动机一般比较稳定和周密。感情动机和理性动机并不矛盾，消费者在实际购买时往往同时具备两种或两种以上的动机。例如，某消费者为了居家旅行的舒服，产生了购买汽车的感情动机，但是汽车的品牌很多，究竟购买哪一种呢？消费者经过价格、性能、外观、售后服务等各方面的理性思考，同时也受到广告宣传的影响，最终选择了某品牌的汽车。

三、购买动机调查的特点

与普通调查相比，购买动机调查具有以下特点：

1）以消费者立场及眼光来评估企业产品及服务，而不是以企业立场来作调查。

2）动机调查是定性分析，是探讨性的，是主观的；不是定量分析，即不是从可计量和统计上可确认的范围去了解市场。

3）只有对临床心理学训练有素的人员方可胜任，宜委托专业第三者代理调查。

4）动机调查费钱、耗时。

四、购买动机调查的方法

动机调查对汽车生产企业来说，创造的价值非常可观，因为这种调查提供了潜在顾客的行为模式和看法的各种情况。不过，购买动机调查对调查者的素质要求很高，要求调查者有很强的技巧，一般都要事先对调查者进行特殊的培训。常用的购买动机的调查方法有以下几种。

1. 焦点座谈会

焦点座谈会是指座谈会主持人对一小组人以自由交谈方式进行集体面谈。在一般的面访中，被访者是单个人，信息是单向流动的，即由被访者到访问员；而焦点座谈会则是一个互动的过程，除了座谈主持人外，小组的每个参加者也都可听到其他人的看法。小组访谈与一般面访相比的另一个特点是没有标准化的问卷，而是围绕特定主题进行自由交谈，属于开放式的访谈，主要用于消费者购买动机调查。

（1）焦点座谈会的作用

1）了解消费者购买某类产品的动机和购买行为。

2）为问卷设计提供信息。

3）对广告文案进行效果测试。

4）获取对新产品概念的印象。

5）激发对已有产品的新认识，以发现问题，改进其质量或促进销售。

6）激发创造性的新主意。

7）为已取得的定量调查结果提供解释。

（2）焦点座谈会对象的选择与约请　焦点座谈会对象的选择是根据他们所要代表的那个消费者群体的特征进行的，如年龄段、婚姻状况、收入状况、是否是某品牌汽车的使用者等等。调查人员必须在焦点座谈会方案中精心确定对象选择的标准，因为一旦被选择的对象不能代表所要了解的消费者群体，那么焦点座谈会的结果也就不精确了。在选择焦点座谈会的参加对象时，应注意仅选择初次参加者，避免选用近期曾参加过焦点座谈会的人。因为有些曾参加过这类座谈的人可能倾向于表现自己的经验和“内行”，可能对座谈产生不利的影响。另外，还应注意尽量选择互不相识的人作为参加对象，避免某些参加对象是熟人、朋友或亲戚的情况，因为这可能导致谈话变成在熟识者之间进行而妨碍座谈的自发性。焦点座谈会对象的约请一般可以通过两种方法进行：一种方法是按照确定的选择标准设计约请甄别问卷，然后到目标对象可能出现的场所去进行拦截访问，经过甄别，符合条件的就可以约请他参加焦点座谈会；另一种方法是通过社会关系广泛的专业约请人员按照选择的标准进行约请。

（3）焦点座谈会座谈提纲的制定　焦点座谈会座谈提纲是在焦点座谈会之前设计好的一份指导座谈进行的若干个问题集合，其中主要包括四个部分：

1）主持人的自我介绍和参加对象的自我介绍，声明回答没有对错之分，只是个人观点的讨论。

2）消费者对特定产品一般的消费与使用习惯及其原因。

3）针对有待深入讨论而设计的题目，这部分是焦点座谈会座谈提纲的主体。

4）赠送礼品，结束讨论。在确定焦点座谈会座谈提纲的同时，应该准备好焦点座谈会要用到的卡片或产品样品等道具。

（4）焦点座谈会会议主持技术

1）主持人在主持座谈会之前，应熟记焦点座谈会座谈提纲。在进行座谈时，座谈会提纲只供备忘参考之用，不应完全按照提纲一项一项地加以讨论；提出的问题必须是开放性的，以诱使被访者说出他们的实际感觉；不能先向被访者提供某些观点，因为这样会影响被访者自己的观点。

2）主持人应以最容易被人接受的态度进行自我介绍和说明座谈会的目的、所需时间及进行的方式，以便尽快和被访者建立融洽的关系，并取得他们的信赖与合作。主持人能否和被访者建立融洽的关系，主要看他是否能倾听被访者的意见，使被访者感觉到他们的想法被真正的重视。

3）座谈会的主要目的在于挖掘人们内心深处的情感，主持人必须引导被访者积极参加讨论，相互沟通情感，说出他们内心的真正情感。一定要避免座谈会变成主持人与个别被访者之间的交谈。应避免采取一问一答的方式。

4）对于某些敏感性的问题，被访者通常只说出表面的意见，而不是内心真正的意思，只有通过主持人的巧妙诱导，被访者感觉到可以抛开所有的顾忌之后，才会说出内心深处的感受。主持人应能辨明被访者的意见是不是发自内心的真正情感。

5）主持人最有用的一种技巧就是让被访者觉得主持人不完全了解他们的意思。主持人若能小心运用一些含糊的言词和询问的语气，将可鼓励被访者更深入地说出他们内心的情感。

6）当被访者发言踊跃，但脱离讨论的主题时，主持人应该促使其返回主题。但应相当小心，以免将那些表面上与主题无关，但实际上可能会透露出无意识动机的谈论给打消了。

（5）焦点座谈会报告的撰写　焦点座谈会报告一般由主持人按照座谈会的书面记录，辅以座谈会的录音和录像资料进行撰写。由于焦点座谈会是质化调查方法，不能像量化调查那样统计焦点座谈会参加者中持某种态度者的比例来推断所有消费者中持这种态度的比例，只能是按照参加者的回答进行一些方向性总结。由此可见，报告的撰写受主持人水平和经验的影响比较大。

2. 深度访谈法

深度访谈法是一种开放式的、直接的、个人的访问。在访问过程中，由掌握高级访谈技巧的访问员对访问对象进行面对面、一对一的深入访谈，用以揭示对某一问题的潜在动机、信念、态度和感情。访谈一般是由访问员事先根据调查主题拟订提问提纲，在深度访谈进行的过程中灵活掌握提问的方法和重点。深度访谈主要用于获取对问题深层次了解的探索性调查，其在市场调查中的应用比较广泛，如用于详细了解被访者的想法（例如经销商对某种新产品的看法判断），详细地了解复杂行为（例如选择家用轿车时的想法）等。

（1）对深度访谈访问员的基本要求　深度访谈前，访问员应该有一个粗略的访谈提纲，但访谈的方向完全根据被访者的回答以及访问员的追问技术来决定，问题的具体措辞和顺序完全要受被访者反应的影响。访问员的作用对深度访谈的成功与否是十分重要的，因此访问员应当做到以下几方面：

1）尽量避免表现自己的优越和高高在上，要让被访者轻松地接受访问。

2）态度要保持中立、客观，但又要有风度及人情味。

3）不要只接受简单的“是”或“不是”的回答，要用追问的方法刺探被访者真实的想法。常见的追问方法有：第一，用同样的措辞重复提问可以提请受访者的注意力，并有效地引出答案；第二，通过重复被访者的回答，可能会刺激他们，使他们能继续展开思路，给出进一步的看法；第三，适当地沉默与停顿都可以暗示被访者进一步回答，但一定要掌握好沉默的时机；第四，利用客观的或中性的评论，例如可以使用下面的“追问语”：“还有什么其他理由吗?”“对此您能再多谈谈您的想法吗?”“除此之外，还有其他什么吗?”。

（2）深度访谈前的准备工作　包括：携带好最常用的工具，如录音机、摄像机、纸张、文具以及图片数据等，所有这些都是用以获取调查所需数据的工具。摄像机可以捕捉到很多的信息，但使用起来很不方便，费时、费力，有时还会吓着受访者，以致使受访者拒绝接受访问。录音机对访问员有很大的帮助，携带、使用也很方便。但是多数受访者都不愿意被录音。如果录音前征求受访者同意，容易遭到拒绝，破坏访问气氛；即使不拒绝，也会因为担心回答出问题而小心谨慎。如果不征求受访者同意而偷偷录音，一旦被知道，容易引起误会，使访问工作受阻。纸笔是最重要的工具，在许多情况下，录音机、摄像机都不能用，即使用上了，访问结束以后对录音、录像资料作分析也是相当麻烦的事。因此，用纸笔来记录是自由访问中必然的事情。有时访问员可以对有关问题作详细的记录，有时则可能因为记录来不及等因素的影响而无法详细记录。在这种情况下，作一些简单的记录，在纸上留下一些回忆线索也是十分必要的。有些深度访谈需要提供一些图片数据给受访者看，然后要求他们发表意见。有时这类图片数据可能是问题的关键，所以访问前必须准备好。

（3）深度访谈的过程

1）选择访问对象。访问员在确定访问对象时，通常采用判断抽样方法，这样可以保证受访者的意见比较有代表性，不偏离调查目的，而且比较深入、全面。

2）自我介绍。如何把自己介绍给受访者是至关重要的一步。自我介绍是一种艺术，通常要注意以下问题：第一，介绍时要不卑不亢，不要畏畏缩缩，以免让人产生怀疑；第二，说明自己的身份，避免受访者因你的身份不明而拒绝访问；第三，要能忍耐受访者的无礼或偏见。在访问过程中，常会碰到一些怕麻烦或不友好的受访者，他们有时会对访问员采取无礼的行为或态度。此时，访问员一定要忍耐，不要因别人的偏见和无礼干扰了自己的态度。如果成功地把自己介绍出去，得到受访者的接纳，就可以进行下一步工作。

3）详细地说明访问目的，并设法创造一种友好的气氛。访问员要详细地说明访问的目的和意图，让被访者了解他们所提供信息的意义和重要性，并让他们明白访问对他们不会有不利的影响，他们可以详尽地、如实地发表意见。然而，仅说明访问的目的，并不能确保访问达到目的。一般而言，成功的访问需要在一种轻松、愉快、友好的气氛中进行，这样才能使受访者感到舒适和无拘无束，才能畅所欲言。最好的办法是先观察和了解被访者的行动，再予以适当的礼貌和尊重的表示。

有时也可找些其他轻松的话题聊一聊，让气氛活跃起来。在建立某种程度的信任关系后，再相机谈论正题。受访者在回答问题时，难免有些话是访问员不愿意或不必要听的，有些甚至离题万里。此时，无论受访者说什么，访问员都要耐心地听，做一个好听众。即使要把话题转回来，也得选择一个有利的机会，使对方觉察不出来。千万不能生硬地阻止对方的谈话，以免破坏谈话的气氛。访问的气氛有时也会因为受访者对询问的问题不知如何作答而受到影响。出现这种情况的原因一般与访问员的语言陈述不清楚或太抽象等因素有关，所以访问员在询问时，必须尽量把问题表述清楚。

4）把握询问的方向及问题的焦点。访问的目的是从被访者那里获得有用的数据。然而在自由访问中，由于访问的结构性差，受访者的回答范围广，被访者常常会谈论大量无关紧要或离题的事情。因此，访问员必须努力去把握、控制谈论的焦点，及时地把谈论的主题转移到正确的方向上来。为了使谈论围绕着所要调查的问题，一方面访问员本身在开始讨论正题后要注意尽量减少题外话，语言简洁；另一方面，要注意观察受访者的情绪变化，寻找机会把谈论的主题从无关的话题转移过来。

3. 投影法

投影法，又称投射法，是指根据无意识的动机作用来探询个性深蕴的方法，是超过表面的防御而探询个性的深蕴。这种方法用来探究深层的心理活动。在投影测验中，往往要使被测试者帮助别人在某种特定的情况下作出决策。人们一般不愿意承认自己的某些愿望，可是却很愿意分析别人的心理活动，在推断他人的动机和态度时，人们往往会不自觉地表明自己的动机和态度。这就是投影法的依据。

市场调查中最常用的投射技术主要有词语联想法、词语配对法、主题统觉测试法以及漫画实验法等。下面简单介绍前三种。

（1）词语联想法 对于市场调查者来说，这是非常实用和有效的方法。这种方法要求被调查者在看到调查人员展示给他们的一个词语或短语后，提供他们想到的第一个词或短语。通常消费者反应的是一个同义词或反义词，调查人员一般是快速地念出一连串词语，不让心理防御机制有时间发挥作用。如果被调查者不能在3s内作出回答，那么可以断定已经受了情感因素的干扰。词语联想法主要用于企业选择品牌名称、广告主题和标语。

（2）词语配对法 调查者进行此项试验时，给被调查者一份问卷。问卷一旁列出同样产品不同厂牌名称，另一旁则列出形容词汇，然后要求被调查者将二组文字作适当配对。例如：

汽车厂牌	奔驰	保时捷	佳美	沃尔沃	雷诺
形容词	舒适	经济	豪华	安全	快速

（3）主题统觉测试法 调查者将一幅绘有购买情况的图片出示给被访者，例如图上绘有一个中年男性，面对着汽车展览，然后要求被访者将该男性的内心想法说出。由于图上并未提示任何资料，回答者也不知图上的人到底想些什么，但是被访问者往往可以说出一套图上该男性的想法，而这一想法无疑是反映他本人的想法。

第三节 持续性调查

市场情况总是在不断地变化，为了使调查得到的资料能跟上不断变化的市场，市场调查主体不能死守着静止甚至于过时的资料不放，而必须采用一个连续不断地与正在变化着的市场情况同步的信息流——持续性地实地调查，以掌握最新的市场动态，从而及时地对市场战略作相应的调整，保持产品的市场竞争优势。持续性实地调查的主要方式是固定样本持续调查。

1. 固定样本持续调查的概念和意义

固定样本持续调查，是指把抽样选出来的样本（调查单位）固定下来，对其进行长期持续的调查。固定样本持续调查是市场调查中最基本的调查，进行这种调查时，一般要把印好的调查表发给被调查者如实填写，然后由指定人员定期收回，或由被调查者定期寄回。

搞好固定样本持续调查具有多方面的意义。通过固定样本持续调查所取得的原始资料，是取得发展趋势、市场商品结构变动、消费者需求变动和市场占有率变动等一系列资料的重要来源。

2. 固定样本持续调查的优缺点

（1）固定样本持续调查的优点 具体来说，固定样本持续调查方法的主要优点是：调查单位稳定；取得的资料比较可靠，也比较系统；费用较低，也比较节省时间。另外，调查者与被调查者在长期的接触中建立起了密切的关系，因此还具有回收率高的特点。

（2）固定样本持续调查的缺点 固定样本持续调查也有缺点，调查单位和人员常会因持续时间过长而产生厌烦情绪；也可能产生某种心理负担而影响正常的生活，以至影响调查的真实性。针对这些缺点，可以采取在固定样本的基础上，每隔一定时间，部分轮换调查单位的方法。

3. 固定样本持续调查的种类

（1）消费者固定样本持续调查　消费者调查组，是指以消费者为调查对象，从中随机抽选样本并固定下来，对他们进行长期持续性的调查。这种方式能够从动态的角度了解和掌握消费者对各种汽车产品的需求及变动趋势，主要有如下特点：

1）了解消费者的购买习惯。采用消费者固定样本持续调查，可以对被调查者购买汽车商品的路径、购买方法等进行长时期的监控，同时分析和发现消费者的购买习惯及其变化规律，从而对企业制定营销策略产生重要影响。

2）了解消费者的品牌忠诚状况和品牌转移状况。在一般的消费者调查中，如果想了解人们的品牌忠诚和转移状况，都是用回忆法收集资料。例如，询问“您上次购买的汽车是什么品牌”、“您这次是否打算更换品牌”等等问题。但是这样做只能了解近期的心理状况，没有长期的资料，尤其是针对汽车这样的耐用品，人们不可能在短时间内更换汽车，所以资料的可信程度就受到影响。而采用消费者固定样本持续调查，则可以准确地把握被调查者的品牌忠诚度，资料时间长，能够反映变换的规律。

3）了解各种广告及营业推广的效果。采用消费者固定样本持续调查，不仅可以了解消费者消费行为的变化规律，同时可以进行广告及营业推广的效果评价。例如，从某一时点开始，企业进行了广告或者营业推广，那么从这一时点开始，通过对被调查者的品牌选择的变化情况进行了解，就可以发现广告等对消费者购买行为的影响。

消费者固定样本持续调查具有长期性、累积性，运用统计的方法可以很容易地发现市场变动的规律，因此具有市场预测的优点；同时这种方法由于样本不变，使得调查的难度减小，问卷回收率高。但是这种方法也存在一些缺点，即调查时间长、费用高；被调查者由于经常接受调查会产生厌烦情绪、被调查者在调查过程中由于搬迁或者拒绝访问等原因，可能会使得调查样本不断减少。

（2）4S 店销售量调查　4S 店销售量调查，是以 4S 店为调查对象，从中抽取样本并固定下来，长期持续地调查它的销售量。一般来说，4S 店销售量也就是消费者购买的数量。因此，对 4S 店销售量进行持续性调查和对消费者的固定样本进行持续性调查，对市场调查主体来说具有相同的作用。不过，通过 4S 店销售量调查，有助于取得购买频率低的一些商品的销售量。

一般来说，这种调查提供有关货物零售渠道的信息，从收集的资料中，可以了解有关汽车商品的市场总销售量和市场份额。具体做法是：抽取一组经营某种汽车品牌的 4S 店作为调查对象，这些店同意调查员到店内清点、盘存，登记发票、提货单和库存清单，计算该店的销售量。按一周、二周或者一个月的时间定期做出调查报告。

思 考 题

8-1　产品试验和销售试验分别适用于哪些对象？都包括哪些方式？

8-2　地区试销在选择试销地点时主要考虑哪些因素？

8-3　什么是购买动机调查？主要有哪些购买动机调查的方式？

8-4　为什么要进行持续性实地调查？有哪些持续性实地调查的方式？

第九章　市场调查资料整理与分析

第一节　市场调查资料整理

汽车市场调查资料整理是对汽车市场调查获得的信息进行初加工，为汽车市场分析研究准备数据。

一、市场调查资料整理概述

1. 市场调查资料整理的含义

（1）定义　汽车市场调查资料整理是根据汽车市场分析研究的需要，对汽车市场调查获得的大量原始资料进行审核、分组、汇总和列表，或对二手资料进行再加工的工作过程。

（2）任务　汽车市场调查资料整理的任务，是使汽车市场调查资料综合化、系列化和层次化，为揭示和描述调查现象的特征、问题和原因提供初步加工的信息，为进一步分析研究准备数据。

汽车市场调查所收集的反映个体量的原始资料是分散、不系统和不能直接利用的。例如，一项有关消费者汽车购买行为的调查，通过面访获得了2000份问卷的原始数据，如果不审核这些问卷填答得是否合格，也不进行加工处理，汽车市场调查者将无法从总体上认识调查现象的数量表现和特征，无法得出调查结论和解释调查结果。因此，汽车市场调查资料的整理是从汽车市场信息获取过渡到汽车市场分析研究的承上启下的重要环节，是从个体量导向总体量的必由之路。一般来说，在汽车市场调查过程中，数据获取提供原材料，资料整理提供初级产品，分析研究提供最终产品。

2. 市场调查资料整理的内容

汽车市场调查资料整理既包括对原始资料的整理，也包括对现成资料的整理，其中原始资料的整理是最主要的。汽车市场调查资料的整理包括以下三个方面：

1）数据确认。

2）数据处理。

3）数据陈示。

（1）数据确认　是指对汽车市场调查问卷或调查表提供的原始数据进行审核，检查问卷填答是否合格（包括项目是否完整、填答是否正确），或者对二手数据的可靠性、准确性、时效性和完备性进行检查。数据确认的目的在于查找问题，采取补救措施，确保数据质量。

（2）数据处理　就是对确认无误的汽车市场调查问卷或调查表进行加工处理，包括分类、编码和汇总等，或者对二手数据进行再分类和调整。数据处理是汽车市场调查资料整理的关键，其任务在于使原始数据和二手数据实现综合化、系列化和层次化，为进一步的分析研究准备有使用价值的数据。

（3）数据陈示　是指将加工整理后的汽车市场调查数据用一定的陈述和显示形式表现出

来，以便汽车市场调查者阅读和使用。在汽车市场调查中，数据陈示的形式通常有统计表、统计图、数据库和数据报告等，其中数据制表是数据陈示的常用形式。

3. 市场调查资料整理的原则

汽车市场调查资料整理的实质是对汽车市场调查获得的信息资源进行初步加工和开发。这种信息资源表现为汽车市场调查问卷或调查表中的原始数据、定性调研的原始资料，以及从内部和外部渠道获取的二手资料等。它们往往是一堆凌乱、分散和不系统的原材料，必须通过加工开发才能转化为有价值的语法信息。语法信息是描述汽车市场现象总体的数量表现和数量结构关系的初级信息产品的形式，是语义信息和语用信息开发的基础和前提。汽车市场调查资料整理要使加工开发的语法信息具有价值，应遵循以下原则：

（1）目的性原则　汽车市场调查资料的整理要服从于汽车市场调查的目的和要求，针对汽车市场调查需要解决的问题，即汽车企业管理决策的信息需求，有针对性地加工开发出以总括性数据与结构性（分类的）数据相结合的语法信息。

（2）核查性原则　为确保数据处理质量，汽车市场调查资料整理应注意事前、事中和事后都必须对数据质量进行核查，以求发现问题、查找差错并确保数据的准确性和可靠性，为进一步的分析研究提供高质量的语法信息。

（3）系统化原则　汽车市场调查资料的整理，不能停留在汽车市场调查问卷或调查表数据的简单加工汇总上，应实行多方向、多层次的加工开发，以及汽车市场调查项目之间的交叉开发，使加工开发的语法信息具有序列化，能最大限度地满足分析研究的需要。

（4）时效性原则　汽车市场调查资料的整理是数据处理的过程，需耗费一定的时间，如果不提高加工整理的效率，数据的时效性就会受到影响。因此，在汽车市场调查中，应利用计算机自动汇总技术、数据库技术等，对数据进行及时的加工处理、传输和反馈。

4. 市场调查资料整理的程序

汽车市场调查资料整理的一般程序如下：

（1）设计整理方案　汽车市场调查资料整理方案，一般包括整理的目的要求、资料审核、整理内容、整理方式、汇总办法、整理时间、人员安排和数据管理等方面的一些设计和规定。

（2）审核订正调查资料　主要是审核汽车市场调查问卷或调查表的齐备性、完整性和填答的准确性，以便发现问题进行纠正、补充或删除，防止有问题的问卷或调查表进入整理的流程；或者对二手资料的可靠性、准确性、时效性和可比性等进行评估，以决定其取舍。

（3）分组处理　汽车市场原始资料和二手资料审核无误后，即可进行分组处理。分组是根据汽车市场研究的需要，按一定的标志或标准将总体各单位区分为若干组（类）的一种数据加工处理方法，用以划分汽车市场现象的不同类型，揭示总体的内部结构和分布特征，显示汽车市场现象之间的依存关系。汽车市场调查资料分类的标准有属性水准、数量水准、时间水准、空间水准和关联水准等，利用这些水准可以对汽车市场调查问卷或调查表数据进行多方向、多层次的加工开发和交叉开发。

（4）统计汇总　是指在分组处理的基础上，利用手工汇总或计算机汇总技术，求出各种分组的各组单位数、总体单位数、各组指标和总体综合指标等。其中，手工汇总技术主要有划记法、折叠法、卡片法和问卷分类汇总法，等等；计算机汇总一般包括程序设计、数据编码、数据录入、逻辑检查和汇总制表等工作程序，具有速度快、精度高和便于存储数据等特点，特别适合于大批量的数据处理。

（5）数据陈示　汽车市场调查资料整理的最终结果需要借助于一定的形式表现出来，以供汽车市场调查者阅读、使用和分析研究。数据陈示的形式主要有统计表、统计图、数据库和数据报告等。

二、原始资料的加工开发

原始资料的加工开发，是对汽车市场调查问卷或调查表提供的原始数据进行加工整理和开发，即对经过审核的汽车市场调查问卷或调查表中的原始数据进行分类和汇总，使数据系统化、综合化和条理化，得出能够反映汽车市场现象总体数量特征的综合资料，并用数据表的形式反映出来。原始资料加工开发的基本程序如图 9-1 所示。

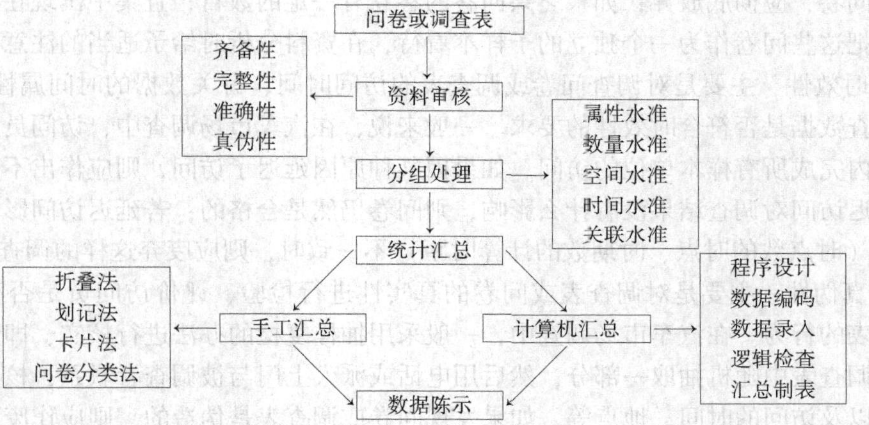

图 9-1　原始资料加工开发的基本程序

（一）原始资料的审核

1. 审核的内容

原始资料审核主要是对汽车市场调查收回的问卷或调查表的齐备性、完整性、准确性和时效性进行分类汇总前的审核，以防止有问题、有差错的问卷或调查表进入分类汇总作业流程，导致数据汇总处理出现严重问题。原始数据一经汇总处理，其差错就被掩盖起来了。因此，在汽车市场调查中，原始资料的加工整理首先要重视对收回的汽车市场调查问卷或调查表进行审核，以确认有无问题，并采取补救措施。审核的内容如下：

（1）齐备性　即检查回收的问卷或调查表的份数是否齐全，是否达到了汽车市场调查方案设计样本量的要求。如果调查问卷或调查表份数不够，应告知汽车市场调查者查明原因，采取补救措施，如派访问员重新面访拒绝调查或访问时不在的被调查者，或更换样本单位进行访问。

（2）完整性　即检查审核问卷或调查表填答的项目是否完整。在汽车市场调查中，不完整的答卷一般可分为三种情形：①大面积的无回答，或者相当多的问题无回答，对此应作废卷处理；②个别问题无回答，应视为有效调查问卷，所留空白待后续工作中采取补救措施，或将其归入“暂未确定”、“其他答案”的类别中；③有相当多的调查问卷对同一问题无回答，仍作为有效调查问卷，对此项提问可作删除处理。汽车市场调查者对此可作如下思考：

这个问题是否用词不清而让被调查者无法理解；这个问题是否太具敏感性或威胁性，而使被调查者不愿意回答或是无法给出现成的答案。

（3）准确性　即检查问卷或调查表中的项目是否存在填答错误。在汽车市场调查中，填答错误一般也有三种形式：

1）逻辑性错误，表现为某些答案明显地不符合事实，或者前后不一致。对这类错误能够用电话核实的可进行更正，无法核实的按“不详值”对待。

2）答非所问的答案。这种错误到了审核阶段一般很少存在，一旦发现应通过电话询问进行纠正，或者按“不详值”对待。

3）乏兴回答的错误。这类错误一般是被调查者对回答的问题不感兴趣，如问卷中所有的问题答案都选择某一固定编号的答案，或者一笔带过若干个问题。如果这种乏兴回答仅属个别调查问卷，应彻底放弃；如果乏兴回答的答卷有一定的数目，且集中出现在同一类问题群上，应把这些问卷作为一个独立的子样本看待，在资料分析时给予适当的注意。

（4）时效性　主要是对调查问卷或调查表的访问时间、有关数据的时间属性进行检查，以评价调查数据是否符合时效性的要求。一般来说，在汽车市场调查中，访问员应在规定的访问期限内完成所有样本单位的访问。如果因某种原因延迟了访问，则应作出不同情况的处理；若延迟访问对调查结果没有什么影响，则问卷仍然是合格的；若延迟访问影响到数据的时间属性（时点数的时点、时期数的计算时距）不一致时，则应废弃这样的调查表或问卷。

（5）真伪性　主要是对调查表或问卷的真实性进行检验，评价访问员是否存在伪造问卷或调查表的行为。在汽车市场调查中，一般采用抽样复检的办法进行核实，即从回收的全部问卷或调查表中随机抽取一部分，然后用电话或派人上门与被调查者联系，核实访问员是否到访，以及访问的时间、地点等。如果发现问卷或调查表是伪造的，则应作废弃处理，并要派访问员重访。

一般来说，在汽车市场调查过程中，为确保调查的质量，调查组织者往往制定了调查访问过程中的实地审核制度和办法。尽管如此，集中上来的问卷或调查表仍不可避免地存在这样或那样的问题。因此，在分类汇总前，集中审核仍然是必要的。

2. 审核的作业方式

较大规模的汽车市场调查项目收回的问卷或调查表往往数量是很大的，需要聘用审核员进行集中审核。审核员一般是汽车市场调查机构聘用的专职人员，应具有较丰富的审核经验和各方面的阅历。在审核工作开始之前，汽车市场调研项目主持人应向审核人员交待调研项目的调查内容、调查问卷或调查表格设计格式和特点、样本选择方式、调查时间、访问背景等情况，使审核员明确审核的内容和要求。

审核的作业方式应该是在汽车市场调查问卷或调查表分配给审核员的基础上，实行一卷或一表从头审到尾，而不应采用分段交叉的作业方式。前者有利于贯彻审核的一致性原则和明确审核员的责任，而后者虽可能提高审核的效率，但不利于贯彻一致性原则，也容易产生责任不清的问题。

3. 审核的办法

（1）逻辑审核　就是利用逻辑或经验判断的方法，检查汽车市场调查问卷或调查表中的填答项目是否合理，项目之间有无相互矛盾的地方，有无不应有的空白，有没有不合理的填答，有没有乏兴填答、答非所问或部分项目不回答等。

（2）计算审核 主要是对数据进行计算性的检查，如分项相加是否等于小计，小计相加是否等于合计，数据之间该平衡的是否平衡，各项数据在计算方法、计算口径、计量单位和时间属性等方面是否有误等。

（二）原始资料的分组处理

汽车市场原始资料经过审核，汽车市场调查问卷或调查表的质量得到确认之后，即可对问卷或调查表中的问项及答案进行分组处理。分组处理的目的在于使原始数据分门别类，使资料综合化、条理化和层次化。在汽车市场调查中，原始数据的分组有下列几种形式：简单分组处理、平行分组处理、交叉分组处理以及开放式问题的分类归纳。

1. 简单分组处理

简单分组又称单变量分组，是指对各总体单位或各样本单位只按一个标志或标准进行分组处理。在汽车市场调查的原始资料整理中，表现为对每个调查问项本身的不同选项或取值进行汇总处理就可得到简单分组的结果。在封闭型汽车市场调查问卷中，每个调查问项都是分组的标准，问项下的备选答案都是分组后的组别或类型。由于调查问项及备选答案是在汽车市场调查设计阶段事先设计好的，所以又称事前分组处理。汽车市场调查资料收集工作结束后，问卷的数量和质量得到确认，汽车市场调研者只需要把每个问项下备选答案的被调查者的填答次数统计起来，就可得到一系列简单分组的结果。

在汽车市场调查中，简单分组的主要特点如下：

1）分组是事先设计的，一份封闭型问卷有多少个问项，就有多少个简单分组设计。

2）不同的简单分组之间是互不关联的。

3）分组的标志或标准一般可以区分为品质属性、数量属性、时间属性和空间属性四类。

4）分组的结果表现为各种简单的次数分布数列。

5）对分组的结果只能作一些基本的结构分析和集中趋势分析，而不能说明变量或问项之间的依存性、相关性和差异性等深层次的问题。因此，这种分组处理只能提供最基本的综合性资料。

例如，2005 年中国汽车报曾举办中国百强县市汽车巡展活动，并组织进行了居民家庭汽车满意度和购买行为的市场调查，所设计的封闭式问卷包括被调查者的基本情况、质量评价、售后服务评价和购车倾向等四类项目，设计的问项有 27 个，其中基本项目 6 项，主体项目 21 项。问项列示见表 9-1。

表 9-1 百强县市汽车巡展消费者调查问卷问项列示

被调查者基本情况	质量评价	售后服务评价	购车倾向
1. 性别 2. 职业 3. 文化程度 4. 年龄 5. 家庭年收入 6. 家庭人口	1. 总体质量 2. 存在的质量问题 3. 质量好的品牌 4. 质量差的品牌	1. 总体评价 2. 维修地点 3. 便利程度 4. 快捷程度 5. 员工素质 6. 收费合理性	1. 推荐品牌 2. 购车价格 3. 付款方式 4. 颜色选择 5. 购车类型 6. 燃料类型 7. 购车地点 8. 购车关注因素 9. 变速器类型 10. 天窗选择 11. 购车时机

表9-1中的27个问项都是分组标志或标准，每个问项下的备选答案都是分类的组别，可加工成27个问项的简单次数分布数列。这些简单的次数分布数列可分为如下四类：

（1）品质属性分布数列　是以汽车市场调查中被调查者的职业、所属行业、性别、文化程度和职业等品质属性和定性测评调查项目作为分组标志，对其本身的不同选项进行分组处理而形成的简单的品质数列。表9-2就是以被调查者职业为分组标志的分布数列。

表9-2　某市被调查者职业分布

职业	公务员	行政管理人员	工人	个体经营者	企业主	学生	军人	其他人员	合计
被调查者/人	15	10	15	15	10	15	10	10	100
比重(%)	15	10	15	15	10	15	10	10	100

（2）数量属性分布数列　是以汽车市场调查中被调查者的年龄、收入、消费支出、家庭人口、就业人口等数量属性，以及调查主体项目中的具有数量属性的调查项目作为分组标志（数量标志或变量），对这些变量的不同取值进行分组而形成的变量数列。有如下两种形式：

1）单项式变量数列，适应于离散型变量（如家庭人口、就业人口、汽车产品需求量等）的分组处理，即以变量的每一个具体取值的整数作为分组的组别而编制的变量数列。表9-3就是一个单项式变量数列。

表9-3　某市居民家庭人口分布

人口/人	2	3	4	5	6	7	8	9	合　计
家庭/户	30	180	120	90	60	60	30	30	600
比重(%)	5	30	20	15	10	10	5	5	100

2）组距式变量数列，适应于连续变量（如年龄、收入、消费支出等）的分组处理，即以变量的不同取值区间作为分组的组别而编制的变量数列。表9-4就是一个组距式变量数列。

表9-4　某市被调查者年龄分布

年龄/周岁	20以下	20~25	26~30	31~35	36~40	41~45	46~50	50以上	合　计
被调查者/人	20	100	104	88	44	28	8	8	400
比重(%)	5	25	26	22	11	7	2	2	100

（3）时间属性分布数列　是以汽车市场调查问卷中的一些时间属性的调查项目（如购买时间、需求时间）作为分组标志，对被调查者的时间选项进行分组而形成的时间数列。表9-5就是一个居民家庭计划购车时间的分布数列。

表9-5　某市居民家庭计划购车时间分布

计划购车时间	一年内	两年内	三年内	四年内	四年以上	合　计
家庭/户	60	180	180	120	60	600
比重(%)	10	30	30	20	10	100

（4）空间属性分布数列　是以汽车市场调查问卷中的某些具有空间属性的调查项目（如

被调查者的居住区域、购买汽车产品的场所等）作为分组标志，对被调查者的空间选项进行分组而形成的空间数列。表 9-6 就是一个居民家庭现有汽车购买场所的分布数列。

表 9-6 某市居民家庭现有汽车购买场所分布

购买场所	4S 店	普通经销商	大卖场	汽车超市	合　计
家庭/户	525	140	14	21	700
比重(%)	75	20	2	3	100

2. 平行分组处理

平行分组处理是对各总体单位或各样本单位同时采用两个或两个以上的标志或标准进行平行排列的分组，所编制的分组数列称为平行分组数列。在汽车市场调查问卷中，一些调查项目之间往往具有一定的对应关系或相互联系。例如，居民家庭现有汽车拥有量的品牌分布与未来一段时期内的需求品牌分布之间，现有汽车的车型分布与未来需求的车型分布之间，满意度测评项目之间，被调查者的家庭人口、就业人口与年人均收入之间等，往往具有一定的对应关系或相互关系。平行分组处理就是利用这种关系，对汽车市场调查问卷提供的原始资料进行加工开发。

在汽车市场调查中，平行分组处理的主要特点如下：

1）分组设计是在原始资料收集之后进行的，是一种事后分组处理。

2）分组的标志或项目涉及两个或两个以上。

3）这些标志或项目具有相同的选项或某种平行的对应关系。

4）分组的结果表现为各种平行分组数列。

5）分组的结果不仅能够说明现象的类型和结构，而且能够分析调查项目之间的相关性、差异性和联系性等深层次的问题。

因此，平行分组处理能够为进一步的分析研究提供有重要价值的综合性资料，是对汽车市场原始资料进行深度加工开发的重要方法。平行分组处理一般有下列两种形式：

（1）两变量（项目）平行分组数列　它是将两个有联系的汽车市场调查项目，按相同选项分组的结果并列在一起而编制的平行分组数列。表 9-7 就是一个关于居民家庭现在汽车拥有量的品牌分布与未来需求量的品牌分布的平行分组数列。

表 9-7 某市居民家庭汽车拥有量与未来需求量的品牌分布

序	品牌	大众	通用	丰田	本田	现代	其他	合计
1	拥有量/辆	200	150	150	150	150	200	1000
	比重(%)	20	15	15	15	15	20	100
2	需求量/辆	100	150	200	100	200	250	1000
	比重(%)	10	15	20	10	20	25	100

（2）多变量（项目）平行分组数列　它是将两个以上有联系的汽车市场调查项目，按相同选项分组的结果并列在一起而编制的平行分组数列。常用于汽车产品或服务满意度测评、被调查者态度测量等原始资料的加工开发。表 9-8 就是一个反映某市居民家庭对汽车满意度

的平行分组数列。

表 9-8 某市居民家庭汽车满意度测评汇总表

序	测评项目	很满意	满意	较满意	不满意	很不满意	次数合计
1	维修便利性	200	150	100	300	250	1000
	比重(%)	20	15	10	30	25	100
2	维修快捷性	200	400	200	150	50	1000
	比重(%)	20	40	20	15	5	100
3	价格合理性	200	200	400	150	50	1000
	比重(%)	20	20	40	15	5	100

表 9-8 只能从总体上说明被调查者对全部汽车的满意度情况，而不能说明具体品牌的满意度情况。因此，在实际的汽车市场调查中，可分品牌编制此类数列。某些类型的满意度测评亦可按单位、按部门编制此类数列。

根据汽车市场调查问卷或调查表提供的原始资料，应作哪些平行分组处理，没有固定的规则，而应根据汽车市场调查项目的性质、问项设计形式、问项之间的联系和分析研究的需要作出选择。

3. 交叉分组处理

交叉分组处理是对各总体单位或各样本单位采用两个或两个以上的标志或调查项目进行交叉分组，所编制的数列一般表现为相关分组数列或复合分组数列。在汽车市场调查问卷中，许多基本项目之间、基本项目与主体项目之间，往往具有多种多样的依存性、相关性和差异性，交叉分组处理就是为了解释这类问题而对汽车市场原始资料进行加工开发的。

在汽车市场调查中，交叉分组处理的特点如下：

1）分组设计是在原始资料收集之后进行的，是一种事后分组处理。

2）分组的标志或项目涉及两个以上。

3）这些标志或项目的选项虽然不同，但它们之间具有某种依存性或相关性。

4）分组处理的结果一般为交叉分组数列或复合型数列。

5）分组处理的结果不仅可以研究现象的内部结构和分布，而且可以分析和检查调查项目之间的依存性、相关性、差异性和显著性等，用以揭示调查现象的一些本质特征，从中挖掘出一些有价值的重要启示。

交叉分组处理有下列两种情形：

（1）基本项目之间的交叉分组处理　基本项目之间的交叉分组处理，是利用反映汽车市场调查中被调查者基本情况的基本调查项目之间的关联性进行交叉分组处理的。例如，不同性别、不同行业、不同职业、不同文化程度以及不同居住区域的居民家庭的人均收入是否具有差异性；不同性别、不同行业、不同职业、不同年龄以及不同居住区域的被调查者的文化程度是否具有差异性等等，都必须运用交叉分组处理来提供分析研究所需的综合性数据。表 9-9 是某市汽车需求与购买行为调查中，被调查者的性别与文化程度的交叉分组数列。

表 9-9 某市被调查者性别与文化程度分布 （单位：人）

文化程度＼性别	男	女	合 计
小学以下	5	6	11
初中	26	25	51
高中高职	49	49	98
专科	40	45	85
大学本科	55	50	105
硕士博士	15	5	20
合计	190	180	370

从理论上讲，如果主体项目有 n 个，则可交叉开发出 $n\times(n-1)$ 个交叉分组数列，如前面的中国百强县市汽车巡展实例中，有6个基本项目，可加工开发出30个交叉分组数列。但是，在汽车市场实际问题的研究中，这种交叉分组处理有无必要，或者是否需要进行全部加工开发，取决于调研者分析研究的需要。在大多数情况下，一般不需要进行这种加工开发，因为汽车市场调查的目的，不在于对被调查者本身进行研究，而是要研究有关的汽车市场问题。

（2）基本项目与主体项目之间的交叉分组处理 基本项目与主体项目之间的交叉分组处理，是利用汽车市场调查问卷中的基本项目与主体项目之间的关联性进行交叉分组处理，用以揭示不同性别、不同年龄、不同行业、不同职业、不同文化程度、不同居住区域和不同家庭人口的被调查者对所要研究的汽车市场主体项目选项回答的差异性、相关性等深层次的问题。从理论上讲，有 n 个基本项目和 m 个主体项目，就可以加工开发出 $n\times m$ 个两变量的交叉分组数列。如前面的中国百强县市汽车巡展实例中，有6个基本项目、21个主体项目，则可加工开发出126个两变量交叉分组数列。在汽车市场实际问题的研究中，是否有必要加工开发出这么多的交叉分组数列，应根据汽车市场研究的目的而定。表9-10是一个居民文化程度与付款方式的交叉分组数列。

表 9-10 某市居民文化程度与付款方式交叉分组数列

文化程度＼付款方式	一次性付清	贷 款	合 计
小学以下	5	6	11
初中	26	25	51
高中高职	49	49	98
专科	40	45	85
大学本科	55	50	105
硕士博士	15	5	20
合计	190	180	370

基本项目与主体项目之间的交叉分组处理，有时也可采用三变量（项目）交叉列表（复合分组表）的形式，以便更好地反映汽车市场调查项目之间的关联性和被调查者回答的差异性。表9-11就是一个三变量交叉列表。

表 9-11 某市被调查者对汽车维修服务满意度测评汇总表 (单位:人)

态度测评选项	男			女			合计
	大学以下	大学以上	小计	大学以下	大学以上	小计	
很满意	135	116	251	124	40	164	415
较满意	126	48	174	141	95	236	410
一般	124	52	176	136	46	182	358
不满意	196	46	242	170	13	183	425
很不满意	180	12	192	195	5	200	392
合计	761	274	1035	766	199	965	2000

4. 开放式问题的分类归纳

在汽车市场描述性调研和因果性调研中，并非所有的调查项目都采用封闭式问项设计或采用标准化访问的方法收集原始资料。为了深入追问被调查者对特定问题（态度、动机和信仰）的一些深层次看法，或者汽车市场调研设计者因事先对问项的多种多样的答案缺少明确的预见，难以在问项下给出数目不太多又能互斥穷举的一组答案，所以在汽车市场调查问卷中往往设计了个别开放式问项。为了深入了解被调查者可能不愿意或难以直接回答的问题，或者内心世界一些深层次的想法，汽车市场调查者有时需要采用焦点座谈会、深层访谈、投影技法等非标准化访问方法收集原始资料。

被调查者对开放式问题的回答是依据自己的标准给出的叙述性和评论性的文字答案，而且这些答案是分散的。因此，对开放式问题的答案进行加工整理是有难度的。因为这种整理不是机械作业，而是一种艺术处理。汽车市场调研中必须对这些文字资料所反映出的被调查者的思想认识进行了解，才能进行分类归纳。因此，在汽车市场调查中，对开放式问题的答案整理可遵循如下基本思路和程序：

1）集中所有同一个开放式问题的全部文字性答案，通过阅读、思考和分析，把握被调查者的思想认识。

2）将被调查者的全部文字性答案，按照其思想认识不同归纳为若干类型，并计算各种类型出现的频数，然后制成全部答案分布表。

3）对全部答案分布表中的答案进行挑选归并，确定可以接受的分组数。一般来说，应在符合调研项目的前提下，保留频数多的答案，然后把频数很少的答案尽可能归并成含义相近的几组，应根据调研的目的和答案类型的多少而确定，一般来说应控制在 10 组之内。

4）为已确定的分组选择正式的描述词汇或短语。不同组别的描述词汇或短语应体现质的差别，力求中肯、精炼和概括。

5）根据分类归纳的结果，制成正式的答案分布表。

例如，在一项关于居民汽车购买行为的调查问卷中，设置了“你对‘混合动力汽车’这个产品概念有何看法?”的开放式问项，被调查者的回答是多种多样的，通过分类归纳得到的答案分布如表 9-12 所示。

表 9-12　某市被调查者对“混合动力汽车”的看法分布

看法分类	答案人数	比重(%)
符合环保需求	325	16
符合发展趋势	286	14
符合消费需求	316	16
希望尽快推出	198	10
有可能实现	312	16
不可能实现	350	17
难以评价	213	11
合计	2000	100

综上所述，汽车市场调查原始资料的加工整理，主要是对汽车市场调查问卷提供的原始资料进行分组处理。封闭式问项资料的加工开发分为简单分组处理、平行分组处理和交叉分组处理，即可进行平行开发，又可进行多维并列开发和交叉开发。开放式问项资料的整理，主要是意见分类归纳处理。由这些多方向、多分组构成的原始资料加工开发体系，可以加工开发出大量的综合性资料，能够最大限度地满足汽车市场研究和汽车企业的信息需求。汽车市场调查原始资料加工开发框架如图 9-2 所示。

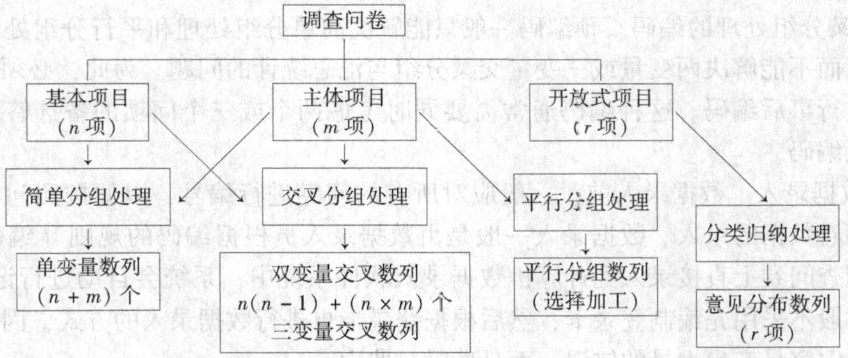

图 9-2　汽车市场调查原始资料加工开发框架

(三) 原始资料的统计汇总

原始资料的统计汇总是在原始资料分组的基础上，采用手工汇总或计算机汇总技术得出各种分组处理的各组频数，进而编制各种频数分布表。统计分组与统计汇总是紧密联系的两个概念，统计分组是统计汇总的基础，统计汇总在于得出统计分组的具体结果。在汽车市场调查过程中，对汽车市场调查问卷提供的原始资料，可先进行分组设计，后进行统计汇总；亦可把分组设计与汇总设计结合起来同时进行。原始资料的统计汇总技术有如下两类：计算机汇总技术和手工汇总技术。

1. 计算机汇总技术

在现代汽车市场调查中，由于调研课题涉及的调研内容多，调研范围大，样本量也很大，由调查问卷提供的原始资料往往有上千份或几千份，同时又要求进行多方向的数据加工开发，因此，一般都采用计算机技术进行汇总处理。

利用计算机技术进行调查问卷数据处理，不仅速度快、精度高，并且数据的分组、汇总和列表均能够自动完成。而要做到这一点，在汽车市场调查过程中应遵循以下程序：

(1) 开发合适的数据处理软件　就是应根据调查问卷设计的内容、数据分组处理的要求等先进行信息需求分析，然后对数据处理流程、数据结构、数据记录、单变量分组、双变量交叉分组、三变量交叉分组、平行分组、数据编码、数据录入、逻辑检查、汇总计算和列表输出等进行详细的设计。设计方案评审确定以后，即可进行程序设计和测试，开发出适合特定问题的数据处理软件。在汽车市场调查实践中，亦可直接利用现成的具有调查问卷数据处理功能的统计软件包，如 SPSS、SAS 等。

（2）编码　是指对一个问题的不同回答进行分组和指派数字代码的过程。在调查问卷中，大多数问题都是封闭式的，并且已预先对备选答案进行编码，这意味着调查问卷本身也设定了不同答案的数学代码。例如，01 表示性别问项，011 表示男，010 表示女，就是预先编制的编码，简称预编码。大型的汽车市场调查，其问卷一般都采用预编码；或者在调查问卷之外，另行制作登录卡，供从调查问卷上的文字答案向数码转化用。登录卡从格式上看是一张空白的数码矩阵表，编码员可根据编码规则将问卷中所载答案转化成数码填入适当的矩阵单元内，供录入时使用。

在编码工作中，有下列两个问题需要进行事后编码：

1）开放式问题的答案整理与编码。开放式问题的答案整理采用“意见分类归纳法”进行加工处理，然后根据分组的结果制定编码规划。

2）交叉分组处理的编码。预编码一般只能解决简单分组处理和平行分组处理的分组和汇总统计，而不能解决两变量或三变量交叉分组与汇总统计的问题。为此，必须根据交叉开发的要求进行事后编码。这种编码通常需要同时考虑两个或三个问项的备选答案的对应编码，故称复编码。

（3）数据录入　数据录入前，一般应对所有的问卷进行编号，以便按照问卷编码顺序进行每份问卷数据的录入。数据录入一般是由数据录入员根据编码的规则（编码明细单），将数据从调查问卷上直接录入到计算机数据录入软件系统中，系统会自动进行记录和存储。数据录入一般不采用先编制登录卡，然后根据登录卡再进行数据录入的方式，因为这种方式在转录过程中容易产生大量的错误，而且费时、费力。

（4）逻辑检查　全部调查问卷的数据录入完毕，应运用事先设计的计算机逻辑错误检查程序进行检查，以防止录入时逻辑错误的产生。逻辑错误是指录入时违反了跳答方式（录入问项的顺序及跳过某些不需要录入的问项）和录入了不可能的代码（如可能的代码只允许为 1 或 2，却输入了 3）。但逻辑检查不能识别下述情形，即把本应该“是”的回答“1”记录为“否”的回答“2”。逻辑检查也可由计算机输出一份关于每一问项答案的频数分布清单，检查者可据此判断录入过程中是否正确地遵循了跳答方式，是否出现了不适代码。如果逻辑错误被查出，那么一定要找出相应的原始问卷，并对计算机数据文件进行纠正。

（5）汇总制表　当逻辑检查确认数据录入无逻辑错误，则可利用设定的计算机汇总与制表程序自动生成各种分组类，包括简单分组频数表、平行分组频数表和交叉分组频数表，从而为分析研究准备综合化的数据。

2. 手工汇总技术

在汽车市场调查中，当对某些问题的调查中，所要求的样本量不是很大时，亦可采用手工汇总技术对调查问卷原始数据进行汇总处理。手工汇总主要方法如下：

（1）问卷分类法　是将全部问卷按照问项设计的顺序和分组处理的要求，依次对问项答案进行问卷分类，分别清点有关问卷的份数，就可得到各个问题答案的选答次数。例如，先将全部问卷分为男、女两类，清点各类的份数，可得到被访问者的男性人数和女性人数，以及各类问题男女回答的人数；然后又将全部问卷按被调查者的职业选项进行分类，清点各类问卷的份数，可得到不同职业者的被访问人数，以及各类问题男女回答的人数；依次进行下去，直到全部问项处理完毕。问卷分类法亦可用于交叉分组处理。例如，不同职业被调查者的年收入分组处理，可先将全部问卷按职业分类清点人数，然后分别对每一类相同职业者的问卷再按年收入选项进行分类清点人数，将结果填入职业交叉分组统计表内即可。问卷分类法操作简便，能适应各种分组与汇总处理；缺点是问卷分类的次数过多，容易使问卷发生损坏。

(2) 折叠法　是将全部调查问卷中的同一问项及答案折叠起来，并一张一张地叠在一起，用别针或回形针别好，然后统计各个答案选择的次数，填入事先设计的分组表内。折叠法简便易行，但只能适应对全部问题进行简单分组与汇总处理，不能适应交叉分组与汇总处理。

(3) 划记法　是事先设计好空白的分组统计表，然后对所有问卷中的相同问项的不同答案一份一份地进行查看，并用划记法划记（常用的划记符号为“正”字）。全部问卷查看与划记完毕，即可统计出相同问项下不同答案的次数，最后转录到正式的分组统计表上。划记法也比较简便易行，但有可能产生查看或划记错误。划记法对简单分组处理和交叉分组处理都能适应，故比折叠法优越。

(4) 卡片法　是利用摘录卡做为记录工具，对调查表中开放式问题的回答或深层访谈的回答进行转录或记录，然后再依据这些卡片进行“意见归纳处理”。卡片法是处理开放式问题回答的有效工具，但是当调查问卷或被调查者很多，采用卡片法就很不经济。为此，可采用“意见清单”进行转录和处理。

三、次级资料的加工整理

（一）次级资料加工整理程序

次级资料的加工整理是指对问案调查法、网络调查法等方法收集的次级资料进行再加工整理，使之符合调查者对特定的汽车市场问题研究的需要。次级资料又称二手资料，有各种不同的来源，它们的收集目的、总体范围、指标口径和计算方法等，与现有问题研究的要求可能存在一定的差别。因此，在汽车市场调查中要使次级资料适用，必须进行再加工整理。其程序如图 9-3 所示。

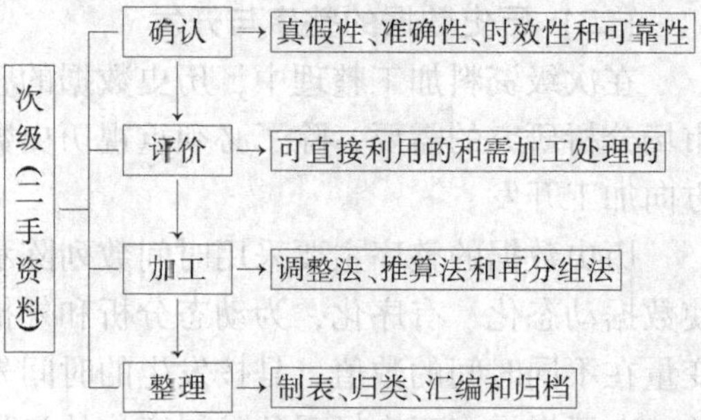

图 9-3　次级资料加工整理程序

1. 确认

确认又称甄别，是指对次级资料的真假性、准确性、时效性和可靠性等进行检查和判定，以便从中选定那些可供利用的资料。确认的主要内容包括：确认次级资料原来调查研究的目的是什么，确认资料收集的方式方法是什么，确认调查的总体范围是什么，确认调查的样本量有多大，确认指标口径、计算方法和数据分类怎样。通过这些方面的确认来判定次级资料能否适合当前问题研究的需要，以决定其取舍。

2. 评价

评价是根据当前问题研究的需要，对所选定二手资料的可利用程度进行评价，以判别哪些资料可直接利用，哪些资料需要进行再加工处理才能利用。

3. 加工

加工就是对不能直接利用的次级资料进行改造制作，使之符合分析研究的需要。加工改造的方法主要有下列几种：

（1）调整法　当次级资料的总体范围、指标口径和计算方法等因为种种原因造成前后时期数据不可比时，一般可用加进、减去和换算等方法对其进行调整。例如，由于行政区域、组织系统、隶属关系和经营范围变更导致的数据不可比，应以现行的行政区域、组织系统、隶属关系和经营范围为准，调整过去的统计数据。如果统计数据的计量单位和计价标准前后时期不一致，则应按现行的计量单位和计价标准进行加工换算。

（2）推断法　当分析研究所需要的次级资料中的个别年份或月份的数据有缺口，既无法直接计算，又无法进行实际调查时，可运用平衡推算法、因素推算法、比例推算法、线性插值法和回归估计法等进行科学的估计推算。科学的推算虽然是有根据的合理推算，但推算的结果仍然是近似的数据，不可能十分准确，因此应慎重地使用推算法。

（3）再分组法　当次级资料的分组方法不科学，不能满足当前问题研究的需要时，应进行再分组处理。有两种情形：

1）原分组标志是合适的，但划分的组距不科学，不同质的个体单位没有分开。为此，可对原来的分组作出调整，即采用原有分组标志划分新组。

2）不同时期的同类型资料的分组方法不统一，不便于比较，应按统一分组方法进行再分组处理。

4. 整理

次级资料经过确认、评价和加工之后，为了使历史数据和有关资料实现有序化，更好地满足分析研究的需要，还应对次级资料进行整理。整理工作主要包括数据的列表陈示、各类统计表的汇编、编印资料手册，以及文献资料的分门别类、归档管理等。

（二）历史数据的整序与开发

在次级资料加工整理中，历史数据的整序往往是最主要的工作。历史数据能否满足汽车市场分析研究的需要，除了必须重视历史数据的收集之外，还必须重视历史数据的整序和多方向加工开发。

历史数据的整序主要采用时间数列陈示历年的或历年分月（季）的各项统计指标数值，使数据动态化、有序化，为动态分析和外推预测提供数据支持。时间数列是同一统计指标或变量在不同时间的数值，是按发生的时间先后顺序排列而成的统计数列。编制时间数列的目的，在于揭示汽车市场现象发展变化的过程、趋势和规律。因此，保证各期统计指标数值的可比性，是编制时间数列应遵循的基本原则。为此，必须注意各期指标的时间长短应相等、总体范围应统一、指标内容应统一，以及计算方法、计价标准应统一。

历史数据的多方向加工开发，是利用时间数列中统计指标取值具有多样性的特点，从不同的角度对同一统计指标依时间取值进行加工开发，为汽车市场分析研究提供多样化、序列化的动态数据。统计指标的取值可以是总量指标，也可以是相对指标或平均指标；可以从总体上取值，也可以从总体分组上取值；统计指标取值的多样性是历史数据多方向加工开发的基本理论依据。一般来说，反映汽车市场现象数量特征的统计指标，按其取值的属性不同，可分别加工开发出以下六类时间数列：

1）品质属性时间数列。

2）数量属性时间数列。

3）空间属性时间数列。

4）季节属性时间数列。

5）平衡属性时间数列。

6）相关属性时间数列。

1. 品质属性时间数列

品质属性时间数列是指对统计指标按品质属性分组并依时间先后顺序取值而编制的时间数列。例如，汽车产品销售量可按产品品牌、车型和客户等品质属性进行分组，并按不同年份或月份取值编制一系列时间数列，就是品质属性时间数列。这种时间数列不仅可以进行动态分析，而且可以进行结构分析。表 9-13 是国内某汽车企业近五年的广告投入费用统计。

2. 数量属性时间数列

数量属性时间数列是指对统计指标按数量属性分组，并依时间先后顺序取值而编制的时间数列。例如，居民的可支配收入、消费支出，按一定的组距进行分组，并将不同年份的取值按先后顺序排列起来，就是数量属性时间数列。全部汽车产品按销售量大小进行分组，并将不同年份或月份的取值按先后顺序排列起来，也是数量属性时间数列。这种时间数列不仅可以进行动态分析，而且可以揭示全部产品中少数重点产品有哪些、全部客户中少数重点客户有哪些，以及这些重点产品或重点客户有什么变化，以便对产品和客户实行分类管理和重点控制。如表 9-14 是国内某汽车企业近三年全部 4S 店分类统计。

表 9-13 国内某汽车企业近五年的广告投入费用 （单位：万元）

广告投入费用＼年份		2001	2002	2003	2004	2005（上半年）
1	平面媒体广告	600	1700	3400	6500	3000
	电视媒体广告	200	300	1000	1200	900
	网络媒体广告	100	300	400	500	500
	其他媒体广告	100	200	200	800	600
2	国外媒体广告	0	0	0	经销商承担	经销商承担
	国内媒体广告	1000	2500	5000	9000	5000
合计		1000	2500	5000	9000	5000
广告投入占销售收入的比重（%）		1.5	1.5	1.9	3.3	3.9

表 9-14 国内某汽车企业近三年全部 4S 店分类统计

店销售数量分组/辆＼年份	2003		2004		2005	
	4S 店数量/家	销售数量/辆	4S 店数量/家	销售数量/辆	4S 店数量/家	销售数量/辆
500 以下	4	1600	3	1432	3	1231
500～1000	10	8100	12	8230	12	10110
1000～1500	50	62310	60	72010	65	75689
1500 以上	20	38900	25	42000	30	56870
合计	84	110910	100	123672	110	143900

3. 空间属性时间数列

空间属性时间数列是指对统计指标按空间属性列出不同的地区（或部门、行业），并将不同年份或月份的数据排列起来而编制的时间数列。例如，按省、市、县分列的历年居民的可支配收入、消费支出的空间分布；按省、市、县分列的汽车企业历年的产品销售量的空间分布。这种时空结合的分布数列，不仅可以进行各个区域的动态分析和地区间的差异分析，而且还可以揭示产品销售是否存在重点区域、哪些区域的市场还有待开拓等问题。表 9-15 是国内某汽车企业近六年按省汽车销售量的分布。

表 9-15 国内某汽车企业近六年按省汽车销售量分布 （单位：辆）

年份 省别编号	2000	2001	2002	2003	2004	2005
01	5426	5678	6234	6798	7890	9100
02	12521	14576	17823	19245	22367	23465
03	11234	13251	16520	18225	21456	23123
合计	29181	33505	40577	44268	51713	55688

空间属性时间数列的编制，可以在省级层次下列出地市，在地市级层次下列出县，在县级层次下还可以列出乡镇等；既可按产品类别编制，还可按产品规格品种编制。这种多级分层的各种时空数列，能够更好地满足数据挖掘的需要。当然，应列举到何种层级，应根据汽车市场研究的目的而定。

4. 季节属性时间数列

季节属性时间数列是指对统计指标按月份、季度取值，并按年度顺序排列起来的时间数列。这种季节属性时间数列，不仅可以研究汽车市场现象发展变化的趋势，而且可以分析现象的淡旺季变化规律。表 9-16 是某 4S 店近六年分季度的汽车销售量的时间数列。

表 9-16 某 4S 店近六年分季汽车销售量统计 （单位：辆）

年 份	一季度	二季度	三季度	四季度	全年
2000	119	284	378	301	1082
2001	142	314	427	302	1185
2002	150	336	451	364	1301
2003	162	380	505	387	1434
2004	185	424	572	425	1606
2005	202	477	648	508	1835

在实际汽车市场调查中，为了更好地揭示汽车产品销售的淡旺季规律，为汽车产品生产、销售的组织与安排提供有价值的信息支持，季节属性时间数列的编排按月份编制更有意义。

5. 平衡属性时间数列

平衡属性时间数列是指将具有收支平衡关系的若干统计指标的分年度（或分季、分月）的统计数据排列起来而编制的时间数列。这种时间数列是由多指标构成的，但这些指标之间具有一定的平衡关系。例如，汽车产品的产、销、存之间具有收支平衡关系。编制此类数列应注意：用统一的实物单位计量的各收支指标列全的条件下，这些指标之间具有直接的平衡关系。但是用价值量计量的各收支指标尽管列全，这些指标之间往往因产销环节或购销环节的计价标准不同而不具有直接的平衡关系。如果要实现平衡，则各项收支指标除了应列全之外，还应采用同一计价标准或换算为同一计价标准。这种平衡属性时间数列，不仅可用于各指标的动态分析，而且可以研究平衡关系和重要的比例关系的变化。例如，汽车产品的产量、销售和存量之间是处于产大于销、产小于销和产销均衡的何种状态，这种状态的动态变化如何，历年的汽车产品销售率有何变化等。表 9-17 是某汽车企业近六年的汽车产销统计。

表 9-17　某汽车企业近六年汽车产销统计　（单位:万辆）

年份＼产销量	年初存量	当年生产量	当年销售量	当年出口量	年末存量
2000	13.4	136.1	108.2	27.5	13.8
2001	13.8	144.8	118.5	28.0	12.1
2002	12.1	167.6	130.1	35.6	14.0
2003	14.0	188.3	143.4	44.1	14.8
2004	14.8	212.9	160.6	53.5	13.6
2005	13.6	246.6	183.5	64.6	12.1

6. 相关属性时间数列

相关属性时间数列是将某一重要的统计指标或变量，与企业内部或外部的一些有关联的其他性质的统计指标或变量的分年（季、月）的数据组织起来而编制的时间数列。这种时间数列，是由多指标或多变量构成的时序数列，这些指标或变量之间具有一定的相互联系或相关关系。在实际汽车市场调查中，这种相关属性时间数列是大量的，既有汽车企业与内部的变量相关，还有汽车企业与外部的变量相关，一般应根据汽车市场研究的需要有针对性地进行加工开发。例如，汽车企业的产品销售与产品销售成本、销售费用、销售利润、销售价格、流动资产、人力资源投入和广告费用等内在变量密切相关，也与汽车企业外部消费者的收入、消费支出、消费者数量、消费结构和购买行为等外在变量密切相关，还与同类汽车企业的产品产量、销售量、产品成本、产品价格、资金投入、科研投入、广告投入、销售费用和销售利润等外在变量密切相关。因此，汽车企业的产品销售可与汽车企业内在或外在的众多变量联系起来，加工开发出汽车市场研究所需的两变量或多变量构成的相关属性时间数列。表 9-18 是上海本地汽车企业与全国汽车行业的汽车产品产量、销售量的相关属性时间数列。

表 9-18　上海本地汽车企业与全国汽车行业的产销统计　（单位:辆）

项目＼时间		2003	2004	2005 年 1 月 ~ 2005 年 8 月
年产量	全国汽车行业	1406659	1727172	1375712
	上海大众公司	405252	347531	157157
	上海通用公司	206964	241597	188509
	上海华普公司	6477	10439	15322
年销售量	全国汽车行业	1374296	1719385	1355876
	上海大众公司	396023	355006	132089
	上海通用公司	201282	252109	175122
	上海华普公司	6477	10439	16213

综上所述，历史数据的整序与开发的实质，是利用统计指标或变量取值的多样性和时序性进行多方向加工开发，它能使大量的分数的历史数据实现序列化和层次化，是历史数据有效组织的重要路径和模式。由于同一统计指标或变量，按取值属性不同，可分别开发出六大系列的时间数列，而每一种属性的时间数列又可分别开发出为数众多的时间数列，从而能够使历史数据的加工开发立体化和多维化。但是这种加工开发工作量是巨大的。为此，在汽车市场调查中，必须注意以下几点：

1）数据收集和初加工等基础性工作必须扎实，有充分的数据资源可供利用。

2）必须选择重要的统计指标或变量进行历史数据的多方向开发。

3）应利用数据库技术进行历史数据的有效组织与开发。

四、市场调查资料陈示

汽车市场调查的原始资料和次级资料加工整理的最终结果，通常需要借助于一定的形式陈示或表现出来，以供汽车市场调查者和汽车企业阅读、分析和使用。汽车市场调查数据陈示的方式，主要有统计表和统计图。

（一）统计表

1. 统计表的概念与种类

统计表是以纵横交叉的线条所绘制的表格来陈示数据的一种形式。用统计表陈示数据资料有两大优点：

1）能有条理地、系统地排列数据，使人一目了然，印象深刻。

2）能合理、科学地组织数据，便于对照比较。

统计表从形式上看，是由总标题、横行标题、纵栏标题和指标数值四个部分组成。表9-19所示即为统计表的典型形式。

表 9-19 婚姻、性别与汽车购买选择分布表

汽车购买选择	男性			女性		
	小计	已婚	未婚	小计	已婚	未婚
高档车	171	125	46	169	75	94
中档车	219	164	55	203	135	68
经济型车	130	101	29	108	90	18
被调查人数	520	390	130	480	300	180

总标题：统计表的名称，概括统计表的内容，写在表的上端中部。

横行标题：横行的名称，即各组的名称，写在表的左方。

纵栏标题：纵栏的名称，即指标或变量的名称，写在表的上方。

指标数值：列在横行标题和纵栏标题交叉对应处。

统计表从内容上看，由主词和宾词两大部分构成。主词是统计表所要说明的总体的各个构成部分或组别的名称，列在横行标题的位置。宾词是统计表所要说明的统计指标或变量的名称或数值，宾词中的指标名称列在纵栏标题的位置。有时为了编排的合理和使用的方便，主词和宾词的位置可以互换。

2. 统计表的分类

1）按作用不同，广义的统计表可分为调查表、整理表和分析表三类。调查表是用于收集、登记原始数据的表格；整理表是用于表现调查资料整理结果的表格；分析表是用于定量分析的表格，通常是整理表的延续，即在整理表的基础上增加若干分析指标的栏目。

2）按分组情况不同，可分为简单表、单变量分组表、双变量交叉分组表和三变量交叉分组表四类。简单表是未经任何分组，仅罗列各单位名称或按时间顺序排列数据的统计表。单变量分组表是对调查数据仅用一个标志分组的统计表。双变量交叉分组表是对调查数据采用两个标志进行层叠分组所形成的统计表。

3）按统计数列的性质不同，可分为品质数列表、变量数列表、时间数列表、空间数列表、平衡数列表和相关数列表。

3. 统计表的设计

设计统计表必须遵循科学、实用、简练和美观的原则。

（1）统计表形式的设计

1）统计表通常都应设计成由纵横线条交叉组成的长方形表格，长宽之间应保持适当的比例，过于细长、过于宽扁和长宽基本相等的方形表，均不符合美观原则，应尽量避免。

2）统计表上下两端的端线应以粗线或双线绘制，表中其他线条一般应以细线绘制。但某些必须用明显线条分隔的部分，也应以粗线或双线绘制。统计表的左右两端习惯上均不划线，采用不封闭的“开口”表式。

3）统计表各横行如需合计时，一般应将合计列在最后一行。各纵栏如需合计时，一般应将合计列在最后一列。

4）将复合分组列在横行标题时，应在第一次分组的各组组别下后退一两个字填写第二次分组的组别。这时，第一次分组的组别就成为第二次分组各组的小计。如需进行第三、四次分组，可按此类推。

5）统计表纵栏较多时，为便于阅读，可按栏次编号。习惯上对非填写统计资料的各栏分别以（甲）、（乙）、（丙）……的次序编栏，对填写统计资料的各栏分别以（1）、（2）、（3）…的次序编栏。各栏统计数字间有一定计算关系的，也可用数学符号表示其计算关系。有些横行较多的表，也可同样编行号。

（2）统计表内容的设计

1）统计表的总标题应当用简练而又准确的文字来表述统计资料的内容，以及资料所属的空间和时间范围。

2）统计表的主词和宾词之间必须遵守相互对应的原则，以便表明统计表中任一指标数值反映的量所属的社会经济性质及其限定的时间、空间和条件。

3）统计表各主词之间或宾词之间的次序，应当按照时间的先后、数量的大小和空间的位置等自然顺序编排。某些项目之间存在着一定的客观联系，则应根据项目之间的客观联系合理编排。

4）指标数值的计算单位应按下述方法表示：当表中所有指标数值都以同一单位计量时，应将计量单位写在表的右上方；当同栏指标数值采用同一单位计量，而各栏的计量单位不同时，则应将计量单位标写在各纵栏标题的下方或右侧，并以除的形式表示。当同一横行用同一计量单位，而各行的计量单位不同时，则可在横行标题后添列一计量单位栏，用以表示横行标题的计量单位。

(3) 统计表制表技术要求

1) 文字应书写工整、字迹清晰；数字应填写整齐、数位对齐。

2) 当数字为0时，要写出来；某格中不应有数字时，要用符号“—”表示出来；当缺某项数字或因数值小可忽略不计时，用符号“…”表示；当某项数字资料可免填时，用符号“×”表示。统计数字部分不应留空白。当某些数值与上、下、左、右的数值相同时，亦应填写该数值，不得用“同上”、“同左”等代替。

3) 将某些需要特殊说明的统计指标和数据，应在表下加注说明。

(二) 统计图

统计图是以圆点多少、直线长短、曲线起伏、条形长短、柱状高低、圆饼面积、体积大小、实物形象大小或多少和地图分布等图形来陈示调查数据。用统计图陈示汽车市场调查数据，具有“一图抵千字”的表达效果。因为图形能给人以深刻而明确的印象，能揭示汽车市场现象发展变化的结构、趋势、相互关系和变化规律，便于表达、宣传、讲演、广告和辅助统计分析。但统计图能包含的统计项目较少，且只能显示出调查数据的概数，故统计图常配合统计表、市场调查报告使用。

统计图可以采用手工制作，也可以采用计算机辅助制作。后者不仅可以提高图形的绘制速度，而且可以使各种统计图形绘制得更加准确和精美。

统计图的种类很多，在汽车市场调查中常用的主要有线图、条形图、直方图、圆面图、饼图、环形图、动态曲线图、散点图和统计地图等。现简要介绍如下。

1. 线图

线图又称直线图，是以直线的长短来表示品质属性数列中各组频数或频率大小的图形，常以横轴代表品质属性的不同组别，纵轴代表各组的频数或频率。图 9-4 所示为 2001~2005 年 8 月汽车、轿车年产量和年销售量。

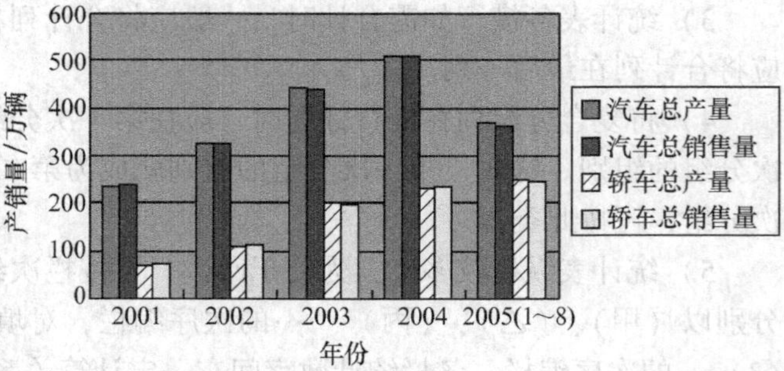

图 9-4　2001~2005 年 8 月汽车、轿车年产量和年销售量

2. 条形图

条形图是以若干等宽平行长条的长短来表示品质属性数列中各组频数或频率大小的图形，通常以横轴代表不同的组别，纵轴代表各组的频数或频率，有时为了阅读的方便，亦可用纵轴代表各组，横轴代表频数或频率。图形中的长条亦可用长条柱或圆柱替代，以增强图形的美观性和感染力。图 9-5 所示为消费者对混合动力汽车的看法。

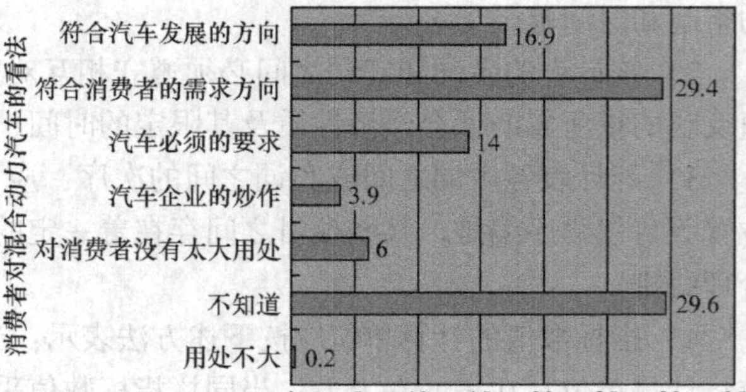

图 9-5　消费者对混合动力汽车的看法

3. 圆面图

圆面图是以圆形的面积代表总体指标数值，圆形中的各扇形面积代表各组指标数值，或将圆形面积分为若干角度不同的扇形，分别代表各组的频率。在实际应用时，亦可将圆面改为圆饼或圆台，变成圆柱立体图。图 9-6 所示为 2004 年乘用车产量百分比的圆面图。

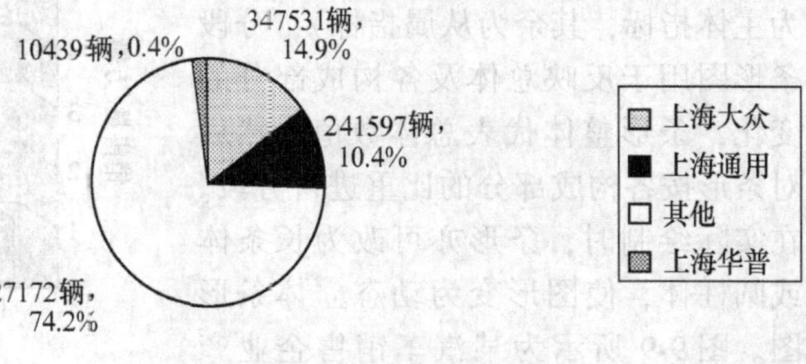

图 9-6　2004 年乘用车产量百分比

4. 环形图

环形图与圆形图相似，但二者又有区别。环形图中间有一个“空洞"，总体或样本中的每一部分数据用环形中的一段表示。圆形图只能显示总体或样本部分所占的比例，而环形图则可同时绘制多个总体或样本的数据系列，每一个总体或样本的数据系列为一个环。因此，环形图可显示多个总体或样本各部分所占的比率，从而有利于进行比较研究。图 9-7 为甲乙两市消费者对汽车售后服务的满意度评价频率分布。

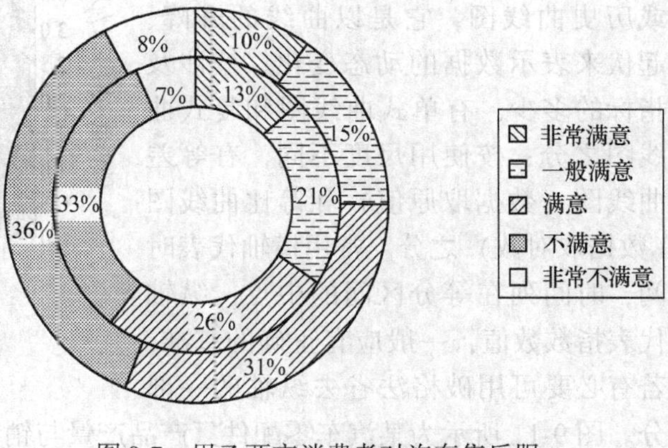

图 9-7　甲乙两市消费者对汽车售后服务的满意度评价频率分布

5. 直方图

直方图是以若干等宽的直方长条的长短来表示各组的频数或频率的大小，常用于表现组距数列的次数分布或频率分布。离散型变量组距直方图中的长条应间断，连续变量组距数列直方图中的长条应连接起来。直方图一般适用于单变量数列和等距分组数列。如果是不等距分组数列，直方图用条形的高度来表示各组的频率分布就不适应了，这时可用短形的面积来表示各组的频数分布或根据频数密度（组频率/组距）来绘制直方图，就可方便而准确地表示各组的频数或频率分布的特征。在实际应用中，直方图中的条形亦可用矩形体或圆柱体代替，转化为立体直方图，以增加图形的美观性和感染力。图 9-8 所示为某市居民家庭年人均可支配收入分布。

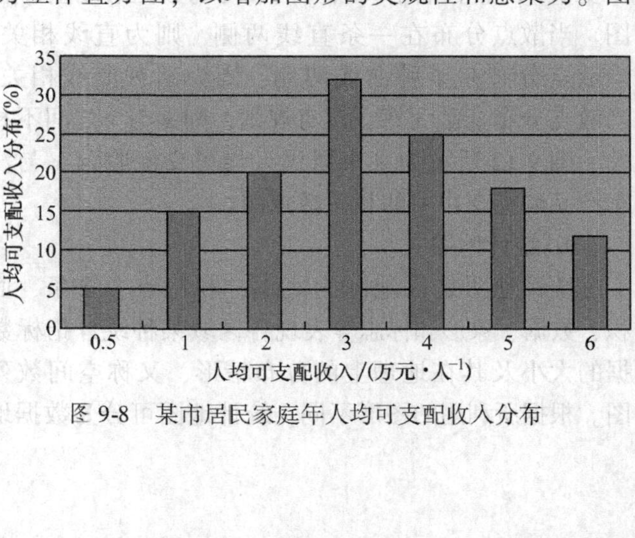

图 9-8　某市居民家庭年人均可支配收入分布

6. 动态条形图

动态条形图是以宽度相等的条形的长短或高低来比较不同时期统计数据大小的图形，用以显示现象发展变化的过程和趋势。动态条形图中的排列可以是纵列（垂直条形图），也可以是横列（水平或带状条形图）。按图形中涉及的统计指标或变量的多少不同，可分为单式条形图、复式条形图和分段条形图等。其中，单式条形图用于反映一个指标的动态变化；复式条形图用于反映两个或三个有联系的指标的变化（其中一个为主体指标，其余为从属指标）；分段条形图用于反映总体及各构成部分的变化，条形整体代表总体数值，然后对条形按各构成部分的比重进行分段。在实际绘制时，条形亦可改为长条体或圆柱体，使图形变为动态立体条形图。图 9-9 所示为某汽车销售企业产品销售量增长的动态条形图，图 9-10 所示为该汽车销售企业产品销售量与重点客户购买量增长的分段条形图。

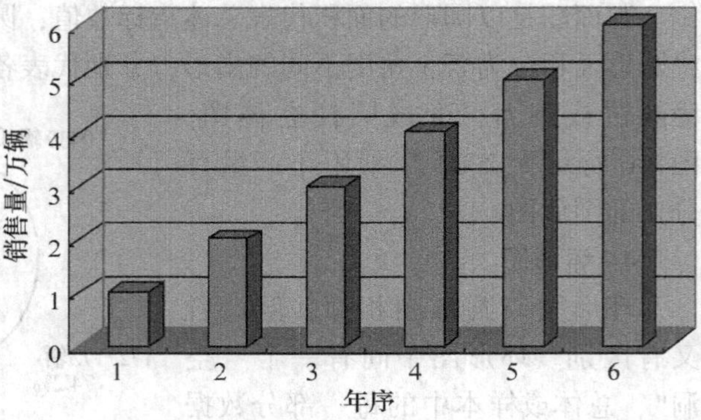

图 9-9　某汽车销售企业产品销售量的增长

7. 动态曲线图

动态曲线图又称时间数列曲线图或历史曲线图，它是以曲线的升降、起伏来表示数据的动态变化。按涉及指标的多少，有单式曲线图和复式曲线图之分；按使用尺度不同，有等差曲线图（数据取原值）和等比曲线图（数据取对数）之分。常用横轴代表时间，时间列在等分区间的中点；纵轴代表指数数值，一般应有正确的基准，若有必要可用破格法省去纵轴的一部分。图 9-11 所示为某汽车零配件厂产品产量与销售量的复式曲线图。

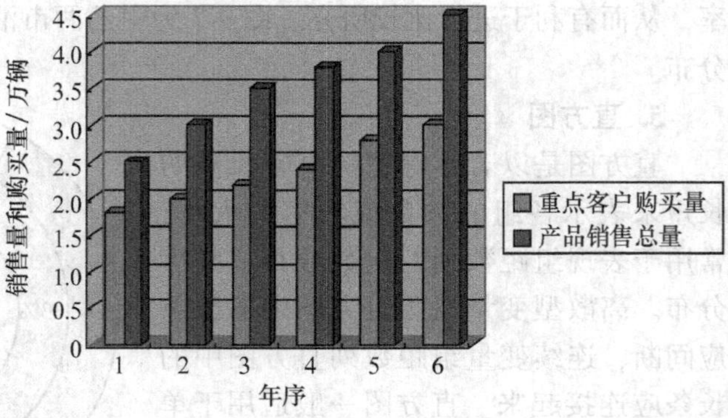

图 9-10　某汽车销售企业产品销售量与重点客户购买量的增长

8. 相关散点图

相关散点图主要用于显示因变量 y 与自变量 x 之间是否具有相关关系，以及相关关系的形式是直线相关还是曲线相关，是正相关还是负相关。通常以横轴代表自变量 x，纵轴代表因变量 y，然后根据（x，y）成对的数据绘制坐标点，全部数据的坐标点绘制完毕就是散点图。当散点分布在一条直线两侧，则为直线相关；当散点分布在某种曲线两侧，则为某种曲线相关；当散点分布杂乱无章，没有规则，则 x 与 y 之间不相关。图 9-12 所示为某市居民人均可支配收入 x 与汽车产品购买支出 y 的相关散点图。

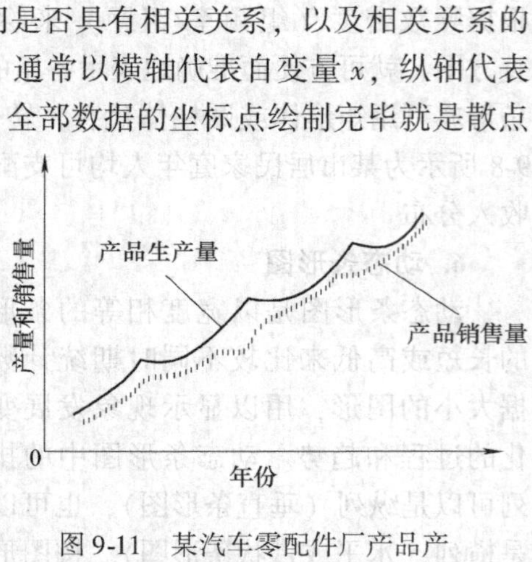

图 9-11　某汽车零配件厂产品产量与销售量动态变化

9. 统计地图

统计地图是以地图为底本，利用点、线条、面积、数据、象形和标志等表现各区域某种统计指标数据的大小及其在地理上的分布情形，又称空间数列图。根据所利用的图形不同，统计地图可分为数据地图、点地图、面地图、象形地图、线路地图和标志地图等。图 9-13 所示为某市 4S 店的区域选择分布地图。

10. 茎叶图

茎叶图又称枝叶图，是一种将数据与图形结合使用的表现数据的方式，特别适合于描述变量数列的次数分配。它既能给出数据的分布状况，又能给出每一个原始数据。茎叶图由茎和叶两部分构成，茎一般为十位或百位数，叶为个位数，因而图形是由数字组成的。茎叶图类似于横置的直方图，同时保留了原始数据的信息。通过茎叶图，可以看出数据的分布形状及离散状况，如分布是否对称、数据是否集中以及是否有极端值等。绘制茎叶图的关键是设计好树茎，通常是以该组数据的高位数值做茎，树茎一经确定，树叶就相应地长在树茎上了。图 9-14 所示为 40 名汽车销售人员业绩茎叶图。

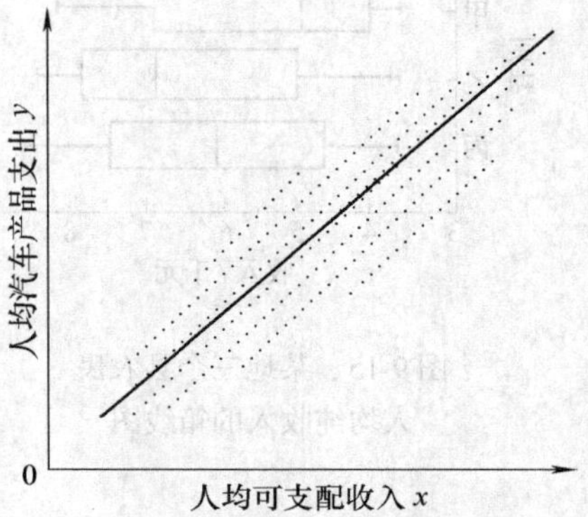

图 9-12　某市居民汽车产品购买支出与人均可支配收入相关图

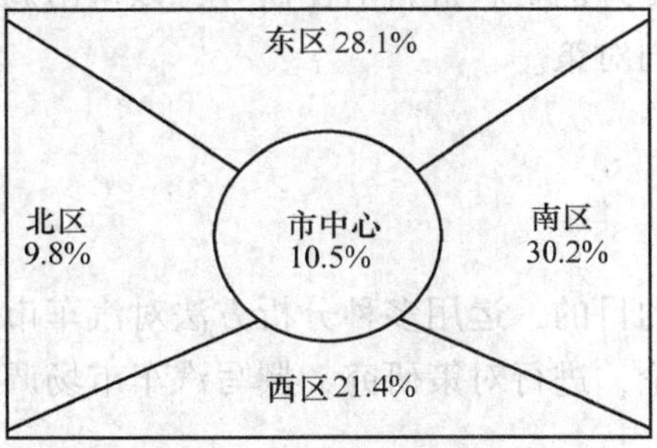

图 9-13　某市 4S 店的区域选择分布地图

树茎	树　叶	人数
5	089	3
6	00367	6
7	02446678888999	14
8	22444577889	11
9	455889	6

图 9-14　40 名汽车销售人员业绩茎叶图

11. 箱线图

箱线图是由一组数据的五个特征值绘制而成的，由一个箱子和两条线段组成。其绘制方法是，首先找出一组数据的五个特征值，即数据的最大值、最小值、中位数和两个四分位数。其中，中位数是一组数据排序后处于中间位置上的变量值，四分位数是处在数据 25% 位置和 75% 位置的两个变量值，分别称为下四分位数和上四分位数。然后，连接两个四分位数，并将中点位置与两个极值点与箱子相连接，并将中点位置标出，即为箱线图。通过箱线图的形状可以看出数据的分布特征。图 9-15 所示为某地三个县农民人均纯收入的箱线图。

12. 帕累托图

帕累托图主要用来描述资金分配、库存物资、客户分布和产品销售等分布不均匀的现象。在汽车市场调查中，一般是将所研究的现象分为 A、B、C 三类，A 类的单位数占 10% ~20%，而指标值占 70% ~80%；B 类的单位数占 20% ~25%，而指标值占 15% ~20%，C 类单位数占 60% ~65%，而指标值占 5% ~10%。然后，依据累计频率进行制图。图 9-16 所示为某汽车企业产品销售客户 A、B、C 销售分类的帕累托图。

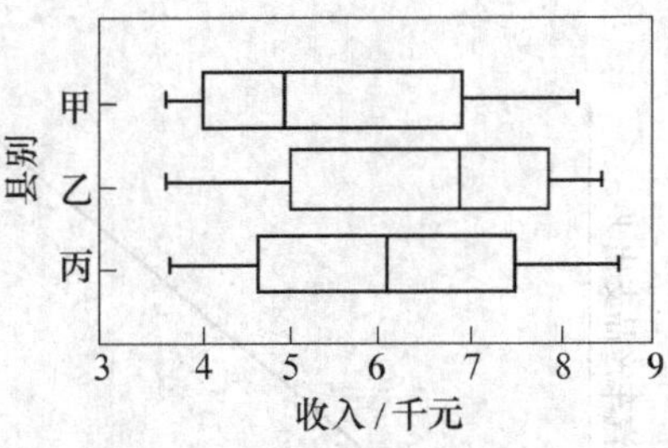

图 9-15　某地三个县农民人均纯收入的箱线图

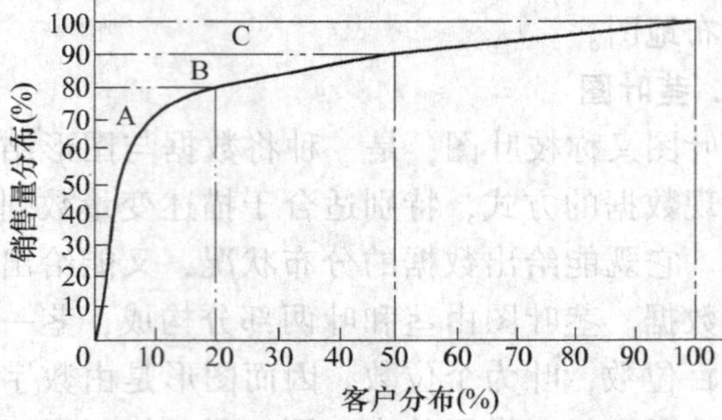

图 9-16　某汽车企业产品销售客户 A、B、C 分类图

第二节　市场调查资料分析

汽车市场调查资料分析是指将汽车市场调查与整理的资料进行对比研究，以得出调查结论的过程。其目的在于从数据导向结论，从结论导向对策。

一、市场调查资料分析概述

1. 市场调查资料分析的意义

汽车市场调查资料分析是指根据汽车市场调查的目的，运用多种分析方法对汽车市场调查收集整理的各种资料进行对比研究，得出调查结论，进行对策研究，撰写汽车市场调查报告的过程。

汽车市场调查资料的收集是汽车市场调查的基础性工作，目的在于获取原始资料和次级资料；汽车市场调查资料的整理是对收集的各种调查资料进行初步加工，以使调查资料实现综合化、系列化和层次化，为汽车市场分析研究准备数据；汽车市场调查资料分析，是对已加工整理的各种综合化、系列化和层次化的数据进行对比研究和深加工，通过综合、提炼、归纳和概括，得出调查结论，进行对策研究，撰写汽车市场调查报告。因此，在汽车市场调查的整个过程中，汽车市场调查资料分析是最关键的阶段。

汽车市场调查资料分析的本质是对已整理的数据和资料进行深加工，从数据导向结论，从结论导向对策，使汽车市场调查者从定量认识过渡到更高的定性认识，从感性认识上升到理性认识，从而有效地回答和解释原来定义的汽车市场调查的问题，实现汽车市场调查的目的和要求，满足汽车企业制定管理决策的信息需求。

2. 市场调查资料分析的规则

在汽车市场调查中，通过市场调查和整理得到的资料往往是大量的，汽车市场调查者应遵循下列规则对这些资料进行分析研究，以得出调查结论和启示。

（1）从目的到研究　汽车市场调查资料的分析应从汽车市场调查的目的出发，有针对性地选择分析的内容和方法，才能有效地回答和解决所定义的汽车市场调查问题。否则，分析研究就失去了目标，甚至脱离调查的主题，因而不能满足汽车企业管理决策的要求。

（2）从局部到整体　汽车市场调查资料的分析不可能同时对大量的资料进行对比研究，应先从局部问题的分析研究开始，每个方面的研究完成之后，再过渡到对整体的全面认识，才能有效地揭示汽车市场调查现象的本质和规律、问题与原因以及问题与对策等。

（3）从单项到多项　汽车市场调查资料分析对调查问题的认识，是从统计指标或变量的对比研究开始的。但反映调查问题的统计指标或变量很多，在对比研究中，首先只能认识单项指标或单个数列揭示的事实，但它只能说明某一方面的情况；为了认识调查问题各个方面的情况，需要从单项指标或单个数列的认识过渡到多项指标或多个数列的认识，以获得对总体的全面认识。

（4）从表层到里层　各项指标反映的各方面的情况，往往只是汽车市场现象表层的事实。为了抓住汽车市场现象发展变化的内在本质，有必要深入事物的里层，了解总体的内部结构和内在变化。为此，在汽车市场调查过程中，应善于利用分组法对总体进行多角度、多层次的解剖，从而达到深化认识的目的。

（5）从静态到动态　从单项到多项、从表层到里层的思维，获得的只是汽车市场现象在某一个时期或某一个时点的“静态”状态的认识。为了全面认识汽车市场的发展动态，还必须利用动态分析的方法，从时间序列的对比研究中，认识汽车市场发展变化的过程、趋势、规律及其原因。

（6）从结果到原因　事物的发展变化都是与外界紧密联系的。为了认识汽车市场发展变化的原因，对比研究应在认识汽车市场本身变化的基础上，探索影响汽车市场变化的历史背景和现实背景，各种内外部因素的影响作用和它们之间的数量关系，使定量认识更全面。

（7）从过程到规律　规律是指事物内部的、本质的和必然的联系。认识汽车市场发展变化的规律，应在分析汽车市场发展变化过程的基础上，抓住汽车市场的内部结构、总体和内部的动态以及内因与外因的联系，认识汽车市场变化的本质特征，从而达到认识汽车市场发展规律的目的。

（8）从规律到预测　预测不是简单的判断和推测，它是在认识事物发展变化的本质、趋势和规律的基础上，对事物未来的发展作出定性认识或定量认识。对汽车市场的预测是否准确，在很大程度上取决于对汽车市场发展变化规律的认识是否正确。

（9）从问题到对策　分析研究的目的是为了分析问题、解决问题。解决问题需要有对策，即措施、方法、方案和途径等。在汽车市场调查中，思考对策和提出对策是建立在认识汽车市场的情况和问题的基础上的，也只有这样才能使对策具有现实性、针对性和可行性。

（10）单一方法到多种方法　汽车市场调查资料分析研究的方法是多种多样的，各种方法均有自己的应用范围和说明问题的角度。为此，汽车市场调查者在分析研究各种问题时，既要选择合适的分析方法，又要善于将不同的方法组合起来应用，以便更准确、更全面地解决汽车市场调查的问题，得出分析研究的结论。

3. 市场调查资料分析的内容

汽车市场调查资料分析是针对特定的汽车市场调查的问题（课题或项目）而展开的对比研究。由于收集和整理的资料是大量的，从而决定了分析研究的具体内容也是多方面的。一般来说，可归纳为以下几个方面：

（1）背景分析　即对特定的汽车市场调查问题的历史背景和现实背景进行分析和思考，了解汽车企业、汽车产品及市场的背景，了解宏观环境、汽车产业环境和竞争环境的变化，了解汽车企业决策者的意图，从而更好地把握分析研究的目的和方向。

(2) 状态分析　即对特定的汽车市场调查现象各方面的数量表现进行描述和评价，概括汽车市场调查现象的各种特征。例如，汽车消费者购买行为的分析研究，除了描述被调查现象的各种特征外，应重点描述汽车消费者的购买品牌选择、价位选择等购买行为和购买动机的特征等等。

(3) 因果分析　即对影响汽车市场调查现象发展变化的各种因素进行分析，探索汽车市场变量之间的因果关系，找出影响事物变化的关键因素，挖掘汽车市场现象内部隐藏的本质和规律性，从中归纳出一些有重要价值的调查结论和启示。例如，在汽车消费者购买行为的分析研究中，可研究不同性别、不同职业、不同行业、不同地域、不同文化程度、不同收入水平和不同家庭人口的被调查者的购买行为和购买动机有无显著的差异；收入、价格、人口、储蓄和促销等因素对消费者的需求和购买行为有无显著的影响等。这些分析研究往往能够揭示许多深层次的问题，得到一些重要的启示。

(4) 对策研究　是在背景分析、状态分析和因果分析的基础上，针对得出的调查结论和启示、揭示的问题与原因，进行对策思考，提出解决问题的措施、方法和途径，以供决策者参考。对策研究是分析研究的深化和拓展，对策研究不等于决策，但调查者为了使对策研究能被决策者采用，应注意所提出解决问题的措施、方法、方案和途径等具有现实性、针对性和可行性。

一般地，汽车市场调查资料分析的深度和广度取决于汽车市场调查的目的和要求，某些较为简单的汽车市场调查项目只要求掌握汽车市场的基本情况，汽车市场调查者也可以只进行状态分析，因果分析和对策研究可以不考虑。

4. 市场调查资料分析的方法

汽车市场调查资料分析的方法多种多样，可以根据不同的分类标准进行分类。按照分析研究时依据的资料性质和思维方式不同，可分为定性分析方法和定量分析方法两大类。

(1) 定性分析方法　是利用辨证思维、逻辑思维和创造性思维等思维方法，对事物本质的规定性进行判断和推理，主要从非量化资料中得出事物的本质、趋势和规律性的认识，亦可对一些结构比较简单的数据资料进行判断和推理，界定事物的质的规定性。定性分析可以界定事物及其变化的质的规定性，得出定性结论，这是区分事物的基础。例如，说明汽车变化的方向、发展的快慢等，但不能从数量上精确地说明汽车市场发展变化的相互关系。定性分析的主要方法如下：

1) 辨证思维法，即运用唯物辩证法来认识问题、分析问题和阐述问题。唯物辩证法关于对立统一的规律、质量互变的规律和否定之否定的规律；关于现象与本质、原因与结果、偶然性与必然性、特殊性与一般性、形式与内容和可能性与现实性等基本哲学范畴的理论和方法，都是汽车市场调查认识问题、分析问题和阐述问题的重要方法。

2) 逻辑思维法，即利用逻辑推理的方法对事物的本质属性进行判断、推理和论证，表现为运用一定的论据，通过论证得出论点。逻辑思维的具体方法主要有从个别到一般，由若干个具体事实概括出一般结论的归纳推论法；从一般性的道理或较大前提出发，推论出较小结论的演绎推论法；以及类比法、反证法和归纳法等。

3) 创新思维法，即利用独立性思维、求异性思维、交叉性思维、联动性思维和多向性思维等创新思维的方式，对汽车市场调查问题进行分析和思考，以求发现新情况、研究新问题、揭示新趋势、追寻新原因、研究新联系、总结新经验，以及提出新的思路和对策建议。

4）经济理论分析法，即利用经济学中所阐明的各种经济范畴、经济理论和经济规律，对汽车市场调查的问题进行判断和推理。例如，根据供求规律，可由供大于求推出价格下跌，或供小于求推出价格上涨的定性结论。经济学中的需求理论、厂商理论、成本理论、竞争理论、均衡理论、经济增长理论和周期波动理论等，对汽车市场调查资料的分析都具有重要的指导意义。

5）结构分析法，是指利用汽车市场调查和整理的分组资料，通过分析各组成分的性质和结构，进而判断和认识汽车市场现象的本质属性和特征。结构分析法是从结构分析导出定性结论。

6）比较判断法，是把两个或两类同类汽车市场现象或有关联的汽车市场现象进行比较、鉴别，从而确定它们之间的相同点和不同点，或者它们之间的关联性，进而判断事物的本质属性。比较判断法不需要使用较为复杂的定量分析技术，但要求汽车市场调查者进行一些简单的数据对比或对非量化资料进行类比，并且能够借助一定的经验，对汽车市场的本质属性作出判断。

（2）定量分析方法　是指从事物的数量方面入手，运用一定的统计分析或数学分析方法进行数量对比研究，从而挖掘出事物的数量中所包含的事物本身的特征和规律性的分析方法，即从数据的对比研究中，得出分析研究的结论和启示。在汽车市场调查资料分析中，定量分析常用的方法是各种统计分析方法。根据不同的划分标准，统计分析方法可作如下分类：

1）根据研究的目的不同，可分为描述性分析和解析性分析。

①描述性分析，主要着重于调查现象的基本数量特征的描述和评价，即通过分析研究汽车市场现象的规模、水平、结构、比率、速度和离散程度等数量表现，概括汽车市场现象的本质特征。这种分析，可以用某个具体指标或变量来反映汽车市场现象某一方面的特征，亦可用若干指标或变量来描述汽车市场现象的特征和数量关系。常用的描述性分析方法主要有各种相对指标分析、数据的分组分析、数据的集中趋势分析和数据的离散程度分析等。六种数列基本的描述性分析方法如表 9-20 所示。

表 9-20　六种数列基本的描述性分析方法

描述性分析方法	分 析 内 容
1. 品质数列描述性分析	品质数列分布分析
	集中趋势分析
	离散程度分析
2. 变量数列描述性分析	变量数列分布分析
	集中趋势测定
	离散程度测定
3. 时间数列描述性分析	水平分析
	速度分析
	长期趋势分析
	季节变动分析
4. 空间数列描述性分析	地区分布分析
	地区分类分析
	地区差异分析

（续）

描述性分析方法	分 析 内 容
5. 相关数列描述性分析	强度分析
	边际分析
	弹性分析
	简单相关分析
	简单回归分析
6. 平衡数列描述性分析	平衡状态分析
	平衡结构分析
	平衡比例关系分析

②解析性分析，又称推断性分析，主要着重于推断总体、解释数量关系、检验理论和挖掘数据中隐含的本质和规律性。这种分析对数据的准确性和可靠性有一定的要求，对变量的选择、测定方法的采用有严格的限制。主要分析方法有假设检验、非参数统计、方差分析、相关分析、回归分析、主成分分析、聚类分析、因子分析、判别分析、现代时间数列分析和模糊分析方法等。

2）根据涉及变量的多少不同，可分为单变量统计分析、双变量统计分析和多变量统计分析。

①单变量统计分析，即通过对某一统计指标或变量的数据进行对比研究，用以揭示汽车市场现象的规模、结构、水平、离散程度、比率和速度等，概括汽车市场现象的本质特征和规律或者对总体的数量特征进行推断。

②双变量统计分析，即通过对两个变量之间数量关系的分析研究，揭示两个变量之间的依存性、相关性和差异性，挖掘数据中隐含的本质和规律性。

③多变量统计分析，即通过对三个或三个以上变量之间数量关系的分析研究，揭示多个变量之间的依存性、相关性和差异性，挖掘数据中隐含的本质和规律性。

3）根据涉及的数列性质不同，可分为品质数列分析、变量数列分析、时间数列分析、空间数列分析、相关数列分析和平衡数列分析。不同的数列由于性质不同，分析测定的方法也有所不同（参见表 9-20）。同时，这六类数列按涉及的变量不同，又有单变量、双变量和多变量构成的不同数列，其分析研究的方法也有所不同。

5. 市场调查资料分析的程序

在实际汽车市场调查问题的分析中，调查者或分析员往往面对的是大量的数据和资料，那么分析研究应怎样进行，应遵循什么样的作业程序，调查者或分析员对此必须有所了解，才能有效地展开汽车市场调查资料的分析研究。一般来说，汽车市场调查资料分析应遵循下列步骤，如图 9-17 所示。

（1）明确调查问题　在对汽车市场调查资料分析之前，调查者或分析员首先应回顾和明确汽车市场调查的课题是什么，调查的目的和任务是什么，需要通过汽车市场调查解决什么问题。明确调查问题，有利于有针对性地展开汽车市场调查资料的分析。

（2）界定分析内容　分析内容的界定决定汽车市场调查资料分析的深度和广度。一般来说，分析内容的界定应根据汽车市场调查内容来决定。首先，应划分分析研究的构面；然后再对每一个构面下应分析研究的子项目（小问题）进行区分，从而构成一个分析的内容体系。例如，一项关于消费者私家小轿车购买行为的调查分析，其分析构面可划分为被调查者特征分析、消费者现有私家小轿车状态分析、消费者购车行为分析和消费者对小轿车的满意度分析等，其中，每一个分析构面又可列出若干需要分析的子项目。

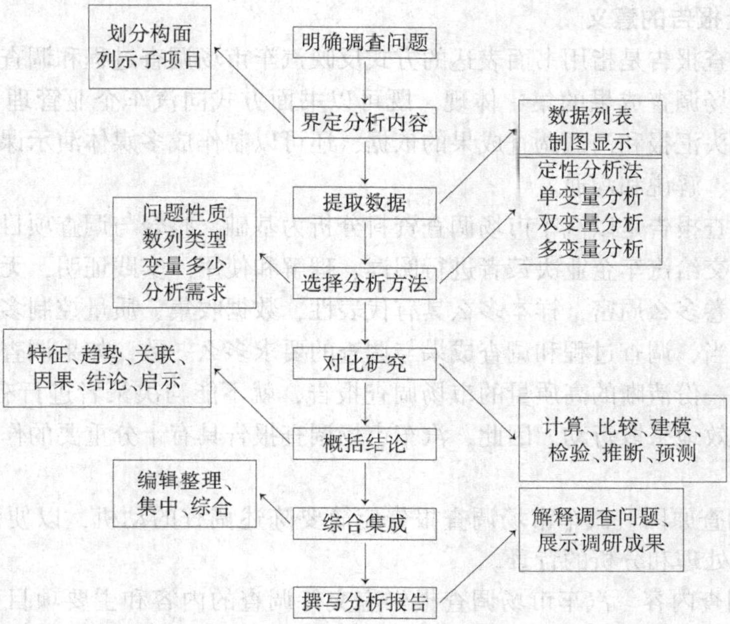

图 9-17　汽车市场调查分析作业程序

（3）提取数据　分析内容界定之后，就可按分析构面及其所属的子项目展开分析。一般是一个子项目完成后，再进行另一个子项目分析；一个构面完成后，再进行另一个构面的分析。分析时，首先应从数据库或数据汇编中提取已加工整序的数据，并再作一次审核；提取的数据应列表陈述，或辅之图形显示数据特征。

（4）选择分析方法　即根据分析项目的特性、数列的类型、变量的多少和分析研究的要求，选择合适的分析方法。非量化资料采用定性分析方法，数据资料应根据变量的多少和数列类型决定分析的具体方法。数据资料的分析通常需要把定量分析与定性分析结合起来，用定性分析解释定量分析的结果，以便归纳出正确的结论。

（5）对比研究　是对数据资料进行分析处理的过程，包括计算各种分析指标，进行横向比较或纵向比较；或者建立统计模型描述数量关系；或者对某些理论假设进行统计检验；或者对总体的数量特征作出推断，对事物未来的发展作出预测，等等。

（6）概括结论　就是从数据的对比研究中，通过判断、归纳和综合，概括出分析研究的结论，即对事物的本质属性和规律性作出界定，如事物的特征、趋势形态、问题性质、关联程度和因果关系等，结论或启示的概括表现为各种“观点句”的提炼和表达。

（7）综合集成　是指各种子项目和分析构面的对比研究和概括结论完成之后，应将全部分析表格、分析结论集中起来，再进行综合处理，主要包括分析过程的质量评审、分析图标的编辑整理、各个子项目分析结论的评价，以及调查问题的总结论（总观点）的归纳和概括等。

（8）撰写分析报告　汽车市场调查资料分析完成后，即可撰写汽车市场调查报告，用书面报告的方式解释调查的问题，展示调查成果，以供汽车企业决策者阅读和使用。

二、市场调查报告

1. 市场调查报告的意义

汽车市场调查报告是指用书面表达的方式反映汽车市场调查过程和调查结果的一种分析报告，是汽车市场调查成果的集中体现。既可以书面方式向汽车企业管理者报告调查的结果，也可作为口头汇报和沟通调查成果的依据，还可以制作成多媒体演示课件，向汽车企业决策者进行演示、解说和沟通。

汽车市场调查报告是以汽车市场调查资料分析为基础，整合与调查项目有关的信息，以便将调查成果提交给汽车企业决策者进行阅读、理解和使用。实践证明，无论调查设计得多么科学，调查问卷多么周密，样本多么具有代表性，数据收集、质量控制多么严格，数据整理和分析多么恰当，调查过程和调查成果与调查的要求多么一致，如果调查者不能把诸多的调查资料组织成一份清晰的高质量的市场调查报告，就不能与决策者进行有效的信息沟通，决策者就不能有效地采取行动。因此，汽车市场调查报告具有十分重要的作用。它应满足下列目标：

（1）解释调查原因　汽车市场调查报告应简要陈述调查的动机，以便汽车企业决策者了解信息收集、处理和分析的背景。

（2）陈述调查内容　汽车市场调查报告应交待调查的内容和主要项目，以及各主要项目调查的目的，以便汽车企业决策者了解调查设计、执行和对调查成果的分析。

（3）指明调查方法　汽车市场调查报告应交待调查者所采用的调查方法，包括调查方式、调查方法和数据分析方法等，以便汽车企业决策者了解调查的过程，在决策时考虑应在多大程度上依靠调查成果。

（4）展示调查成果　汽车市场调查报告应重点把基本的调查结果层次分明、条理清晰地列示出来，以便调查者、汽车企业决策者能从调查成果中引出结论和启示，思考应采取的行动。

（5）提出结论和建议　为使汽车市场调查报告具有可执行性，调查者可在报告中清晰地表达从调查成果中引出的结论、启示和建议，以供汽车企业决策者参考。但应注意，报告中提出的结论、启示和建议，必须以调查成果为依据，而不能只是调查者自己的观点。

2. 市场调查报告的格式

汽车市场调查报告的格式不是千篇一律的。对于一些大型的汽车市场调查项目来说，汽车市场调查报告的写作要求较高，其格式一般由以下几个部分构成：

（1）扉页　扉页可以直接用做调查报告的简易封皮，内容包括调查报告的标题、调查单位和提出报告的日期。扉页设计既要规范，又要体现艺术性。对调查报告有装帧要求的，也可另加封面。

（2）摘要　简要说明调查的目的、对象、内容、时间、期限、范围、方式和方法，以及调查的主要结论。

（3）目录　如果调查报告的内容较多，为了方便阅读，应用目录的形式列出调查报告各部分各层次的标题（或标目）及所在的页码。

（4）序言　是调查报告的导语部分（开头），主要提出市场调查的问题，简要说明调查的过程和得出的调查结论。

（5）正文 是调查报告的主体部分。正文通常按事理划分为几个大的层次（部分），每个层次再划分为若干个自然段。大层次通常设置分部标题，自然段通常在段首列示小标题，并用序号表示。

（6）结论与建议 是调查报告的结尾部分，主要针对正文得出的调查成果和提出的问题，引出调查报告的结尾部分，提出解决问题的建议。

（7）附件 主要包括调查方案、抽样技术方案、调查问卷、数据整理表格、数据分析表格和其他支持性材料。

一般地，对于一些小型的汽车市场调查项目来说，汽车市场调查报告的格式要简化一些，通常只需包括标题、序言、正文、结论和建议等几个部分。

3. 市场调查报告的撰写步骤

汽车市场调查报告的撰写是建立在汽车市场调查资料分析研究基础之上的。为此，应遵循以下步骤：

（1）谋篇构思 就是根据汽车市场调查的课题、调查材料和分析研究的结果对调查报告的内容和形式进行全面的考虑和构想，包括确立调查结论（观点），确定写作类型，划分全文内容，进行分层思考，列出各层次的分论点和小论点，然后拟定写作提纲。

（2）选择数据资料 即选择表述论点的材料。由于汽车市场调查的所有数据和资料不可能全部纳入调查报告中。因此，根据材料的分析研究而确定观点之后，反过来又要根据观点的需要取舍材料。一般来说，应从各个层次的小观点出发进行材料的选择，因为只有小观点的材料充分准确，才能保证论证充分。全部小观点论证充分了，就能有效地支撑分观点和总观点。材料的选择要注意充分、准确，材料能说明观点，观点能统帅材料，而材料必须是经过对比分析的。

（3）起草表达 就是根据写作提纲和选择的已加工分析的材料，在把握观点、立定格局的基础上，运用适当的表达方式和表达技巧，写出调查报告的初稿。表达的顺序应按照标题、导语（序言）、分层分段和结尾的顺序进行写作，重点是分层分段的写作。

（4）修改定稿 就是对调查报告的初稿进行反复的加工提炼，直至定稿，其中包括整体修改、层次修改和语言修改等，以保证调查报告具有较高的质量和水平。

（5）要素完善 调查报告定稿之后，还应对其他一些相关的要素进行设计和完善，包括扉页、概要、目录、附件等要素的构思、设计与表达。

汽车市场调查报告的写作应注意以下几点：

1）观点正确，材料恰当，论证充分。

2）用分析数据和事实说话，用好、用活数据。

3）明确中心，突出重点。

4）结构要合理，层次应分明，条理应清晰。

5）用好叙述、说明和议论等表达方式，注意语言表述的精炼性和生动性，适当运用各种修辞手法。

6）注意数据与文字相结合，定量分析与定性分析相结合，实事求是地分析问题和反映问题，切实提高汽车市场调查报告的价值和水平。

思 考 题

9-1 市场调查资料整理包括哪三方面内容？

9-2 原始资料审核的内容有哪些？

9-3 原始数据的分组有哪几种形式？

9-4 次级资料加工整理程序包括哪几个步骤？

9-5 历史数据的加工开发包含哪六类时间数列？

9-6 统计表陈示数据资料有何优点？

9-7 汽车市场调查中常用的统计图有哪些？

9-8 汽车市场调查资料分析的内容是什么？

9-9 市场调查资料的定性、定量分析方法各有哪几种？

9-10 市场调查资料分析的程序是什么？

9-11 市场调查报告有何重要作用？

9-12 市场调查报告的格式是怎样的？

第十章 市场定性预测法

第一节 意见综合预测法

意见综合预测法又称集合判断预测法，是指对某一预测问题先由有关的专业人员和行家分别作出预测，然后综合全体成员所提供的预测信息做出最终的预测结论。许多汽车市场预测问题只凭预测者个人的知识和经验进行预测往往具有局限性，而意见综合预测法则能集思广益，克服个人预测的局限性，有利于提高预测的质量。在汽车市场预测中，意见综合预测法可分为下列四种：

1）销售人员意见综合预测法。

2）业务主管人员意见综合预测法。

3）专家会议综合预测法。

4）德尔菲法。

一、销售人员意见综合预测法

销售人员意见综合预测法，是指汽车企业直接将从事汽车销售的经验丰富的人员组织起来，先由汽车市场预测组织者向他们介绍预测目标、内容和预测期的汽车市场经济形式等情况，要求销售人员利用平时掌握的信息结合提供的情况，对预测期的汽车产品销售前景提出自己的预测结果和意见，最后提交给汽车市场预测组织者进行综合分析，以得出最终的预测结论。

销售人员意见综合预测法主要用来预测汽车产品销售情况，因而预测的结果对编制营销计划和经营决策有较大的参考价值。同时，让销售人员参与汽车市场预测，可激发他们的责任感和工作积极性。但由于职业习惯和知识局限性，销售人员可能对宏观经济的运行态势和汽车市场结构变化不甚了解，容易从局部出发作出预测，其结果带有一定的片面性。汽车市场预测者的激进或保守，都将影响到汽车市场预测的准确性。如果最终预测值将作为任务目标时，预测者难免采取稳健态度，因而做出的预测值可能偏祇。为此，应注意以下几点：

1）应从汽车企业各部门选择经验丰富且有预测分析能力的人参与预测。

2）应要求预测参与者经常收集汽车市场信息，积累预测资料。

3）预测组织者应定期将汽车市场总形势和汽车企业的经营情况提供给预测参与者。

4）预测组织工作应经常化，并对预测成绩显著者给予表彰，以调动他们的积极性。

5）对销售人员的估测结果，应进行审核、评估和综合。其综合预测值的计算，可采用简单或加权算术平均法。

二、业务主管人员意见综合预测法

业务主管人员意见综合预测法，是指预测组织者邀请汽车企业内部的经理人员和采购、销售、仓储、财务、统计、策划和市场研究等部门的负责人作为预测参与者，向他们提供有关汽车市场预测的内容、市场环境、企业经营状况和其他预测资料，要求他们根据提供的资料，并结合自己掌握的汽车市场动态提出预测意见和结果，或者用会议的形式组织他们进行讨论，然后由汽车市场预测组织者将各种意见进行综合，做出最终的预测结论。

由于汽车企业各部门的业务主管人员都负责主管某个方面的工作，具有比较丰富的汽车市场营销经验，平时掌握了较为详尽的汽车市场信息，因此，他们的预测意见比较接近实际。同时，在集体分析汽车企业内部条件和外界汽车市场环境的基础上，还可以对那些影响未来汽车市场需求与汽车企业发展的因素逐一进行研究，提出汽车企业应采取的对策。

在汽车市场预测中，这种预测方法适用于市场需求、企业销售规模、目标市场选择、经营策略调整和企业投资方向等重要问题的预测性研究。但应注意防止过分依赖业务主管人员的主观判断；防止预测受参与者个人，特别是会议气氛所持的乐观或悲观态度的影响；要注意分析预测意见和结果是否有充足的事实根据。

处理业务主管人员预测结果时，对定性描述的预测结果，应进行综合分析和论证，以消除某些主观因素的影响。对定量描述的预测结果，一般可采用简单或加权算术平均法求综合预测值。

三、专家会议综合预测法

专家会议综合预测法，是由汽车市场预测组织者召开专家会议，在广泛听取汽车领域专家预测意见的基础上，综合专家们的预测意见做出最终的预测结论。

选择专家是专家会议综合预测法的一项重要工作。专家的选择应根据汽车市场预测内容和任务来确定，既要注意选择精通汽车专业技术的专家，也要注意物色有经验的实际工作者。专家会议的规模要适中，如果人数太少，限制了学科和部门的代表性，使问题得不到全面深入的讨论；如果人数太多，则会议不易组织，会议时间会拖长，对预测结果的处理也比较复杂。会议人数应由主持人根据实际情况的需要与可能而定，一般以 10 人左右为宜。

专家会议综合预测法适用于汽车企业新产品开发、技术改造和投资可行性研究。为了使会议开得有成效，预测组织者应事先向专家们提供与汽车市场预测问题有关的资料，以及需要讨论研究的具体题目和要求。在会议上，汽车市场预测组织者不宜发表影响会议的倾向性意见，只是广泛听取意见，最后综合专家意见确定预测结果。

在汽车市场预测中，专家会议综合预测法的主要种类如下：

1）交锋式会议法。

2）非交锋式会议法。

3）混合式会议法。

（1）交锋式会议法　要求参加会议的专家通过各抒己见、互相争论来预测问题，以求达到一致或比较一致的预测意见。这种方法的局限性是“权威者”可能左右与会者的意见，或者“口才”好的人左右与会者的意见，有些人虽感自己意见欠妥，但不愿收回原意见。因此，最后综合预测意见时难以完全反映与会者的全部正确意见。

（2）非交锋式会议法　要求与会者可以充分发表自己的预测意见，也可以对原来提出的预测意见再提出修改或补充意见，但不能对别人的意见提出怀疑和批评。这种非交锋式会议法，国外称之为“头脑风暴法”。它可以克服交锋式会议法的缺点，起到互相启发、开拓思路的作用，但最后处理和综合预测意见比较难。

(3) 混合式会议法　是交锋式与非交锋式会议法的结合，又称“质疑头脑风暴法”。一般分两个阶段进行，第一阶段采用非交锋式会议法，即实行直接头脑风暴法；第二阶段实行质疑头脑风暴法，用交锋式会议法对第一阶段提出的预测意见进行质疑，在质疑过程中又提出新的预测意见或设想，经过不断讨论，最后取得比较一致的预测结论。

四、德尔菲法

德尔菲法是美国兰德公司于1964年进行技术预测时创立的一种专家预测法，是在专家会议综合预测法的基础上发展起来的一种预测方法。德尔菲法以匿名的方式通过几轮函询征求专家们的预测意见，预测组织者对每一轮意见都进行汇总整理，作为参考资料再寄发给每个专家，供他们分析判断，提出新的预测意见和结果。如此几次反复，专家们的预测意见渐趋一致，预测结论的可靠性越来越大。

德尔菲法具有三大特点：

1）匿名性。专家用书面形式回答预测问题，不必写名字。

2）反馈性。通过多次轮回反馈沟通信息。

3）统计性。对每次的反馈信息都要进行统计处理。

德尔菲法是系统分析法在意见检验和价值判断领域内的一种有益延伸，能为汽车企业决策提供可靠的预测方案和依据。它主要用于汽车企业的技术发展、重大项目、长远规划和产业结构调整等问题的预测研究。在汽车市场预测中，不仅可用于短期、中期预测，也可用于长期预测；不仅可用于定量预测，也可用于定性预测。其预测的组织程序如下：

1）确定汽车市场预测课题和预测内容，并成立预测负责小组。

2）设计函询调查表，准备有关材料。调查表的设计应视预测内容而定，力求问题集中，简单明了，用词确切。有关材料应以有背景的材料为主，力求详细具体，并作必要的说明。

3）选择预测专家。预测专家一般是与汽车市场预测领域有关的从事较长时期的汽车技术或汽车专业工作的专门人员。专家人数一般10～50人为宜。对重大问题进行预测时，专家人数可多一些。

4）用函询调查表进行反馈调查。第一轮调查表不带任何框框，只提出应预测的事项和基本要求。在规定的时间内收回调查表后，预测组织者应进行汇总整理，归并同类意见，排除次要意见，并设计预测意见一览表，作为第二轮调查表发给每个专家。第二轮由专家对第二轮调查表所列的每个事项的预测意见作出评价，提出自己的预测意见和结果，并阐明理由。调查表反馈回来后，预测组织者又对专家意见进行统计处理。第三轮、第四轮的做法与第二轮相同。一般来说，反复三至四轮后，专家们的预测意见趋于一致，即可停止反馈调查。

5）对预测结果进行统计处理。为了得出专家们集中的预测意见，做出最终的预测结论，提出预测分析报告，应对预测结果进行统计处理。按汽车市场预测事件的不同，其处理方法主要有以下几种：

①对于事件实现时间的预测问题，通过采用中位数代表预测意见的集中度，用上、下四分位数之差表示预测意见的离散度。

②对于预测汽车产品在未来时期的需求量、销售量或生产量，可用算术平均法或主观概

率法进行统计归纳，求出平均预测值反映专家预测结果的集中度，用标准差和标准差系数反映专家意见的离散度。

③对于征询汽车产品品牌、车型、质量和新产品开发的预测意见，可采用比重法（专家对某个意见赞成的人数占总人数的比率）进行统计归纳，或者用评分法（如对不同品牌的汽车产品质量给予评分）进行统计归纳。

第二节　商品经济寿命周期预测法

一、商品经济寿命周期概述

1. 商品经济寿命的含义

商品或产品一般都有使用寿命和经济寿命之分。商品的使用寿命又称自然寿命，以汽车产品为例，是指汽车产品的使用年限，即汽车产品从投入使用到损坏报废为止所经历的时间。商品的经济寿命又称市场寿命，以汽车产品为例，是指一种汽车产品从投入市场开始到被市场淘汰为止所经历的时间。汽车产品的经济寿命是与汽车产品的更新换代相联系的。

汽车产品的经济寿命与使用寿命是两个不同的概念。有的汽车产品使用寿命较长，但经济寿命可能很短，如有的汽车产品刚上市不久便被淘汰。汽车产品的使用寿命只与汽车产品的质量、性能和用途有关，而与汽车市场及汽车产品的更新换代无关。

2. 商品经济寿命周期的一般形态

以汽车产品为例，汽车产品经济寿命周期是指汽车产品的上市、发展和衰亡的全过程。此过程大体可分为试销期、成长期、成熟期和衰退期四个阶段。一般形态如图 10-1 所示。

（1）试销期　又称萌芽期或导入期，是指汽车新产品研制成功投入市场试销的时期。由于新产品刚上市，消费者对它不了解，多数人抱观望态度，不轻易购买。因销路尚未打开，销售量增加缓慢。此时期汽车企业生产经营的策略是：扩大汽车新产品的投资、广告和市场开拓，以期打开销路，提高市场占有率。

（2）成长期　是指汽车新产品经过试销期后，已被市场广泛接受，汽车产品大量进入市场的畅销期。成长期前期销售对象以“新买”者为主，销售量迅速增长；成长期后期销售对象除“新买”者外，出现“弃旧换新”的“增买”者，销售量继续增长。此时期的生产经营策略是，继续扩大和巩固市场，抓住时机扩大销售，提高经济效益。

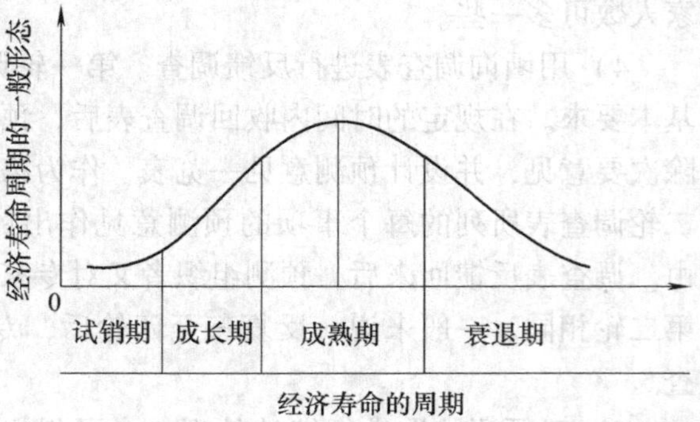

图 10-1　汽车产品经济寿命周期的一般形态

（3）成熟期　是指汽车产品经历畅销时期后，开始进入销售增长逐渐减慢的平稳时期，此阶段延续的时间可能很长。成熟期前期，汽车产品销售以缓慢的速度增长；成熟期后期，汽车产品销售量在一定范围内起伏波动，甚至停滞或下降。此时期以新换旧者为主要购买对象，少数消费者或用户开始转向购买其他汽车产品。此时期的生产经营策略是挖掘市场潜力，努力促销，把市场上还剩余的价值尽可能赚进来。同时，应投资研制或开发汽车新产品。

（4）衰退期　是指汽车产品持续滞销，销售量逐年递减的时期。此时期出现第二代汽车产品，并逐步代替原有汽车产品。其生产经营策略是，放弃原汽车产品的生产经营，开发或经营第二代产品，以便汽车企业的产品生产经营适应汽车产品经济寿命周期的变化。

3. 商品经济寿命周期的特殊形态

汽车产品的经济寿命周期会因种种原因而不具备一般形态的四个阶段，呈现出某种特殊的形态，大致有下列六种：

（1）夭折型　是指汽车产品投入市场后，因性能、质量和用途不适应市场需要，还没有进入成长期就被市场淘汰了。

（2）快速型　是指汽车产品由于质量、性能和价格等都适应市场需要，一投入市场就被消费者接受，销售量迅速增长，使试销期与成长期合二为一，两者无明显的区别。

（3）缓慢型　是指汽车产品经试销检验，发现设计上存在缺陷，通过修改设计和改进产品后，虽适应了市场需要，但已错过了成长期的销售机会，或由于价格高等原因，导致销售增长缓慢，无明显的成长期和成熟期。

（4）延缓型　是指汽车产品经历试销期、成长期和成熟期，进入衰退期之后，由于替代产品未出现，或替代产品虽然问世，但存在质量问题而未被市场接受，致使原汽车产品经过衰退期前期之后，又出现了一个较长时期的销售平稳期。

（5）双峰型　是指汽车产品经济寿命周期的再循环，即汽车产品进入经济寿命周期的衰退期后，由于汽车企业对汽车产品进行改进和革新，使汽车产品又获得了新的生命力，销售量重新增长，并出现了第二个经济寿命周期。

（6）多峰型　是指汽车产品经济寿命周期的多次反复循环。由于汽车企业对汽车产品不断改进，使汽车产品不断具有新的特征和用途，其经济寿命周期连续不断，汽车产品经久不衰。

4. 影响商品经济寿命周期的因素

不同汽车产品之间经济寿命周期的形态和时间长短的差异是多种因素综合影响的结果。其主要影响因素如下：

（1）汽车产品本身的性质和用途　汽车产品可分为乘用车、商用车和特种用途车辆，其经济寿命周期各有特点。

（2）消费需求变化　当消费者的收入提高幅度大，生活方式和购买欲望变化快时，汽车产品的经济寿命周期具有缩短的趋势；反之，则使汽车产品经济寿命周期相对延长。

（3）科学技术进步程度　随着科学技术的进步和汽车新产品的不断出现，汽车产品更新换代加快，老汽车产品的经济寿命周期缩短；但利用科学技术对汽车产品进行改进，则可延长其经济寿命周期。

（4）市场竞争情况　汽车市场竞争的主要形式可分为价格竞争和非价格竞争。汽车产品性能和质量竞争是非价格竞争的重要形式。一般来说，在汽车市场竞争激烈的时期，汽车产品经济寿命周期具有缩短的趋势；同时质量优秀的适销对路的车型比其他车型的经济寿命周期会相对延长。

（5）国家政策的制约　国家鼓励汽车产品的生产和消费，则可延长其产品经济寿命周期；若限制汽车产品的生产和消费，则会缩短其经济寿命周期。

二、商品经济寿命周期预测方法

汽车产品经济寿命周期预测的关键，在于正确判断目前和未来汽车产品经济寿命周期所处的阶段，以便对未来的汽车市场前景作出预测，为汽车企业制定生产经营策略提供依据。其主要预测方法如下：

1）商品销售状况判断法。

2）耐用消费品普及率判断法。

3）对比类推法。

1. 商品销售状况判断法

商品销售状况判断法，是根据汽车产品销售变化过程的趋势来判断汽车产品经济寿命周期所处的阶段，并对未来的汽车市场前景作出预测。其判断的一般原则是：

1）试销期，汽车产品销售量小，增长缓慢。

2）成长期，汽车产品销售量迅速扩大，增长幅度大。

3）成熟期，前期汽车产品销售量增长减慢，后期汽车产品销售量趋于稳定或徘徊不前。

4）衰退期，汽车产品销售量逐年下降。

2. 耐用消费品普及率判断法

耐用消费品是指价值高、使用年限较长的消费品。显然，汽车产品属于耐用消费品。耐用消费品普及率，一般是指一定时空范围内平均每百户家庭拥有某种耐用消费品的数量，通常根据城乡居民家庭收支抽样调查资料进行测算。汽车产品普及率的计算公式为

$$汽车产品普及率=(样本户拥有量/样本户数)\times 100\%$$

利用汽车产品普及率可预测未来汽车市场的需求量，预测时应先估计未来汽车市场普及率，然后用下列公式推算，即

$$市场需求量=(居民家庭户数/100)\times(下期市场普及率-本期市场普及率)$$

其中，下期与本期市场普及率之差为需求率。

3. 对比类推法

由于同一汽车产品在不同地区或者在相关汽车产品之间具有类似的经济寿命周期曲线，因此，可采用对比类推法推断汽车产品经济寿命周期的变化趋势。在汽车市场预测中，对比类推法有以下几种：

（1）国际对比类推法　是指将所要预测的汽车产品或汽车市场经济指标，与国外某些国家的汽车产品或汽车市场经济指标的发展过程和趋势进行类比，找出某些共同或类似的变化规律，借以类推预测目标的变化趋向。例如，国外汽车产品的经济寿命周期、汽车产品更新换代时间、汽车新产品开发情况和汽车产品的消费倾向，均可作为国内汽车市场预测的参考依据。但应注意区别国情、社会制度、经济条件和发展历史的差异。图 10-2 反映了美国汽车产量变化状况。从图中可以看出，美国汽车产量经历了 50 多年的快速发展。由此可以类推得出我国汽车工业刚刚进入快速发展时期，还要经历几十年的快速发展，发展前景良好！

（2）区际对比类推法　是指将汽车产品或汽车市场在国内同其他地区进行类比，找出某些共同的、类似的变化规律或发展变化差异，借以推断本地区预测目标的发展趋势和前景。一般来说，不同地区、不同城市的居民消费水平、消费倾向、消费结构、汽车产品普及率和

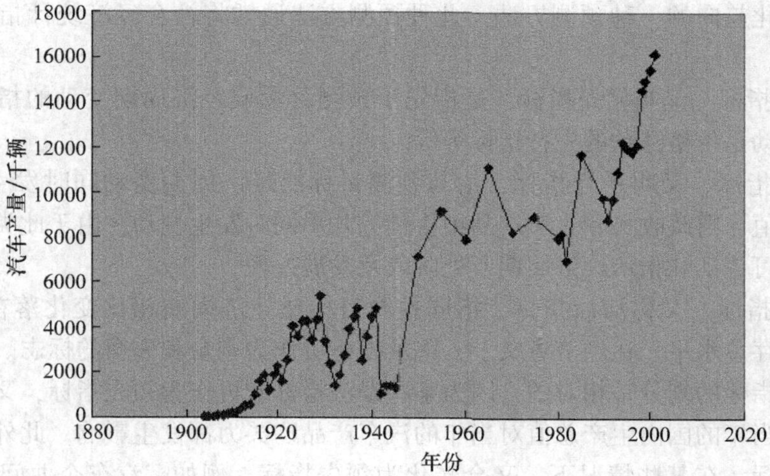

图 10-2　美国汽车产量变化状况

汽车产品经济寿命周期，均可采用区际对比类推法。

（3）品际对比类推法　是指以国内市场上同类或类似汽车产品的发展过程、发展趋势或经济寿命周期，推断某种汽车产品的发展趋向和经济寿命周期。此种方法一般用于相关汽车产品发展趋向预测、汽车产品普及率定性分析预测和汽车新产品开发预测等。

（4）产品升级换代类推法　随着科学技术和生产的发展，汽车产品不断更新换代，并且更新换代的时间越来越短。汽车产品升级换代类推法，就是利用汽车产品更新换代的规律，类推预测汽车产品更新换代的时间，探索汽车新产品的发展趋向，预测汽车市场需求变化的前景。该方法可用于汽车企业新产品开发、设计、试销、占领市场和经营撤退等机会问题的定性分析预测。

第三节　市场景气预测法

汽车市场景气预测法，是指对整个汽车市场的形势和运行状态进行评价和预警，揭示汽车市场周期变动的规律，反映汽车市场形势和运行状态的冷热程度或正常与否，为汽车企业经营决策提供依据的一种方法。市场繁荣是汽车企业发展的大好机会，市场疲软会使汽车企业生产经营面临困境，汽车企业应力求避免汽车市场疲软的不利影响。因此，分析预测汽车市场景气状态，有利于汽车企业作出经营决策。

市场景气预测可分为宏观市场景气预测和微观市场景气预测。前者是对一定范围的整个市场行情或景气状况进行预测分析，后者通常是对某类商品或某种商品的市场行情或走势进行预测分析。汽车市场景气预测属于微观市场景气预测。

汽车市场景气预测的方法很多，主要有领先落后指标法、企业景气调查法、扩散指数法和压力指数法等。

一、领先落后指标法

领先落后指标法又叫预兆预测法，它是通过研究前趋现象的指标变化情况，用以推断后续现象指标变化趋向的一种预测方法。此种预测方法通常将社会经济统计指标分为以下三类：

(1) 先行指标　又叫领先指标，是指先于预测目标或经济周期变动的指标，如汽车产品供求关系变动是价格涨跌的先行指标等等。

(2) 同步指标　又叫平行指标，指与预测目标或经济周期变动同时发生变化的指标，如国内生产总值、财政收入和汽车产品销售额等几乎同时发生变动。由于此类指标与经济周期同步，因而可佐证和指示经济周期所处阶段及发展过程。

(3) 落后指标　又称滞后指标，指同预测目标或经济周期相比变化落在后面的指标，如汽车产品库存总水平。在经济意义上，落后指标可作为剩余和失衡的标志。

上述三类指标的划分是相对的，因为某些经济指标既可作为领先指标，又可作为落后指标，如上年和当年的国内生产总值对当年的汽车产品购买力都发生影响。此外，落后指标并不总是从属指标，在某些情况下，又会转化为领先指标。例如，汽车企业间未清偿债务过多，会形成“三角债”，导致货币流通和经济运行不畅。

领先落后指标法主要是利用先行指标来推断预测目标（同步指标和落后指标）的变化趋向。在汽车市场预测中，运用领先落后指标法预测的一般步骤如下：

(1) 确定预测目标　一般应根据汽车市场景气预测的范围和对象，确定预测目标及其预测的变量或指标。

(2) 选择领先指标　一般应根据经济理论、经济关系、实践经验及实证性分析，找出与汽车市场预测对象有直接关系并起领先变化作用的经济变量作为领先指标。其中，实证性分析一般是绘制汽车市场预测对象（目标）与领先指标的动态曲线图，然后参考两者上升或下降的变化曲线，判断先行指标变化的间隔时间和变动方向。由于领先的间隔时间有长有短，变动方向有同增同减的顺相关系，也有此消彼长的逆相关系，因此应根据具体情况作具体分析。一般来说，应选择既领先汽车市场预测对象的变化，又是顺相关系的经济变量作为领先指标。

(3) 收集和处理统计数据　为了较正确地揭示领先指标和汽车市场预测目标的变动关系和规律，一般来说，应收集15年以上的数据。由于个别领先指标波动频繁，难以观察领先落后关系时，可将各领先指标同期的环比个体指数用几何平均法或加权平均法求出领先指标综合指数，然后绘制领先落后关系图，借以考察领先落后的时间规律。

(4) 利用领先落后关系进行外推预测　在汽车市场预测中，利用领先落后关系进行外推预测，即根据领先指标变化的领先时间和变动方向，推测汽车市场预测目标未来的变动趋向。预测时应注意，领先指标一般只能用于预示汽车市场行情的走势或转折点，或者说只能指示未来落后指标的变动方向，但不能直接预测变化的幅度。

二、企业景气调查法

企业景气调查起源于20世纪20年代的西方国家，此后在世界范围内得到了迅速推广和应用。我国从1984年起，国家统计局开始进行企业景气调查工作，涉及工业、建筑业、交通运输业、批发和零售业、房地产业、社会服务业、信息业和餐饮业等行业的企业景气调查。

企业景气调查是以问卷为调查形式（参考案例分析），以定性为主、定量为辅，定性与定量相结合的景气指标为体系，以对宏观经济环境判断和微观经济状况判断相结合的意向调查为内容。通过问卷调查资料的汇总处理，计算有关景气指数来反映本期的实际景气状况和下期景气状况的走势。

景气指数，又称景气度。就汽车企业而言，它是一种综合指标，对汽车企业景气调查中的定性指标通过定量方法加工汇总，综合反映某一特定调查群体对某一汽车市场现象所处的状态或发展趋势所作的综合判断。汽车企业景气指数主要有下列两种指数：

（1）企业家信心指数　又称“宏观经济景气指数”，是根据企业家对汽车企业外部市场经济环境与宏观政策的认识、看法、判断与预期（通常为对“乐观”、“一般”和“不乐观”的选择）而编制的指数，用以综合反映企业家对宏观经济环境的感受与信心。

（2）企业景气指数　也称“企业综合生产经营景气指数”，是根据企业家对汽车企业综合生产经营情况的判断与预期（通常为对“好”、“一般”和“不佳”的选择）而编制的指数，用以综合反映汽车企业的生产经营状况。

企业景气指数的数值通常用纯正数的形式表示，取值范围在0%～200%之间，100为景气指数的临界值。当景气指数大于100时，表明经济状况趋于上升或改善，处于景气状态；当景气指数小于100时，表明经济状况趋于下降或恶化，处于不景气状态。

例如，某地某年对1200名工业企业家进行第三季度和第四季度的企业外部宏观经济环境判断调查，通过问卷资料的汇总处理，得到表10-1所列数据。

表10-1　1200名企业家对宏观经济环境判断次数分布

宏观经济环境	好	一　般	差	合　计
上(三)季度实际/人	720	430	50	1200
频率(%)	60.00	35.83	4.17	100.0
本(四)季度预计/人	950	226	24	1200
频率(%)	79.17	18.83	2.00	100.0

由表10-1可知，1200名企业家认为第四季度宏观经济环境好的频率为79.17%，比第三季度提高19.17个百分点；认为一般的频率为18.83%，比第三季度减少17个百分点；认为差的频率为2.0%，比第三季度减少2个百分点。因此，企业家们对第四季度宏观经济环境的信心大大增强。若计算企业家信心指数，则好、一般、差的标准值分别为200、100、0，用频率作权数，则有

$$第三季度企业家信心指数=(200\times60+100\times35.83+0\times4.17)\div100=155.83$$

$$第四季度企业家信心指数=(200\times79.17+100\times18.83+0\times2.0)\div100=177.17$$

计算结果表明，第四季度企业家信息指数与第三季度相比提高21.34点。需要指出的是，汽车企业景气指数的编制比企业家信心指数要繁杂一点。因为调查的项目较多，编制汽车企业景气指数时，应首先计算各项目的景气指数，然后用简单平均或加权平均（须规定各项目的权重）的方法求得综合汽车企业景气指数。设 K 为各项目的个体景气指数，W 为权数，则综合汽车企业景气指数为

$$综合汽车企业景气指数=\sum KW/\sum W$$

需要说明的是，目前国内还没有一个被广泛接受的汽车行业景气指数。

三、扩散指数法

在汽车市场预测中，某些经济指标和汽车产品销售额只能反映汽车市场运行和周期变动的集中趋势和总体变动情况，但不能揭示部门、地区、汽车企业和汽车产品之间的变动差异和离散趋势。为此，可利用扩散指数来反映和衡量汽车市场经济变动的离散趋势，预测汽车市场总量指标的变化趋向。

扩散指数又称广布指数，通常是指在研究时期（月、季、年）内的一组统计指标中，上升的指标数目占全部指标数目的比重。计算公式为

$$扩散指数=(正在上升的指标数目/全部指标数目)\times 100\%$$

扩散指数的变动幅度在0~100之间，其数值大小与经济总量变动的关系一般为：

1）扩散指数由50向100上升时，经济总量呈加速增长趋势，汽车市场前景看好。

2）扩散指数由100向50下降时，经济总量仍在增加，但增长速度放慢，汽车市场前景暗淡。

3）扩散指数由50向0下降时，经济总量下降，经济不景气，汽车市场疲软。

4）扩散指数由0向50上升时，经济总量下降速度减慢，经济出现回升趋势，汽车市场开始复苏。

扩散指数在汽车市场景气状况预测中应用较广泛，如选择若干影响汽车产品销售额变化的指标计算扩散指数，可以反映汽车产品销售市场行情变化趋势。但设计扩散指数时，应注意以下几点：

1）设计若干指标组成的扩散指数，应选择一组影响汽车市场预测目标变化的领先指标，以便用于外推预测。若领先指标的逐期变化不规则影响扩散指数预测能力时，扩散指数中也可包括一些同步指标。此外，指标数目应为两位数，以使指标群的代表面大一些。

2）设计若干地区（部门、汽车企业和汽车产品等）组成的扩散指数，既要注意所选指标的同一性，又要注意地区（部门、汽车企业和汽车产品等）的代表性。同时，观察数目应尽可能多一些，代表面尽可能大一些。

3）扩散指数的计算时距有月、季、年之分，采用何种时距，取决于汽车市场预测的目的和期限。当采用月距和季距计算扩散指数时，为了消除季节变动的影响，应考察各指标与上年同期对比的增减变化，然后计算扩散指数。

4）扩散指数是对汽车市场大量经济现象的抽象，用它进行汽车市场预测时，一些重大事件的影响可能被忽略。因此，预测时应注意分析其他重要因素或事件的影响。此外，扩散指数只能预测汽车市场的变化趋向，不能预测汽车市场变动的幅度。它是在定量分析的基础上进行定性预测的。

四、压力指数法

压力指数是两个有联系的统计指标的比率，其数值的大小反映了经济关系的变动，因而可作为汽车市场预测的指南。在汽车市场预测中，常用的压力指数如下：

1）需求对供给的压力指数。

2）需求对生产的压力指数。

（1）需求对供给的压力指数　是指一定时期内的汽车产品需求量占汽车产品可供量的比率，用以量度需求对供给的压力。一般地，比率越大，则越趋向求大于供，价格趋于上涨；比率越小，则越趋向求小于供，价格趋于下跌；比率为100%时，则供求平衡，价格趋于均衡。计算公式为

需求对供给的压力指数=(汽车产品需求量/汽车产品可供量)×100%

（2）需求对生产的压力指数　是指一定时期的汽车产品需求量占供给量中的生产量的比率，用以衡量需求对生产的压力。比率大，则生产不足，价格趋于上涨；比率小，则生产过剩，价格趋于下跌。计算公式为

需求对生产的压力指数=(汽车产品需求量/汽车产品生产量)×100%

压力指数虽然不能预测汽车市场变动幅度，但可作为汽车市场变化的预兆，并可指示汽车市场未来变化的方向。如果与其他预测方法配合使用，压力指数不失为有效的汽车市场预测辅助手段。

第四节　因素分析预测法

因素分析预测法是凭借经济理论与实践经验，通过分析影响预测目标各种因素的作用大小和方向，对预测目标未来的发展变化作出推断。在汽车市场预测中，因素分析预测法具有独特的三个作用：

1）能够综合各种因素的影响而作出汽车市场预测推断，使预测结论更为可靠。

2）能够揭示汽车市场经济现象之间的变动关系，在经济现象间的相互联系中作出有效的预测判断。

3）能够采用一定的标准和方法，将诸多因素指标合并为一个综合性的指标，用以评价和预测各地汽车市场需求的大小。

一、因素列举归纳法

因素列举归纳法是指将影响汽车市场预测目标变动的因素逐一列举，并分析各种因素对预测目标作用的大小和方向，区分经济因素和非经济因素、可控因素和不可控因素、内部因素与外部因素，以及有利因素和不利因素，然后加以综合、归纳，从而推断汽车市场预测目标未来的变化趋向。在汽车市场预测中，因素列举归纳法的基本程序如下：

1）列举能观察到的影响预测目标变化的各种主要因素，并收集有关资料。

2）分析评价各种因素作用的大小、方向和程度，区分各种因素的性质，判断哪些因素导致预测目标变化趋于扩张，哪些因素导致预测目标变化趋于收缩，有利因素与不利因素谁居主导地位，等等。

3）归纳推断预测目标未来变化的趋向。当有利因素居主导地位时，则未来前景看好，或需求上升，经济持续增长；若不利因素居主导地位时，则未来前景暗淡，或市场疲软，需求不振，或经济回升乏力，徘徊不前等。

例如，通过列举和分析国家汽车产业方针政策、投资、职工工资、居民货币收支、储蓄存款、货币流通、财政收支和汽车产品价格水平等因素的变化，可推断未来汽车市场的变化趋向是景气，还是滑坡。

二、相关因素推断法

汽车市场经济现象之间的相互变动关系，在时间上有先行、后行关系与平行关系之分；在变动方向上有顺相关系与逆相关系之分。相关因素推断法，是根据汽车市场经济现象间的相互联系和相互制约关系，由相关因素的变动方向判断汽车市场预测目标的变动趋向的一种预测方法。

(1) 顺相关系判断法　顺相关系是指两个汽车市场现象间的变动方向为同增同减的关系，如汽车拥有量与汽车需求量之间就属于同向变动的相关关系。利用顺相关系可以由相关现象的增加或减少，推断汽车市场预测目标也会相应增加或减少。

(2) 逆相关系判断法　逆相关系是指两个汽车市场现象间的变动方向表现为此消彼长或一增一减的关系，如汽车产品需求量与普及率之间就表现为此消彼长的关系。利用逆相关系，可由相关现象的增加或减少，推断汽车市场预测目标会向相反的方向变动。

相关因素推断法，一般用于预测汽车市场变动的趋向。如果要预测汽车市场变动的数值或幅度，则可测算汽车市场相关现象间的比例关系，由相关现象的数值推算汽车市场预测目标的数值。

三、因素分解推断法

因素分解推断法，是指将汽车市场预测目标按照一定的联系形式分解为若干因素指标，然后分别研究各种因素未来变动的方向、程度和结果，最后综合各种因素变动的结果，求出汽车市场预测目标的总变动趋势和结果。

当汽车市场预测目标因素指标的联系形式表现为各因素指标相加等于预测目标的总量指标，且能较容易地预测各因素指标未来的增长率时，则可利用如下公式确定汽车市场预测值，即

$$Y_{t+1} = Y_t[1 + (\sum XW/\sum W)]$$

式中，Y_t 为预测目标的本期实际值；Y_{t+1} 为下期预测值；X 为因素指标下期增长率；W 为因素指标占预测目标数值的比重。

例如，某市本年汽车产品销售额为 83.7 亿元，其中城市销售额占 55%，农村销售额占 45%。据预测，明年城市销售额将增长 15.8%，农村销售额将增长 13.6%，则明年汽车产品销售总额为

$$Y_{t+1} = 83.7 \times [1 + (15.8 \times 55 + 13.6 \times 45) \div 100]\ 亿元 = 96.1\ 亿元$$

此外，有些因素指标与汽车市场预测目标之间的联系，表现为各因素指标相减等于汽车市场预测目标，如汽车企业利润总额等于汽车企业总收入抵减成本、费用和税金等各项支出的余额。因此，采用因素分解综合推断法进行汽车市场预测时，必须注意采用合适的联系形式将汽车市场预测目标分解为若干因素指标，注意各因素指标的预测分析应力求准确，才能保证汽车市场预测目标最终预测结果的准确性。

四、购买力区域指数法

购买力区域指数是衡量不同地区需求程度的综合性评价指标，又称市场潜在需求指标。它的计算过程是：选择若干相互联系又相互独立的能决定市场需求潜力大小的因素指标，如

各地总户数或总人口、各地居民收入或国内生产总值以及各地商品零售额等，采取一定的标准和核算方法，将各因素指标合并为一个综合性的指标，即购买力区域指数。它既可用于判断各地汽车市场需求潜力的大小，又可用于推算各地的汽车市场需求潜力。购买力区域指数按照因素指标合并的标准和方法不同，可分为以下两种：

1）比重法购买力区域指数。

2）比较法购买力区域指数。

（1）比重法购买力区域指数　通常是以各地区的总户数、居民收入或国内生产总值、商品零售额的比重等指标为基础，采用加权平均法合并为一个综合性的指数来作为购买力区域指数。权数一般为：总户数为2，收入性指标为5，商品零售额为3。用比重法计算购买力区域指数如表10-2所示，其中A县购买力指数为

A县购买力指数＝(12.18%×2＋43.44%×5＋33.99%×3)÷10＝34.353%

其他县的购买力指数计算方法相同。从表10-2中可看出，A县购买力最高，其次是D县和E县，C县的购买力最弱。若已知汽车在该地区的总需求量为44千辆，则可用购买力指数推算各县、市的销售潜量，如表最右一栏。

表10-2　某地汽车购买力区域指数计算表

地区	总户数比重(%)	国内生产总值比重(%)	商品零售额比重(%)	购买力区域指数(%)	汽车潜在需求量/千辆
A县	12.18	43.44	33.99	34.353	15.12
B县	15.81	8.24	11.65	10.777	4.74
C县	8.65	6.93	10.36	8.303	365
D县	14.95	12.17	11.22	12.441	5.47
E县	15.06	11.15	12.27	12.298	5.42
F县	14.40	10.97	10.26	11.433	5.03
G县	18.95	7.10	10.15	10.385	4.57
合计	100.00	100.00	100.00	100.00	44.00

（2）比较法购买力区域指数　比较法购买力区域指数，是以比较相对数表示不同区域的购买力大小。计算时，通常将选择的若干反映购买力大小的因素指标区分为质因素和量因素两大类，并以某典型地区的水平作为基准，通过计算比较相对数来构造综合性的购买力指数。其中，质因素主要是一些平均指标，如人均国内生产总值、职工平均工资、农民年均收入、人均储蓄余额和人均商品零售额等；量因素主要是反映消费规模的因素指标，如总人口或家庭总户数。

表10-3是某地区比较法购买力指数计算表，其中以甲县作为对比的基准（购买力指数定为100%），其他地区的购买力指数计算公式为

购买力指数＝质因素平均值×占甲县人口百分率

若要预测汽车产品在各地的市场需求潜量，即以各地的购买力指数分别乘汽车产品在甲地的估计需求量即可。例如，甲县汽车产品的估计需求量为8500辆，则其他各县潜在需求量分别为8067辆、5745辆和8857辆。

表 10-3 某地购买力区域指数计算表

	因 素	甲 县	乙 县	丙 县	丁 县
1	人均国内生产总值/元	4470	8319	5271	4659
	占甲县(%)	100.00	186.11	117.92	104.23
2	职工年均工资/元	11396	12756	10804	12448
	占甲县(%)	100.00	111.93	94.81	109.23
3	农民年均收入/元	3021	4149	3252	3042
	占甲县(%)	100.00	137.34	107.65	100.70
4	人均储蓄金额/元	3612	3822	2316	1866
	占甲县(%)	100.00	211.63	128.24	103.32
5	人均商品零售额/元	1434	2070	1992	1542
	占甲县(%)	100.00	144.35	138.91	107.53
6	质因素相对数平均值	100.00	158.27	117.51	105.00
7	量因素:总人口/万人	131.78	79.02	75.79	130.78
	占甲县(%)	100.00	59.96	57.51	99.24
8	购买力指数(%)	100.00	94.90	67.58	104.20

第五节 直接推算预测法

直接推算预测法是带有定量性质的定性预测方法，即利用有关指标之间的相互关系，在分析研究的基础上，作出有根据的数量化的判断预测。

在汽车市场预测中，直接推算预测法的意义主要表现在以下几个方面：

1）能根据汽车企业生产经营的实际进程，判断和预报汽车企业经营目标能否实现，以便采取调控措施。

2）能根据汽车市场局部与总体之间或现象之间的数量关系，由已知指标数值推测未知现象的数值及其变化。

3）可以利用汽车市场有关经济指标之间的平衡关系，由已知指标的数值预测所需的指标数值。

直接推算法的具体方法很多，主要有以下几类：

1）进度判断预测法。

2）比重推算法。

3）比例推算法。

4）消耗水平推算法。

5）平衡推算法。

6）均衡点分析法。

1. 进度判断预测法

进度判断预测法是根据企业生产经营的进度，通过分析今后的发展趋势、有利因素和不利因素，对今后和全时期的生产经营情况作出预测。在汽车市场预测中，它又可以分为以下三种：

1）增减趋势推算法。

2）序时平均法。

3）季节比重推算法。

（1）增减趋势推算法 是在前段实际水平的基础上，综合分析后段各种变化因素，判断变化趋势，以确定后段的增减率，进而预测后段和全期可能达到的总体水平，并判断经营目标能否实现的一种预测方法。

例如，某汽车企业某年汽车产品销售目标为5100万元，1～3季度累计实现销售额为3850万元，其中第3季度为1280万元。预计第4季度汽车产品销售处于旺季，将比第3季度增长3%。据此判断全年销售目标的完成程度为

$$预计销售目标完成程度=[3850+1280\times(1+3\%)]\div 5100\times 100\%=101.34\%$$

（2）序时平均法 是先计算前段时期的实际（日、月、季）平均数，然后分析后期各种变化因素的影响，在前期序时平均数的基础上预计后期可能达到的序时平均水平，根据剩余时间推算后期及全期可能达到的总水平的一种预测方法。

例如，某汽车企业某月销售目标为800万元，全月30个营业日，1～20日累计销售额540万元，日平均销售额27万元。根据有关资料分析，现有汽车产品存货不足，因运输问题汽车产品采购又不能及时到货，下旬日销售额将减少3万元。据此推算预计销售目标完成程度为

$$预计销售目标完成程度=[540+(27-3)\times 10]\div 800\times 100\%=97.5\%$$

（3）季节比重推算法 其预测过程是：当生产经营活动具有季节性时，可先计算本年内前期实际累计数，再根据历史资料分析以往同期累计数占以往全时期实际数的比重（季节比重），最后用前期实际累计数除以季节比重，即可预测全时期可能达到的总水平及经营目标的实现程度。

例如，某汽车企业某年汽车产品销售目标为8500万元，1～3季度累计销售额5985万元。据历史资料分析，1～3季度销售额约占全年的69.5%，因而可预计

$$全年销售目标/预计完成程度=(5985\div 69.5\%)/8500=101.31\%$$

$$第4季度销售额=(5985\div 69.5\%-5985)万元=2626.5万元$$

进度判断预测法主要用于判断一定时期内汽车企业经营目标能否实现，是一种近期预测。预测的准确性主要取决于对后段水平的推算是否接近汽车企业和汽车市场实际。因此，必须综合各种因素的影响，对后段情况作出较为切合实际的判断预测。

2. 比重推算法

比重推算法是利用总体中局部数值占总体数值的比重，根据总体的数值推算局部的数值，或根据局部数值推算总体数值，亦可根据总体中各组比重的变化推断现象发展趋向的一种预测方法。在汽车市场预测中，比重推算法主要应用于以下四个方面：

1）需求构成预测。

2）市场占有率预测。

3）以销定进构成预测。

4）总体结构变动趋向预测。

（1）需求构成预测 利用比重推算法预测需求构成，即利用社会消费品购买力或社会消

费品零售额的商品类别构成的统计特性，在分析判断未来需求构成变化趋向的基础上，根据预测期的社会消费品购买力推算各类汽车产品购买力投向。亦可利用比重推算法，由大类商品总需求推算小类商品需求，由小类商品需求推算汽车产品需求。

（2）市场占有率预测　市场占有率是指一个企业的商品销售额（量）在一定范围内的市场销售中所占的比重。比重越大，企业的市场占有率越高，市场竞争力越强；反之，则不然。计算公式为

$$市场占有率=本企业商品销售额(量)/市场商品销售总额(量)\times 100\%$$

在汽车市场预测中，利用市场占有率进行预测（又称转导预测法），即根据已有的有关宏观汽车市场的预测值，或政府机关发布的有关预测指标作为汽车企业销售预测的基础，利用企业的市场占有率推算本企业的销售预测值。预测时，首先应根据历史资料分析汽车行业或汽车企业自身市场占有率的变化趋向，再结合预测期的汽车市场竞争情况，确定合适的市场占有率，以用于预测推算。

（3）以销定进构成预测　是指汽车销售企业根据以销定进的原则，平时对汽车产品的销售量按车型、品牌等标志进行分组统计，并计算其比重，然后根据既定的进货总量，按销售构成推算各车型、品牌等具体汽车产品的进货数量。由此而推算的汽车产品进货分布量，既能较好地反映汽车市场的不同需求，又能尽量减少盲目进货导致的汽车产品积压。对于汽车生产企业来说，可采用以销定产或以需定产的方法进行预测分析。

（4）总体结构变动趋向预测　总体内部结构变动往往具有此消彼长的统计规律，即某些类别的比重上升，则另一些类别的比重下降。随着人民生活水平的日益提高，居民食物支出占总支出的比重（恩格尔系数）会减少，而汽车等高档消费品的支出比重则会上升。

在汽车市场预测中，用比重推算法判断总体结构的变动趋向，一般应收集历年的具有多种分组的统计数据，并计算每一分组的比重指标，然后从历年比重的动态变化中，判断汽车市场现象总体结构中各组成部分此消彼长的变动趋向。

3. 比例推算法

比例推算法是根据有关指标或有关现象之间的比例关系，由已知指标数值推算预测对象数值的方法。在用比例推算法进行汽车市场预测时应注意：

1）应根据历史资料并结合预测期有关因素确定合适的比例值。

2）作为推算基础指标的数值应是已知的，或者应比汽车市场预测对象的数值容易确定。

比例推算法的具体方法如下：

（1）结构性比例法　是利用总体中局部与局部之间的比例关系，由已知部分的数值推算其他部分及其总体数值的一种预测方法。

（2）相关性比例法　是利用有关汽车市场现象之间的相关关系形成的比例，从已知汽车市场现象的数值推测另一汽车市场现象数值的一种预测方法。

例如，某市国内生产总值与汽车产品销售额的关系很密切，二者的比例一般为1∶0.33。据预测，明年国内生产总值可达169.8亿元。据此推算，明年汽车产品销售额为64.5亿元。

又如，某地汽油、柴油和润滑油的销售比例一般为1.5∶1∶0.12，而预测明年柴油销售量为53180t，据此推算得

$$汽油销售量=(53180\times 1.5)t=79770t$$

$$润滑油销售量=(53180\times 0.12)t=6381.6t$$

(3) 比例联测法　是以某地汽车市场需求观测为基础，运用比例法推算其他地区的汽车市场需求量的一种预测方法。推算公式为

乙地需求量 = 甲地需求量 × (乙地销售量/甲地销售量)

= 甲地需求量 × 乙地占甲地销售的比例

例如，本年度甲地汽车销售量为 43880 辆，乙地销售量为 41379 辆，丙地销售量为 37520 辆。据预测，明年甲地汽车销售量为 46250 辆，用比例联测法预测乙、丙两地明年汽车销售量为

乙地销售量 = (46250 × 41397 ÷ 43880) 辆 = 43614 辆

丙地销售量 = (46250 × 37520 ÷ 43880) 辆 = 39546 辆

4. 消耗水平推算法

消耗水平推算法，主要是利用工农业生产中某些生产资料的单位消耗量来推算预测期的生产资料需求量。对汽车产品而言，可以根据汽车产品报废年限，结合每年汽车产品销售量来预测汽车产品的未来需求量。

5. 平衡推算法

平衡推算法是利用汽车市场有关经济指标之间的平衡关系，来推算所要预测的汽车市场指标数值。一般程序是先收集和整理与汽车市场预测指标有关的各种经济指标的数值，编制平衡表，如居民货币收入平衡表、汽车产品产销平衡表、汽车产品购销存平衡表和汽车企业财务收支平衡表等；然后根据所编制的平衡表及其平衡关系，由已知指标的数据来预测所需的汽车市场指标数值。

例如，某汽车销售企业年末汽车产品存货为 1880 万元，经分析，存货规模过大，要求今年压缩存货 380 万元，即各月月末存货控制在 1500 万元左右；上年度汽车产品销售利润率为 5.4%，预计今年保持不变；目标利润今年定为 980 万元。另据测算，上年度汽车产品综合进销差率（毛利率）为 15.4%，今年亦维持不变，要求预测今年的汽车产品销售额和采购额，即

年汽车产品销售额 = 目标利润 / 销售利润率 = (980 ÷ 0.054) 万元 = 18148.15 万元

年汽车产品采购额 = 年末存货额 + 年汽车产品销售额(1 − 15.4%) − 年初储存额

= [1500 + 18148.15 × (1 − 15.4%) − 1880] 万元

= 14973.33 万元

6. 均衡点分析法

均衡点分析法是利用收支平衡的原理，测定汽车市场经济现象中收支均衡的数量界限，作为汽车市场预测决策的依据。一般来说，收入、支出和盈余之间具有下列三种关系：

1) 收 > 支，盈余为正数（盈利）。

2) 收 < 支，盈余为负数（亏损）。

3) 收 = 支，盈余为 0（盈亏临界点）。

收支均衡点分析的基本原理就是利用以上关系，用以测定收等于支的数量界限。汽车市场中的保本销售额、保本储存期和经济进货批量等，都是利用这一基本原理而测定的。

(1) 保本保利销售额（量）分析　又称量、本、利分析，是通过保本销售额（量）和保利销售额（量）进行预测决策的一种均衡分析法。一般来说，汽车企业的汽车产品销售额、固定成本、变动成本和利润之间具有如下关系

利润 = 汽车产品销售额 - 固定成本 - 变动成本

= 汽车产品销售额 - 固定成本 - 汽车产品销售额 × 变动成本率

令利润 = 0，则保本商品销售额为

保本商品销售额 = 固定成本 ÷ (1 - 变动成本率)

保本商品销售额就是保持不盈不亏的汽车产品销售额。测算时，应将经营成本分为变动成本和固定成本。其中，变动成本是随汽车产品销售额变动而成比例变动的成本，如汽车产品销售进价成本、汽车企业经营费用、汽车产品销售税金及附加税等；固定成本是不随汽车产品销售额变动而变动的成本，包括汽车企业各项管理费用和一次性财务费用等。

保利销售额就是在既定的目标利润的前提下，汽车企业应实现的最低限度的汽车产品销售额。计算公式为

保利销售额 = (固定成本 + 目标利润)/(1 - 变动成本率)

例如，某汽车企业本年度汽车产品销售额 5760 万元，变动成本 4896 万元，固定成本 760 万元，预测明年固定成本将增加 80 万元，目标利润定为 150 万元，求保本、保利销售额，即

保本销售额 = [(760 + 80) ÷ (1 - 4896 ÷ 5760)] 万元 = 5600 万元

保利销售额 = [(760 + 150) ÷ (1 - 4896 ÷ 5760)] 万元 = 6627 万元

在汽车市场预测中，也可测算具体汽车产品的保本销售量和保利销售量。具体计算时，可根据上述公式先求出具体汽车产品的保本、保利销售额，再除以汽车产品单价即可，或采用下列公式计算

保本销售量 = 固定成本/(销售单价 - 单位商品变动成本)

保利销售量 = (固定成本 + 目标利润)/(销售单价 - 单位商品变动成本)

（2）汽车产品储存保本保利期分析　是指在汽车产品购、销价格既定的条件下，按照汽车产品储存期间平均每日开支的利息、保管费等，测算汽车产品从购进到销售保持不盈不亏本的最长储存期（保本期）和实现目标利润的汽车产品储存期（保利期），从时间上作出对汽车产品储存进行控制的预测与决策。

汽车产品储存保本期是指汽车产品从购进到销售保持不盈不亏的最长储存期。一般来说，汽车产品在储存环节的费用可分为固定费用（工资、福利费、修理费、折旧和税金等）和变动费用（保管费、资金利息等），汽车产品毛利额减去这两大费用就是汽车产品储存创利额，即

商品储存创利额 = 商品毛利额 - 固定费用 - 商品储存期 × 日变动费用

令商品储存创利额 = 0，则商品储存保本期为

商品储存保本期 = (商品毛利额 - 固定费用) ÷ 日变动费用

= (商品毛利率 - 固定费用率) ÷ 日变动费用率

汽车产品储存保本期是最长储存期，汽车产品在保本期内销售掉，就能取得一定的利润，超过保本期销售就会发生亏损。汽车产品储存保利期是指为了实现一定的目标利润，汽车产品从购进到销售的储存天数。如果汽车产品在保利期内销售掉就能实现既定的利润，反之则不然。计算公式为

商品储存保利期 = (毛利额 - 固定费用 - 目标利润) ÷ 日变动费用

= (毛利率 - 固定费用率 - 目标利润率) ÷ 日变动费用率

（3）经济采购批量　是指采购费用和储存费用最低的每次进货数量，又称最优批量。若期内汽车产品进货总量为 U，在既定的条件下，采购费用与进货批量 E 成反比，即进货批量越大，采购次数越少，总采购费用就越少。储存费用与进货批量成正比，即进货批量越大，支付的储存费用就越高。设 C_1 为每次采账费用，C_2 为单位汽车产品储存费用，则总费用为

$$\begin{aligned}总费用 &= 采购费用 + 储存费用\\ &= C_1U/E + C_2E/2\end{aligned}$$

其中，$E/2$ 表示平均储存量，即每次采购到货时，储存量达到最高，随后逐步减少到"0"，故有 $E/2$。由于采购费用和储存费用均为采购批量的函数，这两个函数的相交点（均衡点）是采购费用 = 储存费用。即

$$C_1U/E = C_2E/2$$

解得

$$E = \sqrt{2C_1U/C_2}$$

这就是经济采购量的计算公式。在这一批量进货模型中，汽车产品本身的单价与进货量无关。但在很多时候，当进货批量达到一定数量时，供货方往往给予一定的折扣优惠。为此，需要确定价格折扣的优惠批量。

设 E' 为享受价格折扣的进货批量，P 为汽车产品单价，P' 为折扣后的汽车产品单价，则不享受价格折扣的进货批量的总费用成本 $Z(E)$ 为

$$Z(E) = UP + C_1U/E + C_2E/2$$

而享受价格折扣的进货批量的总费用成本 $Z(E')$ 为

$$Z(E') = UP' + C_1U/E' + C_2E'/2$$

若 $Z(E') < Z(E)$，则 E' 为可行的进货批量；$Z(E') > Z(E)$，则 E 为可行的进货批量。

例如，某 4S 店经营某品牌汽车产品，月销售量约为 120 辆。根据以往的资料，每次采购费用 $C_1 = 3$ 万元，每辆汽车每月储存费用 $C_2 = 0.2$ 万元。商品进价为 10 万元，若一次购进 120 辆，价格可降低 5%，即 9.5 万元，试确定进货批量

$$\begin{aligned}E &= \sqrt{2 \times 120 \times 3 \div 0.2}\ 辆/次 = 60\ 辆/次\\ Z(E) &= (10 \times 120 + 120 \div 60 \times 3 + 60 \div 2 \times 0.2)\ 万元\\ &= 1212\ 万元\\ Z(E') &= (120 \times 9.5 + 120 \div 120 \times 3 + 120 \div 2 \times 0.2)\ 万元\\ &= 1155\ 万元\end{aligned}$$

由于 $Z(E') < Z(E)$，即 $1155 < 1212$，所以 E' 是可行的进货量，即作出享受价格折扣的决策，即每次购进 120 辆，每月只进货一次。

思考题

10-1　意见综合预测法分为哪几种，各有何特点？

10-2　商品经济寿命周期预测法分为哪几种，各有何特点？

10-3　请分别介绍市场景气预测法的方法与应用？

10-4　因素分析预测法有哪些作用？

10-5　购买力区域指数法有哪两种？如何应用？

10-6　直接推算预测法有何意义？具体应用方法有哪些？

第十一章　时间序列预测法

汽车市场的变化总是随着时间的推移，不断延伸，不断替代。这一过程受社会、经济和人文等诸多因素的影响。但它们都是遵循事物发展变化的连续性原理。因此，我们可以不去关心各种因素的变化，而依据市场现象本身的时间序列去研究市场现象的发展趋势。本章着重介绍时间序列分析中的平滑预测法、趋势延伸预测法和季节指数预测法等，分别阐明它们的类别、特征、适用范围以及注意事项。

第一节　方法概述

时间序列是指同一种现象在不同时间上的相继观察值排列而成的一组数字序列。时间序列预测法的基本思想是：预测一个现象的未来变化时，用该现象的过去行为来预测未来，即通过时间序列的历史数据揭示现象随时间变化的规律，将这种规律延伸到未来，从而对该现象的未来作出预测。

1. 时间序列的变化形式

现实中时间序列的变化受许多因素的影响，有些起着长期的、决定性的作用，使时间序列的变化呈现出某种趋势和一定的规律性；有些则起着短期的、非决定性的作用，使时间序列的变化呈现出某种不规则性。时间序列的变化大体可分解为以下四种：

1）趋势变动，指现象随时间变化朝着一定方向呈现出持续稳定地上升、下降或平稳的趋势。

2）周期变动（季节变动），指现象受季节性影响，按一固定周期呈现出的周期波动变化。

3）循环变动，指现象按不固定的周期呈现出的波动变化。

4）随机变动，指现象受偶然因素的影响而呈现出的不规则波动。

时间序列一般是以上几种变化形式的叠加或组合。时间序列预测法分为两大类：一类是确定型的时间序列模型方法；另一类是随机型的时间序列分析方法。

确定型时间序列预测法的基本思想是用一个确定的时间函数 $y=f(t)$ 来拟合时间序列，不同的变化采取不同的函数形式来描述，不同变化的叠加采用不同的函数叠加来描述。具体可分为平滑预测法、趋势延伸预测法和季节指数预测法等。

随机型时间序列预测法是通过时间序列模型进行预测的方法。建立随机时间序列模型需要较深的数学知识和较多的历史数据，方法复杂，计算量大；但它在短期预测方面精度高，因此得到了愈来愈广泛的应用。

2. 时间序列预测法的特点

时间序列预测法有以下两个特点：

1）时间序列预测法，是根据市场过去的变化趋势预测未来的发展，它的前提是假定事物的过去会同样延续到未来。事物的现实是历史发展的结果，而事物的未来又是现实的延伸，事物的过去和未来是有联系的。市场预测的时间序列预测法，正是根据客观事物发展的这种连续规律性，运用过去的历史数据，通过统计分析，进一步推测市场未来的发展趋势。市场预测中，事物的过去会同样延续到未来，其意思是说，市场未来不会发生突然跳跃式变化，而是渐进变化的。

需要指出的是，由于事物的发展不仅有连续性的特点，而且又是复杂多样的，因此在应用时间序列预测法进行市场预测时，应注意市场现象未来的发展变化规律和发展水平，不一定与其历史和现在的发展变化规律完全一致。随着汽车市场现象的发展，它还会出现一些新的特点。因此，在时间序列分析预测中，决不能机械地按市场现象过去和现在的规律向外延伸，必须研究分析市场现象变化的新特点、新表现，并且将这些新特点和新表现充分考虑在预测值内。这样才能对市场现象给出既延续其历史变化规律，又符合其现实表现的可靠的预测结果。

2）时间序列预测法突出了时间因素在预测中的作用，暂不考虑外界具体因素的影响。时间序列在时间序列预测法中处于核心位置，没有时间序列，这一方法就不存在了。虽然，预测对象的发展变化受很多因素影响，但是运用时间序列预测法进行量的预测，实际上是将所有的影响因素归结到时间这一因素上，只承认所有影响因素的综合作用，并在未来对预测对象仍起作用，并未去分析探讨预测对象和影响因素之间的因果关系。因此，为了求得能反映市场未来发展变化的精确预测值，在运用时间序列预测法进行预测时，必须将量的分析方法和质的分析方法结合起来，从质的方面充分研究各种因素与市场的关系，在充分分析研究影响汽车市场变化的各种因素基础上确定预测值。

时间序列预测法因突出时间序列暂不考虑外界因素影响，因而存在着预测误差的缺陷；当遇到外界发生较大变化时，往往会有较大偏差。时间序列预测法对于中短期预测的效果要比长期预测的效果好。

运用时间序列预测法对汽车市场进行预测时，首先，编制的时间序列资料必须准确、完整，时间序列中各项数字所代表的时间长短应该一致，各项数字的计算方法和计量单位应保持一致，否则，无可比性；其次，应绘制历史数据曲线图，确定其趋势变化类型；再次，根据趋势变化类型、预测目的以及期限，选定具体的预测方法，并进行模拟运算；最后，将量的分析与质的分析相结合，确定汽车市场未来发展趋势的预测值。

第二节　平滑预测法

平滑预测法是指采用一些数学方法消除时间序列中高低突变的数值，得到一个趋势序列，进而进行估计。它可以对所得的数据进行一定程度的修匀处理，消除突变数据带来的误差，提高长期趋势预测的精度。常用的平滑预测方法有简单平均法、加权平均法、移动平均法和指数平滑法等。

一、简单平均法

简单平均法是一种最简单的时间序列预测法。它最基本的思路就是把前几个月（或日、周、旬、季、年等，下同）数值的平均值，作为后一个月的预测值。

设 X_t 为第 t 月的发生值，$t=1$，2，…，n。如果我们要求根据前 N 个月的发生值来预

测第（$t+1$）月的预测值 Y_{t+1}，则可以由下式确定

$$Y_{t+1}=\frac{X_t+X_{t-1}+\cdots+X_{t-N+1}}{N}\qquad(t\geqslant N)$$

例 11-1 据调查得出，某汽车4S店今年前八个月某品牌汽车销售量如表11-1所示，现在需要预测估计该汽车4S店9月份的汽车销售量。

表 11-1 某 4S 店前八个月的汽车销售量

月份 t	1	2	3	4	5	6	7	8
汽车销售量 X/辆	100	108	115	107	85	95	101	117

根据题意，就是要求9月份的预测值，它可以用9月份之前 N 个月进行平均求得。分析整个数列，可以看出，它是一个变化比较稳定的数列，大致围绕100辆上下波动。因此，可以采用简单平均法，即

$$N=4,\ Y_9=\frac{X_8+X_7+\cdots+X_5}{4}=\frac{117+101+95+85}{4}\text{辆}\approx100\text{ 辆}$$

二、加权平均法

加权平均法就是对于组距中的 N 个数，根据它们各自对于预测值的重要程度分别设置重要度权数，然后把它们加权平均来求得预测值的预测方法。

如果设组距中 N 个发生值的权数分别为 w_1，w_2，…，w_N，则加权平均法的预测值可以用下式求得

$$Y_{t+1}=\frac{w_1X_t+w_2X_{t-1}+\cdots+w_NX_{t-N+1}}{w_1+w_2+\cdots+w_N}\qquad(t\geqslant N)$$

例 11-2 某汽车销售公司近5个月甲车型销售额是120万元、130万元、128万元、135万元和132万元，用加权平均法预测下一个月甲车型的销售额。

解 （1）权数取值：$w_1=1$，$w_2=2$，$w_3=3$，$w_4=4$，$w_5=5$，则

$$\begin{aligned}Y_{t+1}&=\frac{w_1X_t+w_2X_{t-1}+\cdots+w_NX_{t-N+1}}{w_1+w_2+\cdots+w_N}\\&=\frac{1\times120+2\times130+3\times128+4\times135+5\times132}{1+2+3+4+5}\text{万元}\\&=\frac{120+260+384+540+660}{15}\text{万元}\\&=130.9\text{ 万元}\end{aligned}$$

（2）权数取值：$w_1=1$，$w_2=2$，$w_3=4$，$w_4=8$，$w_5=16$，则

$$\begin{aligned}Y_{t+1}&=\frac{w_1X_t+w_2X_{t-1}+\cdots+w_NX_{t-N+1}}{w_1+w_2+\cdots+w_N}\\&=\frac{1\times120+2\times130+4\times128+8\times135+16\times132}{1+2+4+8+16}\text{万元}\\&=\frac{120+260+512+1080+2112}{31}\text{万元}\\&=131.7\text{ 万元}\end{aligned}$$

由以上计算，可以得出下一个月的两个不同预测值130.9万元和131.7万元。这是由于所取权数不同造成的。

在采用加权平均法进行预测时，一般要设几种权数方案，分别计算后再比较分析，以便最终选择反映实际较好的预测值。

三、移动平均法

所谓移动平均法，就是将组距按顺序由前往后移动，产生多个移动平均值，再根据这些移动平均值来确定预测值的预测方法。

移动平均法又分为一次移动平均法和二次移动平均法，这里主要讨论一次移动平均法。

设实际发生值的时间序列是 X_t，组距为 N，将 X_t 按顺序以组距 N 移动，求得平均值序列为 M_t，即 M_t 可以用下式表示为

$$M_t = \frac{X_t + X_{t-1} + \cdots + X_{t-N+1}}{N} \quad (t \geqslant N)$$

或用加权平均法求

$$M_t = \frac{w_1 X_t + w_2 X_{t-1} + \cdots + w_N X_{t-N+1}}{w_1 + w_2 + \cdots + w_N} \quad (t \geqslant N)$$

用所求出的移动平均值来求预测值时，针对两种不同情况，分别采用不同的方法来求预测值。

1. 短序列移动平均法

如果发生值时间序列 X_t 比较短（一般小于20个数），则把 M_t 放在 $t+1$ 的时间位置上，且预测值 Y_{t+1} 就等于 M_t。即

$$Y_{t+1} = M_t$$

例11-3　某货车公司2004年前七个月的销售额如表11-2所示，用一次移动平均法预测该公司8月份的销售额（单位：万元）。

表11-2　某货车公司2004年前七个月的销售额　（单位：万元）

月份	销售额 X_t	一次移动平均数 M_t
1	984	
2	1022	
3	1040	
4	1020	1015
5	1032	1027
6	1015	1031
7	1010	1022
8		1019

从表中可以发现，这是一个水平型变动的时间序列，除了1月份不足1000万元外，其余月份均在1020万元左右变动。我们用一次移动平均法预测，选择移动期数 N 等于3进行预测。

$$M_t = \frac{X_t + X_{t-1} + \cdots + X_{t-N+1}}{N}$$

$$Y_{t+1} = M_t = \frac{1010 + 1015 + 1032}{3}\text{万元} = 1019\text{ 万元}$$

该货车公司 8 月份的销售额预测值为 1019 万元。

2. 长序列移动平均法

如果发生值时间序列 X_t 比较长（一般大于 20 个数），则把 M_t 放在组距的中位位置上，形成一个平均值的时间序列 M_t；由这个平均值序列 M_t 求出其变化趋势序列 a_t，再由变化趋势序列 a_t 求出其平均值序列$\overline{a}_t$；最后根据 M_t 和$\overline{a}_t$ 来求得预测值。

M_t 的变化趋势序列 a_t 为

$$a_t = M_t - M_{t-1}$$

还要由 a_t 序列按同样的组距 N 求移动平均值序列$\overline{a}_t$，同样置于对应组的中位上。利用下式求得$\overline{a}_t$，即

$$\overline{a}_t = \frac{a_t + a_{t-1} + \cdots + a_{t-N+1}}{N} \qquad (t \geqslant N)$$

或用加权平均法求

$$\overline{a}_t = \frac{w_1 a_t + w_2 a_{t-1} + \cdots + w_N a_{t-N+1}}{w_1 + w_2 + \cdots + w_N} \qquad (t \geqslant N)$$

最后就可以求出后面距离 t 时段为 T 的任意一个时段的预测值 Y_{t+T}，即

$$Y_{t+T} = M_t + \overline{a}_t T$$

式中，t 为同时对应有 M_t 和$\overline{a}_t$ 的最后一个时间段；T 为预测时间段距离 t 时间段的间隔时间段数。

这种方法的预测步骤是：

1）调查整理排列原始数据的时间序列 X_t。

2）选组距 N。

3）由 X_t 计算移动平均值 M_t，置于组的中位。

4）由 M_t 计算变化趋势序列 a_t。

5）由 a_t 以相同组距 N 移动平均计算平均变化趋势序列$\overline{a}_t$。

6）求预测值 $Y_{t+T} = M_t + \overline{a}_t T$。

7）进行误差分析，确定预测结果。

四、指数平滑法

指数平滑法是在移动平均法基础上发展起来的一种方法，实质上是一种特殊的加权移动平均法。它一般适用于时间序列长期趋势变动和水平变动事物的预测，是依据时间序列的有关数据计算指数平滑值，以确定汽车市场预测结果的方法。

指数平滑法有以下特点：

1）它是一种特殊的加权移动平均法，离预测期最近的市场现象观察值权数较大，远期权数较小，既不忽视远期数据，更看重敏感的近期数据。它改进了移动平均法的两个缺点：一是存储数据量要大，二是对“最近”的 N 期数据等权看待，对 $t-N$ 期前的数据完全不考虑。

2）对同一市场现象，连续计算其指数平滑值。出于综合考虑，对于早期的市场观察值给予递减的权数，由近向远，按等比级数减少。其级数首项是 a，公比是 $1-a$。

3）a 值是可调节值，$0 \leqslant a \leqslant 1$。$a$ 值小，市场现象观察值对预测值的影响，由近向远减弱缓慢；否则，影响由近向远加速减弱。

指数平滑法包括一次指数平滑法、二次指数平滑法和多次（三次以上）指数平滑法。一次指数平滑法适用于水平型变动的时间序列预测，二次指数平滑法适用于线性趋势型变动的时间序列的预测，多次指数平滑法适用于非线性趋势变动的时间序列预测。下面主要阐述一次和二次指数平滑法。

1. 一次指数平滑法

一次指数平滑法就是以最后的一个一次指数平滑值为基础，确定市场预测值。该方法适用于水平型历史数据。

若 X_1，X_2，…，X_n 分别为时间序列中观察值的数据，当观察期的时间 $t=1$，2，…，n，则 $S_1^{(1)}$，$S_2^{(1)}$，…，$S_n^{(1)}$ 为时间 t 观察值的一次指数平滑值；a 为时间序列的平滑系数，且 $0 \leqslant a \leqslant 1$，那么时间序列各观察值的一次指数平滑公式为

$$S_{t+1}^{(1)} = aX_t + (1-a)S_t^{(1)}$$

式中，$S_{t+1}^{(1)}$ 为下一期一次指数平滑值的预测值（简称预测值）；X_t 为本期实际观察值（本期实际发生值）；$S_t^{(1)}$ 为本期预测值；a 为平滑系数。

若对上式加以整理，有

$$S_{t+1}^{(1)} = S_t^{(1)} + a(X_t - S_t^{(1)})$$

用语言表述：下期预测值 = 本期预测值 + 平滑系数 ×（本期实际值 − 本期预测值）

从以上式子可以看出，下期预测值等于本期预测值加上平滑系数（即加权因子）乘以本期预测误差。

当 $a=0$ 时，$S_{t+1}^{(1)} = S_t^{(1)}$，即下期预测值等于本期预测值，也就是在进行预测时，不考虑当前实际值 X_t 所反映新的影响因素的变化，认为市场是稳定的。

当 $a=1$ 时，$S_{t+1}^{(1)} = X_t$，即下期预测值等于本期实际发生值 X_t，也就是在进行预测时，不考虑以往影响市场变化各种因素对预测对象的作用，认为市场多变，只需考虑当前的新情况。

在一般情况下进行汽车市场预测时，既要考虑当前的市场新情况，又要考虑以往影响市场变化的各种因素（如以往的销售资料），所以 a 取值在 0 和 1 之间。

由 $S_{t+1}^{(1)} = aX_t + (1-a)S_t^{(1)}$ 可以得出时间为 t 之前的逐期一次指数平滑值，即

$$\begin{aligned} S_t &= aX_{t-1} + (1-a)S_{t-1} \\ S_{t-1} &= aX_{t-2} + (1-a)S_{t-2} \\ &\vdots \\ S_3 &= aX_2 + (1-a)S_2 \\ S_2 &= aX_1 + (1-a)S_1 \end{aligned}$$

对上述各式经过迭代、整理后得

$$\begin{aligned} S_t^{(1)} &= aX_t + (1-a)S_{t-1}^{(1)} = aX_t + (1-a)[aX_{t-1} + (1-a)S_{t-2}^{(1)}] \\ &= aX_t + a(1-a)X_{t-1} + a(1-a)^2X_{t-2} \cdots + a(1-a)^{t-1}X_t + (1-a)^tS_0^{(1)} \end{aligned}$$

由于当 t 很大时，$(1-a)^t$ 是一个很小的值，上式中最后一项可略而不计，则有

$$S_{t+1}=aX_t+a(1-a)X_{t-1}+a(1-a)^2X_{t-2}+\cdots+a(1-a)^{k-1}X_{t-k+1}+a(1-a)^{t-1}X_1$$

从上式中不难看出指数平滑法的特点。指数平滑法是对时间序列所有数据施以不同的权数。权数之间按首项为 a，公比为 $1-a$ 的等比级由近至远减少。从这一点可以看出，指数平滑法为什么是一种特殊加权移动平均法。同时，指数平滑法考虑到时间序列中所有数据对预测对象的影响，因此其预测结果更为科学。

应用一次指数平滑法进行预测，平滑系数 a 的选择很关键，a 取值不同，预测结果就不同。一般按照以下原则进行选择：

1）对于有较明显变动趋势的时间序列，平滑系数 a 应取较大值，即 $a>0.6$，主要是为了突出近期数据对预测值的影响。

2）对水平型的时间序列，平滑系数 a 应取较小值，即 $a<0.3$。因为水平型数据的变动趋势不明显，随机因素多，因此，a 应取较小值。

3）对于介于上述两者之间的时间序列，平滑系数 a 应取中间值，即 $0.3\leqslant a\leqslant 0.6$。

对于一次指数平滑值公式

$$S_{t+1}^{(1)}=aX_t+(1-a)S_t^{(1)}$$

当 $t=1$ 时

$$S_2^{(1)}=aX_t+(1-a)S_1^{(1)}$$

当 $t=0$ 时

$$S_1^{(1)}=aX_0+(1-a)S_0^{(1)}$$

$S_1^{(1)}$ 无法从公式中求得，因此，必须对 $S_1^{(1)}$ 采取估计的方法。

令 $S_1^{(1)}=Y_1$，即采用市场现象的最初实际观察值，作为最初的一次指数平滑值（数据资料较多时，$n\geqslant 10$）。

令 $S_1^{(1)}=\dfrac{Y_1+Y_2+Y_3}{3}$，即用市场现象时间序列的前三个观察值的算术平均数，作为最初的一次平滑值（数据资料较少时，$n<10$）。

下面举例说明一次指数平滑法的应用。

例 11-4　某企业近 10 个季度销售汽车润滑油的资料如表 11-3 所示，请用一次指数平滑法预测下季度润滑油的销售量。

表 11-3　汽车润滑油销售资料　（单位：万瓶）

季度	销售量 X_t	$S_t^{(1)}$ $a=0.1$	$S_t^{(1)}$ $a=0.6$	$a=0.1$ $\lvert e_i \rvert$	$a=0.6$ $\lvert e_i \rvert$
1	50	50.0	50.0	0	0
2	52	50.0	50.0	2	2
3	51	50.2	51.2	0.8	0.2
4	50	50.3	51.1	0.3	1.1
5	57	50.3	50.4	6.7	6.6
6	64	51.0	54.4	13	9.6
7	68	52.3	60.2	15.7	7.8

（续）

季度	销售量 X_t	$S_t^{(1)}$ $a=0.1$	$S_t^{(1)}$ $a=0.6$	$a=0.1$ $\lvert e_i \rvert$	$a=0.6$ $\lvert e_i \rvert$
8	67	56.8	64.9	10.2	2.1
9	69	57.8	66.0	11.2	2.9
10	75	58.9	67.9	16.1	7.1
		60.5	72.1		

具体步骤如下：

1）确定平滑系数 a，本例取 $a=0.1$ 和 $a=0.6$。

2）确定初始平滑值 $S_1^{(1)}$。由于本例 $n=10$，故 $S_1^{(1)}=X_1=50$。

3）依此计算一次指数平滑值，当 $a=0.1$ 时

$$S_2^{(1)}=aX_1+(1-a)S_1^{(1)}=0.1\times50+0.9\times50=50$$

$$S_3^{(1)}=aX_2+(1-a)S_2^{(1)}=0.1\times52+0.9\times50=50.2$$

$$\vdots$$

$$S_{10}^{(1)}=aX_9+(1-a)S_9^{(1)}=0.1\times69+0.9\times57.8=58.9$$

当 $a=0.6$ 时

$$S_2^{(1)}=0.6\times50+0.4\times50=50$$

$$S_3^{(1)}=0.6\times52+0.4\times50=51.2$$

$$\vdots$$

$$S_{10}^{(1)}=0.6\times69+0.4\times66.0=67.9$$

4）$a=0.1$ 和 $a=0.6$ 时，比较预测误差的大小：

当 $a=0.1$ 时，绝对误差有

$$\lvert e_2\rvert=\lvert X_2-S_2^{(1)}\rvert=\lvert 52-50\rvert=2$$

$$\lvert e_3\rvert=\lvert X_3-S_3^{(1)}\rvert=\lvert 51-50.2\rvert=0.8$$

$$\vdots$$

$$\lvert e_{10}\rvert=\lvert X_{10}-S_{10}^{(1)}\rvert=\lvert 75-58.9\rvert=16.1$$

$$\text{平均绝对误差}=\frac{1}{n}\lvert e_i\rvert=\frac{2+0.8+0.3+6.7+13+15.7+10.2+11.2+16.1}{9}=8.4$$

当 $a=0.6$ 时，绝对误差有

$$\lvert e_2\rvert=\lvert X_2-S_2^{(1)}\rvert=\lvert 52-50\rvert=2$$

$$\lvert e_3\rvert=\lvert X_3-S_3^{(1)}\rvert=\lvert 51-51.2\rvert=0.2$$

$$\vdots$$

$$\lvert e_{10}\rvert=\lvert X_{10}-S_{10}^{(1)}\rvert=\lvert 75-67.9\rvert=7.1$$

$$\text{平均绝对误差}=\frac{1}{n}\lvert e_i\rvert=\frac{2+0.2+1.1+6.6+9.6+7.8+2.1+2.9+7.1}{9}=4.4$$

比较 $a=0.1$ 和 $a=0.6$ 时的平均绝对误差，$a=0.6$ 时，平均绝对误差小，所以选择 $a=0.6$。

5）计算下一季度预测值

$$S_{11}^{(1)}=aX_{10}+(1-a)S_{10}^{(1)}=(0.6\times75+0.4\times67.9)\text{万瓶}=72.1\text{万瓶}$$

应用一次指数平滑法预测，a 取值一般应从 0.1 开始，0.2，0.3，…逐个计算其预测值，分析预测误差，从中确定预测误差最小的 a 值，并以此确定最后预测值。

从上述计算过程可以发现，一次指数平滑法在计算每一个平滑值时，只需用一个实际观察值和一个上期的平滑值就可以了，避免了储存数据过多带来的不便，计算过程简便，计算工作量不会过大。一次指数平滑法也有明显不足。一次指数平滑法只能向未来预测一期汽车市场现象的表现，这在很多情况下造成了预测的局限性，不能满足市场预测的需要。此外，一次指数平滑预测模型中的第一个平滑值 $S_1^{(1)}$ 和平滑系数 a，在被确定时只是根据经验，尚无严格的数学理论加以证明。一次指数平滑法对无明显变动趋势的市场现象进行预测是适合的，但对于有变动趋势的汽车市场现象则不适合。当市场现象存在明显变动趋势时，不论 a 值取多大，其一次指数平滑值也会滞后于实际观察值。对于一次指数平滑法的不足，用二次指数平滑法就可以克服。

2. 二次指数平滑法

二次指数平滑法，是指在一次指数平滑值基础上再作一次指数平滑，然后利用两次指数平滑值，建立预测模型，确定预测值的方法。

二次指数平滑法与一次指数平滑法关系密切，一方面，二次指数平滑值必须在一次平滑值基础上计算；另一方面，二次指数平滑法解决了一次指数平滑法不能解决的两个问题：一是解决了一次指数平滑不能用于有明显变动趋势的市场现象的预测；二是解决了一次指数平滑只能向未来预测一期的局限性。二次指数平滑法在其应用中，首先是计算出有关时间序列的一次、二次指数平滑值；然后在此基础上建立二次指数平滑预测模型；利用预测模型进行预测，并进行误差分析，最后确定预测值。

二次指数平滑法的计算公式为

$$S_t^{(2)}=aS_t^{(1)}+(1-a)S_{t-1}^{(2)}$$

式中，$S_t^{(1)}$ 为第 t 期的一次指数平滑值；$S_t^{(2)}$ 为第 t 期的二次指数平滑值；a 为平滑系数。

二次指数平滑法的数学预测模型为

$$Y_{t+T}=a_t+b_tT$$

式中，Y_{t+T} 为第 $t+T$ 期的预测值；T 为由 t 期向后推移的期数；$a_t=2S_t^{(1)}-S_t^{(2)}$；$b_t=\frac{a}{1-a}(S_t^{(1)}-S_t^{(2)})$。

在二次指数平滑法应用中，其平滑系数 a 的确定原则与一次指数平滑法一致。在不知 a 取何值最合适的情况下，一般也是采用几个 a 值对同一时间序列数据进行测算。二次指数平滑初始值 $S_t^{(2)}$ 的确定也与一次指数平滑法相似。

例 11-5　某汽车零配件公司近年销售量如表 11-4 和表 11-5 所示，用二次指数平滑法预测 2006 年和 2007 年的销售量。

步骤：

1）选择 a，确定初始值和 $S_1^{(2)}$。分别选择 $a=0.2$ 和 $a=0.8$，确定初始值和 $S_1^{(2)}$，由于本例 $n<10$，故取时间序列中前 3 个数据的平均数为初始值，即

$$S_1^{(1)}=S_1^{(2)}=\frac{62+74+80}{3}=72$$

表 11-4　某汽车零配件公司近年的销售量　（单位：万件）（$a=0.2$）

观察期 t（年份）	销售量 X_t	$S_t^{(1)}$	$S_t^{(2)}$	a_t	b_t	Y_{t+T}	$\|e_t\|$
1（2000）	62	72	72	—	—	—	—
2（2001）	74	70	71.6	68.4	-0.4	—	—
3（2002）	80	70.8	71.5	70.1	-0.2	68	12
4（2003）	92	72.6	71.7	73.5	0.2	69.9	22.1
5（2004）	100	76.5	72.7	80.3	1	73.7	26.3
6（2005）	104	81.2	74.4	88	1.7	81.3	22.7
						89.7	

表 11-5　某汽车零配件公司近年的销售量　（单位：万件）（$a=0.8$）

观察期 t（年份）	销售量 X_t	$S_t^{(1)}$	$S_t^{(2)}$	a_t	b_t	Y_{t+T}	$\|e_t\|$
1（2000）	62	72	72	—	—	—	—
2（2001）	74	64	65.6	62.4	-6.4	—	—
3（2002）	80	72	70.7	73.3	-5.2	56	24
4（2003）	92	78.4	76.8	80	6.4	78.5	13.5
5（2004）	100	89.3	86.8	91.8	10	86.4	13.6
6（2005）	104	97.9	95.7	100.1	8	101.8	2.2
						108.1	

2）计算一次指数平滑值，以 $a=0.2$ 为例（见表 11-4），一次指数平滑值按公式 $S_{t+1}^{(1)}=aX_t+(1-a)S_t^{(1)}$ 计算，得

$$S_2^{(1)}=0.2\times62+(1-0.2)\times72=70$$

$$\vdots$$

$$S_6^{(1)}=0.2\times100+(1-0.2)\times76.5=81.2$$

二次指数平滑值按公式 $S_t^{(2)}=aS_t^{(1)}+(1-a)S_{t-1}^{(2)}$ 计算，得

$$S_2^{(2)}=aS_2^{(1)}+(1-a)S_1^{(2)}=0.2\times70+(1-0.2)\times72=71.6$$

$$S_3^{(2)}=aS_3^{(1)}+(1-a)S_2^{(2)}=0.2\times70.8+(1-0.2)\times71.6=71.5$$

$$\vdots$$

$$S_6^{(2)}=aS_6^{(1)}+(1-a)S_5^{(2)}=0.2\times81.2+(1-0.2)\times72.7=74.4$$

当 $a=0.8$ 时，照此法计算（见表 11-5）。

3）计算 a、b 值：

①计算 a 值，依据公式 $a=2S_t^{(1)}-S_t^{(2)}$ 进行，以 $a=0.2$ 为例（见表 11-4）

$$a_2 = 2S_2^{(1)} - S_2^{(2)} = 2 \times 70 - 71.6 = 68.4$$
$$a_3 = 2S_3^{(1)} - S_3^{(2)} = 2 \times 70.8 - 71.6 = 70.1$$
$$\vdots$$
$$a_6 = 2S_6^{(1)} - S_6^{(2)} = 2 \times 81.2 - 74.4 = 88$$

②计算 b 值，依据公式 $b = \frac{a}{1-a}$（$S_t^{(1)} - S_t^{(2)}$）进行，以 $a=0.2$ 为例（见表 11-4）

$$b_2 = \frac{a}{1-a}(S_2^{(1)} - S_2^{(2)}) = \frac{0.2}{1-0.2} \times (70 - 71.6) = -0.4$$
$$b_3 = \frac{a}{1-a}(S_3^{(1)} - S_3^{(2)}) = \frac{0.2}{1-0.2} \times (70.8 - 71.5) = -0.2$$
$$\vdots$$
$$b_6 = \frac{a}{1-a}(S_6^{(1)} - S_6^{(2)}) = \frac{0.2}{1-0.2} \times (81.2 - 74.4) = 1.7$$

$a=0.8$ 时，a、b 值的计算原理和 $a=0.2$ 完全一样。具体见表 11-5。

4）计算理论预测值 Y_{t+T}，并作预测误差比较

①理论预测值按公式 $Y_{t+T} = a_t + b_t T$ 计算，以 $a=0.2$ 为例（见表 11-4）

当 $t=1$ 时，由 a_1、b_1 不存在，所以 $Y_2 = Y_{1+1} = a_1 + b_1 T$ 无法计算。

当 $t=2$ 时，由 $a_2 = 68.4$，$b_2 = -0.4$，$T=1$，得

$$Y_3 = Y_{2+1} = a_2 + b_2 T = 68.4 + (-0.4) \times 1 = 68$$
$$\vdots$$

当 $t=5$ 时，由 $a_5 = 80.3$，$b_5 = 1$，$T=1$，得

$$Y_6 = Y_{5+1} = a_5 + b_5 T = 80.3 + 1 = 81.3$$

$a=0.8$ 时，理论预测值 Y_{t+T} 的计算原理和 $a=0.2$ 完全一样（见表 11-5）。

②作预测误差比较

这里用平均绝对误差指标来比较。

绝对误差 $|e_t| = |X_t - Y_{t+T}|$

当 $a=0.2$ 时，有

$$|e_3| = |80 - 68| = 12，|e_4| = |92 - 69.9| = 22.1$$
$$|e_5| = |100 - 73.7| = 26.3，|e_6| = |104 - 81.3| = 22.7$$

$$平均绝对误差 = \frac{\sum |e_t|}{n} = \frac{12 + 22.1 + 26.3 + 22.7}{4} = 20.8$$

同理，当 $a=0.8$ 时，有

$$平均绝对误差 = \frac{\sum |e_t|}{n} = \frac{24 + 13.5 + 13.6 + 2.2}{4} = 13.3$$

$a=0.8$ 的预测误差小于 $a=0.2$ 时的预测误差，所以选择平滑系数 $a=0.8$。

5）计算预测值。当 $a=0.8$ 时，$a_6 = 100.1$，$b_6 = 8$，所以建立二次指数平滑法的数学模型是

$$Y_{t+T} = Y_{6+T} = a_6 + b_6 T = 100.1 + 8T$$

预测 2006 年该零件销售量：$Y_{6+1} = (100.1 + 8 \times 1)$ 万件 $= 108.1$ 万件

预测 2007 年该零件销售量：$Y_{6+2}=(100.1+8\times2)$ 万件 $=116.1$ 万件

第三节　趋势延伸预测法

一、趋势延伸预测法概述

趋势延伸预测法，也叫趋势外推法。它是根据时间序列数据的变化规律（或趋势）加以延伸，对汽车市场未来状况作出预测的方法。

趋势延伸预测法是以汽车市场预测的连续性原理为基础的，因为任何事物的变化都存在着过去、现在和未来之间的内在联系。在事物发生质变以前，事物的量总是按照原来的规律渐进变化的。据此，在市场预测中，我们能通过对有关预测对象的时间序列数据和现有状况的分析找出其发展的规律性，并假定以往的规律会延续到未来，利用已知的规律对预测对象的未来状况作出预测。趋势延伸预测法的各种预测模型，都是以此原理建立并应用于实际中的。

运用趋势延伸预测法进行市场预测，必须满足以下两个条件：

1）预测对象的过去、现在和未来的客观条件基本保持不变，过去发生过的规律会延续到未来。

2）预测对象的发展过程是渐变的，而不是跳跃式的、大起大落的。

只要符合以上两个条件，就可以以时间为自变量，以预测对象为因变量（即预测值），寻求某种曲线（包括直线）并建立预测模型进行预测。

趋势延伸预测法的基本原理，就是根据实际调查的时间序列数据，把它们画在坐标纸上，并用一定的曲线来拟合它们，得到能够大致描述它们变化规律的曲线函数，然后根据这个曲线函数来预测它们未来的发展变化。趋势延伸预测法可分为直观法、直线趋势延伸法和曲线延伸法等。

二、直观法

直观法，又称目测法，是根据预测目标的历史时间数列在坐标图上描点、连线，画出一条最佳的直线或曲线，并加以延伸来确定预测值。

直观法是推算倾向线最简便的方法，不用建立数学模型，只是根据经验，在时间序列曲线上做一条倾向线，在画的时候先用笔描一下，看是否合适；再作一下修改，最后确定下来。经验丰富的人，常常可以得到满意的倾向线。其主要步骤如下：

1）在平面直角坐标系上标出预测目标的历史时间数据所对应的点。其中，纵轴表示预测目标的因变量，横轴表示时间序列的自变量。

2）由对应点画出时间序列曲线。在平面直角坐标图上，画出数据资料整理成的时间序列曲线。

3）根据曲线随时间变化的情况，判断走势是逐年上升还是递减，变化是快还是慢，并根据预测时间找出相应的预测值。

例 11-6　现有某汽车 4S 店某车型销售额资料（表 11-6 和图 11-1），对此进行预测。

表 11-6 某汽车 4S 店某车型销售额资料

月份 t	1	2	3	4	5	6	7	8	9	10	11
零售额 Y/万元	30	34	39	43	46	50	53	57	61	65	68

从图 11-1 中可以看出，由资料描绘的直线是以每月递增几乎相等的趋势延伸的。利用此直线预测 12 月份的零售额，只要从横坐标轴找出点 12，与所画直线的交点即为所得预测值。

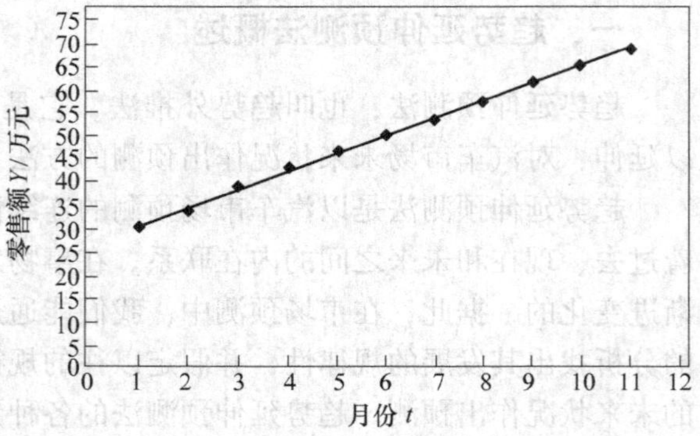

图 11-1 某汽车 4S 店某车型汽车销售额

直观法的优点是简便易行，不需要建立数学模型，也不需要进行复杂的运算。但缺点是拟合直线会因人而异，会形成若干条斜率不同的直线，用这些直线延伸所得预测值也不一样。随手画出的拟合直线不一定是最佳的拟合直线，会直接影响预测精确度。

三、直线趋势延伸法

直线趋势延伸法是指根据预测对象具有直线变动趋势的时间序列数据，建立直线模型进行预测的方法。所谓直线变动趋势，是指时间序列的数据大体上是按每期相同的数量增加或减少，即表现为近似直线上升或下降的趋势。也就是说，要采用直线趋势延伸法，必须要有一定条件，即时间序列数据有长期直线变动的趋势。

判断时间序列的趋势是否是直线变动趋势，可以采用两种方法：图解法和阶差分析法。

1）图解法又叫散点图法，就是将时间序列的有关数据描在一个坐标图上，即以横坐标表示时间，以纵坐标表示预测变量（如销售量），一个数据就是坐标图上的一个点。若这些点的分布近似一条直线，那么就可以判断该时间序列数据是直线变动趋势。

2）阶差分析法是通过计算时间序列有关数据的第一次阶差，来判断时间序列是否属于直线变动趋势。

直线变动趋势预测的数学模型为

$$\hat{y}_t = a + bt$$

式中，$\hat{y}_t$ 为时间序列的趋势值；t 为时间标号，常常取 1，2，3，...，n；a 为趋势线在 y 轴上的截距，是直线趋势方程的待估计参数；b 为趋势线的斜率，是直线趋势方程的待估计参数，表示时间 t 变动一个单位时观察值的平均变动数量。

按最小二乘法估计方程参数，要求满足两个条件

$$\sum(y - \hat{y}) = 0$$

$$\sum(y - \hat{y})^2 = \min$$

实际上，能满足下一个条件，上一个条件自然能够满足。对于不同的曲线形式，从满足离差平方和最小的条件出发，可求得模型的参数估计值——最小平方法（最小二乘法）。

假设 y_t 为时间序列第 t 期观察值（$t = 1, 2, 3, \cdots, n$），$\hat{y}_t$ 为趋势直线的第 t 期预测

值，e_i 为第 i 个实际观察值与其预测值之间的离差，则

$$e_i = y_t - \hat{y}_t = y_t - a - bt$$

假设 Q 为总离差平方和，则

$$Q = \sum e_i^2 = \sum (y_t - \hat{y}_t)^2 = \sum (y_t - a - bt)^2$$

为使 Q 为最小值，可分别对 a、b 求偏导数，并令之为零，即

$$\frac{\partial Q}{\partial a} = \frac{\partial}{\partial a}\sum (y_t - a - bt)^2 = -2\sum (y_t - a - bt) = 0$$

$$\sum y_t - na - b\sum t = 0$$

$$\frac{\partial Q}{\partial b} = \frac{\partial}{\partial b}\sum (y_t - a - bt)^2 = -2\sum (y_t - a - bt)t = 0$$

$$\sum t y_t - a\sum t - b\sum t^2 = 0$$

根据最小二乘法得到求解 a 和 b 的标准方程为

$$\begin{cases}\sum y = na + b\sum t \\ \sum ty = a\sum t + b\sum t^2\end{cases}$$

解得 $\begin{cases} b = \dfrac{n\sum ty - \sum t\sum y}{n\sum t^2 - (\sum t)^2} \\ a = \bar{y} - b\bar{t}\end{cases}$，即

$$a = \frac{\sum y - b\sum t}{n}$$

$$b = \frac{n\sum ty - \sum t\sum y}{n\sum t^2 - (\sum t)^2}$$

取时间序列的中间时期为原点时，有 $\sum t = 0$；若适当选择时间 t（如年份或月份）的代号，也可使 $\sum t = 0$。当时间序列中数据点数目为奇数，例如 $n = 7$ 时，取 -3，-2，-1，0，1，2，3 为序号，则可用以下公式更简便地确定 a、b 之值，上式可简化为

$$\begin{cases}\sum y = na \\ \sum ty = b\sum t^2\end{cases}$$

解得

$$\begin{cases} a = \bar{y} \\ b = \dfrac{\sum ty}{\sum t^2}\end{cases}$$

即

$$a = \frac{\sum y}{n}, b = \frac{\sum ty}{\sum t^2}$$

例 11-7 利用表中的数据，根据最小二乘法确定某企业汽车产量的直线趋势方程，计算出各年汽车产量的趋势值，并预测 2007 年的汽车产量，作图与原序列比较。

根据表 11-7 得 a 和 b 的结果为

$$\begin{cases} b = \dfrac{18 \times 18411.96 - 171 \times 1453.58}{18 \times 2109 - (171)^2} = 9.5004 \\ a = \dfrac{1453.58}{18} - 9.5004 \times \dfrac{171}{18} = -9.4995\end{cases}$$

表 11-7 汽车产量直线趋势计算表

年份	时间 t	产量 Y_t/千辆	tY_t	t_2	趋势值
1988	1	17.56	17.56	1	0.00
1989	2	19.63	39.26	4	9.50
1990	3	23.98	71.94	9	19.00
1991	4	31.64	126.56	16	28.50
1992	5	43.72	218.60	25	38.00
1993	6	36.98	221.88	36	47.50
1994	7	47.18	330.26	49	57.00
1995	8	64.47	515.76	64	66.50
1996	9	58.35	525.15	81	76.00
1997	10	51.40	514.00	100	85.50
1998	11	71.42	785.62	121	95.00
1999	12	106.67	1280.04	144	104.51
2000	13	129.85	1688.05	169	114.01
2001	14	136.69	1913.66	196	123.51
2002	15	145.27	2179.05	225	133.01
2003	16	147.52	2360.32	256	142.51
2004	17	158.25	2690.25	289	152.01
2005	18	163.00	2934.00	324	161.51
合计	171	1453.58	18411.96	2109	1453.58

汽车产量的直线趋势方程为

$$\hat{Y}_t = -9.4995 + 9.5004\ t$$

2007 年汽车产量的预测值为

$$\hat{Y}_{2007} = (-9.4995 + 9.5004 \times 20)\ 千辆 = 180.51\ 千辆$$

直线趋势延伸法的特点是：拟合直线方程的一阶差分为一常数，直线趋势延伸法只适合于时间序列数据成直线趋势的上升（或下降）变化（图 11-2）。直线趋势延伸法对时间序列，不论其远近如何都一律同等看待，用最小二乘原理拟合的直线方程消除了不规则因子的影响，使趋势值都落在拟合直线上，从而消除了不规则变动。

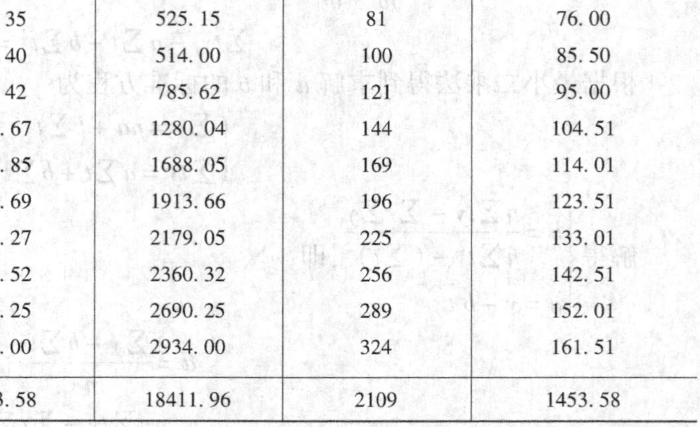

图 11-2 汽车产量直线趋势

四、曲线趋势延伸法

在趋势延伸预测法中，直线趋势延伸法适用于线性变动趋势的时间序列预测。而现实中，许多市场现象的变化规律表现为非线性变动趋势，即表现为各种曲线趋势变动。对于非线性变动趋势的时间序列预测，必须采用二次曲线、指数曲线等曲线预测模型对其进行预测。

1. 二次曲线趋势延伸法

二次曲线趋势延伸法亦称抛物线模型预测法，是根据预测对象具有二次曲线（或抛物线）变动趋势的历史数据，拟合成一条二次曲线（抛物线），通过建立二次曲线模型进行预测的方法。

二次曲线趋势的预测方程为

$$\hat{y}_t = a + bt + ct^2$$

式中，a、b、c 为未知常数；t 为时间序列各观察期序号。

二次曲线的适用条件是，市场现象时间序列各期观察值的二次阶差接近于一个常数。求参数 a、b、c 的步骤：利用极值原理，求偏导

$$\sum(y-\hat{y})^2 = \text{最小值} = M(a,b,c)$$

$$M(a,b,c) = \sum[y-(a+bt+ct^2)]^2$$

$$\frac{\partial M}{\partial a} = \sum 2(y-a-bt-ct^2)(-1) = 0(\text{对 } a \text{ 求偏导})$$

$$\frac{\partial M}{\partial b} = \sum 2(y-a-bt-ct^2)(-t) = 0(\text{对 } b \text{ 求偏导})$$

$$\frac{\partial M}{\partial c} = \sum 2(y-a-bt-ct^2)(-t^2) = 0(\text{对 } c \text{ 求偏导})$$

其中，a、b、c 由下列方程组所确定

$$\begin{cases}\sum y = na + b\sum t + c\sum t^2 \\ \sum ty = a\sum t + b\sum t^2 + c\sum t^3 \\ \sum t^2 y = a\sum t^2 + b\sum t^3 + c\sum t^4\end{cases}$$

类似直线趋势处理，使 $\sum t = 0$，则可由以下方程组

$$\begin{cases}\sum y = na + c\sum t^2 \\ \sum ty = b\sum t^2 \\ \sum t^2 y = a\sum t^2 + c\sum t^4\end{cases}$$

较简便地求出 a、b、c 之值，即

$$\begin{cases}b = \dfrac{\sum ty}{\sum t^2} \\ c = \dfrac{n\sum ty - \sum t^2\sum y}{n\sum t^2 - (\sum t^2)^2} \\ a = \dfrac{\sum y - c\sum t^2}{n}\end{cases}$$

例 11-8　现有某种汽车产品 11 个月生产量的资料，将其编制成时间序列，并用阶差法判断是否可用二次曲线模型进行预测。阶差计算见表 11-8。

求解步骤：

1）用图解法或阶差分析法判断模型形式。

2）计算二次曲线参数，建立趋势模型

$$3835 = 11a + 110c$$
$$3510 = 110b$$
$$38920 = 110a + 1958c$$

解方程得 $a = 341.99, b = 31.91, c = 0.66$。

表 11-8　生产量二次差计算表

月份	生产量/辆	一次差	二次差
1	200	—	—
2	225	25	—
3	250	25	0
4	280	30	5
5	310	30	0
6	345	35	5
7	380	35	0
8	405	25	-10
9	440	35	10
10	480	40	5
11	520	40	0

二次曲线预测模型为

$$\hat{y}_t = 341.99 + 31.91t + 0.66t^2$$

3）对趋势模型进行误差检验。

4）利用趋势模型进行预测，见表 11-9。

表 11-9　趋势模型预测表

月份	序号 t	y_t	t^2	t^4	ty_t	t^2y_t	$\hat{y}_t$	$\vert y_t - \hat{y}_t\vert$
1	-5	200	25	625	-1000	5000	198.94	1.06
2	-4	225	16	256	-900	3600	224.91	0.09
3	-3	250	9	81	-750	2250	252.20	2.20
4	-2	280	4	16	-560	1120	280.81	0.81
5	-1	310	1	1	-310	310	310.74	0.74
6	0	345	0	0	0	0	341.99	3.01
7	1	380	1	1	380	380	374.56	5.54
8	2	405	4	16	810	1620	408.43	3.43
9	3	440	9	81	1320	3960	443.66	3.66
10	4	480	16	256	1320	7680	480.19	0.19
11	5	520	25	625	2600	13000	518.04	1.96
合计	0	3835	110	1958	38920	38920		22.59

例 11-9　已知某地区 1991～2005 年汽车销售量数据见表 11-10。试配合二次曲线，计算出销售量的趋势值，并预测 2006 年的销售量，作图与原序列比较。

表 11-10　1991～2005 年汽车销售量

年　份	销售量/万辆	年　份	销售量/万辆
1991	7.0	1999	14.4
1992	9.1	2000	14.8
1993	9.7	2001	15.0
1994	10.8	2002	12.3
1995	11.7	2003	11.2
1996	12.1	2004	9.4
1997	13.1	2005	8.9
1998	14.3		

表 11-11　汽车销售量二次曲线计算表

年份	时间标号 t	销售量 Y_t/万辆	tY_t	t^2	t^2Y_t	t^4	趋势值
1991	−7	7.0	−49.0	49	343.0	2401	6.5
1992	−6	9.1	−54.6	36	327.6	1296	8.4
1993	−5	9.7	−48.5	25	242.5	625	10.0
1994	−4	10.8	−43.2	16	172.8	256	11.3
1995	−3	11.7	−35.1	9	105.3	81	12.3
1996	−2	12.1	−24.2	4	48.4	16	13.2
1997	−1	13.1	−13.1	1	13.1	1	13.7
1998	0	14.3	0	0	0	0	14.0
1999	1	14.4	14.4	1	14.4	1	14.0
2000	2	14.8	29.6	4	59.2	16	13.8
2001	3	15.0	45.0	9	135.0	81	13.3
2002	4	12.3	49.2	16	196.8	256	12.6
2003	5	11.2	56.0	25	280.0	625	11.6
2004	6	9.4	56.4	36	338.4	1296	10.3
2005	7	8.9	62.3	49	436.1	2401	8.8
合计	0	173.8	45.2	280	2712.6	9352	173.8

根据计算表 11-11 得 a、b、c 的结果如下

$$\begin{cases} 173.8 = 15a + 280c \\ 45.2 = 280b \\ 2712.6 = 280a + 9352c \end{cases} \qquad \begin{cases} a = 13.9924 \\ b = 0.16143 \\ c = -0.128878 \end{cases}$$

汽车销售量的二次曲线方程为

$$\hat{y}_t = 13.9924 + 0.16143t - 0.128878t^2$$

2006 年销售量的预测值为

$$\hat{y}_{2006} = (13.9924 + 0.16143 \times 8 - 0.128878 \times 64)\text{万辆}$$
$$= 7.03\text{万辆}$$

汽车销售数据如图 11-3 所示。

2. 指数曲线预测法

指数曲线预测法采用的预测模型为

$$\hat{y}_t = ab^t \ (a, b > 0)$$

令 $\lg\hat{y}_t = y'$, $\lg a = a'$, $\lg b = b'$，得

$$y' = a' + b't$$

类似于直线趋势延伸法的方法、步骤求得 a'、b'，进而求 a、b 之值，即可得预测模型为

$$\hat{y}_t = ab^t$$

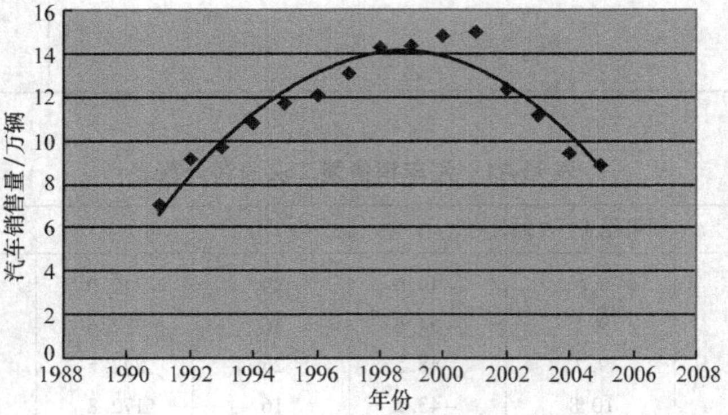

图 11-3　汽车销售数据

第四节　季节指数预测法

季节指数预测法是根据时间序列中的数据资料所呈现的季节性变动规律性，对预测目标未来状况作出预测的方法。在汽车市场销售中，一些商品受季节影响而出现销售的淡季和旺季之分的季节性变动规律。掌握了季节性变动规律，就可以利用它来对季节性的商品进行市场需求量的预测。

利用季节指数预测法进行预测时，时间序列的时间单位或是季，或是月，变动循环周期为4季或是12个月。运用季节指数进行预测，首先要利用统计方法计算出预测目标的季节指数，以测定季节性变动的规律性；然后在已知季度的平均值的条件下，预测未来某个月（季）的预测值。

直接平均季节指数法，是根据呈现季节性变动的时间序列资料，用求算术平均值的方法直接计算各月或各季的季节指数，据此达到预测目的的一种方法。

直接平均季节指数法的一般步骤如下：

1）收集历年（通常至少有三年）各月或各季的统计资料（观察值）。

2）求出各年同月或同季观察值的平均数（用 A 表示）。

3）求历年间所有月份或季度的平均值（用 B 表示）。

4）计算各月或各季度的季节指数，即 $S = A/B$。

5）根据未来年度的全年趋势预测值，求出各月或各季度的平均趋势预测值，然后乘以相应季节指数，就得到未来年度内各月和各季度包括季节性变动的预测值。

季节指数是一种以相对数表示的季节性变动衡量指标。因为只根据一年或两年的历史数

据计算而得的季节性变动指标，往往含有很大的随机波动因素，故在实际预测中通常需要掌握和运用三年以上的分季历史数据。季节指数的计算公式为

$$季节指数=\frac{历年同季(月)平均数}{全时期总平均数}\times 100\%$$

即

$$S=\frac{A}{B}$$

一年4个季度的季度指数之和为400%，每个季度季节指数的平均数为100%。季节变动表现为各季的季节指数围绕着100%上下波动，表明各季销售量与全年平均数的相对关系。例如，某种商品第一季度的季节指数为125%，这表明该商品第一季度的销售量通常高于年平均数的25%，属旺季；若第三季度的季节指数为73%，则表明该商品第三季度的销售量通常低于年平均数27%，属淡季。

例11-10 某车载空调厂2002～2004年车载空调器销售量如表11-12所示。预计2005年的销售量比2004年递增3%，请用直接平均季节指数法预测2005年各季度的销售量。

表11-12 某车载空调厂2002～2004年空调器销售量 (单位：万台)

季度 / 年份	一	二	三	四	合计	全年平均
2002	5.7	22.6	28.0	6.2	62.5	15.6
2003	6.0	22.8	30.2	5.9	64.9	16.2
2004	6.1	23.1	30.8	6.2	66.2	16.6
历年同季平均数	5.9	22.8	29.6	6.1		16.1
季节指数(%)	36.6	141.6	183.9	37.9		

具体步骤：

1）计算历年同季的销售平均数A，即

$$A_1=\left(\frac{5.7+6.0+6.1}{3}\right)万台=5.9万台$$

$$A_2=\left(\frac{22.6+22.8+23.1}{3}\right)万台=22.8万台$$

同理，可得$A_3=29.6$万台，$A_4=6.1$万台。

2）计算历年季度总平均数B，即

$$B=\left(\frac{62.5+64.9+66.2}{4\times 3}\right)万台=16.1万台$$

3）计算季节指数S，即

$$S_1=\frac{A_1}{B}=\frac{5.9}{16.1}=36.6\%$$

$$S_2=\frac{A_2}{B}=\frac{22.8}{16.1}=141.6\%$$

同理有

$$S_3=183.9\%，S_4=37.9\%$$

4）计算 2005 年各季度预测值。依据题意，有

2005 年销售预测值 = [66.2 + (1 + 3%)]万台 = 68.2 万台

$$2005\text{ 年第一季度预测值} = \left(\frac{68.2}{4} \times 36.6\%\right)\text{万台} = 6.24\text{ 万台}$$

$$2005\text{ 年第二季度预测值} = \left(\frac{68.2}{4} \times 141.6\%\right)\text{万台} = 24.14\text{ 万台}$$

$$2005\text{ 年第三季度预测值} = \left(\frac{68.2}{4} \times 183.9\%\right)\text{万台} = 31.35\text{ 万台}$$

$$2005\text{ 年第四季度预测值} = \left(\frac{68.2}{4} \times 37.9\%\right)\text{万台} = 6.46\text{ 万台}$$

思 考 题

11-1 时间序列预测法的概念和四种变动类型是什么？

11-2 平滑预测法主要包括哪几种形式？预测的基本步骤有哪些？

11-3 已知某汽车公司近四年的利润额为 60 万元、68 万元、70 万元和 78 万元，试用加权平均预测法预测今年的利润额。具体资料见表 11-13。

表 11-13 某公司近四年的销售资料

年份	2002	2003	2004	2005
销售额 X_i/万元	60	68	70	78
权数 w_i	1	2	3	4

11-4 假设某汽车企业 2002～2005 年某款车型的销售额资料如表 11-14 所列。假设 2006 年将增长 8%，以 2005 年销售额为基数，试利用表中资料预测 2006 年各季度的销售额。

表 11-14 某款车型各季节销售额资料 （单位：万元）

季度＼年份	2002	2003	2004	2005	各季平均
1	192	223	282	330	256.75
2	890	910	1120	1141	1015.25
3	920	1022	1240	1423	1151.25
4	221	240	214	236	227.75
合计	2223	2395	2856	3130	2651.0

第十二章　回归分析预测法

第一节　方 法 概 述

在自然界及人类社会中,经常可以看到许多事物或现象彼此之间相互联系、相互依存和相互制约。有些已被人们所认识和掌握,有些有待于进一步认识。在回归分析预测中,不仅要研究前因与后果的一般依赖关系,而且还要确定前因与后果的影响程度,并作出量的估计。因此,要了解回归分析预测法的基本思想,必须先了解市场现象之间的两类因果关系。

本章主要阐述一元线性回归分析预测法、多元线性回归分析预测法和非线性回归分析预测法的基本内容、特征,预测的具体步骤和运用技巧,同时也对回归模型中的有关问题作概念性介绍。

1. 市场现象之间的两类因果关系

客观世界中许多事物、现象和因素彼此关联,它们的发展变化由多种因素决定。汽车市场活动中的许多现象也不例外,都有其产生的原因,都要受一定因素的制约,都是一定原因的必然结果。例如,市场是国民经济的综合反映,国民经济的任何变化,诸如国民经济发展速度、积累和消费比例关系的调整、人口增长和劳动就业状况、居民收入变化以及消费者购买心理的变化,都会引起汽车市场商品供需关系的变化。

又如,商品价格的变化、广告的宣传等,也会引起消费者消费态度和消费行为的变化。这些市场现象之间就形成了因果关系。

在研究汽车市场现象之间的因果关系时,一般将引起某一市场现象变化的各种因素(或原因)称为自变量,将被引起变化的市场现象(即结果)称为因变量。例如,人口增长是自变量,汽车需求量就是因变量;居民收入水平变化是自变量,市场消费需求就是因变量。自变量变了,因变量也随之发生变化。自变量和因变量的依存关系,是市场现象之间相互关联的必然反映,是市场现象之间因果关系的表现。

汽车市场现象之间的因果关系可以分为两类:函数关系和相关关系。所谓函数关系,是指现象之间确定的数量依存关系,即自变量取一个数值,因变量必然有一个对应的确定数值;自变量发生某种变化,因变量必然会发生相应程度的变化。函数关系是确定性的数量关系,如某企业每销售一辆汽车,可获利 a 元,那么,产品销售量 x 与总利润 Y 之间就有确定性的函数关系,即 $Y=ax$。

所谓相关关系,是指现象之间存在的不确定的数量依存关系,即自变量取一个数值时,因变量必存在与它对应的数值,但这个对应值是不确定的;自变量发生某种变化时,因变量也必然发生变化,但变化的程度是不确定的。例如,婴儿出生数和奶粉需求量就属于相关关系。婴儿出生数增加了,奶粉需求量肯定也会增加,但究竟增加多少是无法确定的。对于函数关系的依存关系,用一个函数表达式来描述。对于相关关系的数量依存关系,用相关关系分析和回归方程的方法加以研究,即用统计分析的方法来研究现象之间的数量相关关系,找出其发展变化规律的关系式。

2. 回归分析预测法的含义

回归分析预测法，是在分析市场现象自变量和因变量之间相关关系的基础上，建立变量之间的回归方程，并将回归方程作为预测模型，根据自变量在预测期的数量变化来预测因变量关系大多表现为相关关系。因此，回归分析预测法是一种重要的市场预测方法。当我们在对市场现象未来发展状况和水平进行预测时，如果能将影响市场预测对象的主要因素找到，并且能够取得其数量资料，就可以采用回归分析预测法进行预测。它是一种具体的、行之有效的和实用价值很高的常用市场预测方法。

回归模型的分类有如下多种方法：

1）根据自变量个数的多少，回归模型可以分为一元回归模型和多元回归模型。

2）根据回归模型是否线性，回归模型可以分为线性回归模型和非线性回归模型。所谓线性回归模型，就是指因变量和自变量之间的关系是直线型的。

3）根据回归模型是否带虚拟变量，回归模型可以分为普通回归模型和虚拟变量回归模型。普通回归模型的自变量都是数量变量，而虚拟变量回归模型的自变量既有数量变量也有品质变量。

在运用回归模型进行预测时，正确判断两个变量之间的相互关系，选择预测目标的主要影响因素做模型的自变量是至关重要的。

3. 回归分析预测法的步骤

（1）根据预测目标，确定自变量和因变量　明确预测的具体目标，也就确定了因变量。例如，预测具体目标是下一年度的销售量，那么销售量 Y 就是因变量。通过市场调查和查阅资料，寻找与预测目标的相关影响因素，即自变量，并从中选出主要的影响因素。

（2）建立回归预测模型　依据自变量和因变量的历史统计资料进行计算，在此基础上建立回归分析方程，即回归预测模型。

（3）进行相关分析　回归分析是对具有因果关系的影响因素（自变量）和预测对象（因变量）所进行的数理统计分析处理。只有当自变量与因变量确实存在某种关系时，建立的回归方程才有意义。因此，作为自变量的因素与作为因变量的预测对象是否有关、相关程度如何，以及判断这种相关程度的把握性有多大，就成为进行回归分析必须解决的问题。进行相关分析，一般要求出相关关系，以相关系数的大小来判断自变量和因变量的相关程度。

（4）检验回归预测模型，计算预测误差　回归预测模型是否可用于实际预测，取决于对回归预测模型的检验和对预测误差的计算。回归方程只有通过各种检验，且预测误差较小，才能将回归方程作为预测模型进行预测。

（5）计算并确定预测值　利用回归预测模型计算预测值，并对预测值进行综合分析，确定最后的预测值。

第二节　一元线性回归分析预测法

一元线性回归分析预测法，是根据自变量 x 和因变量 Y 的相关关系，建立 x 与 Y 的线性回归方程进行预测的方法。由于市场现象一般是受多种因素的影响，而并不是仅仅受一个因素的影响。因此，应用一元线性回归分析预测法，必须对影响市场现象的多种因素作全面分析。只有当诸多的影响因素中,确实存在一个对因变量影响作用明显高于其他因素的变量,才能将它作为自变量,应用一元线性回归分析预测法进行预测。

变量的相关关系中最为简单的是线性相关关系。设随机变量 η 与变量 ξ 之间存在线性相关关系,则由试验数据得到的点 $(x_i, y_i)(i=1,2,\cdots,n)$ 将散布在某一直线周围,因此,可以认为 η 关于 ξ 的回归函数的类型为线性函数,即 $\mu(x)=a+bx$。下面用最小二乘法估计参数 a、b。设 y_i 服从正态分布 $N(a+bx_i,\sigma^2)(i=1,2,\cdots,n)$,且相互独立,分别求 $S=\sum_{i=1}^{n}(y_i-a-bx_i)^2$ 对 a、b 的偏导数,并令它们等于零,得方程组

$$\begin{cases} na+\left(\sum_{i=1}^{n}x_i\right)b=\sum_{i=1}^{n}y_i \\ \left(\sum_{i=1}^{n}x_i\right)a+\left(\sum_{i=1}^{n}x_i^2\right)b=\sum_{i=1}^{n}x_iy_i \end{cases}$$

$$\begin{cases} \hat{a}=\bar{y}-\hat{b}\bar{x} \\ \hat{b}=\dfrac{l_{xy}}{l_{xx}} \end{cases}$$

解得

$$\bar{x}=\frac{1}{n}\sum_{i=1}^{n}x_i,\bar{y}=\frac{1}{n}\sum_{i=1}^{n}y_i$$

其中

$$l_{xy}=\sum_{i=1}^{n}(x_i-\bar{x})(y_i-\bar{y})=\sum_{i=1}^{n}x_iy_i-n\bar{x}\bar{y}$$

$$l_{xx}=\sum_{i=1}^{n}(x_i-\bar{x})^2=ns_x^2$$

式中,s_x^2 为观测值 $x_1,x_2,\cdots,x_n$ 的样本方差。

线性方程 $\hat{y}=\hat{a}+\hat{b}x$ 称为 η 关于 ξ 的线性回归方程,$\hat{b}$ 称为回归系数,对应的直线称为回归直线。顺便指出,将来还需用到 $l_{yy}=\sum_{i=1}^{n}(y_i-\bar{y})^2=ns_y^2$,其中 s_y^2 为观测值 $y_1,y_2,\cdots,y_n$ 的样本方差。

我们在用一元线性回归模型进行预测时,首先必须对模型回归系数 a、b 进行估计。一般说来,估计的方法有多种,其中使用最广泛的是最小平方法(OLS 估计法)。值得注意的是,关于 $\bar{x},\bar{y},l_{xx},l_{yy},l_{xy}$ 的计算可以利用具有统计计算功能的电子计算器进行,而当电子计算器具有线性回归计算的功能时,把所有试验数据 $(x_i,y_i)(i=1,2,\cdots,n)$ 逐对存入计算器中,则可直接算出 $\hat{a}$ 及 $\hat{b}$ 的值。

最小平方法的中心思想是通过数学模型,配合一条较为理想的趋势线。这条趋势线必须满足下列两点要求:

1)原数列的观察值与模型的估计值的离差平方和为最小。

2)原数列的观察值与模型的估计值的离差总和为零。

根据最小平方法的要求得到参数估计式为

$$b=\frac{n\sum x_iy_i-\sum x_i\sum y_i}{n\sum x_i^2-\sum x_i\sum x_i}$$

$$a = \frac{\sum y_i - b\sum x_i}{n}$$

可得一元线性回归模型为

$$y = a + bx$$

那么,考虑随机因素的情况,一元线性回归分析法的预测模型为

$$y_i = a + bx_i + \varepsilon_i$$

式中,y_i 为因变量;x_i 为自变量;a、b 为对因变量的主要影响因素;ε_i 为各种随机因素对因变量的影响总和。

在实际应用中,通常假定 ε_i 服从正态分布,即 $\varepsilon \sim N(0,\sigma^2)$,且各期 ε_i 不相关,即 $\mathrm{Cov}(\varepsilon_i,\varepsilon_j)=0, i\neq j$,则 $y \sim \mu(a+bx,\sigma^2)$ 服从正态分布。其中,a、b 称为回归系数;y 为预测目标;x 为影响因素(可控制或预先给定);ε 为随机干扰项,表示各种随机因素对 y 的影响总和。

建立的一元线性回归模型是否符合实际?所选的变量之间是否具有显著的线性相关关系?这就需要对建立的回归模型进行显著性检验,通常所用的检验法是相关系数检验法。相关系数是一元回归模型中用来衡量两个变量之间相关程度的一个指标,其计算公式是

$$r = \frac{\sum(x_i - \bar{x})(y_i - \bar{y})}{\sqrt{\sum(x_i - x)^2 \sum(y_i - y)^2}} = \frac{S_{xy}}{\sqrt{S_{xx}S_{yy}}}$$

相关系数主要有如下性质:

1)相关系数的取值范围是 $-1 \leqslant r \leqslant 1$。

2)$r=0$,称零相关,自变量 x 的变动对总变差毫无影响。

3)$|r|=1$,称完全相关,总变差的变动完全由自变量 x 的变动所引起。

4)当 $0<|r|<1$,称普通相关,自变量 x 的变动对总变差有部分影响。

一般来说,相关系数愈大,说明所选的两个变量之间的相关程度愈高。

在回归模型通过显著性检验后,就可以用模型来进行预测了。对于自变量的每一个给定值 x,代入回归模型,就可以求得一个对应的回归预测值 y,称为模型的点估计值。当然,也可以利用模型对预测目标进行区间估计。

例 12-1 某汽车企业从有关资料中发现,广告投入和产品销售有较为密切的关系。近年该企业广告费和销售额资料见表 12-1。若 2005 年广告费为 120 万元,请用一元线性回归分析法预测 2005 年产品销售额。

表 12-1 某汽车企业广告费和销售额资料表

年份	广告费 x/万元	销售额 y/百万元	xy	x^2	y^2
1996	35	18	630	1225	324
1997	52	25	1300	2704	625
1998	60	30	1800	3600	900
1999	72	38	2736	5184	1444
2000	85	41	3485	7225	1681
2001	80	44	3520	6400	1936
2002	95	49	4655	9025	2401
2003	100	52	5200	10000	2704
2004	105	60	6300	11025	3600
合计	684	357	29626	56388	15615

具体步骤如下：

1）列表(见表 12-1)计算 $\sum x,\sum y,\sum xy,\sum x^2,\sum y^2$，以及 S_{xx},S_{yy},S_{xy} 等数值。依据公式有

$$S_{xx}=\sum x^2-\frac{(\sum x)^2}{n}=56388-\frac{684^2}{9}=4404$$

$$S_{yy}=\sum y^2-\frac{(\sum y)^2}{n}=15615-\frac{357^2}{9}=1454$$

$$S_{xy}=\sum xy-\frac{\sum x\sum y}{n}=29626-\frac{684\times 357}{9}=2494$$

$$\bar{x}=\frac{\sum x}{n}=\frac{684}{9}=76$$

$$\bar{y}=\frac{\sum y}{n}=\frac{357}{9}=39.67$$

2）计算 a、b 参数，建立一元线性回归预测模型

$$b=\frac{S_{xy}}{S_{xx}}=\frac{2494}{4404}=0.57$$

$$a=\bar{y}-b\bar{x}=39.67-0.57\times 76=-3.65$$

一元线性回归方程(即预测模型)为

$$y=a+bx=-3.65+0.57x$$

3）求相关系数，作相关分析和 r 检验

相关系数 $r=\dfrac{\sum(x_i-\bar{x})(y_i-\bar{y})}{\sqrt{\sum(x_i-x)^2\sum(y_i-y)^2}}=\dfrac{S_{zy}}{\sqrt{S_{xx}S_{yy}}}=\dfrac{2494}{2530.5}=0.986$

相关系数为 0.986，说明企业广告费和销售额之间是高度线性相关的。

例 12-2　某汽车 4S 店，一年内每月的销售收入 x 与销售费用 y 统计如表 12-2 所示。

表 12-2　某汽车 4S 店销售收入与销售费用统计表　(单位：万元)

x_i	187.1	179.5	157.0	197.0	239.4	217.8	227.1	233.4	242.0	251.9	230.0	271.8
y_i	25.4	22.8	20.6	21.8	32.4	24.4	29.3	27.9	27.8	34.2	29.2	30.0

求销售费用 y 关于销售收入 x 的线性回归方程。

解　计算得 $\bar{x}=219.5$，$\bar{y}=27.15$，$l_{xx}=12113.68$，$l_{xy}=72823.09-12\times 219.5\times 27.15=1309.99$，所以

$$\hat{a}=27.15-\frac{1309.99}{12113.68}\times 219.5\approx 3.41$$

$$\hat{b}=\frac{1309.99}{12113.68}\approx 0.108$$

所求线性回归方程为　$\hat{y}=3.41+0.108x$

第三节　多元线性回归分析预测法

一元线性回归分析预测法研究的是某一因变量和一个自变量之间的关系问题，但由于客

观世界现象之间的联系是复杂的，许多现象的变动都涉及到多个变量之间的数量关系。这种研究某一个因变量和多个自变量之间的相互关系的理论和方法，就是多元线性回归预测法。

设随机变量 η 及变量 $x_1, x_2, \cdots, x_n (m \geqslant 2)$，进行 n 次独立试验，得试验数据如下：

x_1	x_{11}	x_{12}	$\cdots$	x_{1n}
x_2	x_{21}	x_{22}	$\cdots$	x_{2n}
$\vdots$	$\vdots$	$\vdots$	$\vdots$	$\vdots$
x_m	x_{m1}	x_{m2}	$\cdots$	x_{mn}
η	y_1	y_2	$\cdots$	y_n

其中，$x_{1k}, x_{2k}, \cdots, x_{mk}$ 及 $y_k (k=1,2,\cdots,n)$ 分别表示 $x_1, x_2, \cdots, x_m$ 在第 k 次试验中的观测值。若随机变量 η 与变量 $x_1, x_2, \cdots, x_m$ 之间存在线性相关关系，则可设多元线性回归方程为

$$\hat{y} = a + b_1 x_1 + b_2 x_2 + \cdots + b_m x_m$$

它大致描述了 η 与 $x_1, x_2, \cdots, x_m$ 之间的线性相关关系。下面用最小二乘法确定其中的未知参数 $a, b_1, b_2, \cdots, b_m$。

设对于变量 $x_1, x_2, \cdots, x_m$ 的任意一组实数值 $(x_1, x_2, \cdots, x_m)$，随机变量

$$\eta \sim N\left(a + \sum_{i=1}^{m} b_i x_i, \sigma^2\right)$$

则 η 在第 k 次试验中的观测值

$$y_k \sim N\left(a + \sum_{i=1}^{m} b_i x_{ik}, \sigma^2\right) \qquad (k = 1,2,\cdots,n)$$

为使离差平方和

$$S = \sum_{k=1}^{n} (y_k - a - b_1 x_{1k} - \cdots - b_m x_{mk})^2$$

取得最小值，分别求 S 对 $a, b_1, b_2, \cdots, b_m$ 的偏导数，令它们等于零，整理得方程组

$$\begin{cases} na + \left(\sum\limits_{k=1}^{n} x_{1k}\right) b_1 + \cdots + \left(\sum\limits_{k=1}^{n} x_{mk}\right) b_m = \sum\limits_{k=1}^{n} y_k \\ \left(\sum\limits_{k=1}^{n} x_{1k}\right) a + \left(\sum\limits_{k=1}^{n} x_{1k}^2\right) b_1 + \cdots + \left(\sum\limits_{k=1}^{n} x_{1k} x_{mk}\right) b_m = \sum\limits_{k=1}^{n} x_{1k} y_k \\ \left(\sum\limits_{k=1}^{n} x_{mk}\right) a + \left(\sum\limits_{k=1}^{n} x_{mk} x_{1k}\right) b_1 + \cdots + \left(\sum\limits_{k=1}^{n} x_{mk}^2\right) b_m = \sum\limits_{k=1}^{n} x_{mk} y_k \end{cases}$$

设

$$\bar{x}_i = \frac{1}{n} \sum_{k=1}^{n} x_{ik} \qquad (i = 1,2,\cdots,m)$$

$$\bar{y} = \frac{1}{n} \sum_{k=1}^{n} y_k$$

$$l_{iy} = \sum_{k=1}^{n} (x_{ik} - \bar{x}_i)(y_k - \bar{y}) = \sum_{k=1}^{n} x_{ik} y_k - n \bar{x}_i \bar{y} \quad (i=1,2,\cdots,m)$$

$$l_{ij} = l_{ji} = \sum_{k=1}^{n} (x_{ik} - \bar{x}_i)(x_{jk} - \bar{x}_j) = \sum_{k=1}^{n} x_{ik} x_{jk} - n \bar{x}_i \bar{x}_j \qquad (i=1,2,\cdots,m)(j=1,2,\cdots,m)$$

则当 $i=j$ 时，$l_{ii} = \sum\limits_{k=1}^{n} (x_{ik} - \bar{x}_i)^2 = n s_i^2$，其中 s_i^2 为 x_i 的观测值 $x_{i1}, x_{i2}, \cdots, x_{in}$ 的离差 $(I=1,2,\cdots, m)$。

由消元法得方程组

$$\begin{cases} a+\bar{x}_1 b_1+\bar{x}_2 b_2 \cdots +\bar{x}_m b_m=\bar{y} \\ l_{11}b_1+l_{12}b_2+\cdots+l_{1m}b_m=l_{1y} \\ l_{21}b_1+l_{22}b_2+\cdots+l_{2m}b_m=l_{2y} \\ \vdots \\ l_{m1}b_1+l_{m2}b_2+\cdots+l_{mm}b_m=l_{my} \end{cases}$$

记矩阵 $L=(l_{ij})_{m\times m}$，则当行列式 $|L|\neq 0$ 时，由后 m 个方程可惟一地确定 $\hat{b}_1,\hat{b}_2,\cdots,\hat{b}_m$，从而求得 $\hat{a}=\bar{y}-\hat{b}_1\bar{x}_1-\hat{b}_2\bar{x}_2-\cdots-\hat{b}_m\bar{x}_m$。

因此，多元线性回归方程为

$$\hat{y}=\hat{a}+\hat{b}_1x_1+\hat{b}_2x_2+\cdots+\hat{b}_mx_m$$

考虑到随机误差的情况，设定模型自变量和回归系数，多元线性回归模型的形式为

$$y_i=\beta_1x_{i1}+\beta_2x_{i2}+\cdots+\beta_mx_{im}+\varepsilon_i$$

式中，y_i 为模型的因变量；x_i 为模型的自变量；β 为模型的回归系数；ε_i 为随机误差。

与一元线性回归模型一样，我们总是假定 ε_i 服从正态分布，模型的回归系数估计也是采用最小平方法。但多元线性回归模型的检验要比一元的情况复杂得多，既要检验自变量整体与因变量之间的相关程度，也要检验单个自变量与因变量之间的相关程度，还要检验模型本身是否存在自相关。常用的检验方法有：R 检验，F 检验，t 检验和 DW 检验。

（1）R 检验　通过复相关系数和校正的复可决系数检验一组自变量 $x_1,x_2,\cdots,x_m$（作为整体）与因变量 y 之间的线性相关密切程度的方法。其判别方法与一元线性回归相同。

（2）F 检验　是通过统计量 F 检验假设 $H_0:\beta_1=\beta_2=\cdots=\beta_m$ 是否成立的方法。

（3）t 检验　通过统计量 t 对所求回归模型的每一个系数逐一进行检验假设 $H_0:\beta_j=0$ $(j=1,2,\cdots,m)$ 是否成立的方法。

（4）DW 检验　检验模型是否存在自相关。

在模型通过上述的四个检验后，就可以利用模型进行区间估计和点估计了。方法与一元回归模型是一样的。

例 12-3　某地区通过市场调查发现，汽车销售量同居民新结婚户数相关，还与居民户均收入水平相关。该地区近年汽车销售量、新结婚户数和居民户均收入水平资料见表 12-3。

若预计 2005 年该地区居民新婚户数为 30.2 千户，居民户均收入 625 千元。用二元回归分析预测法预测该地区 2005 年汽车的需求量。

表 12-3　某地区汽车销售量、新结婚户数和居民户均收入水平资料表

年份	汽车销售量 y/千辆	新结婚户数 x_1/千户	居民户均收入 x_2/千元
1997	20	22	285
1998	26	22.5	340
1999	30	23.1	386
2000	34	23.4	400
2001	40	24	425
2002	44	24.5	460
2003	49	26	502
2004	55	28.5	548

从表12-3中可以看出，汽车销售量同居民新结婚户数和居民户均收入有一定关系，可试用二元线性回归预测法进行预测。其具体过程如下：

1）列表计算有关数据，如表12-4所示。

表12-4 有关数据列表

年份	y	x_1	x_2	x_1^2	x_2^2	x_1y	x_2y	x_1x_2
1997	20	22	285	484	81225	440	5700	6270
1998	26	22.5	340	506.3	115600	585	8840	7650
1999	30	23.1	386	533.6	148996	693	11580	8916.6
2000	34	23.4	400	547.6	160000	795.6	13600	9360
2001	40	24	425	576	180625	960	17000	10200
2002	44	24.5	460	600.3	211600	1078	20240	11270
2003	49	26	502	676	252004	1274	24598	13052
2004	55	28.5	548	812.3	300304	1567.5	30140	15618
合计	298	194	3346	4736.1	1450354	7393.1	131698	82336.6

注：y为汽车销售量（千辆）；x_1为居民新结婚户数（千户）；x_2为居民户均收入（千元）。

2）解下列方程组，求a,b_1,b_2参数。把表12-4有关数据代入下列方程组：

$$\sum y = na + b_1\sum x_1 + b_2\sum x_2$$

$$\sum x_1,y = a\sum x_1 + b_1\sum x_1^2 + b_2\sum x_1x_2$$

$$\sum x_2,y = a\sum x_2 + b_1\sum x_1x_2 + b_2\sum x_2^2$$

得

$$298 = 8a + 194b_1 + 3346b_2$$

$$7393.1 = 194a + 4736.1b_1 + 82336.6b_2$$

$$131698 = 3346a + 82336.6b_1 + 1450354b_2$$

解方程组得

$$a = -20.8387$$

$$b_1 = -0.0002$$

$$b_2 = 0.13889$$

由此建立的二元线性回归方程为

$$y = a + b_1x_1 + b_2x_2 = -20.8387 - 0.0002x_1 + 0.13889x_2$$

这个回归方程必须经过检验才能作为预测模型。

3）求相关系数，作相关分析。易求得相关系数为0.993，说明自变量x_1，x_2与因变量y之间有高度相关关系。

4）作回归标准差检验

$$\frac{S}{\overline{Y}} = 4.5\% < 15\%$$

由此说明二元线性回归方程$y = -20.8387 - 0.0002x_1 + 0.13889x_2$用于预测，可有较高的精确度。

5）计算预测值。依据题意，$x_1 = 30.2$，$x_2 = 625$，将它们代入二元线性回归方程，得

$$y_{2005} = -20.8387 - 0.0002x_1 + 0.13889x_2$$
$$= (-20.8387 - 0.0002 \times 30.2 + 0.13889 \times 625)\text{千辆}$$
$$= 65.96\text{ 千辆}$$

当居民新结婚户数为 30.2 千户，户均收入为 625 千元时，该地区汽车需求量预测值为 65.96 千辆。

第四节 非线性回归分析预测法

社会经济现象之间的复杂性决定了有时各因素之间的关系不一定是线性的，而可能存在着非线性关系。在预测时，必须建立非线性回归模型进行预测。由于非线性回归模型存在着计算难度大等问题，在实际应用时，通常要采用一定的数学手段将其转化成线性回归模型来解决问题。转化方法有如下两种：

（1）直接换元法 非线性回归模型通过简单的变量换元，可直接转换为线性模型，采用 OLS 估计回归系数并进行检验和预测。典型的可转换模型如下：

双曲线模型 $y_i = \beta_1 + \beta_2/x + \varepsilon_i$

二次曲线模型 $y_i = \beta_1 + \beta_2 x_i + \beta_3 x_i^2 + \varepsilon_i$

对数模型 $y_i = \beta_1 + \beta_2 \ln x_i + \varepsilon_i$

三角函数模型 $y_i = \beta_1 + \beta_2 \sin x_i + \varepsilon_i$

（2）间接代换法 非线性回归模型通过对数变形的代换，可间接地转换为线性模型。可用高斯—牛顿迭代法估计系数并进行检验和预测。典型的可转换模型如下：

指数模型 $y = ab^x$

幂函数模型 $y = ax^b$

高斯—牛顿迭代法的基本思想是，使用泰勒级数展开式去近似地代替非线性回归模型，然后通过多次迭代，多次修正回归系数，使回归系数不断逼近非线性回归模型的最佳回归系数，最后使原模型的残差平方和达到最小。

非线性回归预测的主要步骤如下：

1）通过画图或进行曲线配合判断变量模型的类型，选用最合适的曲线模型。

2）利用最小平方法或高斯—牛顿迭代法估计模型回归系数。

3）对模型进行显著性检验。

4）利用模型进行点预测和区间预测。

在实际问题中，当变量之间的相关关系不是线性相关关系时，不能用线性回归方程描述它们之间的相关关系，需要进行非线性回归分析。然而，非线性回归方程一般很难求，因此把非线性回归转换为线性回归应该说是解决问题的好方法。

首先，所研究对象的物理背景或散点图可帮助我们选择适当的非线性回归方程

$$\hat{y} = \mu(x; a, b)$$

式中，a 及 b 为未知参数（在此仅讨论含两个参数的非线性回归方程）。为求参数 a 及 b 的估计值，往往可以先通过变量置换，把非线性回归转换为线性回归，再利用线性回归的方法确定参数 a 及 b 的估计值。

表 12-7 列出常用的曲线方程及其图形，并给出相应的转换为线性方程的变量置换公式，

以帮助我们观察散点图并确定回归方程的类型。不过，值得注意的是，散点图毕竟只是相关关系的粗略表示，有时散点图可能与几种曲线都很接近，这时建立相应的回归方程可能都是合理的，但同一个非线性回归问题，选择不同的非线性回归，会得到不同的回归方程，哪一个回归方程最优呢？对于能转换为一元线性回归的问题，可通过计算样本相关系数的办法来解决。样本相关系数的绝对值最大的对应最优的回归方程。

例 12-5 在彩色显影中，析出银的光学密度 ξ 与形成染料的光学密度 η 的试验数据见表 12-8。

求 η 关于 ξ 的回归方程。

表 12-7 常用的曲线方程、图形及其转换为线性方程的置换公式

曲线方程	置换公式	转换后的线性方程	曲线图形
$\frac{1}{y}=a+\frac{b}{x}$	$X=\frac{1}{x}$ $Y=\frac{1}{y}$	$Y=a+bX$	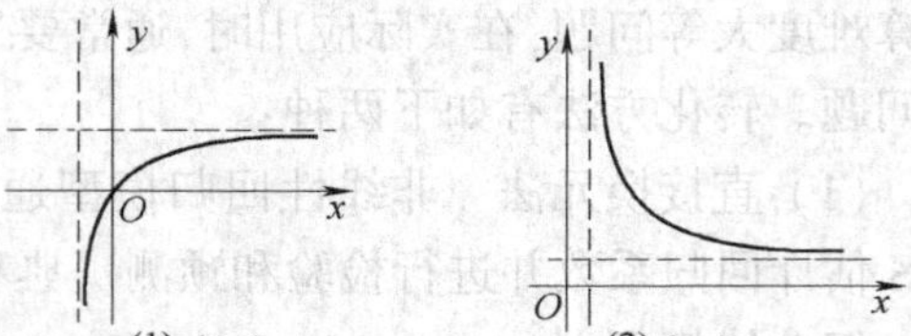 (1) $b>0$ (2) $b<0$
$y=ax^b$	$X=\ln x$ $Y=\ln y$	$Y=a'+bX$ $(a'=\ln x)$	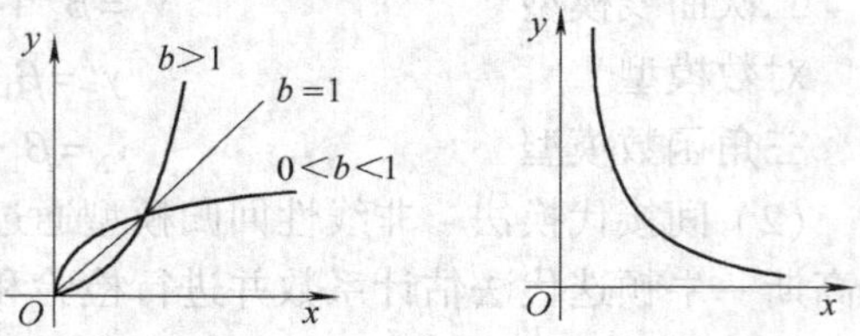 (1) $b>0$ (2) $b<0$
$y=a+b\ln x$	$X=\ln x$ $Y=y$	$Y=a+bX$	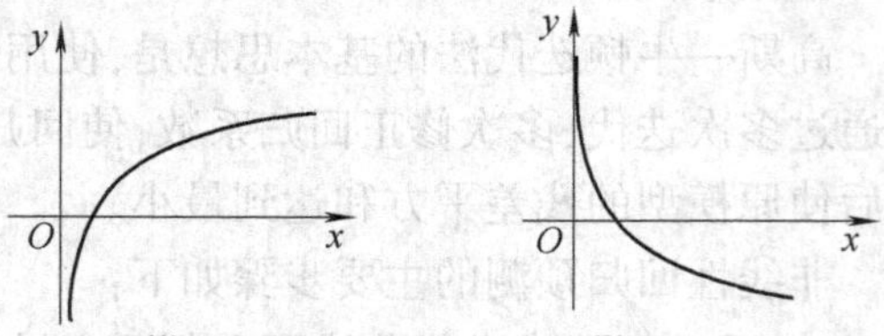 (1) $b>0$ (2) $b<0$
$y=ae^{bx}$	$X=x$ $Y=\ln y$	$Y=a'+bX$ $(a'=\ln x)$	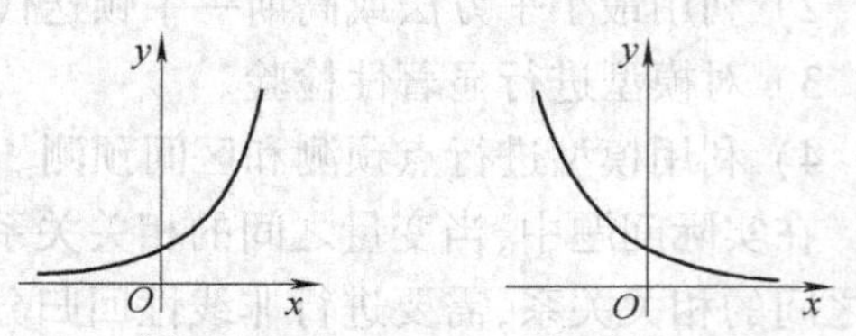 (1) $b>0$ (2) $b<0$
$y=ae^{\frac{b}{x}}$	$X=\frac{1}{x}$ $Y=\ln y$	$Y=a'+bX$ $(a'=\ln x)$	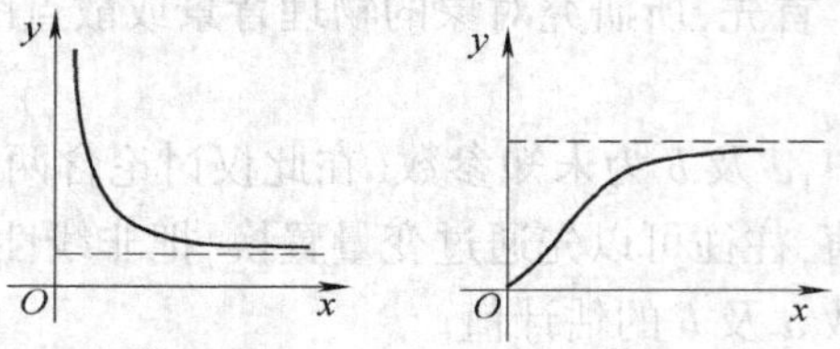 (1) $b>0$ (2) $b<0$

表 12-8　彩色显影试验数据表

x_i	0.05	0.06	0.07	0.10	0.14	0.20	0.25	0.31	0.38	0.43	0.47
y_i	0.10	0.14	0.23	0.37	0.59	0.79	1.00	1.12	1.19	1.25	1.29

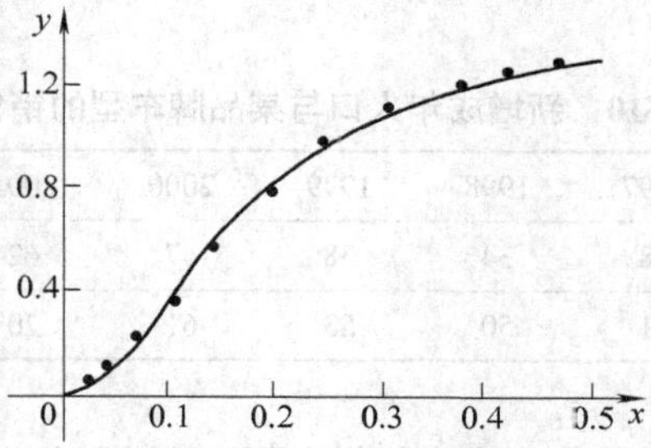

图 12-1　试验数据散点图

解　由散点图(图 12-1)知,可设回归方程为 $\hat{y}=Ae^{\frac{b}{x}}$ $(b<0)$,其中,A 及 b 为参数,两边取对数,得 $\ln\hat{y}=\ln A+\frac{b}{x}$,作变量代换 $X=\frac{1}{x}$, $Y=\ln y$,并设 $a=\ln A$,得 $\hat{Y}=a+bX$,则由试验数据 $(x_i,y_i)(i=1,2,\cdots,11)$,求出对应数据 $(X_i,Y_i)(i=1,2,\cdots,11)$,见表 12-9。

表 12-9　由试验数据得出的对应数据表

X_i	20.000	16.667	14.286	10.000	7.143	5.000	4.000	3.226	2.632	2.326	2.128
Y_i	-2.303	-1.966	-1.470	-0.994	-0.528	-0.236	0	0.113	0.174	0.223	0.255

计算得

$$\bar{X}=7.946, l_{XX}=406.614$$

$$\bar{Y}=-0.612, l_{YY}=8.690$$

$$l_{XY}=-112.835-11\times7.946\times(-0.612)=-59.343$$

样本相关系数　$$r=\frac{l_{XY}}{\sqrt{l_{XX}l_{YY}}}=\frac{-59.343}{\sqrt{406.614\times8.690}}=-0.998$$

查相关系数显著性检验表,当 $n-2=9$ 时,$r_{0.05}(9)=0.602$,$r_{0.01}(9)=0.735$。

因为 $|r|>r_{0.01}(9)=0.735$,所以认为 Y 与 X 之间的线性相关关系特别显著。

再求 a 及 b 的估计值

$$\hat{b}=\frac{l_{XY}}{l_{XX}}=\frac{-59.343}{406.614}=-0.146$$

$$\hat{a}=\bar{Y}-\hat{b}\bar{X}=-0.612-(-0.146)\times7.946=0.548$$

则 Y 关于 X 的线性回归方程为 $\hat{Y}=0.548-0.146X$。

换回原变量,得 $\ln\hat{y}=0.548-\frac{0.146}{x}$,即 $\hat{y}=e^{0.548-\frac{0.146}{x}}=1.73e^{-\frac{0.146}{x}}$。

因此,η 关于 ξ 的回归方程为 $\hat{y}=1.73e^{-\frac{0.146}{x}}$。

思　考　题

12-1　简述回归预测法的概念和步骤。

12-2　某汽车公司发现，随着成年人口数量的增加，汽车销售量也相应地增加，以往几年的统计资料见表12-10。根据新增成年人口数，试用一元线性回归分析预测法预测未来一年该车的销售趋势和数量。2006年新增成年人口为57万人。

表12-10　新增成年人口与某品牌车型的销售资料

年份	1996	1997	1998	1999	2000	2001	2002	2003	2004	2005
新增成年人口/万人	25	28	34	38	47	62	45	56	54	55
汽车销售量/万辆	28	31	50	53	61	70	60	66	63	65

12-3　某汽车公司下有10个经销商，其各自的劳动费用、流通费率对企业利润率的影响等相关资料见表12-11。试用二元线性回归分析预测法建立预测模型。若准备再发展一个经销商，打算投入劳动费用9.8万元，流通费率达2.8%，试对该经销商的利润率作出预测。

表12-7　劳动费用、流通费率对利润率的影响资料

经销商	劳动费用/万元	流通费率(%)	利润率(%)
1	9.4	2.5	9.0
2	8.8	2.6	9.2
3	11.88	2.4	9.6
4	8.6	4.1	7.9
5	6.1	3.0	8.0
6	8.7	2.3	8.1
7	6.7	2.9	8.8
8	7.0	3.1	7.3
9	12.1	1.7	9.8
10	7.4	3.4	7.1

第十三章 经济计量模型预测法

第一节 经济计量模型概述

一、什么是经济计量模型

经济计量学（Econometrics）一词，又译为计量经济学，是1926年由挪威经济学家弗里希（R. Frish）仿照生物计量学（Biometrics）一词首先提出的。从字义上解释，经济计量学就是对经济现象或经济关系的计量研究。虽然对经济关系的计量研究是经济计量学的一个重要组成部分，但经济计量学的研究内容要广泛得多。关于经济计量学的定义有多种说法，各种说法之间略有差异。从经济计量学的研究内容和方法论来看，经济计量学是统计学、经济理论和数学的结合，它是以经济理论和事实为依据，在定性分析的基础上，专门探讨用数学模型方法定量描述具有随机特性的经济变量数量关系和经济活动规律的应用经济学学科。简言之，经济计量学就是用数学模型方法来对经济问题进行探讨、分析和预测。

在用经济计量学方法探讨经济变量之间的数量关系时，首先要针对所研究的经济问题，构造出它的数学模型。模型是一种抽象，即把事物的重要部分留下，不重要的部分舍去。经济计量模型是反映一定经济理论结构，揭示各项主要经济因素的内在联系，从数量上说明某项或某些因素的变化对另一些因素影响程度的数学方程。经济计量模型实质上是由一个方程式或一组联立方程式构成的，但并非所有的经济数学模型都能称为经济计量模型。数学规划理论、投入产出分析等学科也探讨用数学模型方法定量描述经济变量之间的关系，但它们都不注重考虑经济变量关系的随机性特征。因此，揭示经济变量关系确定性特征的数学规划模型、投入产出模型都不能称为经济计量模型。只有那些揭示经济变量关系随机性特征的经济数学模型，才能称为经济计量模型。

用数学模型方法研究经济问题可追溯到19世纪。早在1838年，法国经济学家古尔诺（A. Cournot，1801～1877年）在他出版的《财富理论的数学原理》中，首先运用数学函数表达供求规律。其后，瑞士经济学家瓦尔拉（Walras，1837～1910年）用数学模型方法创立了一般均衡理论。至于经济计量模型的编制和应用也具有较长的历史，1939年，荷兰经济学家丁伯根（J. Tinbergan，1903年～）编制了第一个宏观经济计量模型。从那以后，20世纪50～60年代宏观经济计量模型在各国盛行。研究单位、政府部门和工商企业对经济计量方法的需求急剧增加，形成了专职咨询、进行政策分析、提供预测服务、出售资料和计算机软件包等的“经济信息产业”。

二、经济计量模型的基本形式

在汽车市场预测中，经济计量模型的基本形式有两种：

1）单一方程模型。

2）联立方程模型。

经济计量模型是由方程式组成的。如果一个模型只包含一个方程式，则称为单一方程模型；如果一个模型包含两个或多个方程式，则称为联立方程模型。由于汽车市场是一个非常复杂的有机经济系统，所以用于汽车市场预测的经济计量模型通常都是由多个方程式组成的联立方程模型，即

$$\begin{cases} D = \alpha_0 + \alpha_1 P + \alpha_2 Y + \mu_1 & (13\text{-}1) \\ S = \beta_0 + \beta_1 P + \beta_2 R + \mu_2 & (13\text{-}2) \\ D = S & (13\text{-}3) \end{cases}$$

式中，D、S 和 P 分别为某一汽车产品的需求量、供给量和价格；Y 为消费者的可支配收入；R 为汽车产品的进口量；α、β 为模型中的参数；μ_1、μ_2 为随机干扰项。

上述模型亦称为经济计量模型的结构式，它反映了汽车市场经济变量之间的相互依存关系。式（13-1）是需求方程。需求理论说明：某汽车产品的需求量 D 与该商品的价格 P 和消费者的可支配收入 Y 密切相关。一般来说，价格上升或下降将带来需求量的减少或增加（即 α_1 为负值）；消费者的可支配收入 Y 增加，将使需求量 D 也增加（即 α_2 为正值）。当然，除了 P 和 Y 影响需求量 D 以外，还有许多因素（如相关汽车产品的价格、个人偏好等）也影响需求量，这些因素均以随机干扰项 μ_1 来综合地反映。因此，式（13-1）是随机数学方程式。式（13-2）是供给方程。根据供给法则：某种汽车产品的供给量 S 和商品价格 P 成正向变动，即 β_1 为正值；当汽车产品的进口量增大时，不利于汽车产品产量的增加，故 β_2 是负值。式（13-2）也是一个随机数学方程式。式（13-3）是均衡方程式，表示汽车市场达到均衡时的平衡条件。在供求市场达到均衡时，汽车产品的需求量等于供给量。

三、经济计量模型的构成

从上述模型可以看出，一个经济计量模型包括以下四个组成部分：变量、参数、随机干扰项和方程式。

1. 变量

变量分为内生变量和外生变量两类。前者的数值是由所研究的汽车市场经济系统模型本身决定的，是该模型求解的结果，属于因变量；后者的数值是由模型以外的条件决定的，不受模型内部因素的影响，亦即在模型求解之前事先规定的，是“给定的”或“已知的”数值，属于自变量。

外生变量又可以分为政策变量和非政策变量。前者是决策者可以控制的变量，如政府支出、利息率等；后者则是难以控制或不能控制的外生变量，如汇率等。顺便指出，在汽车市场预测过程中应用模型时，可以把政策变量看做工具变量，把内生变量看做目标变量，通过对有关工具变量的调节，达到事先确定的目标变量的水平。

在一个模型中，某个变量是内生变量还是外生变量，取决于它在模型中的地位和作用，应结合分析的目的，具体分析确定。在上述汽车产品供给需求模型中，通过模型能确定该汽车产品的需求量、供给量和价格，但不可能由模型决定消费者的可支配收入和汽车产品进口量。因此，D、S、P 为内生变量，而 Y、R 为外生变量。

上述模型是一个静态模型，因为没有考虑时间因素。在动态模型中，时间因素将起重要作用，它涉及到一个内生变量的变化取决于另一个内生变量或外生变量的前期数值。例如，

下述简单宏观经济计量模型就是一个动态模型。

$$\begin{cases} C_t = \alpha_0 + \alpha_1 Y_t + \mu_{1t} & (13\text{-}4) \\ I_t = \beta_0 + \beta_1 Y_t + \beta_2 Y_{t-1} + \mu_{2t} & (13\text{-}5) \\ Y_t = C_t + I_t + G_t & (13\text{-}6) \end{cases}$$

式中，C_t、I_t、Y_t 分别为第 t 年的消费、投资和国民收入，是模型中的内生变量；G_t 是第 t 年的政府支出，是外生变量；Y_{t-1} 是第 $t-1$ 年的国民收入，相对于第 t 年来说，是内生变量 Y_t 的前期数值，称为滞后内生变量。

滞后内生变量的数值是由前期所决定的。因此，它和外生变量一起，都是在求解第 t 年内生变量数值之前就已确定的量，故通称为前定变量（或叫先决变量）。

在模型中，对于一个方程来说，等号左边的因变量称为被解释变量，等号右边的自变量称为解释变量。被解释变量一定是内生变量。由于在联立方程模型中，一个方程的被解释变量可能是其他方程的解释变量，因此解释变量可能是外生变量，也可能是内生变量。

2. 参数

反映模型中各类方程式的经济结构特性的参数，称为结构参数。它又分为显含参数和隐含参数，显含参数就是与变量相乘的系数，如上述供求模型中的 α_0、α_1、α_2、β_0、β_1 和 β_2；隐含参数如随机干扰项 μ_1、μ_2 的概率分布的数字特征。

通过参数把各种经济变量连接在方程中，借以说明外生变量或前定变量的变化对内生变量变化的影响程度。参数值可以用参数估计方法利用样本数据进行估算。参数一经确定，函数关系式亦随之而确定，就可以按外生变量或前定变量之值预测内生变量之值了。

3. 随机干扰项

经济计量模型与其他经济数学模型的主要区别，在于它定量地描述具有随机性特征的经济变量之间的数量关系。在模型的方程中，引入了随机干扰项 μ。随机干扰项列入汽车市场经济计量模型有关方程式中的主要原因是：

1）由于忽略了许多次要因素（其中每个因素对有关变量都会产生微小的影响）而引起的误差。

2）变量值的统计误差。

3）由于汽车市场现象固有的不可重复性，即使在相同条件下观察同一种汽车市场现象，也不可能得出完全相同的结果，因而出现随机误差。以上这些误差越小，表明内生变量与外生变量或前定变量的相关程度越强，亦即该模型能较好地描述各个汽车市场经济变量之间的数量依存关系。

4. 方程式

在汽车市场预测中，经济计量模型中的方程式按照它所反映的经济关系的性质，可划分为行为方程、技术方程、制度方程、定义方程和平衡关系式。

（1）行为方程　是用来描述汽车企业、政府等决策单位的经济行为的，亦即说明这些单位在其经济活动中，对外界影响所作的反应。行为方程是在经济理论指导下建立的。例如，在汽车产品供求模型中，需求方程反映消费者的经济行为，供给方程反映汽车生产企业的经济行为，它们都是行为方程。由 GDP 决定最终消费的模型为

$$C_t = \alpha_0 + \alpha_1 \text{GDP}_t + \alpha_2 \text{GDP}_{t-1}$$

（2）技术方程　是用来描述汽车企业投入的生产要素与产出成果之间的技术关系。例如，Cobb-Douglas 生产函数为

$$Q = AK^{\alpha}L^{\beta}e^{\mu}$$

式中，Q 为汽车产品生产产量；K 为资本投入量；L 为劳动力投入量；A、α、β 和 μ 均为参数。

这一函数描述了劳动力和资本的投入量与汽车产品生产产量之间的技术关系，是技术方程。

（3）制度方程　根据法律、制度和政策等制度性规则所确定的经济变量之间的数量关系方程式，称为制度方程。例如

汽车企业销售税金 = 汽车企业销售收入 × 销售税率

其中，税率是由政府税法明确规定的，所以上式为制度方程。制度方程是确定性方程。

（4）定义方程　根据经济理论或假设所确定的汽车市场经济变量之间的定义关系，用方程或恒等式表示，这种方程称为定义方程。例如

Y(国民收入) = C(消费) + I(投资)

PQ(销售额) = P(单价) × Q(销售量)

Q^S(某汽车产品供给量) = Q^D(该汽车产品需求量)

这类方程是用来说明有关的定义或者描述均衡条件，不包含随机干扰项，属于确定性方程。

（5）平衡关系式　反映系统内部的平衡状况或普遍认可的平衡体系，称为平衡关系式或平衡方程，如汽车企业的销售收入 S、销售进价成本 C、销售费用 F、销售税金 T 和销售利润 M 之间具有如下平衡关系

$$S = C + F + T + M$$

在上述五类方程中，以行为方程和技术方程最为重要，需要去估计。

建立模型时，模型中方程的个数必须等于内生变量的个数，模型才有惟一解。这种模型称为完备模型。

四、结构式模式和简化式模式

在汽车市场预测中，根据不同的需要，经济计量模型可以采用不同的表述形式。下面介绍模型的两种形式，即结构式和简化式。

1. 模型的结构式

结构式模型是依据经济理论设定模型时所采用的一种形式，是描述经济变量关系结构的完整方程系统，模型中的每一个方程式代表了所研究的经济系统内部结构的某一方面。在结构式模型中，内生变量被表示为其他内生变量、前定变量和随机干扰项的函数。例如，简单的宏观经济计量模型的结构式为

消费方程　$C_t = \alpha_0 + \alpha_1 Y_t + \mu_{1t}$

投资方程　$I_t = \beta_0 + \beta_1 Y_t + \beta_2 Y_{t-1} + \mu_{2t}$

恒等式　$Y_t = C_t + I_t + G_t$

其中，消费方程、投资方程都是结构方程。在投资方程中，内生变量 I_t 表示为内生变量 Y_t、前定变量 Y_{t-1} 和随机干扰项的函数。

结构模型中的参数，称为结构参数。它们表示每个解释变量对被解释变量的直接影响。例如，结构参数 α_1 反映了收入 Y 的单位变动对消费 C 的直接影响程度；β_1 反映了 Y 的单位变动对投资 I 的直接影响，β_2 反映了前期收入 Y_{t-1} 的单位变动对本期投资 I_t 的直接影响。未明显出现在某一结构方程中的其他变量，对该方程中的被解释变量虽无直接影响，但有间接影响。这种影响是由于模型中全部方程是一个相互联系的整体而产生的。例如，消费的变化会影响投资，但在上述模型的投资函数中并未考虑消费，所以消费对投资的影响在这里是通过三个方程整体效应而实现的间接影响。因为经济变量之间的间接影响不能由个别结构参数计算得出，所以必要时需采用模型的简化式。

2. 模型的简化式

所谓模型的简化式，就是指从模型的结构式出发，通过求解，把原结构式模型中的每个内生变量表示成前定变量和随机干扰项的函数，这时所得到的方程组就是模型的简化式，其中的参数称为简化式参数。

仍以上述宏观经济计量模型为例，即

$$\begin{cases} C_t = \alpha_0 + \alpha_1 Y_t + \mu_{1t} \\ I_t = \beta_0 + \beta_1 Y_t + \beta_2 Y_{t-1} + \mu_{2t} \\ Y_t = C_t + I_t + G_t \end{cases}$$

将式（13-4）和式（13-5）一同代入式（13-6），经整理后得

$$Y_t = \frac{\alpha_0 + \beta_0}{1-\alpha_1-\beta_1} + \frac{1}{1-\alpha_1-\beta_1}G_t + \frac{\beta_2}{1-\alpha_1-\beta_1}Y_{t-1} + \frac{\mu_{1t}+\mu_{2t}}{1-\alpha_1-\beta_1} \tag{13-7}$$

再将式（13-7）分别代入式（13-4）和式（13-5）并经整理后得

$$C_t = \frac{\alpha_0(1-\beta_1)+\alpha_1\beta_0}{1-\alpha_1-\beta_1} + \frac{\alpha_1}{1-\alpha_1-\beta_1}G_t + \frac{\alpha_1\beta_2}{1-\alpha_1-\beta_1}Y_{t-1} + \frac{(1-\beta_1)\mu_{1t}+\alpha_1\mu_{2t}}{1-\alpha_1-\beta_1} \tag{13-8}$$

$$I_t = \frac{\beta_0(1-\alpha_1)+\beta_1\alpha_0}{1-\alpha_1-\beta_1} + \frac{\beta_1}{1-\alpha_1-\beta_1}G_t + \frac{\beta_1(1-\alpha_1)}{1-\alpha_1-\beta_1}Y_{t-1} + \frac{(1-\alpha_1)\mu_{2t}+\beta_1\mu_{1t}}{1-\alpha_1-\beta_1} \tag{13-9}$$

令

$$\pi_{11} = \frac{\alpha_0+\beta_0}{1-\alpha_1-\beta_1}, \pi_{12} = \frac{1}{1-\alpha_1-\beta_1}, \pi_{13} = \frac{\beta_2}{1-\alpha_1-\beta_1}, \upsilon_{1t} = \frac{\mu_{1t}+\mu_{2t}}{1-\alpha_1-\beta_1}$$

$$\pi_{21} = \frac{\alpha_0(1-\beta_1)+\alpha_1\beta_0}{1-\alpha_1-\beta_1}, \pi_{22} = \frac{\alpha_1}{1-\alpha_1-\beta_1}, \pi_{23} = \frac{\alpha_1\beta_2}{1-\alpha_1-\beta_1},$$

$$\upsilon_{2t} = \frac{(1-\beta_1)\mu_{1t}+\alpha_1\mu_{2t}}{1-\alpha_1-\beta_1}$$

$$\pi_{31} = \frac{\beta_0(1-\alpha_1)+\beta_1\alpha_0}{1-\alpha_1-\beta_1}, \pi_{32} = \frac{\beta_1}{1-\alpha_1-\beta_1}, \pi_{33} = \frac{\beta_1(1-\alpha_1)}{1-\alpha_1-\beta_1},$$

$$\upsilon_{3t} = \frac{(1-\alpha_1)\mu_{2t}+\beta_1\mu_{1t}}{1-\alpha_1-\beta_1}$$

于是，得出相应的简化式模型如下

$$Y_t = \pi_{11} + \pi_{12}G_t + \pi_{13}Y_{t-1} + \upsilon_{1t} \tag{13-10}$$

$$C_t = \pi_{21} + \pi_{22}G_t + \pi_{23}Y_{t-1} + \upsilon_{2t} \tag{13-11}$$

$$I_t = \pi_{31} + \pi_{32} G_t + \pi_{33} Y_{t-1} + v_{3t} \tag{13-12}$$

简化式参数都是原来的结构式参数的函数，其中外生变量的简化式参数具有特殊的意义，通常称之为“影响乘数”。它们是外生变量的单位变动对内生变量产生的总影响（包括直接影响和间接影响）的量度。例如，政府支出 G_t 增加一个单位，会使消费 C_t 发生的变化为 $\alpha_1/(1-\alpha_1-\beta_1)$，因为 G_t 在结构式（13-4）中没有出现，所以这种影响是间接影响，它所反映的是 G_t 通过整个结构方程模型系统而对 C 产生的影响。

一般结构式模型转化为简化式模型可通过以下方法求得：

假设模型包含 g 个内生变量 y_1，y_2，…，y_g；k 个前定变量 x_1，x_2，…，x_k，那么经济计量模型的一般结构式可以写成

$$\begin{cases} y_1\gamma_{11} + y_2\gamma_{21} + \cdots + y_g\gamma_{g1} + x_1\beta_{11} + x_2\beta_{21} + \cdots + x_k\beta_{k1} = \mu_1 \\ y_1\gamma_{12} + y_2\gamma_{22} + \cdots + y_g\gamma_{g2} + x_1\beta_{12} + x_2\beta_{22} + \cdots + x_k\beta_{k2} = \mu_2 \\ \vdots \\ y_1\gamma_{1g} + y_2\gamma_{2g} + \cdots + y_g\gamma_{gg} + x_1\beta_{1g} + x_2\beta_{2g} + \cdots + x_k\beta_{kg} = \mu_g \end{cases} \tag{13-13}$$

式中，γ 是内生变量的系数；β 是前定变量的系数。

如果模型中独立方程的数目和内生变量的数目相等，那么这个方程系统就是完备的、封闭的系统，即根据前定变量的数值可以联立确定内生变量的数值。

在式（13-13）中，每个方程包括 $g+k$ 个参数：γ_{1j}，γ_{2j}，…，γ_{gj} 和 β_{1j}，β_{2j}，…，β_{kj}（$j=1,2,\cdots,g$）。当然，对特定的方程来说，某些参数可以被指定为零，亦即与这些参数有关的变量（包括内生变量和前定变量）对该方程没有任何影响。截距项可以指定用一个前定变量表示。例如，用最后一个变量 x_k 表示，它恒等于1，故 β_{k1}，β_{k2}，…，β_{kg} 即表示截距项。

若采用向量——矩阵符号，式（13-13）亦可以写成

$$\boldsymbol{Y\Gamma} + \boldsymbol{XB} = \boldsymbol{U} \tag{13-14}$$

其中

$$\boldsymbol{Y} = [y_1 \quad y_2 \quad \cdots \quad y_g] \tag{13-15}$$

$$\boldsymbol{X} = [x_1 \quad x_2 \quad \cdots \quad x_k] \tag{13-16}$$

$$\boldsymbol{\Gamma}_{g\times g} = \begin{bmatrix} \gamma_{11} & \gamma_{12} & \cdots & \gamma_{1g} \\ \gamma_{21} & \gamma_{22} & \cdots & \gamma_{2g} \\ \vdots & \vdots & \cdots & \vdots \\ \gamma_{g1} & \gamma_{g2} & \cdots & \gamma_{gg} \end{bmatrix} \tag{13-17}$$

$$\boldsymbol{B}_{k\times g} = \begin{bmatrix} \beta_{11} & \beta_{12} & \cdots & \beta_{1g} \\ \beta_{21} & \beta_{22} & \cdots & \beta_{2g} \\ \vdots & \vdots & \cdots & \vdots \\ \beta_{k1} & \beta_{k2} & \cdots & \beta_{kg} \end{bmatrix} \tag{13-18}$$

$$\boldsymbol{U}_{1\times g} = [u_1 \quad u_2 \quad \cdots \quad u_g] \tag{13-19}$$

式（13-17）和式（13-18）给出了内生变量和前定变量的全部系数。如果内生变量的系数矩阵 $\boldsymbol{\Gamma}_{g\times g}$ 是非奇异矩阵，则它的逆矩阵 $\boldsymbol{\Gamma}^{-1}_{g\times g}$ 存在，于是用 $\boldsymbol{\Gamma}^{-1}_{g\times g}$ 右乘式（13-14）就可得到所有内生变量，表示成所有前定变量和随机干扰项的函数形式为

$$\boldsymbol{Y\Gamma}_{g\times g}\boldsymbol{\Gamma}^{-1}_{g\times g} + \boldsymbol{XB}_{k\times g}\boldsymbol{\Gamma}^{-1}_{g\times g} = \boldsymbol{U\Gamma}^{-1}_{g\times g} \tag{13-20}$$

于是解出 $\boldsymbol{Y}$ 则有

$$\boldsymbol{Y} = -\boldsymbol{XB\Gamma}^{-1} + \boldsymbol{U\Gamma}^{-1} \tag{13-21}$$

令

$$\boldsymbol{\Pi}_{k\times g} = -\boldsymbol{B}_{k\times g}\boldsymbol{\Gamma}^{-1}_{g\times g} \tag{13-22}$$

$$\boldsymbol{V}_{1\times g} = \boldsymbol{U}_{1\times g}\boldsymbol{\Gamma}^{-1}_{g\times g} \tag{13-23}$$

式（13-21）可以写成

$$\boldsymbol{Y} = \boldsymbol{X\Pi} + \boldsymbol{V} \tag{13-24}$$

$$\boldsymbol{\Pi} = \begin{bmatrix} \pi_{11} & \pi_{12} & \cdots & \pi_{1g} \\ \pi_{21} & \pi_{22} & \cdots & \pi_{2g} \\ \vdots & \vdots & \ddots & \vdots \\ \pi_{k1} & \pi_{k2} & \cdots & \pi_{k\times g} \end{bmatrix}$$

上式就是式（13-13）的简化式，它把每一个内生变量表示成所有的前定变量和随机干扰项的函数，即

$$[y_1 \quad y_2 \quad \cdots \quad y_g] = [x_1, x_2, \cdots, x_k] \begin{bmatrix} \pi_{11} & \pi_{12} & \cdots & \pi_{1g} \\ \pi_{21} & \pi_{22} & \cdots & \pi_{2g} \\ \vdots & \vdots & \ddots & \vdots \\ \pi_{k1} & \pi_{k2} & \cdots & \pi_{k\times g} \end{bmatrix} + [\nu_1 \quad \nu_2 \quad \cdots \quad \nu_g] \tag{13-25}$$

第二节　经济计量模型预测的工作步骤

建立一个经济计量模型并用于汽车市场预测，一般工作步骤如下：

1）对所研究的汽车市场经济问题进行系统分析，建立反映汽车市场客观经济过程运行机制的理论模型。

2）收集统计资料，为参数估计作准备。

3）利用适宜的经济计量方法对模型的参数进行估计。

4）对模型的可靠性进行检验，判别模型是否可以用于汽车市场预测。

5）预测外生变量的数值。

6）应用模型对内生变量进行预测和分析。

一、理论模型的设定

理论模型的设定，是整个汽车市场预测经济计量研究工作最重要的一步。所谓理论模型的设定，就是用数学方程式表述所研究的汽车市场客观经济现象，构造出数学模型。在这个阶段，一般要解决以下几个问题：

（1）确定模型所包含的变量　汽车市场预测经济计量模型的建立，是以经济理论和可以利用的汽车市场有关信息资料为基础的。模型中变量的确定，可根据汽车市场预测研究对象的性质和研究的目的，从理论和经验中加以确定。一般来说，经济理论和历史经验指明了在任何情况下，影响一个经济变量的一般因素。例如，研究某种汽车产品的社会需求量，根据理论和经验可知，影响该汽车产品需求量的主要因素有：该汽车产品的销售价格 P，消费者

的可支配收入 Y，有关汽车产品的价格 P_r。当然，除了上述影响因素之外，还可能有预期价格、消费结构和产品质量等，这些因素也影响该汽车产品的需求量。对于这些次要因素的影响，可用模型中添加的随机干扰项 μ 来综合地表示。根据这些信息，可以写出需求函数的一般形式

$$Q=f(P,\ Y,\ P_r,\ \mu)$$

式中，Q 表示对该汽车产品的社会需求量。

（2）确定模型中方程式的数目和数学函数形式　一般来说，对于复杂的汽车市场经济现象，要用联立方程模型来描述。模型中方程式的数目与模型中所包含的内生变量数目有关。建立模型时，方程式的个数必须等于内生变量的个数，只有这样，模型才具有数学完备性，才能求出惟一解。模型中方程式个数的确定，除考虑到所研究的汽车市场经济现象的复杂程度以外，还要考虑到模型的目的、可利用的数据以及使用的计算工具等。有时候，由于缺乏数据，也会略去某些方程，从而研究较简单的模型。

方程式的数学函数形式不一定都是线性的。经济理论本身也没有具体说明经济关系的精确数学函数形式。然而，做出被解释变量和各个解释变量的观察数据的相关图，会有助于选择各变量之间的数学函数形式。在此基础上，以各种数学函数形式进行拟合试验，最后从各种函数形式中选择出满足一定准则的数学函数形式。这些准则包括参数估计值的经济意义和各种统计检验。

（3）确定模型中参数的正负号和参数的理论期望值　在数学模型构造出来以后，应当根据理论、经验或其他研究成果以及汽车市场预测研究对象所具有的特征，对参数的正负号和大小作出一定的估计，以便评价模型的估计结果。例如，假设所研究的某汽车产品的需求函数为

$$Q=\beta_0+\beta_1 P+\beta_2 P_r+\beta_3 Y+\mu$$

式中，Q 为需求量；P 为该汽车产品的价格；P_r 为相关汽车产品的价格；Y 为消费者的可支配收入。

根据经济理论和经验可知，需求量 Q 和该汽车产品的价格 P 是反向变化的，价格提高，需求量下降；需求量和消费者的可支配收入 Y 是同向变化的，因此 β_1 是负的，β_3 是正的。如果 P_r 是该汽车产品的替代品的价格，当 P_r 提高时，需求量将增加，因此它的参数 β_2 的符号将是正的。

对于参数的大小可以这样考虑：如在线性需求函数中（如上例），各项系数 β 是相应的弹性分量。由理论和经验得知：弹性的大小取决于该汽车产品的性质及是否有替代品，私人消费市场汽车产品的价格弹性一般较大。价格弹性公式为

$$\varepsilon=\frac{\partial\ QP}{\partial\ PQ}$$

P 的系数就是 β_1，即 $\partial\ Q/\partial\ P=\beta_1$。对于汽车产品而言，需求量随价格的变化一般很大，$\partial\ Q/\partial\ P$ 就大，故弹性也大。由此，可对参数的理论期望值作出大概的估计。

二、统计资料的收集

在数学模型设定以后，针对模型中包括的汽车市场经济变量来收集有关的统计资料，以便对模型中的参数作出正确的估计。如果数据不完整、不准确，就会影响到参数估计值的准

确性。因此，数据的收集也是一项重要的工作。在汽车市场预测中，估计参数时所需的资料主要有以下三种：时间序列资料、横断面资料和虚拟变量数据。

（1）时间序列资料　是指同一经济变量在连续或不连续的前后时期内的一系列统计数据。这种统计数据一般是由统计部门提供的。例如，1991～2001 年中国人均 GDP 数据（元）：

1991 年	1879
1992 年	2287
⋮	⋮
2001 年	7543

就是时间序列资料。

（2）横断面资料　是指在特定时点上有关经济变量的统计资料。在汽车市场预测中，这种统计资料可以利用抽样调查或其他方法取得。

（3）虚拟变量数据　有些影响因素，如政策、性别和职业等，属于品质标志，可以用虚拟变量（0 或 1）表示，将这些标志在性质上的差别过渡到数量上的差异，借以近似地反映这些因素对被解释变量的影响程度。例如，考虑顾客对汽车产品售后服务的满意度时，可以分别采用 1、0 或 -1 代表满意、一般或不满意等。

总之，统计数据是汽车市场预测经济计量研究工作中必不可少的要素，应当力求获得能量度汽车市场经济过程变化的精确统计数据。同时，在设定模型时，应当尽量利用现有的统计资料。还应当指出，在应用各种不同的统计数据估计汽车市场预测经济计量模型时，可能会产生各种不同的问题。例如，利用时间序列估计模型容易产生序列相关问题；而利用横断面资料估计模型时，则容易产生异方差性问题。使用的是时间序列资料还是横断面资料，所得系数估计值的含义也不同，在汽车市场经济预测中主要是应用时间序列。此外，在有些情况下，估计模型时还需要归并组合各种类型的数据。

三、模型参数的估计

在获得统计数据之后，接着就是对汽车市场预测经济计量模型中的参数进行估计。模型的参数估计是一个纯技术性问题，主要包含以下几个步骤：

1）模型的识别。

2）选择适当的估计方法。

1. 模型的识别

这也是一项非常重要的工作，它主要是应用各种识别条件来检验模型中的每一个方程式的参数是否可以估计。只有在每一个方程式正确识别或者是过度识别的情况下，模型的估计才是可行的。如果是不能识别的情况，即使模型在理论上似乎是合理的，但在统计估计上也是不可行的。方程可识别的必要条件为：

1）被识别方程所不包含的前定变量（外生变量与内生滞后变量）数不小于它所包含的内生变量数减 1。

2）只有联立方程模型中的每一个方程式都符合上述识别条件时，模型才是可识别的；否则反之。

2. 选择适当的估计方法

在汽车市场预测中，估计模型的参数有各种经济计量方法可供采用，它们主要是：

（1）单方程估计法　这类方法是指在进行模型参数的估计时，每一次仅对一个方程进行估计。这类方法主要有：普通最小二乘法（OLS），广义最小二乘法，间接最小二乘法（ILS），二阶段最小二乘法（2SLS），以及有限信息极大似然法等。

（2）联立方程系统估计法　这是对整个模型系统所有方程同时联立求解，得到所有模型参数估计值的方法。这类方法主要包括：三阶段最小二乘法，完全信息最大似然法。

对于某一具体问题，究竟采用哪一种估计方法，是由多种因素决定的。一般情况下，主要考虑的几个重要因素是：

（1）经济关系的性质　如果所研究的问题是用单一方程模型描述的简单汽车市场经济现象，或者所研究的汽车市场经济现象是用一个递归方程系统描述的，那么，首先选择的估计方法应当是普通最小二乘法。如果研究的汽车市场经济现象是用一个联立方程模型来描述的，那么需要根据下面的因素进一步选择。

（2）识别情况　当模型系统诸方程是可以识别的，并且是正确识别的（每一个待估计参数都有惟一的估计值），那么可以采用间接最小二乘法进行估计。如果模型系统诸方程是过度识别的（每一个待估参数有多个估计值），则应选择二阶段最小二乘法进行估计。

（3）研究目的　不同的估计方法，所得到的参数估计值的统计性质是不同的。研究目的不同，要求模型参数估计值具有不同的统计性质。一般来说，若建立模型的目的是为了预测，那么估计值的最小方差性质最为重要。如果估计模型的目的是为了进行结构分析和评价政策，那么估计值的偏误程度就是极为重要的问题了。

（4）计算工作量　方法简单，需要的数据资料少，并且计算工作量小，往往也是选择估计方法的一个重要原则。因为在这种情况下，花费的费用也就较少，具有经济性。

应该指出，在应用经济计量方法估计模型参数时，一般是采用试验程序在计算机上对各种模型形式进行试验，然后根据计算结果逐步修改模型的数学形式和变量的个数。比如，开始用线性形式，对较少的变量进行估计，然后再逐步修改采用非线性形式，并根据具体情况加入其他变量，以求得模型参数估计的最优值和模型的最优形式，从而对所分析的汽车市场经济现象作出最好的解释。

例如，某市近17年的城镇居民人均收、支、余及GDP的有关数据如表13-1所示。

表13-1　某市近17年的城镇居民人均收、支、余及GDP

年序	人均可支配收入/元	人均消费支出/元	当年人均储蓄/元	GDP/亿元	消费额/亿元	上年消费额/亿元	积累额/亿元
1	901	799	102	101.3	65.4	57.7	38.5
2	1002	884	118	117.8	74.5	65.4	43.2
3	1180	1104	76	147.0	93.6	74.5	55.0
4	1374	1211	163	164.7	105.6	93.6	61.0
5	1510	1279	231	183.2	113.7	105.6	64.4
6	1701	1454	247	212.8	131.5	113.7	75.2
7	2027	1672	355	258.6	159.5	131.5	96.4
8	2577	2111	466	345.0	201.8	159.5	150.0
9	3496	2851	645	466.9	268.0	201.8	192.6
10	4283	3538	745	585.1	336.4	268.0	238.8

（续）

年序	人均可支配收入/元	人均消费支出/元	当年人均储蓄/元	GDP/亿元	消费额/亿元	上年消费额/亿元	积累额/亿元
11	4839	3920	918	683.3	400.0	336.4	268.7
12	5160	4186	974	748.9	435.8	400.0	284.6
13	5425	4332	1093	790.0	464.1	435.8	295.5
14	5854	4616	1238	826.7	487.2	464.1	307.0
15	6280	4998	1282	893.4	546.0	487.2	325.0
16	6860	5309	1551	985.9	589.3	546.0	374.6
17	7702	6030	1672	1065.5	620.6	589.3	419.5

（1）模型采用线性形式　如果把 GDP_t 看做影响居民人均可支配收入 S、人均消费支出 C 的重要变量，则有如下模型

$$\begin{cases} S_t = \alpha_0 + \alpha_1 GDP_t & (13\text{-}26) \\ & (\text{模型 I}) \\ C_t = \beta_0 + \beta_1 S_t & (13\text{-}27) \end{cases}$$

式中，GDP_t、S_t 和 C_t 分别为第 t 年的 GDP、S 和 C。

1）对模型 I 采用普通最小二乘法估计。结果如下（结构参数下面括号内的数据为参数的估计标准差，下同）：

$$\begin{cases} \hat{S}_t = \underset{(42.7547)}{229.8959} + \underset{(0.0711)}{6.7936} GDP_t \\ R = 0.9992,\ S_y = 95.7811,\ DW = 1.2389 \\ \hat{C}_t = \underset{(24.4661)}{150.0172} + \underset{(0.0057)}{0.7679} S_t \\ R = 0.9996,\ S_y = 52.3449,\ DW = 1.3284 \end{cases}$$

2）对模型 I 采用间接最小二乘法估计。此模型经识别为恰好识别模型。将方程式（13-26）代入方程式（13-27），可得简化方程

$$C_t = \beta_0 + \beta_1 S_t = \beta_0 + \beta_1 (\alpha_0 + \alpha_1 GDP_t) = \gamma_0 + \gamma_1 GDP_t$$

其中

$$\gamma_0 = \beta_0 + \alpha_0\beta_1,\ \gamma_2 = \alpha_1\beta_1$$

根据表 13-1 的数据，采用普通最小二乘法估计的简化方程为

$$\begin{cases} \hat{C}_t = \underset{(37.3293)}{326.1010} + \underset{(0.0632)}{5.2180} GDP_t \\ R = 0.9989,\ S_y = 83.6269,\ DW = 1.7393 \end{cases}$$

由 1）中估计的人均可支配收入方程的参数 α_0、α_1，求解人均消费支出方程的参数 β_0、β_1 为

$$\begin{cases} \alpha_0 = 229.8959 \\ \alpha_1 = 6.7936 \\ \gamma_1 = 5.2180 \\ \gamma_0 = 326.1010 \\ \gamma_1 = \alpha_1\beta_1 \\ \gamma_0 = \beta_0 + \alpha_0\beta_1 \end{cases} \quad \text{解得：} \begin{cases} \beta_0 = 149.5180 \\ \beta_1 = 0.7681 \end{cases}$$

则用间接最小二乘法估计得到的人均消费支出方程为

$$C_t = 149.5180 + 0.7681 S_t$$

比较一下用普通最小二乘法和间接最小二乘法估计的人均消费支出方程的估计结果，会发现两者的差别较小。实际上在许多场合下，二者的估计往往存在较大的差别，普通最小二乘法不适当地被应用于联立方程的参数估计，往往会歪曲真实的经济关系结构。

（2）模型采用非线性形式 根据表 13-1 提供的数据，为了更好地应用 GDP 中的消费额 x_1、积累额 x_2，解释城镇居民人均收入、支出和余额是如何决定的，可设计如下模型

$$\begin{cases} S_t = \alpha_0 + \alpha_1 x_1 + \alpha_2 x_2 & (13\text{-}28) \\ C_t = \beta_0 + \beta_1 S_{t-1} + \beta_2 x_{1(t-1)} & (13\text{-}29) \\ I_t = \gamma_0 + \gamma_1 S_t + \gamma_2 x_{1(t-1)} & (13\text{-}30) \\ S_t = C_t + I_t & (13\text{-}31) \end{cases} \quad \text{（模型Ⅱ）}$$

模型Ⅱ中三个结构方程均为过度识别，宜采用二阶最小二乘法估计参数。对模型Ⅱ采用二阶最小二乘法估计，应分两步：

1）先求出内生变量 Y_i 对某个方程组中的全部前定变量的回归方程，并给出一组 Y_i 的估计值。

2）将内生变量的估计值与方程所包括的其他前定变量作为解释变量，再运用最小二乘法估计原方程的结构参数。

S_t 为重要的内生变量，其与模型Ⅱ中全部前定变量的回归方程为

$$S_t = \gamma_0 + \gamma_1 x_1 + \gamma_2 x_{1(t-1)} + \gamma_3 x_2 \qquad (13\text{-}32)$$

用最小二乘法估计的结果为

$$\begin{cases} \hat{S}_t = 215.4351 + 4.2960 x_1 + 1.3700 x_{1(t-1)} + 9.2470 x_2 \\ R = 0.9994,\ S_y = 86.2834,\ DW = 1.9757 \end{cases}$$

由此方程，可求得一组估计值 $\hat{S}_t$，然后将 $\hat{S}_t$ 的估计值分别与方程式（13-28）、式（13-29）和式（13-30）中的有关变量一起，第二次运用最小二乘法估计原方程组的结果参数，得到

$$\begin{cases} \hat{S}_t = 191.7957 + 6.1565 x_1 + 8.3765 x_2 \\ R = 0.99996,\ S_y = 22.6959,\ DW = 1.3749 \\ \hat{C}_t = 116.9094 + 0.8590 \hat{S}_t + 1.1261 x_{1(t-1)} \\ R = 0.9992,\ S_y = 77.1616,\ DW = 2.3992 \\ \hat{I}_t = -116.8094 + 0.1406 \hat{S}_t + 1.1297 x_{1(t-1)} \\ R = 0.9959,\ S_y = 51.8152,\ DW = 1.2471 \\ \hat{S}_t = \hat{C}_t + \hat{I}_t \end{cases}$$

四、模型的检验

模型估计出来以后，必须对估计结果进行检验和评定，以便确定这些结果的可靠性。一般来说，在汽车市场预测中，这种检验工作包括两个方面：经济意义检验和统计检验。

1. 经济意义检验

检验模型参数的估计值是否符合经济意义，它涉及到估计值的符号和大小。如果参数估

计值的符号和大小与经济理论以及人们的经验不符，也就是说所估计的模型不能解释汽车市场经济现象的一般规律，那么就应当抛弃这个模型，重新构造模型，估计参数。例如，对于某种汽车产品的需求量而言，该汽车产品的价格对应的参数符号应当是负的，但现在的估计结果是正的，那么就不能认为这种结果是合理的，需要进一步查明原因，并寻找校正的方法。当然，如果有充分理由使人相信，经济理论已经不再成立，在这种特定情况下，也可以接受这个估计结果。应该指出，在大多数情况下，参数估计值的符号和大小发生错误，可能是由于数据资料的不足造成的，即给定的观察值可能已经不能代表经济理论指出的经济关系，或者观察值的数目不够，或者违反了所用估计方法的某些假定。

2. 统计检验

统计检验是依据统计理论来检验模型参数估计值是否可靠。因为模型参数的估计值是根据模型中变量的观察值即样本数据求出的，由于样本的随机性，参数估计值只是参数真值的近似值。数理统计理论给出了几种统计检验的准则，它们可以用来查明这些估计值的准确程度。常用的统计检验准则，除有与前面回归分析检验相同的项目之外，还有经济计量学检验和模型的实际预测检验：

（1）模型的经济计量学检验　经济计量学检验是由经济计量学理论确定的准则给出的，主要包括方程的识别条件、随机干扰项序列相关与异方差性检验等。参数的估计只有在每一个方程式皆可识别的情况下才得以实现，否则是没有意义的。另外，经济计量方法的适用性有一定的假设条件，即随机干扰项不存在序列相关和异方差性。如果违背了这些假设，那么参数的标准差检验就不再是量度参数统计显著性的可靠准则了。因此，经济计量学检测实际上是对统计检验可靠性的检验。

（2）模型的实际预测检验　利用模型进行预测是经济计量学研究的重要目的之一。当模型估计出来之后，必须对模型的预测能力予以检验。有时，所估计的预测模型对于样本期间来说，经济上是有意义的，上述的各种检验也是通过的，然而可能并不适用于汽车市场预测。这种情况的出现，其原因可能是由于未来汽车市场客观经济现象的结构关系相对于样本期来说已经发生了变化。因此，当模型估计出来以后，必须研究估计值的稳定性以及相对于样本容量变化时的灵敏度，必须确定估计出来的模型是否可以用于样本观察值以外的范围，这就是所谓模型的超样本特性的检验。在汽车市场预测中的具体做法是：

1）在原有样本数据的基础上增加样本观测数据，并重新估计模型，把增加样本容量以后的模型估计结果和原来的估计结果进行比较，并检验其间有无显著差异。

2）将所估计出的模型用于样本以外某一时期的实际预测，并将这个预测值和实际的观察值进行比较，然后检验其间差异的显著性。

经过检验，如果差异显著，那么就可以断定模型的稳定性和超样本性能差，因此预测的效果也就会很差。一般来说，造成汽车市场预测效果不好的原因很多，主要原因可能是样本数据不足，模型参数的估计值不准确，或者预测期的经济结构已经和模型估计的基期结构不同，原来的估计不再适用于汽车市场预测。在这种情况下，必须对模型重新进行估计，以求得适合汽车市场预测的可靠模型。

五、预测外生变量

经济计量模型用于汽车市场预测，是以外生变量的数值为已知数来计算内生变量的数值。因此，外生变量要首先在模型之外应用其他预测方法计算出来。外生变量预测的好坏、准确与否，是经济计量模型预测准确的关键问题。

在汽车市场预测中，预测外生变量的方法很多，常用的方法有统计调查方法、德尔菲（Delphi）法和趋势预测法。

（1）统计调查方法　针对汽车市场预测的具体问题，可应用抽样调查、典型调查或重点调查等统计调查方法，收集有关外生变量的资料，并对外生变量在未来时期的取值作出估计。

（2）德尔菲法　针对外生变量的取值，把专家的意见集中起来，经过统计分析，以确定外生变量的预测值（预测方法的详细内容见第十章）。

（3）趋势预测法　依据外生变量过去和现在的变动规律，并假定这一变动规律延续到未来预测期，应用一定的方法求得外生变量的预测值。常用的方法有移动平均法、指数平滑法等时间序列分析法和回归分析法。

六、预测与分析

经济计量模型一旦建立，并通过上述各种检验后，就可以依据前定变量的变化去预测内生变量的未来值，并对其进行分析。经济计量模型用于汽车市场预测的方法，是根据简化式模型进行的，其一般形式为

$$\boldsymbol{y}_t = \boldsymbol{y}_{t-1}\boldsymbol{\Pi}_1 + \boldsymbol{x}_t\boldsymbol{\Pi}_2 + \boldsymbol{v}_t \tag{13-33}$$

式中，$\boldsymbol{y}_t$ 是要预测的 g 个内生变量的行矢量，$\boldsymbol{x}_t$ 是 k 个外生变量的行矢量，$\boldsymbol{y}_{t-1}$ 是 g 个滞后内生变量的行矢量；$\boldsymbol{\Pi}_1$ 和 $\boldsymbol{\Pi}_2$ 分别是具有 g^2 和 kg 个元素的数值矩阵；$\boldsymbol{v}_t$ 是随机干扰项。

这些简化式系数矩阵可以直接从简化式模型的估计中求得，也可以间接地从结构式模型的估计中求得。在给定由上述简化式方程表述的经济计量模型之后，所有内生变量下一个时期的预测值为

$$\hat{\boldsymbol{y}}_{t+1} = \boldsymbol{y}_t\hat{\boldsymbol{\Pi}}_1 + \hat{\boldsymbol{x}}_{t+1}\hat{\boldsymbol{\Pi}}_2$$

其中，$\hat{\boldsymbol{y}}_{t+1} = \left(\hat{y}_{1(t+1)}\ \hat{y}_{2(t+1)} \cdots \hat{y}_{g(t+1)}\right)$，$\hat{\boldsymbol{x}}_{t+1} = \left(\hat{x}_{1(t+1)}\ \hat{x}_{2(t+1)} \cdots \hat{x}_{k(t+1)}\right)$。这就是说：下一时期，内生变量的预测值是由两部分构成的。第一部分是 $\boldsymbol{y}_t\hat{\boldsymbol{\Pi}}_1$，它是内生变量的现期值的加权（权数为 $\hat{\boldsymbol{\Pi}}_1$）。这一项表明，由于内生变量的序列相关，即固定的增长过程或者分布滞后现象等因素的存在，使每个内生变量与其所有内生变量前期值具有依附关系。第二部分是 $\hat{\boldsymbol{x}}_{t+1}\hat{\boldsymbol{\Pi}}_2$，它是根据外生变量的未来预测值或计划值 $\boldsymbol{x}_{t+1}$ 以及估计系数 $\hat{\boldsymbol{\Pi}}_2$ 建立的，这一项反映了内生变量同模型外生变量的依存关系。

思　考　题

13-1　经济计量模型的基本形式有哪两种？

13-2　经济计量模型由哪四部分构成？

13-3　在理论模型的设定阶段，需要解决哪几个问题？

13-4　估计经济计量模型参数时，所需的资料主要有哪三种？

13-5　对经济计量模型中的参数进行估计时，包含哪些步骤？

13-6　对经济计量模型的检验包含哪些方面？

第十四章　其他预测方法

在汽车市场预测中，除了前述预测方法以外，还有许多其他预测方法，如弹性分析预测法、模糊分析预测法、灰色系统预测法以及马尔柯夫预测法等。它们都在汽车市场预测中发挥一定的作用，其中，灰色系统预测法和马尔柯夫预测法应用较广，本章将对这两种预测方法进行详细的介绍。

第一节　灰色系统预测法

一、灰色系统概述

1. 灰色系统的概念

（1）“灰色”的含义　社会、经济、农业、工业、生态和生物等许多系统，是根据研究对象所属的领域和范围命名的，而灰色系统却是按照颜色来命名的。这是因为在控制理论中，常用颜色的深浅来形容信息的明确程度，如艾什比将内部信息未知的对象称为黑箱。“黑”用来表示信息未知，“白”用来表示信息完全明确，“灰”用来表示部分信息明确、部分信息不明确。相应地，信息完全明确的系统称为白色系统，信息未知的系统称为黑色系统，部分信息明确的系统称为灰色系统。

（2）信息不完全的表现　在汽车市场的经济活动或汽车企业的科研活动中，信息不完全的情况会经常遇到。例如，价格系数的调整或改革，常常因缺乏民众心理承受能力的信息，以及某种汽车产品的价格变动对其他汽车产品价格影响的确切信息而举步维艰。在汽车市场经济系统中，由于其没有明确的“内”、“外”关系，系统本身与系统环境、系统内部与系统外部的边界若明若暗，难以分析输入（投入）对输出（产出）的影响；对同一个汽车市场经济变量，有的研究者把它作为内生变量，而另一些研究者却把它作为外生变量，这就是缺乏模型信息，找不到适当的系统模型或观测、控制变量。

综上所述，在汽车市场预测中，系统信息不完全的情况有以下四种：

1）元素（参数）信息不完全。

2）结构信息不完全。

3）边界信息不完全。

4）运行行为信息不完全。

2. “信息不完全”原理

（1）“信息不完全”含义的引申　“信息不完全”是“灰”的基本含义。从不同的场合、不同的角度看，还可以将“灰”的含义加以引申。

“信息不完全”原理的运用是“少”与“多”的辨证统一，是“局部”与“整体”的转化，也是灰色系统理论研究问题的根本特征。“非惟一性”原理是灰色系统解决问题所遵循的基本思路。

人们在认识世界与改造世界的过程中，常常自觉或不自觉地通过已经掌握的部分信息对事物作整体剖析，通过少量已知信息的筛选、加工、延伸和扩展，深化对系统的认识，再经系统改造和系统重组，达到提高效率的目的。

"非惟一性"原理，在决策上的体现是灰靶思想。灰靶是目标非惟一与目标可约束的统一，也是目标可接近、信息可补充、方案可完善、关系可协调、思维可多向、认识可深化以及途径可优化的具体体现。"非惟一性"使人们处理问题时的态度灵活机动，决策多目标，方法多途径，计划能调整，效果也具有可塑性。在面对许多可能的解时，能够通过定性分析并补充信息，确定出一个或几个满意解。"非惟一性"的求解途径是定性分析与定量分析相结合的求解途径，也是灰色系统和数学科学中常常采用的有效途径。

灰靶、灰数、灰元和灰关系是灰色系统的主要研究对象。因此，灰数及其运算、灰色矩阵与灰色方程是灰色系统理论的基础。汽车市场运行系统本征性灰色系统的分析、建模、预测、决策和控制，是汽车市场预测中灰色系统的主要研究任务。

在汽车市场预测中,对一个问题的研究往往需要同时从若干方面综合进行。例如,制定汽车企业的长远发展规划,首先要对汽车企业现状进行分析、诊断,在此基础上建立系统模型,对未来作出科学、可信的预测,制定计划,选准重点,进行有效的决策与控制,达到少投入、多产出的目的。这一问题的解决,同时包括了分析、建模、预测、决策和控制几个方面的内容。

(2) 灰色系统分析的内容　系统分析主要包括灰色关联分析、灰色统计和灰色聚类等方面的内容；系统建模主要通过数的生成或序列算子作用，寻找其规律，然后根据灰色理论的五步建模思想完成系统建模。

五步建模思想，即：

1) 建立语言模型。

2) 建立网络模型。

3) 建立量化模型。

4) 建立动态量化模型。

5) 优化模型。

灰色预测是基于 GM（1，1）［GM（1，1）表示一阶的、一个变量的微分方程型预测模型，主要用于时间序列预测］进行的定量预测，按照其功能和特征可分成数列预测、区间预测、灾变预测、季节灾变预测、拓扑预测和系统预测六类；灰色决策包括灰靶决策、灰关联决策、灰色统计、聚类决策、灰色局势决策、灰色层次决策和灰色规划等；灰色控制的主要内容包括本征性灰色系统的控制问题和以灰色系统方法为主构成的控制，如灰关联控制和 GM（1，1）预测控制等。

二、灰色系统预测的建模方法

灰色系统建模是利用较少的或不确切的表示系统行为特征的原始数据序列作生成变换后建立微分方程。这种对灰色过程建立的模型称为灰色模型（Grey Model），简记为 GM 模型。

（一）累加生成运算和累减生成运算

在灰色系统建模中，最具特色的是针对时间序列的 GM 建模，即用离散时间序列数据建立近似（灰的）连续的微分方程模型，其中累加生成运算是基本手段。

在汽车市场预测中，利用时间序列数据建立生成函数是灰色建模、预测的基础。

1. 几个定义

(1) 灰色元素　对于系统中信息不完备的元素（不一定是数）称为灰色元素，简称“灰元”，记为⊗。

(2) 灰色变量　记灰元为⊗，灰域为 $D(\otimes)$，则 $\otimes \in D(\otimes)$；对应于⊗的变量记为 $X(\otimes)$，称为灰色变量。$X(\otimes)=[a,b]\subset R$，$R$ 为实数集。

(3) 灰色过程　记时间为 t，时域为 T，$t\in T$；t 的函数记为 $x(\otimes, t)$，称为灰色过程。灰色过程（标量函数或矢量函数）完整地描述了被研究对象的运行行为。

(4) 白化函数　由观察得到的函数，记为：$x^{(0)}(t), x(0)^{(t)} \in x(\otimes, t)$，并且称其为 $x(\otimes,t)$ 的一个白化函数。

若记 $x_{\mathrm{d}}^{(0)}(t)$ 为确定性信息，$x_{id}^{(0)}(t)$ 为不确定性信息，那么，$x^{(0)}(t)$ 提供了有关被研究对象的全部信息，其表达式为

$$x^{(0)}(t)=x_{\mathrm{d}}^{(0)}(t)+x_{id}^{(0)}(t) \tag{14-1}$$

2. 累加生成运算

$x^{(0)}(t)$ 是构造汽车市场预测灰色系统数学模型的依据。在信息不全的条件下，用概率统计方法寻求其统计规律或用模糊统计方法寻求其隶属规律都是不可能的。但是，如果能设法强化确定性成分和弱化不确定性成分，就可以找到构造灰色模型的规律。

关于累加生成运算有如下定理。

定理 1

有时间序列 $\{x^{(0)}(t)\}$，若 $x^{(0)}(t)\geqslant 0, t=1,2,\cdots,n$，则通过累加生成运算，有

$$X^{(1)}(k) = \sum_{i=1}^{k} x^{(0)}(t) \tag{14-2}$$

所得生成函数（即生成时间序列）$x^{(1)}(k)$ 是单调递增的。

证明

因为　$$x^{(0)}(t)\geqslant 0,(t=1,2,\cdots,n)$$

所以　$$0\leqslant x^{(1)}(1)\leqslant x^{(1)}(2)\leqslant x^{(1)}(n)$$

式中，$x^{(0)}(t)$ 为 t 时刻的原始（用“0”表之）数据 x_1；$x^{(1)}(k)$ 为一次累加生成，用上标(1)表之。一次累加生成常记为 1-AGO。

定理 1 表明了原始时间序列非负条件下，经过一次累加生成运算后，所生成时间序列不仅非负，而且单调递增，即生成时序与原始时序相比，确定性增强了。这样，就把求解工作放在生成时序上。生成时序所代表（近似或接近）的函数就是要寻找的生成函数，据此建立汽车市场预测研究对象的模型。可见，灰色系统所建立的数据模型不是原始的数据模型，而是生成序列的数据模型，由此所得的结果必须作逆生成（即还原）处理。

3. 累减生成运算

累减生成是累加生成运算的逆运算，它可以使累加生成序列还原为原始序列。在建模过程中，往往要用它作为增量信息。计算关系式为

$$x^{(0)}(k)=x^{(1)}(k)-x^{(1)}(k-1) \tag{14-3}$$

（二）灰色预测模型的建立

灰色预测模型称为 GM 模型。GM（1，1）表示一阶的、一个变量的微分方程型预测模型，主要用于时间序列预测。由于 GM（1，1）模型是灰色预测的基础，将以此为依据介绍

建模方法和有关的计算公式。

1. GM（1，1）的建模过程

设数列 $x^{(0)}$ 共有 n 个观察值 $x^{(0)}(1), x^{(0)}(2), \cdots, x^{(0)}(n)$，对 $x^{(0)}$ 作累加生成，得到新的数列 $x^{(1)}$，其元素为

$$x^{(0)}(k) = \sum_{i=1}^{k} x^{(0)}(i) \qquad (i = 1, 2, \cdots, n) \tag{14-4}$$

有

$$x^{(1)}(1) = x^{(0)}(1)$$

$$x^{(1)}(2) = x^{(0)}(1) + x^{(0)}(2) = x^{(1)}(1) + x^{(0)}(2)$$

$$\vdots$$

$$x^{(1)}(n) = x^{(0)}(1) + x^{(0)}(2) + \cdots + x^{(0)}(n-1) + x^{(0)}(n) = x^{(n)}(n-1) + x^{(0)}(n)$$

对数列 $x^{(1)}$，可建立预测模型的白化形式方程，即

$$\frac{\mathrm{d}x^{(1)}}{\mathrm{d}t} + ax^{(1)} = u \tag{14-5}$$

式中，a，u 为待定参数，用最小二乘法可求出其数值。

$$[au]^{\mathrm{T}} = (\boldsymbol{B}^{\mathrm{T}}\boldsymbol{B})^{-1}\boldsymbol{B}^{\mathrm{T}}\boldsymbol{y}_n \tag{14-6}$$

$$\boldsymbol{B} = \begin{bmatrix} -\frac{1}{2}(x^{(1)}(1) + x^{(1)}(2)) & 1 \\ -\frac{1}{2}(x^{(1)}(2) + x^{(1)}(3)) & 1 \\ \vdots & \vdots \\ -\frac{1}{2}(x^{(1)}_{(n-1)} + x^{(1)}(n)) & 1 \end{bmatrix} \tag{14-7}$$

$$\boldsymbol{y}_n = \begin{bmatrix} x^{(0)}(2) \\ x^{(0)}(3) \\ \vdots \\ x^{(0)}(n) \end{bmatrix} \tag{14-8}$$

将求得的 a，u 代入式（14-5）并求解此微分方程，得 GM（1，1）预测模型为

$$\hat{x}^{(1)}(k+1) = \left(x^{(0)}(1) - \frac{u}{a}\right)\mathrm{e}^{-ak} + \frac{u}{a} \tag{14-9}$$

对式（14-9）求导，得还原模型为

$$\hat{x}^{(0)}(k+1) = (-a)\left(x^{(0)}(1) - \frac{u}{a}\right)\mathrm{e}^{-ak} \tag{14-10}$$

2. 模型精度检验

精度检验有两种方法：

（1）绝对误差与相对误差检验　公式如下

$$q^{(0)}(t) = x^{(0)}(t) - \hat{x}^{(0)}(t) \tag{14-11}$$

$$e(t) = \frac{x^{(0)}(t) - \hat{x}^{(0)}(t)}{x^{(0)}(t)} = \frac{q^{(0)}(t)}{x^{(0)}(t)} \tag{14-12}$$

式中，$q^{(0)}(t)$ 为残差；$x^{(0)}(t)$ 为 t 时刻的实际原始数据值；$\hat{x}^{(0)}(t)$ 为 t 时刻的预测数据值；

$e(t)$为相对误差。

（2）后验差检验法　求 $x^{(0)}(t)$的平均值 $\bar{x}$

$$\bar{x} = \frac{1}{n}\sum_{t=1}^{n} x^{(0)}(t) \tag{14-13}$$

求 $x^{(0)}(t)$ 的方差 S_x^2

$$S_x^2 = \frac{1}{n}\sum_{t=1}^{n}(x^{(0)}(t) - \bar{x})^2 \tag{14-14}$$

求残差 $q^{(0)}(1)$的方差

$$S_q^2 = \frac{1}{n}\sum(q^{(0)}(t) - \bar{q})^2 \tag{14-15}$$

求后验差比值 C

$$C = \frac{S_q}{S_x} \tag{14-16}$$

求小误差频率 P

$$P = \{|q^{(0)}(t) - \bar{q}| < 0.6745S_x\} \tag{14-17}$$

在汽车市场预测中，一般情况下，C 越小，预测越准确，一般要求 $C < 0.35$，最大不能超过0.65；同时 P 越大，预测越准确，一般要求 $P > 0.95$，不能小于0.7。具体精度等级见表14-1。

表 14-1　灰色预测模型精度等级

等　级	登记代号	P	C
好	Ⅰ	>0.95	<0.35
合格	Ⅱ	>0.80	<0.45
勉强	Ⅲ	>0.70	<0.50
不合格	Ⅳ	≤0.70	≥0.65

若检验不合格，应该再建立残差 GM（1，1）模型进行修正。下面通过例子介绍汽车市场预测中灰色预测模型方法。

例 14-1　某大城市汽车产品销售总额的原始数据见表14-2，用灰色模型进行预测。首先建立某大城市汽车产品销售总额的 GM（1，1）模型。

表 14-2　某大城市汽车产品销售总额的原始数据

年份	2002	2003	2004	2005
汽车产品销售总额/亿元	4.7668	5.0492	5.8571	6.8

表14-2 内容可写成

$$\hat{x}^{(0)}(t) = \{4.7668, 5.0492, 5.8571, 6.8\}$$

1）一次累加数列为

$$\hat{x}^{(1)}(k) = \{4.7668, 9.816, 15.6731, 22.4731\}$$

2）建立数据矩阵 $\boldsymbol{B}$ 和 $\boldsymbol{y}_n$。根据式（14-7）和式（14-8）有

$$\boldsymbol{B}=\begin{bmatrix}-\frac{1}{2}(4.7668+9.816) & 1\\ -\frac{1}{2}(9.816+15.6731) & 1\\ -\frac{1}{2}(15.6731+22.4731) & 1\end{bmatrix}=\begin{bmatrix}-7.2914 & 1\\ -12.74455 & 1\\ -19.0731 & 1\end{bmatrix}$$

$$\boldsymbol{y}_n=[5.0492 \quad 5.8571 \quad 6.8]$$

3）根据式（14-6）有

$$\boldsymbol{B}^{\mathrm{T}}\boldsymbol{B}=\begin{bmatrix}-7.2914 & -12.74455 & -19.0731\\ 1 & 1 & 1\end{bmatrix}\begin{bmatrix}-7.2914 & 1\\ -12.74455 & 1\\ -19.0731 & 1\end{bmatrix}=\begin{bmatrix}579.3712 & -39.10905\\ -39.10905 & 3\end{bmatrix}$$

$$(\boldsymbol{B}^{\mathrm{T}}\boldsymbol{B})^{-1}\sim\begin{bmatrix}579.3712 & -39.10905 & \vdots & 1 & 0\\ -39.10905 & 3 & \vdots & 0 & 1\end{bmatrix}\sim\begin{bmatrix}1 & -0.067522 & \vdots & 0.001726 & 0\\ 0 & 0.3600531 & \vdots & 0.0675022 & 1\end{bmatrix}$$

$$\sim\begin{bmatrix}1 & 0 & \vdots & 0.0143812 & 0.1874784\\ 0 & 1 & \vdots & 0.1874784 & 2.7773681\end{bmatrix}$$

所以 $$(\boldsymbol{B}^{\mathrm{T}}\boldsymbol{B})^{-1}=\begin{bmatrix}0.0143812 & 0.1874784\\ 0.1874784 & 2.7773681\end{bmatrix}$$

$$\boldsymbol{B}^{\mathrm{T}}\boldsymbol{y}_n=\begin{bmatrix}-7.2914 & -12.74455 & -19.0731\\ 1 & 1 & 1\end{bmatrix}\begin{bmatrix}5.0492\\ 5.8571\\ 6.8\end{bmatrix}=\begin{bmatrix}-241.15871\\ 17.7063\end{bmatrix}$$

所以 $$\begin{bmatrix}a\\ u\end{bmatrix}=\begin{bmatrix}0.0143812 & 0.1874784\\ 0.1874784 & 2.7773681\end{bmatrix}\begin{bmatrix}-241.15871\\ 17.7063\end{bmatrix}=\begin{bmatrix}-0.1486058\\ 3.964826\end{bmatrix}$$

于是得到 $$a=-0.1486058,\ u=3.964826$$

4）根据式（14-9）和式（14-10），可得离散时间响应函数为

$$\hat{x}^{(1)}(k+1)=\left(4.7668+\frac{3.964826}{0.1486058}\right)\mathrm{e}^{0.1486058k}+\frac{3.964826}{-0.1486058}$$
$$=(31.446956)\mathrm{e}^{0.1486058k}-26.680156$$
$$\hat{x}^{(1)}(k+1)=(31.446956)\mathrm{e}^{0.1486058k}-26.680156$$

其还原模型为

$$\hat{x}^{(0)}(k+1)=-0.1486058\left(4.7668+\frac{3.964826}{0.1486058}\right)\mathrm{e}^{0.1486058k}$$

所以 $$\hat{x}^{(0)}(k+1)=4.6732\mathrm{e}^{0.1486058k} \tag{14-18}$$

5）模型检验。模型检验结果如表 14-3 所示。

表 14-3 模型检验结果

K序号	结果	实际累加值	误差（%）
K=1	9.805	9.816	0.11%
K=2	15.65	15.6731	0.15%
K=3	22.43	22.4731	0.17%

还原模型检验结果如表 14-4 所示。

表 14-4　还原模型检验结果

K序号	预测值	原始值	残差	误差（%）
$K=1$	5.12	5.0492	-0.0708	-1.4%
$K=2$	6.07	5.8571	0.2129	-3.6%
$K=3$	7.00	6.8	0.2	-2.9%

由以上检验可知，预测值与原始值误差较小，预测模型可通过。

6）灰色模型预测。用预测模型计算 2006～2018 年某大城市的汽车产品销售总额分别为：

2006 年　$\hat{x}^{(0)}(4+1)=4.6732e^{0.1486053\times4}=8.47$ 亿元

2007 年　$\hat{x}^{(0)}(5+1)=4.6732e^{0.1486058\times5}=9.82$ 亿元

2008 年　$\hat{x}^{(0)}(6+1)=4.6732e^{0.1486053\times6}=11.40$ 亿元

2009 年　$\hat{x}^{(0)}(7+1)=4.6732e^{0.1486053\times7}=13.32$ 亿元

2010 年　$\hat{x}^{(0)}(8+1)=4.6732e^{0.1486053\times8}=15.34$ 亿元

⋮

2013 年　23.96 亿元

⋮

2018 年　50.38 亿元

由此可知，某大城市 2006～2018 年汽车产品销售总额处于增长趋势，各年分别可达到 8.47 亿元、9.82 亿元、11.40 亿元、13.32 亿元、15.34 亿元、…、23.96 亿元、…和 50.38 亿元。

第二节　马尔柯夫预测法

马尔柯夫法是以俄国数学家马尔柯夫（Markov）的名字命名的数学方法。马尔柯夫预测法是马尔柯夫过程或马尔柯夫链在经济领域中的一种应用方法。这种方法在国外不论是在自然科学还是在社会科学方面都有着广泛的应用。该法传入中国后，首先应用于水文、气象和地震等方面的预测研究，后来又被经济学家用来研究市场、预测利润和经营管理等有关经济的预测与决策方面。下面将介绍马尔可夫预测法的基本原理及其在汽车市场预测中的应用。

一、马尔柯夫预测法的基本原理

1. 随机过程的概念

一个随机试验的结果往往有多种可能性，而且用一个随机变量来表示。在很多情况下，不仅需要对随机现象进行一次试验，而且还需要进行多次，甚至是接连不断地进行试验，以观察它的变化过程，从而得到一组随机变量。在汽车市场预测中，随机过程就是研究汽车市场随机现象变化过程的概率规律性。

设 $\{\varepsilon_i, t\in T\}$ 是一组随机变量，T 是一个实数集合，若对任意的实数 $t\in T$，ε_i 都是一个随机变量，则称 $\{\varepsilon_i, t\in T\}$ 是一个随机过程。

T 是参数 t 的集合，可以看成时间，ε_i 的每一个取值可称为随机过程中的一个状态，而状态的所有可能值构成的集合称为状态空间，记为 E。

当 T 是正整数集合时，随机过程又称为随机序列。

例如，在对汽车零部件产品进行抽样检验时，每次取一件，以随机变量 ε 表示检验结果：$\varepsilon=1$ 表示废品；$\varepsilon=0$ 表示合格品。连续进行 n 次，即抽 n 件检验，从而得到随机变量序列：ε_1，ε_2，…，ε_n，记为 $\{\varepsilon_i, i=1, 2, \cdots, n\}$，而状态空间 $E=\{0, 1\}$。

又如，统计某种汽车产品在时刻 t 的库存量。假设该仓库最大的容量为 R，时刻 t 的库存量为 ε_t，当 $t\in[0, +\infty]$ 时为一组随机变量，则 $\{\varepsilon_t, t\in[0, +\infty]\}$ 是一随机过程，其状态空间为 $E=\{0, R\}$。

2. 马尔柯夫链

马尔柯夫研究发现，自然界和人类社会有一类事物的发展变化过程与事物的近期状态（所谓一个“状态”是指事物在某一时刻上所处的某种状况）有关，与事物的远期状态无关，这一特性称为“无后效性”，即事物的第 n 次试验结果仅取决于第 $n-1$ 次试验结果，第 $n-1$ 次试验结果仅取决于第 $n-2$ 次试验结果，依次类推。用来描述具有无后效性的随机序列称为马氏过程，其中最简单的就是马尔柯夫链。对于马尔柯夫链，时间和状态参数均是离散的。

用数学语言定义马尔柯夫链：设 $\{\varepsilon_n, n=1, 2, \cdots\}$ 是一个随机序列，状态空间 E 为有限集合或无穷可列集合；m，n 都是正整数，且 i，j，i_k $(k=0, 1, 2, \cdots, n-1)\in E$，$i$ 表示现在时刻的状态，j 表示未来时刻的状态，i_k $(k=0, 1, 2, \cdots, n-1)$ 都表示现在时刻以前的各时刻的状态。若

$$p\{\varepsilon_{n+m}=j|\varepsilon_n=i,\varepsilon_{n-1}=i_{n-1},\cdots,\varepsilon_0=i_0\}=p\{\varepsilon_{n+m}=j|\varepsilon_n=i\} \tag{14-19}$$

则称 $\{\varepsilon_n, n=1, 2, \cdots\}$ 是一个马尔柯夫链。如果概率 $p\{\varepsilon_{n+m}=j|\varepsilon_n=i\}$ 的值仅与 m 有关，而与 n 无关，说明由状态 i 转移到状态 j 的转移概率与起始的时刻无关，只与转移的时间间隔的长短 m 有关。这就是假定马尔柯夫链满足这种所谓“时效性”。

马尔柯夫链表明了汽车市场的状态由过去到现在，由现在到将来，一环接一环，像一根链条。

3. 状态转移概率及其矩阵

（1）状态转移概率　指事物从一种状态转移到另一种状态的可能性。用数学语言描述为：对于一个马尔柯夫链 $\{\varepsilon_n, n=1, 2, \cdots\}$，设 $p\{\varepsilon_{n+m}=j|\varepsilon_n=i\}=p_{ij}(m)$，这里的 $p_{ij}(m)$ 是状态 i 经过 m 个时间间隔（或 m 步）转移到状态 j 的所谓转移概率。

（2）以转移概率为元素的矩阵 $[p_{ij}(m)]$ 称为马尔柯夫链的 m 步转移矩阵。特别当 $m=1$ 时，称为一步转移矩阵。它具有三个基本性质：

1）对于任意一切 i，$j\in E$，$0\leqslant p_{ij}(m)\leqslant 1$。

2）对于任意一切 $i\in E$，$\sum_{j\in E} p_{ij}(m)=1$。

3）对于任意一切 i，$j\in E$，$p_{ij}(0)=\begin{cases}1 & 当\ i=j\ 时\\ 0 & 当\ i\neq j\ 时\end{cases}$。

一步转移概率矩阵的形式如下：

$$\boldsymbol{P}=\begin{bmatrix} p_{11} & p_{12} & \cdots & p_{1n} \\ p_{21} & p_{22} & \cdots & p_{2n} \\ \vdots & \vdots & \ddots & \vdots \\ p_{n1} & p_{n2} & \cdots & p_{nn} \end{bmatrix} \quad i, j=1, 2, \cdots, n$$

（3）转移矩阵的计算

1）根据概率的古典定义计算。若事物由状态 i，经过一步转向状态 j 的次数为 n_{ij}，则一步状态转移概率为

$$p_{ij} = \frac{n_{ij}}{\sum_{j=1}^{r} n_{ij}} \tag{14-20}$$

注意：最后一个时期无后继状态，它究竟转向何方是未知的，因此最后一个时期不参加计算。

m 步转移矩阵可以用下列公式直接求得

$$\boldsymbol{P}(m) = \boldsymbol{P}^m = \boldsymbol{P}(m-1)\boldsymbol{P} \tag{14-21}$$

例 14-2　已知某种汽车产品的销售状态划分为畅销和滞销，分别用 1 和 2 表示，有关历史资料如表 14-5 所示。共有 36 期，其中 21 期为畅销，15 期为滞销。

表 14-5　某种汽车产品销售状态表

时间（月份）	1	2	3	4	5	6	7	8	9	10	11	12
销售状态	1	1	2	1	2	1	1	1	2	2	2	2
时间（月份）	13	14	15	16	17	18	19	20	21	22	23	24
销售状态	1	1	2	1	1	1	1	1	2	2	2	2
时间（月份）	25	26	27	28	29	30	31	32	33	34	35	36
销售状态	2	2	1	1	1	2	2	1	1	1	1	1

由于 $n_{11}=14$；$n_{12}=6$；$n_{21}=6$；$n_{22}=9$；$\sum_{j=1}^{2} n_{1j} = 20$；$\sum_{j=1}^{2} n_{2j} = 15$，则有

$$\boldsymbol{P} = \begin{bmatrix} 14/20 & 6/20 \\ 6/15 & 9/15 \end{bmatrix} = \begin{bmatrix} 0.7 & 0.3 \\ 0.4 & 0.6 \end{bmatrix}$$

$$\boldsymbol{P}(2) = \boldsymbol{P}^2 = \begin{bmatrix} 0.7 & 0.3 \\ 0.4 & 0.6 \end{bmatrix}\begin{bmatrix} 0.7 & 0.3 \\ 0.4 & 0.6 \end{bmatrix} = \begin{bmatrix} 0.61 & 0.39 \\ 0.52 & 0.48 \end{bmatrix}$$

$$\boldsymbol{P}(3) = \boldsymbol{P}^3 = \boldsymbol{P}(2)\boldsymbol{P} = \begin{bmatrix} 0.61 & 0.39 \\ 0.52 & 0.48 \end{bmatrix}\begin{bmatrix} 0.7 & 0.3 \\ 0.4 & 0.6 \end{bmatrix} = \begin{bmatrix} 0.583 & 0.417 \\ 0.556 & 0.444 \end{bmatrix}$$

2）根据条件概率进行计算。

例 14-3　编号为 1，2，3 的口袋内各装一些球，具体组成如表 14-6 所示。

表 14-6　各口袋内球的组成

球个数	一号球	二号球	三号球
口袋 1	2	1	1
口袋 2	2	0	1
口袋 3	3	2	0

规定有放回地抽取，每次取一个，第一次从口袋 1 中取，第 n 次（$n>1$）从与第 $n-1$ 次取到的球的号数相同的口袋内取球，ε_n 表示第 n 次取得的球的号数，显然 $\{\varepsilon_n,\ n=1,2,\cdots\}$ 是一个马尔柯夫链，则它的转移概率矩阵为

$$\boldsymbol{P}_{11} = \boldsymbol{P}(\varepsilon_2 = 1 \mid \varepsilon_1 = 1) = 2/4 = 1/2\text{（第一次从口袋 1 中取）}$$

$$P_{12}=P(\varepsilon_2=2|\varepsilon_1=1)=1/4$$
$$P_{13}=P(\varepsilon_2=3|\varepsilon_1=1)=1/4$$
$$P_{21}=P(\varepsilon_2=1|\varepsilon_1=2)=2/3\text{(第二次从口袋 2 中取)}$$
$$P_{22}=P(\varepsilon_2=2|\varepsilon_1=2)=0$$
$$P_{23}=P(\varepsilon_2=3|\varepsilon_1=2)=1/3$$
$$P_{31}=P(\varepsilon_2=1|\varepsilon_1=3)=3/5\text{(第三次从口袋 3 中取)}$$
$$P_{32}=P(\varepsilon_2=2|\varepsilon_1=3)=2/5$$
$$P_{33}=P(\varepsilon_2=3|\varepsilon_1=3)=0$$

得它的一步转移概率矩阵为

$$P=\begin{bmatrix}1/2 & 1/4 & 1/4\\ 2/3 & 0 & 1/3\\ 3/5 & 2/5 & 0\end{bmatrix}$$

二步转移概率矩阵为

$$P(2)=P^2=\begin{bmatrix}1/2 & 1/4 & 1/4\\ 2/3 & 0 & 1/3\\ 3/5 & 2/5 & 0\end{bmatrix}\begin{bmatrix}1/2 & 1/4 & 1/4\\ 2/3 & 0 & 1/3\\ 3/5 & 2/5 & 0\end{bmatrix}=\begin{bmatrix}17/30 & 9/40 & 5/24\\ 8/15 & 3/10 & 1/6\\ 17/30 & 3/20 & 17/60\end{bmatrix}$$

二、马尔柯夫预测法的应用

马尔柯夫预测法在汽车市场预测中的应用主要体现在以下几个方面：

1）销售状态预测。

2）市场占有率预测。

3）稳定分布预测。

4）产品销售量预测。

5）期望利润预测。

下面结合例子分别予以介绍。

1. 销售状态预测

例 14-4 如果例 14-2 中假定初期该汽车产品的销售状态是畅销，其状态概率矢量可表示为 $\pi(0)=(1,0)$，一步转移概率矩阵为 $P=\begin{bmatrix}0.7 & 0.3\\ 0.4 & 0.6\end{bmatrix}$，要求预测今后半年的销售状态概率矢量，于是有

$$\pi(1)=\pi(0)P=(1,0)\begin{bmatrix}0.7 & 0.3\\ 0.4 & 0.6\end{bmatrix}=(0.7,0.3)$$

$$\pi(2)=\pi(1)P=(0.7,0.3)\begin{bmatrix}0.7 & 0.3\\ 0.4 & 0.6\end{bmatrix}=(0.61,0.39)$$

$$\vdots$$

$$\pi(6)=\pi(5)P=\pi(0)P^6=(0.5717,0.4283)$$

这个计算过程表明，假定初期该汽车产品的销售状态是畅销，半年后的那个月畅销的可能是 0.5717，而滞销的可能是 0.4283。

反之，假如初期该汽车产品的销售状态是滞销，则状态概率矢量 $\boldsymbol{\pi}_0=(0,1)$，于是有

$$\boldsymbol{\pi}(1)=\boldsymbol{\pi}(0)\boldsymbol{P}=[0.4\ 0.6]$$

$$\vdots$$

$$\boldsymbol{\pi}(6)=\boldsymbol{\pi}(5)\boldsymbol{P}=\boldsymbol{\pi}(0)\boldsymbol{P}^5=(0.5710,0.4290)$$

这个计算过程表明，假如初期该汽车产品的销售状态是滞销，半年后的那个月畅销的可能是0.5710，而滞销的可能是0.4290。

这种方法是在假定一步转移概率矩阵不变的情况下进行的。事实上，汽车生产企业为了保持畅销都在采取各种积极的措施，使一步转移概率矩阵经常发生变动，所以它只适用于汽车市场短期预测。对于汽车市场长期预测，应根据不断发生的实际情况，修订一步转移概率矩阵。

2. 市场占有率预测

例 14-5　现已知某地区销售甲、乙、丙三个汽车企业生产的汽车产品，要求预测在未来若干个月以后的市场占有情况。预测应分三步进行：

1）进行市场调查。

2）建立数学模型。

3）进行预测。

（1）进行市场调查

1）了解初期市场占有率。经过调查，8月份该地区共有1600户购买汽车，其中购买汽车企业甲、乙、丙的汽车产品的户数分别为480、320和800。于是得到

$$\boldsymbol{\pi}(0)=(480/1600,320/1600,800/1600)=(0.3,0.2,0.5)$$

2）查清顾客的流动情况。9月份发生一些变化，8月份购甲汽车产品的户数有48户转买乙汽车产品，有96户转买丙汽车产品；8月份购乙汽车产品的顾客有32户转买甲汽车产品，有64户转买丙汽车产品，8月份购丙汽车产品的顾客有64户转买甲汽车产品，有32户转买乙汽车产品。列成表14-7。

表 14-7　顾客购买不同品牌汽车产品状况表

8月份/9月份	甲	乙	丙	合计
甲	336	48	96	480
乙	32	224	64	320
丙	64	32	704	800
合计	432	304	864	1600

于是得到一步转移概率矩阵

$$\boldsymbol{P}=\begin{bmatrix}336/480 & 48/480 & 96/480\\ 32/320 & 224/320 & 64/320\\ 64/800 & 32/800 & 704/800\end{bmatrix}=\begin{bmatrix}0.7 & 0.1 & 0.2\\ 0.1 & 0.7 & 0.2\\ 0.08 & 0.04 & 0.88\end{bmatrix}$$

第一行表示汽车企业甲保持原顾客的概率为0.7，失去原顾客的概率为0.1+0.2=0.3；第一列表示汽车企业甲保持原顾客的概率为0.7，得到新顾客的概率为0.1+0.08=0.18。

（2）建立数学模型

$$\pi(k)=\pi(0)P^k$$

(3) 进行预测　分别预测第9、10、11、12月份的市场占有率

$$9\text{月份}:\boldsymbol{\pi}(1)=\boldsymbol{\pi}(0)\boldsymbol{P}=(0.3,0.2,0.5)\begin{bmatrix}0.7&0.1&0.2\\0.1&0.7&0.2\\0.08&0.04&0.88\end{bmatrix}=(0.27,0.19,0.54)$$

10月份：$\boldsymbol{\pi}(2)=\boldsymbol{\pi}(0)\boldsymbol{P}^2=\boldsymbol{\pi}(1)\boldsymbol{P}=(0.2512,0.1816,0.5672)$

11月份：$\boldsymbol{\pi}(3)=\boldsymbol{\pi}(0)\boldsymbol{P}^3=\boldsymbol{\pi}(2)\boldsymbol{P}=(0.2394,0.1749,0.5857)$

12月份：$\boldsymbol{\pi}(4)=\boldsymbol{\pi}(0)\boldsymbol{P}^4=\boldsymbol{\pi}(3)\boldsymbol{P}=(0.2319,0.1698,0.5983)$

若预测各月份购买甲、乙、丙汽车产品的户数，只需用总户数与相应的状态概率相乘即可。如：

10月份　购买甲汽车产品的户数：(1600×0.2512)户$=402$户

购买乙汽车产品的户数：(1600×0.1816)户$=290$户

购买丙汽车产品的户数：(1600×0.5672)户$=908$户

同理得11，12月份的。

若预测各月份购买甲、乙、丙汽车产品的数量，只需要用相应的户数与平均每户购买量相乘即可。假定平均每户购买1.2辆，则：

9月份　购买甲汽车产品为(432×1.2)辆≈519辆

购买乙汽车产品为(304×1.2)辆≈365辆

购买丙汽车产品为(864×1.2)辆≈1037辆

3. 稳定分布预测

例14-6　假定甲、乙、丙三种汽车产品的初期市场占有率分别为0.2、0.4和0.4。一步转移概率矩阵为

$$\boldsymbol{P}=\begin{bmatrix}0.8&0.1&0.1\\0.5&0.1&0.4\\0.5&0.3&0.2\end{bmatrix}$$

则本期的市场占有率矢量为

$$\boldsymbol{\pi}(1)=\boldsymbol{\pi}(0)\boldsymbol{P}=(0.2,0.4,0.4)\begin{bmatrix}0.8&0.1&0.1\\0.5&0.1&0.4\\0.5&0.3&0.2\end{bmatrix}=(0.56,0.18,0.26)$$

下两期的市场占有率分别为

$$\boldsymbol{\pi}(2)=(0.668,0.152,0.18),\boldsymbol{\pi}(3)=(0.7004,0.1360,0.1636)$$

若长期下去，设市场占有率将稳定在π_1，π_2，π_3。于是有

$$(\pi_1,\pi_2,\pi_3)\boldsymbol{P}=(\pi_1,\pi_2,\pi_3)$$

解方程

$$\begin{cases}0.8\pi_1+0.5\pi_2+0.5\pi_3=\pi_1 & (14\text{-}22)\\0.1\pi_1+0.1\pi_2+0.3\pi_3=\pi_2 & (14\text{-}23)\\0.1\pi_1+0.4\pi_2+0.2\pi_3=\pi_3 & (14\text{-}24)\\\pi_1+\pi_2+\pi_3=1 & (14\text{-}25)\end{cases}$$

由式(14-22)得　$\pi_1=2.5\pi_2+2.5\pi_3$　(14-26)

将式(14-26)代入式(14-23)得 $\pi_2=0.846\pi_3$　(14-27)

将式(14-27)代入式(14-25)得 $\pi_3=0.1548$　(14-28)

将式（14-28）代入式（14-27）、式（14-26），得$\begin{cases}\pi_2 = 0.1310 \\ \pi_1 = 0.7142\end{cases}$，则 $\pi_3 = 0.1548$，市场占有率将稳定在 0.7142，0.1310 和 0.1548。

4. 产品销售量预测

例 14-7　某汽车零配件生产企业的零配件产品，自投入市场以来，其销售记录如表 14-8 所示。

表 14-8　汽车产品销售记录　（单位：件）

时间（月份）	1	2	3	4	5	6	7	8	9	10	11
销售量	834	859	1061	1544	132	475	458	709	1383	1247	958
时间（月份）	12	13	14	15	16	17	18	19	20	21	
销售量	139	637	851	635	1039	778	1144	1516	1902	1052	

首先，根据该企业的利润情况进行状态划分：

假定销售量 $y = 1000$ 件为低水平 S_1；1000 件 $< y \leqslant 1500$ 件为一般水平 S_2；$y > 1500$ 件为畅销状态 S_3。计算一步转移概率矩阵

$$\boldsymbol{P} = \begin{bmatrix} p_{11} & p_{12} & p_{13} \\ p_{21} & p_{22} & p_{23} \\ p_{31} & p_{32} & p_{33} \end{bmatrix} = \begin{bmatrix} 5/10 & 5/10 & 0 \\ 4/7 & 1/7 & 2/7 \\ 0 & 2/3 & 1/3 \end{bmatrix}$$

在计算转移概率 p_{ij}时，第 21 个月的数据不参加计算，因为它究竟转向哪个状态正是所要预测的；最后，预测第 22 个月销售量的取值范围。

第 21 个月的销售量 $y = 1052$ 件，属正常状态。S_2 经过一步转移到达三个状态 S_1，S_2，S_3 的概率分别为：$p_{21} = 4/7$，$p_{22} = 1/7$，$p_{23} = 2/7$。不难看出：$p_{21} > p_{23} > p_{22}$，第 22 个月的销售量经过一步转移达到低水平 S_1 的可能性最大。因此，预测结果是：未来第 22 个月该企业汽车零配件产品的销售量不会超过 1000 件。

5. 期望利润预测

首先，了解一下带利润的马尔柯夫链：若由状态 i 经过一步转移到状态 j 时获得的利润为 r_{ij}，则相应的矩阵

$$\boldsymbol{R} = \begin{bmatrix} r_{11} & \cdots & r_{1n} \\ \vdots & \ddots & \vdots \\ r_{n1} & \cdots & r_{nn} \end{bmatrix}$$

称为条件利润矩阵。

当 $r_{ij} > 0$ 时为盈利；$r_{ij} < 0$ 时为亏损；$r_{ij} = 0$ 时达到盈亏临界点，即不盈不亏。

下面举例说明预测过程。

（1）进行统计调查　查清汽车产品销路的变化情况，即查清由畅销到滞销或由滞销到畅销、连续畅销或连续滞销的可能性是多少；再进一步查明由于销路变化获得的利润和亏损情况。

分别列出销路和利润的变化表，见表 14-9 和表 14-10。

即
$$\boldsymbol{P} = \begin{bmatrix} 0.5 & 0.5 \\ 0.4 & 0.6 \end{bmatrix}$$

即 $$\boldsymbol{R}=\begin{bmatrix}5 & 1\\ 1 & -1\end{bmatrix}$$

表 14-9 销路变化表（一步转移概率矩阵）

状态	畅销	滞销
畅销	0.5	0.5
滞销	0.4	0.6

表 14-10 利润变化表（一步转移利润矩阵）

单位：100 万元

状态	畅销	滞销
畅销	5	1
滞销	1	−1

（2）建立数学模型 带利润的马氏链的一步转移期望利润矢量为

$$\boldsymbol{\pi}_R(1)=\begin{bmatrix}R_1\\ R_2\\ \vdots\\ R_i\\ \vdots\\ R_n\end{bmatrix}=\left[\sum_{j=1}^{n}p_{ij}r_{ij}\right]\quad(i=1,2,\cdots,n)\tag{14-29}$$

相对于本例只有两种状态：畅销和滞销，因此

$$\boldsymbol{\pi}_R(1)=\begin{bmatrix}R_1\\ R_2\end{bmatrix}=\begin{bmatrix}\sum_{j=1}^{2}p_{1j}r_{1j}\\ \sum_{j=1}^{2}p_{2j}r_{2j}\end{bmatrix}=\begin{bmatrix}0.5\times5+0.5\times1\\ 0.4\times1+0.6\times(-1)\end{bmatrix}=\begin{bmatrix}3\\ -0.2\end{bmatrix}$$

这说明当本期处于畅销时，下期可以期望得到利润 300 万元；当本期处于滞销时，下期可以期望得到利润 −20 万元，即亏损 20 万元。

k 步转移期望利润矢量为

$$\boldsymbol{\pi}_R(k)=\boldsymbol{\pi}_R(1)+\boldsymbol{P}\times\boldsymbol{\pi}_R(k-1)\tag{14-30}$$

该例当 $k=3$ 时，即预测三个月后，可以期望得到多少利润？

已知：$\boldsymbol{P}=\begin{bmatrix}0.5 & 0.5\\ 0.4 & 0.6\end{bmatrix}$，$\boldsymbol{R}=\begin{bmatrix}5 & 1\\ 1 & -1\end{bmatrix}$，$\boldsymbol{\pi}_R(1)=\begin{bmatrix}3\\ -0.2\end{bmatrix}$，则有

$$\boldsymbol{\pi}_R(2)=\boldsymbol{\pi}_R(1)+\boldsymbol{P}\times\boldsymbol{\pi}_R(2-1)=\begin{bmatrix}3\\ -0.2\end{bmatrix}+\begin{bmatrix}0.5 & 0.5\\ 0.4 & 0.6\end{bmatrix}\begin{bmatrix}3\\ -0.2\end{bmatrix}=\begin{bmatrix}3\\ -0.2\end{bmatrix}+\begin{bmatrix}1.4\\ 1.08\end{bmatrix}=\begin{bmatrix}4.4\\ 0.88\end{bmatrix}$$

$$\boldsymbol{\pi}_R(3)=\boldsymbol{\pi}_R(1)+\boldsymbol{P}\times\boldsymbol{\pi}_R(3-1)=\begin{bmatrix}3\\ -0.2\end{bmatrix}+\begin{bmatrix}0.5 & 0.5\\ 0.4 & 0.6\end{bmatrix}\begin{bmatrix}4.4\\ 0.88\end{bmatrix}=\begin{bmatrix}3\\ -0.2\end{bmatrix}+\begin{bmatrix}2.64\\ 2.29\end{bmatrix}=\begin{bmatrix}5.64\\ 2.09\end{bmatrix}$$

结果表明：如初期畅销，三个月后可期望获利 564 万元；如初期滞销，三个月后可获利 209 万元。

三、马尔柯夫决策

在汽车市场预测中，马尔柯夫预测法的主要研究对象是汽车市场运行系统的状态及状态的转移，其目的就是根据汽车市场某些经济变量现在的状态及其变动取向，预测汽车市场在未来的某一特定期间可能出现的状态，从而为汽车企业经验决策提供依据。

由马尔柯夫预测法可知，各种不同品牌的汽车产品在市场上的占有率（竞争力）取决于顾客购买的概率，但这种概率是不断转移和变化的，这和转移和变化的规律和结果都可以用马尔柯夫链来进行描述和计算。因此，用马尔柯夫预测法对汽车市场进行预测，可以解决以下两个问题：

1）预测汽车产品市场占有率的变化。

2）预测汽车市场运行系统变化的最终状态，即经过无数次的转移后，各汽车产品市场占有率的最终稳定状态。

下面结合例子具体讲解汽车企业如何在马尔柯夫预测法的基础上进行决策。

例 14-8 首都出租汽车公司，在北京国际机场、颐和园和北京饭店设立三个出租汽车站。根据统计资料，转移概率如表 14-11 所示。

表 14-11 三个出租车站转移概率表

租车/还车	国际机场	颐和园	北京饭店
国际机场	0.8	0.2	0
颐和园	0.2	0	0.8
北京饭店	0.2	0.2	0.6

试作如下决策：该公司汽车保养设在何处最佳？

决策过程分为两步：

1）计算最终稳定状态概率。

2）决策。

（1）计算最终稳定状态概率　设汽车回到各出租汽车站的最终稳定状态概率矢量分别为（x，y，$1-x-y$），则由马尔柯夫链的性质可知，当转移次数无限增加时，状态不再改变，于是得到

$$(x,y,1-x-y)\begin{bmatrix}0.8 & 0.2 & 0\\0.2 & 0 & 0.8\\0.2 & 0.2 & 0.6\end{bmatrix}=(x,y,1-x-y)$$

由矩阵运算，得方程组

$$\begin{cases}0.8x+0.2y+0.2(1-x-y)=x\\0.2x+0.2(1-x-y)=y\\0.8y+0.6(1-x-y)=1-x-y\end{cases}$$

解此方程组，得

$$\begin{cases}x=\dfrac{1}{2}\\y=\dfrac{1}{6}\\1-x-y=\dfrac{1}{3}\end{cases}$$

即最终稳定状态概率矢量为$\left[\dfrac{1}{2},\dfrac{1}{6},\dfrac{1}{3}\right]$。

（2）决策　预测结果表明，该公司经过长期经营后发现，每一辆出租汽车回到国际机

场、颐和园和北京饭店的概率分别为$\frac{1}{2}$，$\frac{1}{6}$，$\frac{1}{3}$。由于回到国际机场的车最多，故决策为：维修保养厂设在国际机场附近最佳。

例 14-9 设有三个汽车企业甲、乙、丙，生产同一类型的汽车产品。已知市场变化依下列转移矩阵而发生，即

$$\begin{bmatrix} 0.2 & 0.6 & 0.2 \\ 0.1 & 0.5 & 0.4 \\ 0.2 & 0.3 & 0.5 \end{bmatrix}$$

试对汽车企业甲的经营进行决策。

决策过程分为两步：

1）计算三家汽车企业产品的最终市场占有率。

2）汽车企业甲的经营决策。

（1）计算三家汽车企业产品的最终市场占有率 设最终市场占有概率矢量为$(x, y, 1-x-y)$，则由

$$(x,\ y,\ 1-x-y)\begin{bmatrix} 0.2 & 0.6 & 0.2 \\ 0.1 & 0.5 & 0.4 \\ 0.2 & 0.3 & 0.5 \end{bmatrix} = (x,\ y,\ 1-x-y)$$

解得
$$\begin{cases} x = 0.156 \\ y = 0.434 \\ 1-x-y = 0.410 \end{cases}$$

由计算结果可知，汽车企业甲的市场占有率最小，汽车企业乙、丙的市场占有率较大。因此，汽车企业甲为了争取市场，可选择以下两种方案：

1）加强广告宣传，提高售后服务质量，留住老顾客，争取新顾客。

2）提高汽车产品质量和性能，增强竞争力。

（2）汽车企业甲的经营决策 若采用方案 1），平均每辆汽车需增加广告、售后服务费用 300 元；若采用方案 2），会使汽车成本增加 1000 元。汽车企业甲分别在两个地区进行试验，由市场调查所得信息，得知采用这两个方案后的状态转移概率矩阵分别是

$$\begin{bmatrix} 0.3 & 0.5 & 0.2 \\ 0.2 & 0.4 & 0.4 \\ 0.2 & 0.3 & 0.5 \end{bmatrix} \text{和} \begin{bmatrix} 0.4 & 0.4 & 0.2 \\ 0.3 & 0.4 & 0.3 \\ 0.3 & 0.3 & 0.4 \end{bmatrix}$$

由转移概率矩阵可知，若采用方案 1），汽车企业甲只能争取到汽车企业乙的部分顾客；而若采用方案 2），汽车企业甲可同时争取到汽车企业乙、丙的顾客。但方案 2）的投资较多，决策时应从总费用的支出方面权衡利弊。

采用方案 1），市场最终占有向量由方程组求出

$$(x,\ y,\ 1-x-y)\begin{bmatrix} 0.3 & 0.5 & 0.2 \\ 0.2 & 0.4 & 0.4 \\ 0.2 & 0.3 & 0.5 \end{bmatrix} = (x,\ y,\ 1-x-y)$$

解得
$$\begin{cases} x = 0.222 \\ y = 0.383 \\ 1-x-y = 0.395 \end{cases}$$

可见，采用方案1)，汽车企业甲可争取到6.6%(0.222−0.156=0.066) 的顾客。

采用方案2)，市场最终占有率矢量由方程组求出

$$(x,\ y,\ 1-x-y)\begin{bmatrix}0.4 & 0.4 & 0.2\\ 0.3 & 0.4 & 0.3\\ 0.3 & 0.3 & 0.4\end{bmatrix}=(x,\ y,\ 1-x-y)$$

解得

$$\begin{cases}x=0.333\\ y=0.370\\ 1-x-y=0.296\end{cases}$$

这时，汽车企业甲可争取到17.7%(0.333−0.156=0.177) 的顾客。

假设三个汽车企业共向社会推销5000辆汽车，汽车企业甲每辆汽车的利润为5000元，那么：

若采用方案1)，汽车企业甲可多卖出330辆，去掉每辆的广告费300元，每辆可获纯利润4700元，共计1551000元。

若采用方案2)，汽车企业甲可多卖出885辆，去掉由于提高质量成本上升的1000元，每辆可获纯利润4000元，共计3540000元。

最后决策为：应采取方案2)，这样可使汽车企业甲获得较大利润。

思 考 题

14-1　在汽车市场预测中，系统信息不完全的情况有哪几种？

14-2　灰色理论的五步建模思想是什么？

14-3　灰色预测模型的精度检验有哪两种方法？

14-4　马尔柯夫预测法在汽车市场中的应用主要体现在哪几个方面？

14-5　用马尔柯夫预测法对汽车市场进行预测可以解决哪两个问题？

第十五章　市场预测的深化：企业决策

第一节　企业决策的涵义与类型

汽车企业的经营管理离不开决策，企业从经营战略、产品开发、市场定价到经营计划等，都要作出决策。汽车市场调查和市场预测都是为企业决策服务的，可见，企业决策十分重要。要了解企业决策，首先要了解什么是决策。

一、决策的涵义

决策是管理的重要职能，它是决策者对系统方案所作决定的过程和结果，决策是决策者的行为和职责。

一般理解，决策就是作出决定的意思，即对需要解决的事情作出决定。按汉语习惯，“决策”一词被理解为“决定政策”，主要是对国家大政方针作出决定。但事实上，决策不仅指高层领导作出决定，也包括人们对日常问题作出决定。例如，某企业要开发一个新产品，引进一条生产线；某人选购一种商品或选择一种职业，都带有决策的性质。可见，决策活动与人类活动是密切相关的。

苏联大百科全书对决策的解释为“决策是自由意志行动的必要元素和实现自由意志行动的手段。自由意志行动要求先有目的和行动的手段，在体力动作之前完成智力行动，要考虑完成或反对这次行动的理由等等，而这一智力行动以制定一项决策而告终”。显然①决策是智力行动；②决策是意志行动。因此，决策与人的意志、主观愿望和价值判断有关，即决策因人而异，不惟一。现代科学技术辞典的解释为，“所谓决策就是在几个可能方案中作一选择。决策论是用以描述决策过程并使之合理化的许多概念和方法。”美国现代经济词典上说，决策指公司或政府在确定其政策或实施现行政策的有效方法时所进行的一整套活动，其中包括收集必要的事实，对某一建议作判断，分析可以达到预期目的的各种可供选择的方法等等。哈佛管理丛书上则说，决策是指考虑策略（或办法）来解决目前或未来问题的智力活动。

综上所述，所谓决策，是指人们为了达到一定的目标，而决定行动方案并付诸实施的过程。人们在实践活动之前，都要在自己头脑中对做什么、怎么做等问题进行思考、设计和选择，最后形成一个主意或一个方案，并开始行动，这就是决策的过程。正确理解决策概念，应把握以下三层意思：

（1）决策要有明确的目标　决策是为了解决某一问题，或是为了达到一定目标。确定目标是决策过程的第一步。决策所要解决的问题必须十分明确，所要达到的目标必须十分具体。没有明确的目标，决策将是盲目的。

（2）决策要有两个以上备选方案　决策实质上是选择行动方案的过程。如果只有一个备选方案，就不存在决策的问题。因此，至少要有两个或两个以上方案，人们才能从中进行比较、选择，最后选择一个满意方案为行动方案。

（3）选择后的行动方案必须付诸于实施　如果将选择后的方案束之高阁，不付诸实施，这样，决策也等于没有决策。决策不仅是一个认识过程，也是一个行动的过程。

决策是人类社会自古就有的活动，它渗透于军事、政治、外交、经济、文化、科学和社会生活的各个领域。人类决策活动的历史和人类社会存在的历史一样悠久长远。有文字总结和记载的决策活动，在我国可以追溯到二千多年前，如《孙子兵法》、《资治通鉴》是我国古代政治家和军事家决策的经验和教训的总结；《三国演义》则讲述了古人政治决策、治国决策和军事决策千百次成功的事例。在我国历史上，不少有识之士为统治者治国安邦、富国强民都作出英明决策。秦朝商鞅变法、西汉张良为刘邦运筹帷幄、三国时诸葛亮为刘备三分天下而作隆中对。古人的决策主要依靠个人的经验和才能，谈不上科学的决策。古人决策成功的经营和失败的教训，仅仅体现了朴素的决策思想，与现代决策的科学化、程序化和系统化相距甚远。

决策科学化是在20世纪初开始形成的。由于科学技术不断进步与生产规模日益扩大，社会生产力空前发展。人们面临的各种问题越来越错综复杂，需要作出正确的决策，因此，对决策也就越来越重视。尤其在二次世界大战以后，决策研究在吸引了行为科学、系统理论、运筹学和计算机科学等多门科学成果的基础上，结合决策实践，到20世纪60年代形成了一门专门研究和探索人们作出正确决策规律的科学——决策学。决策学研究决策的范畴、概念、结构、决策原则、决策程序、决策方法和决策组织等等，并探索这些理论与方法的应用规律。随着决策理论与方法研究的深入与发展，决策渗透到社会经济、生活各个领域，尤其应用在企业经营活动中，从而也就出现了企业决策。

二、企业决策的含义

企业决策是决策中的一个门类。它是指企业管理者为了实现企业某一发展目标，在掌握了充分的市场信息基础上，选择行动方案，并付诸实施的过程。

企业决策是决策的科学理论方法在企业经营管理中的具体应用。经营管理是商品经济条件下企业重要的经济控制活动。企业管理有生产管理和经营管理两个方面。随着社会主义市场体制的建立，企业不再是政府的附属物。企业要成为自主经营、自负盈亏、自我发展和自我约束的独立法人单位。汽车企业面临着一个范围越来越大、竞争越来越激烈的市场，要通过充分发挥市场机制的调节作用，增强活力，不断扩大产品的生产、销售，提高经济效益。在这样的背景下，企业管理的重点由生产管理转变为经营管理。经营管理的中心问题是根据市场的不断变化适时地作出正确的企业决策。

经营是商品经济特有的活动，它具有商业性、盈利性和竞争性的特点。每个企业都需要经营，要根据自己面临的不同经营环境和经营条件，明确自己的具体经营目标——未来一定时期内期望达到的理想状态。企业的经营目标可能是某个新市场的开拓，某种新产品的市场投入，某个销售点的增设；也可能是增加利润、销售额和市场占有率等具体数量指标；还可能是企业扩大（如兼并、联营以及集团化）或提高企业公众形象。

管理是协调人和人以及人和物的关系，最大限度发挥人力、物力和财力的作用。经营和管理两者是紧密相联的。管理的目的是为了更好实现经营目标，而经营管理离不开决策。例如，怎样开拓新市场？开发什么新产品？怎样提高市场占有率？如何调动员工的积极性？这些对经营管理者来说都需要一一作出决策。

以上所述，说明任何一个企业，都需要一系列的决策活动。从某种意义上说，提高企业经营管理水平，关键是提高决策水平。著名的美国经营管理学家 H. A. 西蒙教授说：管理就是决策。这足以说明企业决策的重要地位。

三、企业决策的类型

现代企业经营管理活动的复杂性、多样性，决定了企业决策有多种不同的类型。

1. 按决策的影响范围和重要程度不同分类

按决策的影响范围和重要程度不同，企业决策可分为战略决策和战术决策。

战略决策是指对企业发展方向和发展远景作出的决策，是关系到企业发展的全局性、长远性和方向性的重大决策，如对企业的经营方向、经营方针和新产品开发等的决策。

战略决策由企业最高层领导作出。它具有影响时间长、涉及范围广和作用程度深刻的特点，是战术决策的依据和中心目标。它的正确与否，直接决定企业的兴衰成败，决定企业发展前景。

战术决策是指企业为保证战略决策的实现而对局部的经营管理业务工作作出的决策，如企业原材料和机器设备的采购、生产、销售的计划、商品的进货来源和人员的调配等属此类决策。战术决策一般由企业中层管理人员作出。战术决策要为战略决策服务。例如，在中国汽车市场上，以大众公司为例，大众汽车集团（中国）在中国行使集团职能，大众公司旗下所有品牌，包括奥迪、本特利、布加迪、斯柯达和西亚特等在中国市场的所有决策，都由大众汽车集团（中国）统一负责。

2. 按决策的主体不同分类

按决策的主体不同，企业决策可分为个人决策和集体决策。

个人决策是由企业领导者凭借个人的智慧、经验及所掌握的信息进行的决策。决策速度快、效率高是其特点，适用于常规事务及紧迫性问题的决策。个人决策的最大缺点是带有主观性和片面性，因此，对全局性重大问题则不宜采用。

集体决策是指由会议机构和上下相结合的决策。会议机构决策是通过董事会、经理扩大会以及职工代表大会等权力机构，集体成员共同作出的决策；上下相结合决策，则是领导机构与下属相关机构结合、领导与群众相结合形成的决策。集体决策的优点是能充分发挥集团智慧，集思广益，决策慎重，从而保证决策的正确性、有效性；缺点是决策过程较复杂，耗费时间较多。它适宜于制定长远规划和进行全局性的决策。

3. 按决策是否总是重复分类

按决策是否总是重复，企业决策可分为程序化决策和非程序化决策。

程序化决策是指决策的问题是经常出现的问题，已经有了处理的经验、程序和规则，可以按常规办法来解决，故程序化决策也称为“常规决策”。例如，企业生产的产品质量不合格如果处理？商店销售过期的食品如何解决？就属程序化决策。

非程序化决策是指决策的问题是不常出现的，没有固定的模式、经验去解决，要靠决策者作出新的判断来解决。非程序化决策也叫非常规决策，如企业开辟新的销售市场、调整商品流通渠道以及选择新的促销方式等，就属于非常规决策。

4. 按决策问题所处条件不同分类

按决策问题所处条件不同，企业决策分为确定型决策、风险型决策和非确定型决策。

（1）确定型决策　是指决策过程中，提出各备选方案在确知的客观条件下，每个方案只有一种结果，比较其结果优劣作出最优选择的决策。确定型决策是一种肯定状态下的决策。决策者对被决策问题的条件、性质和后果都有充分了解，各个备选的方案只能有一种结果。这类决策的关键在于选择肯定状态下的最佳方案。

（2）风险型决策　是指这样一类的决策，在决策过程中提出各个备选方案，每个方案都已知几种不同的结果，其发生的概率也可测算，在这种条件下进行的决策，就是风险型决策。例如，某企业为了增加利润，提出两个备选方案：一个方案是扩大老产品的销售；另一个方案是开发新产品。不论哪一种方案都会遇到市场需求高、市场需求一般和市场需求低几种不同可能性，它们发生的概率都可测算，若遇到市场需求低，企业就要亏损。因此，在上述条件下决策带有一定的风险性，故称为风险型决策。风险型决策之所以存在，是因为影响预测目标的各种市场因素是复杂多变的，因而每个方案的执行结果都带有很大的随机性。决策中，不论选择哪种方案，都存在一定的风险性。

（3）未确定型的决策　是指这样一类的决策，在决策过程中提出各个备选方案，每个方案已知几种不同的结果，但每一结果发生的概率无法测算。在这种条件下进行的决策，就是未确定型的决策。它与风险型决策的区别在于：风险型决策中，每一方案产生的几种可能结果及其发生概率都知道，未确定型决策只知道每一方案产生的几种可能结果，但发生的概率并不知道。这类决策由于人们对市场需求的几种可能客观状态出现的随机性规律认识不足，因此，决策的不确定性程度增大。

四、企业决策的重要作用

在市场经济条件下，任何企业都要参与激烈的市场竞争。几年前，中国加入 WTO，成为了国际经济大家庭中的一员，中国汽车工业以积极的姿态融入国际汽车工业的发展潮流，连续出现了爆发式增长。总之，汽车总需求在激烈竞争中保持了适度稳定增长，汽车价格进一步与国际接轨，汽车产业影响力提升到新的高度。在这样的市场环境下，汽车企业为了自身的生存和发展，就必须对企业的经营活动和市场行为作出正确决策。因此，企业决策对于任何一个汽车企业而言，都有十分重要的作用。

（1）企业决策是企业经营管理活动的核心　企业的经营管理活动是企业最重要的活动。经营管理活动包括经营和管理。管理的重心是经营，经营的重心在决策。事实上，无论是经营，还是管理，都离不开决策。企业怎样经营，如何管理，都需要作出一系列决策。这是因为，从经营的角度看，企业要根据企业面临的内外条件，确定生产、经营商品的范围和目标，决定生产什么、销售什么、销售多少和销售给谁；用何种办法和手段进入市场，以最少的耗费求得最快的发展；何种促销最有效等。这些都需要作经营决策。从管理角度看，管理工作有计划、组织和控制三大职能，每项职能的执行，都要以决策为前提，如企业生产销售计划如何制定得科学、合理，这就有一个决策问题。企业内部机构如何设置、职责如何划分和人员如何配备，这涉及到组织职能的决策。

经营与管理是企业经济活动过程中一个事物的两个侧面，两者都离不开决策。实践中，在同样的条件下，决策水平不同会得到不同的结果。在有利条件下，由于决策错误会造成失败；在不利条件下，由于决策正确，却能变不利为有利，从而得到成功。

由此可见，决策贯穿于企业经营管理的整个过程，是企业经营管理的核心，没有正确的决策，企业就不可能有正确的经营行为和管理活动。

(2) 企业决策正确与否，决定着企业的生存和发展　随着企业市场主体地位的确立，企业将全面摆脱行政依附从属地位，具有独立行使生产经营的自主决策权力，与此同时，也要承担决策后果的全部责任，承担市场风险。正确的企业决策，使企业采取正确的营销行动并获得成功；错误的企业决策，使企业实施错误的营销行动，导致企业经营失败。汽车企业应当经过准确的市场调查，进行市场分析和产品定位，大胆决策，为消费群体提供合理的汽车产品。只有这样，产品投入市场后，才会受到广大消费者的欢迎，企业才会兴旺发达起来。

(3) 正确的企业决策有助于企业提高市场竞争力，获得良好的经营效果　市场经济是竞争经济，优胜劣汰是市场经济的基本规则。每一企业都在努力争夺市场机会，扩大市场销售，提高市场占有率。对于市场上的汽车企业来说，能否在竞争中取胜，关键在于是否善于抓住有利时机，发挥竞争优势，作出准确判断和果断决策。决策及时、正确，往往可以在竞争中出奇制胜，迅速扭转不利地位，变被动为主动；反之，则可能坐失良机，或一着不慎，全盘皆输。

正确的企业决策促使企业能灵活地、连续不断地针对市场竞争环境的变化作出反应，提高企业的应变能力，增强企业的竞争力。企业有竞争力，突出表现在企业产品能占领市场，产品能受到广大消费者的欢迎。由此，企业就能获得良好的经济效益。

总之，企业决策对每一个汽车企业来说都是至关重要的，我们要从企业发展的战略高度，充分认识企业决策的重要意义。

第二节　企业决策机制与决策原则

一、企业决策机制

企业决策机制，是指企业决策过程中决策要素及其相互关系的内在机理与工作方式。企业决策机制具有客观性、功能关联性和内在性特征。从系统的观点看，企业决策是由决策主体、决策客体、决策理论与方法、决策信息和决策结果等要素构成的一个有机整体。

(1) 决策主体　是指参与决策的领导者、参谋者及决策的执行者。决策主体可以是个人，也可以是集团——决策机构。决策主体是决策系统的灵魂和核心，决策能否成功，取决于决策主体的素质。

(2) 决策客体　是指决策对象和决策环境。决策对象，是指决策主体能实施影响和控制的客体事物，如一个企业，某项业务的经营目标、经营规划和某项产品的研究开发等；决策环境则指制约决策对象按照一定规律发展变化的条件。决策对象与决策环境的特点、性质决定着决策活动的内容及其复杂程度。

(3) 决策理论与方法　决策离不开决策的理论与方法。决策理论与方法的功能在于将现代科学技术成果运用于决策过程,从整体上提高企业决策活动的科学性,减少和避免决策结果的偏差与失误。比如,遵循科学的决策程序,采用适宜的决策方法,把定性和定量分析相结合。

(4) 决策信息　信息是企业决策的前提和基础。要保证企业决策的正确性，拥有大量、丰富的市场信息是必不可少的条件。决策主体只有掌握充分而准确的市场信息，才有可能作出正确决策。

(5) 决策结果　决策的目的是为了得到正确的决策结果。没有决策结果的决策不算是决策。任何决策都要得到决策结果，所以决策结果是决策的构成要素。

二、企业决策的原则

企业决策是一个复杂而又带创造性的认识和实践活动，因此，要使企业能够作出正确的决策，除了要有合理的决策程序和采用科学的决策方法外，还必须遵循决策的原则。

(1) 可行性原则　企业决策是为了实现企业的奋斗目标而采取的行动。任何一项企业决策必须是可行的，对于企业才是有意义的；否则，即使这项决策很诱人，也是毫无意义的。可行性原则，是指决策目标和决策方案要有实现的可能性。具体地说，决策目标要合理、符合实际，不能好高骛远；决策方案要能够实施。因此，在确定决策目标、选择决策行动方案时，要进行充分的可行性研究，仔细考虑主客观条件是否成熟，以及是否具备实现决策目标的人力、物力和财力。

(2) 优化原则　是指决策的行动方案，必须是最优方案或者是满意方案。决策要从两个以上不同的备选方案中经过分析对比，选出最佳方案。如果只有一个方案，那就不存在决策了；如果没有对比，也就无法辨别优劣。因此，对比选优是决策的主要环节，是从比较到决断的过程。对比不仅是把各种不同的方案进行比较，更重要的是把各种方案同客观实际再作一次认真的比较。要比较各种方案带来的影响和后果，考虑各方案所需的人力、物力和资金等各种必要条件。通过比较，择出最优方案。

(3) 系统原则　是指把决策对象视为一个系统，从系统整体出发，对问题进行全面的比较分析，在此基础上作出决策，以防止决策的片面性。贯彻系统原则，要认真考虑决策所涉及的整个系统及相关因素，企业内外条件等。对局部利益和整体利益、眼前利益和长远利益要统筹兼顾，不能顾此失彼。

(4) 民主原则　企业决策问题涉及范围广泛，具有高度的复杂性，单凭决策者个人的知识和能力很难作出有效的决策。民主原则是指决策者必须充分发扬民主，善于集中和依靠集体的智慧和力量进行决策，据以弥补决策者个人知识、能力方面的不足，避免主观武断、独断专行可能造成的决策失误，保证决策的正确性和有效性。贯彻决策的民主原则：①合理划分企业各管理层次的决策权限和决策范围，调动各级决策者和各类人员参与的积极性和主动性；②悉心听取广大群众的意见和建议，在群众的参与或监督下完成决策工作；③重视发挥智囊参谋人员的作用，借助他们作好调查研究、咨询论证，尤其是重大问题的决策，要吸收各有关方面专家的参加。

(5) 效益原则　是指企业决策要以追求企业最大经济利益和社会利益为目的。

企业一切经济活动都必须有经济效益和社会效益，企业的市场决策就是为了提高经济活动的经济效益，促进生产力的发展，并且使经济效益和社会效益很好地结合。说到底，如果决策结果不能使企业实现利润目标（包括长期和短期目标），决策就没有意义。为了提高经济效益，企业必须考虑决策本身的经济效果和效益。事实上，决策本身就是在各种自然状态下选择经济利益最大的方案。

三、企业决策的一般程序

企业决策是一个复杂、动态的过程。要提高企业决策的正确性和科学性，必须遵循决策的程序。一般地说，决策程序包括以下四步。

1. 确定决策目标

确定决策目标是决策工作的前提。决策目标是企业期望达到的状态，也是企业奋斗的目标。决策的最终目的，就是实现企业决策的目标。如果决策目标错了，就一切全错。如果决策目标不明确，就无法选定决策方案，而在决策实行后也无法对决策的成效作出评价。由此可见，确定决策目标，事关整个决策工作的成败。

（1）确定决策目标的根据——问题　决策目标是根据企业经营管理中存在的问题来确定的。企业经营管理中存在问题，需要人们去解决，这才需要决策。因此，对问题的发现、诊断和分析是确定决策目标的前提。

什么是问题？在决策科学中把“问题”理解为“实际状态同期望状态之间的差距”。寻找差距，是制定决策目标的依据。例如，某企业产品质量差，这是一个突出问题。产品质量差具体表现在该企业产品质量达不到国家产品质量认证标准。在这里，“实际状态”是指企业产品质量现状，“期望状态”是指国家产品质量认证标准。这两者之间的距离就是“差距”。找到差距后，还不能马上确定决策目标，还应进一步分析产生差距的原因。这是问题诊断的关键。产生差距的原因是多方面的，要找出哪一个是主要原因。这就像医生为病人看病，不能头痛医头，脚痛医脚，头痛、脚痛的成因有很多，应综合检查，找出主要原因。一个企业产品质量差也有很多可能的原因，如工人操作技术水平低、管理不善、原材料质量太差和机器设备陈旧等，必须找到主要原因，才能确定决策目标。例如，通过分析认为机器设备陈旧是引起质量差的主要原因，那么决策目标就是“更新机器设备，提高产品质量”。

（2）确定决策目标的要求　企业经营管理中存在的问题找准了，决策目标也就可以确定了。决策目标要符合以下要求：

1）决策目标要明确具体。决策目标在决策过程中是评价备选方案的标准和尺度，目标含糊不清，方案设计与比较选择就会无所适从。因此，决策目标必须做到具体化、定量化，在时间、地点和数量上都要加以确定。同时，要明确决策目标是否附加约束条件。例如，企业产品市场占有率提高3%，同时要求不得提高变动成本率。显然，决策目标有无约束条件，备选方案设计和评论标准就不相同。一般来讲，决策目标在质的分析基础上，以具体衡量指标表达预期达到的要求，最为清晰、明确并具体。

2）决策目标要切实可行。制定决策目标一定要符合企业自身的实际条件和市场的需求状况，即要符合实际，具有可行性。例如，企业某项决策是为了提高某产品市场占有率。市场占有率究竟是提高3%，还是5%，或者是8%，既要考虑企业经营利润目标的要求，又要考虑市场和自身的资源、技术水平和管理水平等条件下可能采用的对策，是扩大原有市场占有率，还是开拓新的子市场。为此，要以信息为基础，对于与决策目标有关的各种因素，如整体市场需求、市场细分标准、消费者层次扩大的可能性与扩大成本利润、购买意向、价格弹性和竞争能力等等，进行纵向与横向分析，才能实事求是地确定决策目标。

3）要区分决策目标的主次。现代企业决策的目标往往不是一个，而是多个目标。例如，企业既要提高产品市场占有率，又要增加利润，又要求不得提高变动成本。在某些情况下，由于客观条件的限制，多个决策目标的作用方向可能不尽一致，甚至出现矛盾和对立，这就给方案的制定增加了难度。为解决多个目标决策带来的困难，可采取以下途径解决。

在满足决策要求的前提下，对多个目标按照其相互关系加以取舍，削减重复目标，合并类似目标，综合同变量目标，把决策目标减少到最低限度。取舍决策目标的原则有：两个具有对立关系而无法协调的目标，舍弃其中一个；两个具有主从关系的目标，保留主要目标而舍弃从属目标；两个具有并列关系而内容近似的目标，合并为一个综合目标；对整个决策影响不大、可有可无的目标则完全舍弃。

对确定的多个目标，要按主次顺序把决策目标分为主要目标和次要目标，将主要目标作为关键的、首先应当达到的目标，其他目标则按顺序依次排序。

2. 拟定备选方案

在确定决策目标之后，必须通过决策者的创造性思维活动，拟定出各种可能的方案以供选择。所谓方案，是人们为实现决策目标而采取的手段和途径。

首先，要大胆寻找备选方案，使备选的方案尽可能多。备选方案是供决策者选择的方案。不言而喻，方案多了才能有比较；有比较才有鉴别，才能知道方案的优劣，从中选择最优方案。反之，如果只有一个方案，就没有选择的余地，也就无从判断它的优劣。大胆寻求备选方案，要求决策者具有丰富的经验和知识，有创造能力，积极探索解决问题的各种方案，如为了解决某汽车企业产品质量差的问题，确定“更新机器设备，提高产品质量”的决策目标。根据这一目标，这个汽车企业拟定的备选方案可以有：方案一，从国外引进先进的机器设备；方案二，从国内有关企业购买机器设备；方案三，企业和科研单位联合改造旧的机器设备。这些方案都是可行的。

其次，要精心构思和设计方案。方案的构思就是要寻找实现决策目标的途径。方案构思既要发挥决策者经验和知识的作用，也要充分发挥决策主体的想象力和创造力，对拥有的各种不同信息，按照新观点进行排列组合形成备选方案架构。在构思方案基础上，要精心设计方案，即对方案的措施、方法和后果进行研究与论证，形成有实践意义的行动方案。具体工作有以下两个：

1）对多种方案构思的筛选与整理，形成相对合理的几种方案构思，并充实其具体的各种措施细节，如资源条件、组织协调、实施方式方法和可能遇到的不测及应急处置措施等等，形成几种备选方案。

2）对方案执行预测目标的结果作出估计。

经过精心构思和设计的方案之间要有可行性和互斥性。方案的可行性，是指备选方案具有实施的可能性，在人力、物力和财力上，在时间上及机构上都有保证。方案之间的互斥性，是指各个备选的方案有明显区别，是互相独立的，A 方案不能包括 B 方案，B 方案也不能包括 C 方案等。只有备选方案间互斥，才能保证各方案比较的意义。

3. 评价和选择方案

备选方案有多个，究竟哪一个备选方案更好？能实现决策目标的要求，这就必须对各备选方案进行评价和比较。评价选择方案要根据一定的标准和方法。

（1）评价选择方案的标准　衡量备选方案优劣、好坏的标准主要有：

1）方案能保证实现决策目标。任何一项企业决策都是为了达到一定的目标，因此评价方案优劣必须用能否实现决策目标去衡量，最接近决策目标的方案，自然就是最佳方案。

2）方案具有经济合理性。要计算每一备选方案的耗费和产生的经济利益。经济效益高的方案，也就是好的方案。

3）方案具有技术上的先进性。要分析各备选方案在技术上的可靠性和领先程度。

4）方案承担的风险性要尽量小。

（2）评价选择方案的方法　主要有经验判断法和数学分析法。

1）经验判断法，是依赖决策者的知识、经验和分析判断能力，对各个方案的结果进行估计，对各方案的优劣进行比较，在此基础上选择方案。

2）数学分析法，是通过建立决策问题的数学模型，按照数学模型计算各方案损益值，经过比较，选出最优方案的方法。

（3）选择满意方案　方案选择十分关键。从理论上讲，应当选择最优方案，但在实际决策中往往不能做到。由于受到客观条件的限制，如受到决策者认识能力、掌握的信息量、时间以及目标不易数量化等限制，不可能选择到最优方案。因此，选择的方案一般只能是在现有条件下权衡利弊之后相对满意的方案。

4. 实施决策方案与反馈调整

这是决策程序的最后一个阶段。选择出满意方案后，紧接着是组织实施决策的方案。要使决策方案付诸实际行动，达到预期目标，还要拟定实施方案的计划。方案的实施不是被动、机械的进程，而是一个不断反馈调整的动态过程，要根据变化了的情况对决策方案进行修正或调整。反馈的目的，在于对决策所导致的后果进行调整。由于环境和需要的不断变化，最初的决策必须根据变化了的情况作出相应的改变和调整，使决策更合理、更科学化。这种调整与追踪决策有本质的不同，因为它不涉及决策目标的修改，也不是对决策方案进行根本性的改变。世界上一切事物都是在不断变化的，要求决策实施中的主客观情况一成不变是不切实际的。因此，决策要在实施的不断反馈中及时修正，在反复的修正中逐步完善。

第三节　常见决策技术

一、确定型决策法

确定型决策法，是指决策者对供决策选择的各备选方案所处的客观条件完全了解，每一个备选方案只有一种结果，比较其结果的优劣就可作出决策。解决这类决策问题相对比较容易，它可采用不同的数学模型进行计算，能迅速得出决策的结果。

采用确定型决策法应具备的条件，也就是应用确定型决策法的条件，具体有：

1）存在决策者期望达到的一个决策目标。

2）未来的状况，只存在一个确定的自然状态。

3）存在两个或两个以上的备选方案，供决策者选择。

4）每一个备选方案在确定状态下的损益值可以计算出来。

符合上述条件的决策，就可采用确定型决策法。确定型决策法主要有均衡点分析法（盈亏平衡分析法）、经济批量法和线性规划法等。其中，均衡点分析法在第十章已经作了简单介绍。

确定决策方案的关键环节，是计算出什么样的行动方案能产生最优的经济效果。

二、非确定型决策法

1. 应用非确定型决策法的条件

应用非确定型决策法与确定型决策法有很大不同，即决策过程存在着不确定性。决策者不能完全肯定各个备选方案未来的结果。决策者对于所要决策的问题只能推测到可能出现的几种自然状态，但每种自然状态发生的概率，由于缺乏经验和资料而无法估算。因此，在这种情况下决策，主要依赖于决策者的个人素质和决策风格。

概括起来说，应用非确定型决策法有以下条件：

1）具体决策者期望达到的明确目标。

2）存在可供决策者选择的两个以上的备选行动方案。

3）存在着决策者无法控制的两种以上的自然状态。

4）不同的备选方案，在不同自然状态下的损益值可以计算出来，但各种自然状态发生的概率无法估算。

一个决策问题如符合上述条件，就要采用非确定型决策法。非确定型决策，是备选方案存在两种或两种以上自然状态，每种自然状态发生的概率无法估计的决策。这类决策方法主要有：小中取大法、大中取大法、折衷分析法和遗憾值法。

2. 小中取大法

悲观原则。与乐观原则正好相反悲观的决策者认为未来会出现最差的自然状态，因而为避免风险起见，决策时只能以各方案的最小收益值进行比较，从中选取相对收益为大的方案。因此，依据悲观原则进行的决策也叫“坏中求好”法。悲观者在决策时，首先试图找出各方案在各种自然状态下的最小收益值，即与最差自然状态相应的收益值，然后进行比较，选择在最差自然状态下仍能带来“最大收益”（或最小损失）的方案作为拟付诸实施的决策方案。

用这种方法进行决策时，首先从每一个方案的各个自然状态中选择出一个最小的收益值，然后再从这些最小的收益值中找出最好的一个，它所对应的方案就是所要选择的方案。这种方法是一种比较保守的决策分析方法，但却是稳妥可靠而且留有余地的决策分析方法。

3. 大中取大法

乐观原则。亦称“好中求好”法。如果决策者是乐观者，认为未来总会出现最好的自然状态，因此他对方案的比较和选择就会倾向于选取那个在最好状态下能带来最大效果的方案。乐观者在决策时是根据每个方案在未来可能取得的最大收益值，也就是方案在最有利的自然状态下的收益值来进行比较，从中选出能带来最大收益的方案作为决策实施方案。

这种决策方法与小中取大法相反。它的特点是，决策者对市场发展未来前景的估计是乐观的，决策时不放弃任何一个获得最好结果的机会，力争好中求好，愿意以承担一定风险的代价去获得最大的收益。

4. 折衷分析法

它是介于大中取大法和小中取大法之间的一种决策方法。折衷分析法表达了决策者对市场发展未来前景既不乐观也不悲观，而是采取一个折衷标准。持折衷观点的决策者认为，要在乐观与悲观两种极端中求得平衡，也即决策时既不能把未来想像得非常光明，也不能将之看得过于黑暗，最好和最差的自然状态均有出现的可能。因此，可以根据决策者个人的估计，给最好的自然状态定一个乐观系数α，给最差的自然状态定一个悲观系数β，并且两者之和等于1（即$\alpha+\beta=1$）；然后，将各方案在最好自然状态下的收益值与乐观系数相乘所得的积，与各方案在最差自然状态下的收益值与悲观系数的乘积相加，由此求得各方案的期望收益值。经过该值的比较后，从中选出期望收益值最大的方案。

5. 遗憾值法

遗憾值法的基本思想是，在实现决策过程中，当某一自然状态出现时，决策者就会明确哪一个方案的收益值最大。如果决策者当初在决策时没有采用这一方案，而采用了其他方案，则会感到遗憾。

这是考虑到决策者在选定某一方案并组织实施后，如果在未来实际遇到的自然状态并不与决策时的判断相吻合，这就意味着当初如果选取其他的方案反而会使企业得到更好的收益，这无形中表明这次决策存在一种机会损失，它构成了决策的“遗憾值”，或称“后悔值”。这里，“后悔”的意思是选择了一种方案，实际上就放弃了其他方案可能增加的收益，所以决策者将为此而感到后悔。“最大后悔值”最小化决策原则，就是一种力求使每一种方案选择的最大后悔值达到尽量小的决策方法。根据这个原则，决策时应先计算出各方案在各种自然状态下的后悔值，即用某自然状态下各方案中的最大收益值减去该自然状态下各方案的收益值，所得的差值就表示如果实际出现该种状态将会造成多少遗憾，然后从每个方案在各状态下的后悔值中找出最大的后悔值，据此对不同方案进行比较，选择最大后悔值最小的方案作为最满意的决策方案。

运用上述非确定型决策分析的四种方法，所得出的决策结论并不完全相同。对于非确定型决策问题，在理论上还没有说明哪种方法是最合理的，因此运用哪种方法为好，取决于决策者对待风险的态度和魄力。较好的方法是采用各种方法进行计算，然后对计算结果进行综合评价，将被选次数最多的方案作为最优方案。

综上所述，对于不确定类型的决策，包括风险型决策和非确定型决策，决策者本身对决策所应依据的原则或准则的选择，将最终影响其对决策方案的选择。据此，可以肯定地说，在不确定情形下，决策实际上很难达到真正的“最优化”，因为所谓理想的方案只不过是按照决策者事先选定的原则来选择的相对最满意的方案。

三、风险型决策法

1. 应用风险型决策法的条件

人们作一项决策，可能成功也可能失败，也就是决策者要冒一定风险。企业经营管理工作遇到的决策问题，很多是属于风险型决策问题。风险型决策法，是指每个备选方案都会遇到几种不同的可能情况，而且已知出现每一种情况的可能性有多大，即发生的概率有多大，因此在依据不同概率所拟定的多个决策方案中，不论选择哪一种方案，都要承担一定的风险。在多数情况下，要获得较高收益的决策，往往要冒较大的风险。对决策者来说，问题不在于敢不敢冒险，而在于能否估计到各种决策方案存在的风险程度，以及在承担风险时所付出的代价与所得收益之间作出慎重的权衡，以便采取行动。

风险型决策法不同于确定型决策法，其适用的条件也不同。应用风险型决策法必须具备以下条件：

1）具有决策者期望达到的明确目标。

2）存在决策者可以选择的两个以上的可行备选方案。

3）存在着决策者无法控制的两种以上的自然状态（如气候变化、市场行情和经济发展动向等）。

4）不同行动方案在不同自然状态下的收益值或损失值（简称损益值）可以计算出来。

5）决策者能估计出不同自然状态发生的概率。

风险型决策，是备选方案存在两种或两种以上自然状态，每种自然状态发生的概率可以估计的决策。风险型决策法主要有决策表法和决策树法。

2. 决策表法

决策表也叫决策矩阵表，它是用风险型决箦基本结构矩阵表来表述各种可供选择的方案，并计算出各方案的损益期望值，经比较，选择损益期望值最大的方案为决策方案。决策表法是依据期望值准则进行决策分析的方法。每个备选方案都可计算其损益期望值（简称损益值）。决策表是风险型决策的常用基本工具，其结构如表 15-1 所示。

表 15-1　决箦表结构

自然状态 / 概率 / 收益（损失）值 / 决策方案	S_1	S_2	…	S_1	…	S_m
概率	P_1	P_2	…	P_1	…	P_m
A_1	O_{11}	O_{12}	…	O_{1j}	…	O_{1m}
A_2	O_{21}	O_{22}	…	O_{2j}	…	O_{2m}
⋮	⋮	⋮	⋮	⋮	⋮	⋮
A_m	O_{n1}	O_{n2}	…	O_{nj}	…	O_{nm}

从表 15-1 中可以看出，决策表内容包括：

1）决策问题的各种备选方案，见表左第一列的 A_1，A_2，…，A_n。

2）各种不同方案可能遇到的自然状态，见表上部第一行的 S_1，S_2，…，S_m；第二行所列的 P_1，P_2，…，P_m，是每种自然状态可能发生的概率值，是人们根据各种状态发生的历史统计资料，它们之和等于 1。

3）收益值或损失值 O_{11}，O_{12}，…，O_{1m}是表的主体部分，它是根据有关信息资料，应用数量化方法计算出来的可量度的值，根据不同的决策问题，它们有不同含义，如销售利润、产值等。

决策表法是以期望值大小为标准进行决策的。期望值标准可分为最大收益期望值标准和最小损失期望值标准两类。

例 15-1　某汽车 4S 店要制定七八月份的汽车涂料月进货计划，进货成本为每桶 30 元，销售价为 50 元，当天销售后每桶可获利 20 元。如果剩一桶，由于储藏及其他原因要亏损 10 元。今年的市场情况不清楚，但有前两年同期 120 天的日销售资料，见表 15-2。问今年平均每月进多少桶为好？决策表见表 15-3。

表 15-2　涂料月销售情况

月销售量/桶	完成销售量的月数	概率值
100	24	24/120 = 0.2
110	48	48/120 = 0.4
120	36	36/120 = 0.3
130	12	12/120 = 0.1
合计	120	1.0

表 15-3　涂料月销售决策表

销售状态/桶	100	110	120	130	期望利润值/元
概率 利润/元 销售方案/桶	0.2	0.4	0.3	0.1	
100	2000	2000	2000	2000	2000
110	1900	2200	2200	2200	2140
120	1800	2100	2400	2400	2160
130	1700	2000	2300	2600	2090

3. 决策树法

决策树法是指将决策的问题以树状图形来表达，并通过对树状图形的计算分析来选择决策行动方案的方法。这里的树状图形就称为“决策树”。

决策树一般由方块结点、圆形结点、方案枝和概率枝等组成。方块结点称为决策结点，由决策结点引出若干条细支，每条细支代表一个方案，称为方案枝；圆形结点称为状态结点，由状态结点引出若干条细支，表示不同的自然状态，称为概率枝。每条概率枝代表一种自然状态。在每条细枝上标明客观状态的内容和其出现的概率。在概率枝的最末梢标明该方案在该自然状态下所达到的结果（收益值或损失值）。这样，决策树由左向右、由简到繁地展开，组成一个树状网络图，如图 15-1 所示。

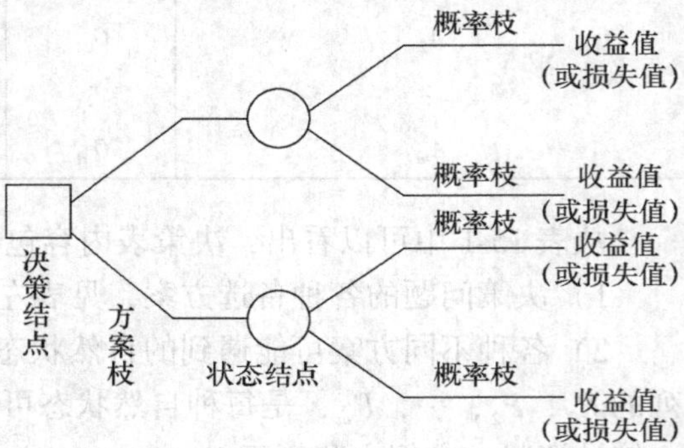

图 15-1　决策树

应用决策树的具体步骤如下：

（1）画出决策树　决策树是人们对某个决策问题未来可能发生的情况与方案可能的结果在图纸上的表示。因此，画决策树的过程就是拟定各种方案的过程，也是进行状态分析和估算方案条件结果的过程。因此，我们要对决策问题的发展动向步步深入地进行分析，并按决策树的结构规范由左向右来推画出决策树。

（2）计算期望值　将各自然状态的收益值或损失值分别乘以概率枝上的概率，并将这些值相加，求出状态结点和决策结点的收益期望值或损失期望值。期望值的计算方法，从图的右边向左边逐步进行。一般把计算结果标示在相应的状态节点的上方。

（3）修枝选定方案　根据不同方案期望值的大小，从右向左（逆推法）进行修枝优选。舍去期望收益值小的方案，留下期望收益值最大的方案。在较复杂的决策问题中，此步骤常与上述计算期望收益值步骤交叉进行。修枝时要把修枝符号画在图上，最后便可得出最优方案，并写出结论。

例 15-2　为生产某种汽车新产品，有三个建厂方案。方案一为建大厂，需投资 300 万元，建成后如果产品销路好，每年可获利 100 万元，如果销路差，每年将损失 20 万元；方案二为建小厂，需投资 180 万元，小厂建成后如果产品销路好，每年可获利 40 万元，如果销路差，每年可获利 30 万元；方案三是先建小厂，试销三年，若产品销路好再扩建，扩建需投资 100 万元，扩建后若产品销路好则每年的营利可增加至 95 万元。方案的使用期均为 10 年。根据市场预测，产品销路好的概率是 0.7，销路差的概率是 0.3，应该如何进行决策？

解　根据题意绘制决策树，如图 15-2 所示。

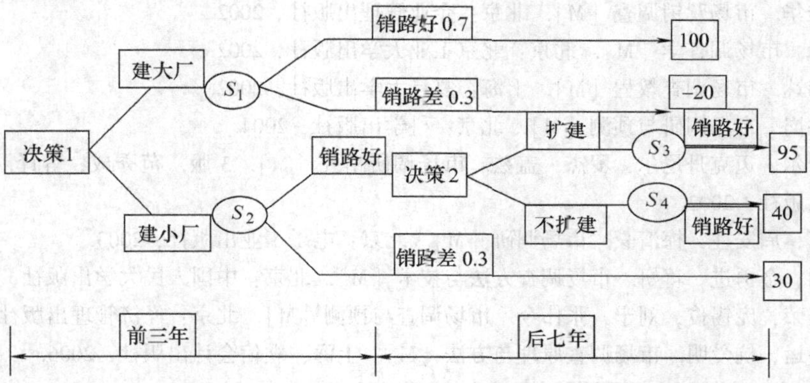

图 15-2　决策树

计算各结点的期望值：

S_4：　$40\times1.0\times7=280$

S_3：　$95\times1.0\times7-100=565$

S_2：　$40\times0.7\times3+0.7\times565$
$+30\times0.3\times10-180$
$=389.5$

S_1：　$100\times0.7\times10+(-20)\times0.3\times10-300$
$=340$

决策树法的主要特点是使用了决策树，因而整个决策分析过程具有直观、简要和清晰等优点。决策树法既可用于单阶段的决策，也可用于多阶段的复杂决策。

（1）单阶段决策　在整个决策中只决策一次，就能选择出决策的行动方案的过程，称为单阶段决策。单阶段决策计算简单，方法简便易行。

（2）多阶段决策　如果决策问题较复杂，在决策中，一次决策不能解决问题，需要进行多次决策才能确定决策的行动方案，称为多阶段决策。

决策树法是风险型决策的常用方法，适用于未来可能有几种不同情况（自然状态），并且各种情况出现的概率可以根据资料来推断的情况。它用决策树来描述各方案对未来收益的计算、比较及选择，考虑各方案所需的投资，比较不同方案的期望收益值。

思　考　题

15-1　决策的基本分类有哪些？

15-2　简要说明决策的基本步骤。

15-3　某工厂试制出一种新型产品，欲投放市场，如市场销路好，该企业可获利 10 万元，销路差则亏损 2 万元。根据市场调查，该产品估计市场销路好的概率是 0.3，销路差的概率是 0.7。如果企业采取试生产销售，需费用 6000 元。过去的经验表明，试生产销售所提供的市场信息不一定完全正确，销路好的可靠性为 0.8，销路差的可靠性为 0.7。试用决策树法来确定企业是否值得进行试生产销售？

参考文献

[1] 李桂华．市场营销调查［M］．北京：企业管理出版社，2002.
[2] 徐飚．市场调查学［M］．北京：北京工业大学出版社，2002.
[3] 范伟达．市场调查教程［M］．上海：复旦大学出版社，2002.
[4] 徐井岗．市场调研与预测［M］．北京：科学出版社，2004.
[5] 小卡尔·迈克丹尼尔，罗杰·盖兹．市场调研精要［M］．3版．范秀成，等译．北京：电子工业出版社，2002.
[6] 陆军，周安柱，梅清豪．市场调研［M］．北京：电子工业出版社，2003.
[7] 简明，金勇进，蒋妍．市场调查方法与技术［M］．北京：中国人民大学出版社，2004.
[8] 李桂荣，庞锡俊，刘宁，张伟今．市场调查与预测［M］．北京：经济管理出版社，2004.
[9] 姚小运，杭爱明．市场调查原理与方法［M］．上海：立信会计出版社，2006.
[10] 赵相忠．市场调查与预测［M］．重庆：重庆大学出版社，2004.
[11] 冯丽云．现代市场调查与预测［M］．2版．北京：经济管理出版社，2003.
[12] 吴维扬．经济预测与案例分析［M］．北京：中国经济出版社，1995.
[13] 张桂喜，马立平．预测与决策概论［M］．北京：首都经济贸易大学出版社，2006.
[14] 冯文权．经济预测与决策技术［M］．武汉：武汉大学出版社，2002.
[15] 杜本峰．市场调查与预测［M］．北京：机械工业出版社，1999.
[16] 李正龙．经济预测与决策方法［M］．合肥：安徽大学出版社，2002.
[17] 李华，胡奇英．预测与决策［M］．西安：西安电子科技大学出版社，2005.
[18] 孙文生，杨　华．经济预测方法［M］．北京：中国农业大学出版社，2005.
[19] 李小华．预测决策方法［M］．北京：北京广播学院出版社，2003.
[20] 教育部高等学校管理科学与工程类学科教学指导委员会．预测方法与技术［M］．北京：高等教育出版社，2005.
[21] 龚曙明．市场调查与预测［M］．北京：清华大学出版社，北京交通大学出版社，2005.
[22] 李宝仁．经济预测［M］．北京：经济管理出版社，2005.
[23] 卢卫，雷鸣．现代经济预测［M］．天津：天津社会科学院出版社，2004.
[24] 孙文生，杨　华．经济预测方法［M］．北京：中国农业大学出版社，2005.

《汽车市场调查与预测》信息反馈表

尊敬的老师：

您好！感谢您多年来对机械工业出版社的支持和厚爱！为了进一步提高我社教材的出版质量，更好地为我国高等教育发展服务，欢迎您对我社的教材多提宝贵意见和建议。另外，如果您在教学中选用了本书，欢迎您对本书提出修改建议和意见。

一、基本信息

姓 名：__________ 性 别：______ 职 称：________ 职 务：______________________

邮编：_________ 地址：____

任教课程：________________ 电 话：______—____________（H）____________（O）

电子邮件：_______________________________________ 手机：___________________

二、您对本书的意见和建议

（欢迎您指出本书的疏误之处）

三、您对我们的其他意见和建议

请与我们联系：

100037 北京百万庄大街22号·机械工业出版社·高教分社 赵编辑 冯编辑 收

Tel：010－8837 9712，8837 9715（O），6899 4030（Fax）

E-mail：ainingzhao@ sohu. com，fcs8888@ sohu. com